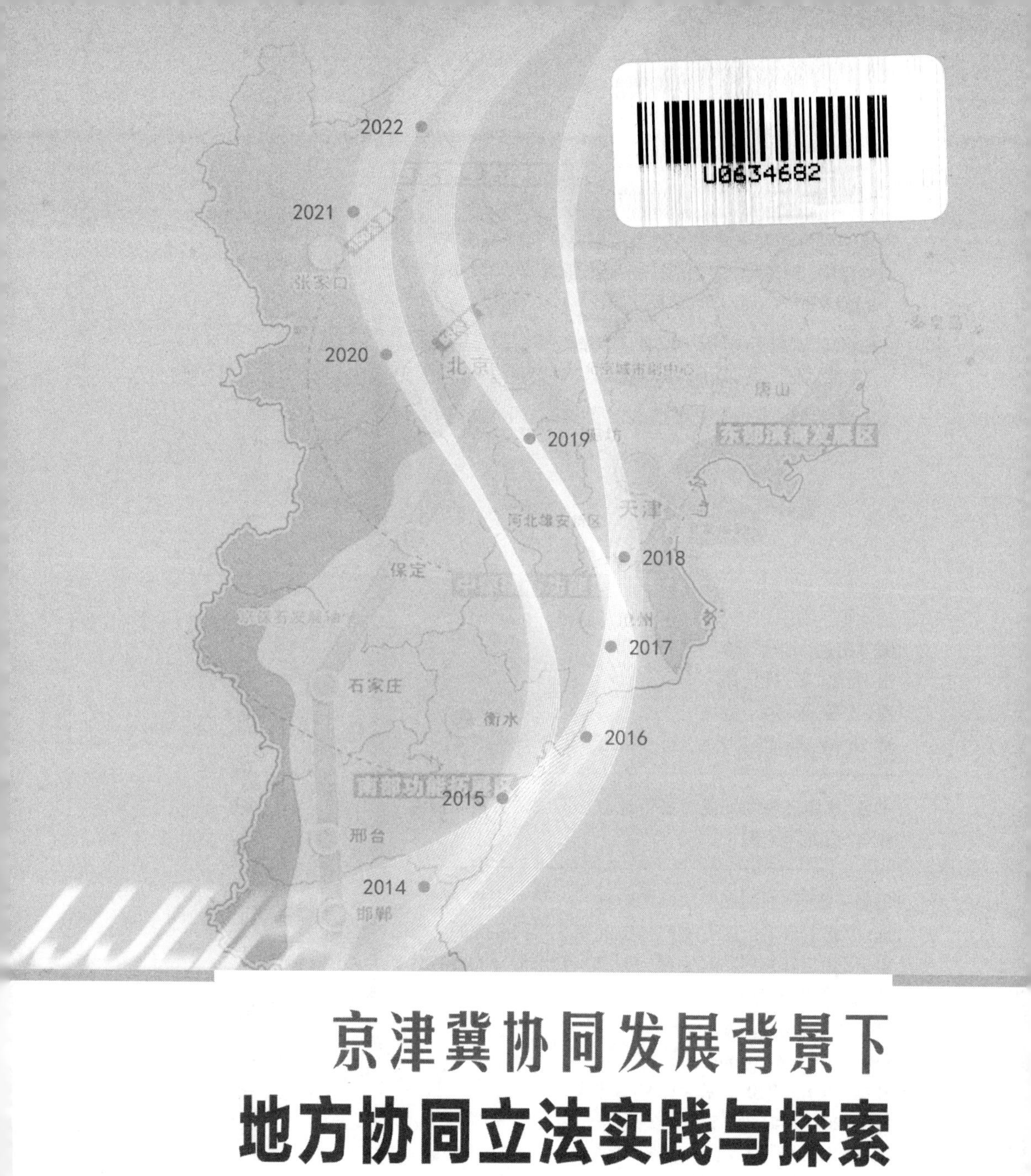

京津冀协同发展背景下
地方协同立法实践与探索

JINGJINJI XIETONG FAZHAN BEIJING XIA
DIFANG XIETONG LIFA SHIJIAN YU TANSUO

周　英　主编

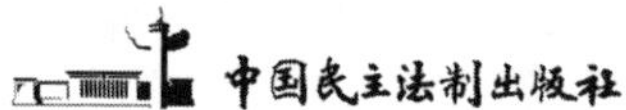

图书在版编目(CIP)数据

京津冀协同发展背景下地方协同立法实践与探索/
周英主编．—北京:中国民主法制出版社,2022.6
ISBN 978-7-5162-2852-4

Ⅰ.①京… Ⅱ.①周… Ⅲ.①地方法规—立法—研究
—华北地区 Ⅳ.①D927.200.0

中国版本图书馆 CIP 数据核字(2022)第 100289 号

图书出品人:刘海涛
出 版 统 筹:贾兵伟
图 书 策 划:张 涛
责 任 编 辑:周冠宇

书名/京津冀协同发展背景下地方协同立法实践与探索
作者/周英 主编

出版·发行/中国民主法制出版社
地址/北京市丰台区右安门外玉林里 7 号(100069)
电话/(010)63055259(总编室) 83910658 63056573(人大系统发行)
传真/(010)63055259
http:// www.npcpub.com
E-mail:mzfz@npcpub.com
开本/16 开 710 毫米×1000 毫米
印张/26.5 **字数**/354 千字
版本/2022 年 6 月第 1 版 2022 年 6 月第 1 次印刷
印刷/三河市宏图印务有限公司

书号/ISBN 978-7-5162-2852-4
定价/68.00 元

序

党的十八大以来，以习近平同志为核心的党中央围绕区域协调发展这篇大文章，精心谋划、科学布局，提出京津冀协同发展、长三角一体化发展、粤港澳大湾区建设、长江经济带发展、黄河流域生态保护和高质量发展等一系列重大国家战略，推动我国区域协调发展不断向着更加均衡、更高层次、更高质量方向阔步前行，构建起高质量发展的区域协调发展新格局，取得历史性成就。

协同立法作为立法领域的新事物，是适应区域经济一体化发展应运而生的一种新的立法形式，区域协同立法解决了因为行政区划而形不成政策制度合力的问题，对于落实和推动区域协调发展战略具有积极意义。中共中央印发的《法治中国建设规划（2020—2025年）》明确提出，建立健全区域协同立法工作机制，加强全国人大常委会对跨区域地方立法的统一指导。《中共中央关于新时代坚持和完善人民代表大会制度、加强和改进人大工作的意见》要求，建立健全区域协同立法、流域立法、共同立法工作机制。2022年《地方组织法》作了修改，总结地方实践经验和做法，首次以法律的形式赋予了协同立法的法律地位。大力推进协同立法工作，是贯彻习近平法治思想，推进新时代立法工作体制机制建设的重大创新，是坚持和完善中国特色社会主义法治体系的重大举措。

近年来，全国人大常委会高度重视地方协同立法工作。栗战书委员长、王晨副委员长多次在全国地方立法工作座谈会上对加强区域协同立法给予肯定,并提出明确要求。全国人大宪法法律委、全国人大常委会法工委积极主动为地方协同立法工作提供有力指导和支持。协同立法工作取得丰富实践成果,展现了勃勃生机,为区域协调发展注入强大法治动力。一是从协同立法成果来看,已在跨区域生态环保、大气污染防治、疫情联防联控、交通一体化等方面发挥了积极作用。京津冀三地人大同步推出全国首部污染防治领域全面协同法规《机动车和非道路移动机械排放污染防治条例》。川渝地区就优化营商环境、嘉陵江流域水生态环境保护、铁路安全开展协同立法。二是从协同立法机制来看,京津冀、长三角已形成比较固定的立法协同工作机制。由京津冀三地人大常委会轮流举办的协同立法工作机制会议已经举办了 8 次,全国人大常委会法工委有关领导同志列席会议,交流指导协同立法工作。三是从协同立法模式来看,区域协同、流域协同、共同立法亮点纷呈。云贵川共同立法保护赤水河,同步出台《关于加强赤水河流域共同保护的决定》《赤水河流域保护条例》。京津冀三地通过关于授权政府为保障冬奥会筹备和举办工作规定临时性行政措施的决定。四是从协同立法层次来看,除省际之间的协同立法外,设区的市协同立法也在探索推进。长沙、株洲、湘潭三市人大常委会同步出台《关于推动和保障长株潭一体化高质量发展的决定》;吉林、辽宁、福建、江西、广东等省许多设区的市也纷纷开展协同立法工作。五是从协同立法内容来看,京津冀三地已就 100 余部地方性法规开展了不同程度协同立法工作,协同立法已由生态环境保护、区域交通一体化、产业转移升级,扩展到包括公共服务均等化、文化遗产保护等,涉及的领域和内容更加广泛、丰富。

京津冀协同立法开展较早，为全国区域协同立法提供了样本和借鉴。三地坚持协同发展、互利共赢，求同存异、优势互补，重点突破、成果共享的原则，出台了大气污染防治、白洋淀生态环境保护和治理等一批协同法规项目。在《河北雄安新区条例》等协同立法过程中，多次主动向全国人大常委会和有关国家机关请示报告，得到中央和国家机关充分肯定和大力指导支持。总的来看，京津冀三地人大常委会同心画圆、同向发力，取得了可喜成果、实现了重要进展、形成了有效机制，共同推进协同立法工作实现了由松散型协同向紧密型协同转变，由机制建设协同向具体项目协同转变，由单一立法项目协同向全方位协同转变，由"点状"到"面状"的转变，率先实现了不同立法主体在机制制度上的有机融合与协同突破，打造了区域协同立法创新实践活动的新高地。

河北省此次开展京津冀协同立法研究，及时梳理协同立法成果，总结成功经验做法，发现短板不足，明确努力方向，对于进一步提升京津冀协同立法水平十分必要。河北省人大常委会法工委编撰的《京津冀协同发展背景下地方协同立法实践与探索》一书，系统完备、结构严密，重点突出、资料详实，是对京津冀协同立法的全面回顾、系统总结和现实展望。该书充分展现了京津冀三地人大常委会在推进协同立法中的政治站位、严谨态度、科学方法和务实作风，以及执着追求良法善治的立法人情怀。

今后京津冀三地人大常委会要坚持以习近平法治思想为指引，继续完善协同机制建设，推进立法规划计划协同，以重点协同项目为抓手，有目标、有步骤、有计划的推动协同立法在更高、更深、更广领域探索创新、深化拓展。相信在京津冀三地共同努力下，协同立法能力和水平必将再上新台阶，必将取得更多更丰硕的协同立法成果,为京津冀协同发展重大国家战略落地见效提供有力法治保障。

十三届全国人民代表大会
宪法和法律委员会主任委员
李飞
2022 年 6 月 6 日

序

京津冀协同发展是习近平总书记亲自谋划、亲自推动的重大国家战略，是统筹推进“五位一体”总体布局、协调推进“四个全面”战略布局和贯彻落实五大发展理念的伟大实践。近年来，河北省人大常委会坚持以习近平新时代中国特色社会主义思想为指引，认真贯彻落实习近平总书记重要指示批示精神和党中央关于推进京津冀协同发展重大决策部署，积极探索、持续推进京津冀协同立法，构建起党委领导、人大主导、政府依托、各方参与的协同立法新格局，为京津冀协同发展重大国家战略落地见效提供了强有力法治保障。

2014 年 4 月，河北省人大常委会向北京市、天津市人大常委会发出协同立法倡议，两地积极响应，京津冀协同立法正式开启帷幕。三地人大常委会以高度的政治责任感和历史使命感，把推进京津冀协同立法作为拥护“两个确立”、增强“四个意识”、坚定“四个自信”、做到“两个维护”的现实政治检验。九年来，在全国人大常委会有力指导下，京津冀协同立法经历了从提出、破题到推进、拓展，再到深化、升华的历程，目前已取得阶段性重要成效，硕果累累、收获满满。在推进京津冀协同立法进程中，三地人大常委会积累了大量有益经验，主要是坚持思想引领，提高政治站位，确保协同立法工作正确政治方向；坚持党的领导，服务中心大局，确保协同立法取得实效；坚持人大主导，实行开门立法，把全过程人民民主贯彻于立法工作全链条；坚持求同存异，突出本地特色，促进京津冀协同发展互利共赢。三地人大在工作摸索中建立协同立法工作机制会议，出台四项制度性协同机制文件，搭建起协同立法机制制度平台，在探索中打造了河北雄安新区、白洋淀生态环境治理和保护、大气污染防治、机动车和非道路移动机械排放污染防治、冬奥会授权决定等多部实质性协同法规，取得了良好的政治效果、社会效果、法律效果和实践成果。北京冬奥会、冬残奥会成功举办，京津冀生态环境支撑区建设取得显著成效，雄安新区规划建设取得重大阶段性成果，协同立法发挥了重要引领、推动、规范和保障作用。基于机制创新、实践创新、理论创新等，京津冀协同立法成为国内区域协同立法时间最早、成果最多、最具活力的靓丽风景线。

2022 年是党的二十大召开之年，是河北省十三届人大常委会收官之年。在这一重要时间节点，省人大常委会法制工作委员会编撰了《京津冀协同发展背景下地方协同立法实践与探索》一书，体现了在协同立法工作上的政治敏感性、工作主动性、实践创造性，这既是对协同立法成果的全面梳理，也是对协同立法经验的系统总结，更是进一步做好协同立法工作的实践指南，具有十分重要的意义。该书编撰过程中深入贯彻习近平法治思想和习近平总书记关于坚持和完善人民代表大会制度的重要思想，全面落实党的十九大和十九届历次全会精神和习近平总书记对河北工作一系列重要指示批示精神，对标对表党中央和省委重大决策部署，服务京津冀协同发展、雄安新区规划建设等国家重大发展战略，从河北实际出发，坚持全面、完整反映河北在推进地方协同立法方面的实践成果、经验做法、理论探索和重大影响，做到言之有物、依据充分、言简意赅、通俗易懂，以期更好指导工作，全面提升协同立法能力和水平。该书作为全景展示京津冀协同立法实践的书籍，相信读者通过阅览该书一定会对京津冀协同立法全过程有一个更加清晰的认识和充分的了解，相信从事立法研究工作者一定可以从中得到许多宝贵资料，地方立法实务工作者一定可以从中汲取经验，更好提高立法工作水平。

《中共中央关于新时代坚持和完善人民代表大会制度、加强和改进人大工作的意见》提出，建立健全区域协同立法、流域立法、共同立法工作机制。这对做好新时代京津冀协同立法工作提出新的更高要求。京津冀协同立法既需及时破题，快出成果，也要持续发力、久久为功，保持历史的耐心和恒心，多出立法精品。希望从事京津冀协同立法工作的同志们始终“不忘初心，牢记使命”“撸起袖子加油干”，在已有成绩基础上，焕发更大工作热情，不断提升协同立法质量和效率，为京津冀协同发展重大国家战略提供坚强法治保障，为实现“两个一百年”奋斗目标、实现中华民族伟大复兴的中国梦贡献法治力量！

河北省第十三届人民代表
大会常务委员会副主任

王会勇

2022 年 6 月 6 日

目　录

第一章　地方协同立法综述

第一节　京津冀协同立法背景、历程

京津冀协同发展，是习近平总书记亲自谋划、亲自推动的重大国家战略，是统筹推进“五位一体”总体布局、协调推进“四个全面”战略布局和贯彻落实五大发展理念的伟大实践。推动京津冀协同发展，对解决区域发展不平衡、不协调问题，具有重要的实践价值和示范意义；对实现“两个一百年”奋斗目标和中华民族伟大复兴的中国梦，具有重大现实意义和深远历史意义。九年来，京津冀三地认真贯彻落实京津冀协同发展重大国家战略，积极探索推进京津冀协同立法，有效发挥立法的引领和推动作用，让法治为京津冀协同发展保驾护航。

一、京津冀协同发展重大国家战略的提出

京津冀协同发展，是以习近平同志为核心的党中央在新时代作出的具有全局性和战略性的重大改革决策和战略部署。2014 年 2 月 26 日，习近平总书记在北京主持召开座谈会，专题听取京津冀协同发展工作汇报，发表重要讲话，就推进京津冀协同发展提出七点要求，将京津冀协同发展正式明确为重大国家战略。2015 年 4 月 30 日，中共中央政治局会议审议通过《京津冀协同发展规划纲要》，明确了京津冀的功能定位、协同发展目标、空间布局、重点领域和重大措施，为推动京津冀协同发展提供了行动纲领和基本遵循。这一战略，始于一域、意在全局，既解近忧、更谋长远，是疏解北京非首都功能、实现京津冀一体化发展、打造新的经济增长极的关键一招。纲要指出，推动京津冀协同发展是一个重大国家战略，核

心是有序疏解北京非首都功能，要在京津冀交通一体化、生态环境保护、产业升级转移等重点领域率先取得突破。2016 年 5 月 27 日，习近平总书记主持召开中央政治局会议，听取关于规划建设北京城市副中心和研究设立河北雄安新区有关情况的汇报，指出："建设北京城市副中心和雄安新区两个新城，形成北京新的'两翼'。这是我们城市发展的一种新选择。在新的历史阶段，集中建设这两个新城，形成北京发展新的骨架，是千年大计、国家大事。"〔1〕 2017 年 2 月 23 日，习近平总书记专程到河北省安新县进行实地考察，主持召开雄安新区规划建设工作座谈会，对规划建设雄安新区应当坚持的原则及功能定位、目标提出了明确要求，提出了七个方面的重点任务。

在习近平总书记亲自谋划、亲自推动下，从京津冀协同发展重大国家战略的正式提出，到《京津冀协同发展规划纲要》纲领性文件的制定出台，再到雄安新区的规划建设，京津冀协同发展不断朝着纵深大步迈进。

二、京津冀协同发展重大国家战略的法治需求

改革与法治如鸟之两翼、车之两轮，凡属重大改革都要于法有据。2014 年 2 月，习近平总书记在中央全面深化改革领导小组第二次会议上强调指出，"在整个改革过程中，都要高度重视运用法治思维和法治方式，发挥法治的引领和推动作用，加强对相关立法工作的协调，确保在法治轨道上推进改革"。〔2〕 2014 年 10 月，党的十八届四中全会通过的《中共中央关于全面推进依法治国若干重大问题的决定》明确规定，要"实现立法和改革决策相衔接，做到重大改革于法有据、立法主动适应改革和经济社会发展需要"，要"坚持立法先行，发挥立法的引领和推动作用"。

有序疏解北京非首都功能、推动京津冀协同发展，需要打破"一亩三分地"思维定势，牢固树立"一盘棋"思想，是在全面改革新的历史条件下，进行的一场重大深刻的改革，是重大国家战略。重大国家战略落地落

---

〔1〕《谱写首都发展新篇章——以习近平同志为核心的党中央关心推动首都发展纪实》，《新华社》2017 年 10 月 14 日。

〔2〕《习近平主持召开中央全面深化改革领导小组第二次会议并发表重要讲话》，《新华社》2014 年 2 月 28 日。

实，离不开坚强法治保驾护航。2015 年 4 月，中央政治局审议通过的《京津冀协同发展规划纲要》明确提出，“要做好立法、修法工作，用法治手段保障京津冀协同发展的顶层设计和重大决策的落实”。贯彻落实京津冀协同发展这一重大国家战略，要在法治理念指引下实施，要在法制框架内推进，要有效发挥立法的引领和推动作用，积极推进京津冀协同立法，让法治为京津冀协同发展保驾护航。

三、地方协同立法的探索与创新

地方协同立法源自区域协调发展，同时也是推动区域协调发展的机制之一。随着推进区域发展一体化需求的日益增长和区域协调发展战略的不断推进，各地涌现了一些区域协同立法或具有区域协同立法雏形的立法现象，展示了区域协同立法的广阔空间。

2006 年东北三省正式签署立法协同框架协议，明确紧密型、半紧密型和分散型三种立法协同方式，并展开了一定的立法实践。2014 年长三角区域的苏浙皖沪三省一市就区域大气污染防治展开立法协同，由各地共同协商拟订立法文本的统一条款，再由各地分别制定适用于本行政区域内的个性化条款，提交各地人大常委会分别审议通过，在本行政区域内施行。上海、江苏、安徽、浙江等省市人大常委会先后通过了《大气污染防治条例》，并均对“区域大气污染联合防治”作出专章规定。2015 年，湖北省恩施自治州和湖南省湘西自治州为解决酉水河跨行政区域环境污染问题展开了立法协作，建立了跨行政区域协同立法机制，且分别先后出台《恩施土家族苗族自治州酉水河保护条例》和《湘西土家族苗族自治州酉水河保护条例》，进一步创新区域协同立法机制。2016 年，河北省出台了《河北省大气污染防治条例》，在立法过程中首次开展京津冀立法工作深度协同，在全国率先开创性地设立“重点区域联合防治”专章，对大气污染重点区域联合防治予以系统性规范。2021 年，赤水河流域共同立法，是同流域省市以立法“治水”的新思路新答卷。赤水河流域保护共同决定对涉及三省的重大问题作出共同承诺，云南、贵州、四川三省的文本是完全一致的，体现了共性立法需求；而分别通过的三部条例，内容又是各有侧重的，回应了个性化立法需求。其别出“新”裁之处在于以共同决定“求同”，以不同条例“存异”。

如何通过协同立法促进区域协调发展，是经济社会发展中普遍需要解决的重要问题。京津冀协同立法过程中也时刻关注各地协同立法促进区域合作发展的经验，结合京津冀协同发展实际，探索适合本区域协同立法的路径和模式。

四、京津冀协同立法历程回顾

河北省人大常委会坚持以习近平新时代中国特色社会主义思想为指导，把为京津冀协同发展提供法治保障作为义不容辞的职责和使命，于2014年4月，向北京市和天津市人大常委会率先发出关于开展京津冀协同立法的倡议，得到了热烈回应和一致赞同，三方很快形成了立法协调和对接模式的初步意向，并对开展京津冀协同立法的重要性与必要性取得了高度一致意见，自此拉开了京津冀协同立法帷幕。

九年来，京津冀协同立法经历了从提出、破题到推进、拓展，再到深化的历程。三地人大常委会始终深入贯彻落实习近平总书记关于京津冀协同发展重要指示批示精神，按照《京津冀协同发展规划纲要》要求在推进产业转移升级、生态环境保护、交通一体化等重点领域率先协同立法，共推出了近60部协同立法项目，仅河北一地已就30部地方性法规开展了不同程度的协同立法工作，实现了由最初的松散型协同向紧密型协同转变，由机制建设协同向具体项目协同转变，由单一的立法项目协同向全方位协同转变，由“点状”到“面状”的转变，深入推动协同立法机制创新、实践创新、理论创新，在全国率先实现了不同立法主体在机制制度上的有机融合与协同突破，打造了区域协同立法创新实践活动的新高地，在京津冀协同发展重大国家战略推进中作出了积极贡献。同时，为国家区域协同立法提供了先行先试的立法实践，为兄弟省市提供了可复制的经验做法。

特别是近年来，京津冀协同立法迈入快车道，2020年出台了国内首部区域协同立法项目机动车和非道路移动机械排放污染防治条例。2021年2月，京津冀晋四省市倾力协作，贯彻全流域共抓大保护理念，出台了《白洋淀生态环境治理和保护条例》；2021年7月，紧紧抓住疏解北京非首都功能这个“牛鼻子”，制定了《河北雄安新区条例》；2021年7月，京津冀三地人大常委会联手，同步立项、同步起草、同步通过、同步实施了《关于授权政府为保障冬奥会筹备和举办工作规定临时性行政措施的决定》等。

第二节　京津冀协同立法成果

京津冀协同立法取得丰硕成果，主要体现在机制制度建设、重要协同立法项目、理论研究成果、实施成效四个方面。

一、创新协同立法机制制度，搭建起协同立法工作制度的“四梁八柱”

（一）建立合作机制平台，推动协同立法有序高效开展

1. 立法协同工作机制会议。为更好地开展协同立法工作，2014 年三地商定采取三方轮流负责主办的方式，建立京津冀立法工作联席会议制度（现更名为人大立法协同工作机制会议）。京津冀人大立法协同工作机制会议每年至少召开一次，议题主要包括年度立法计划和重要法规的立法工作、研究讨论协同立法相关文件、研究协同立法有关专门问题等三个方面。2015 年 3 月，首次人大立法协同工作机制会议在天津市召开。迄今，人大立法协同工作机制会议已经举办八次，每次会议三地人大常委会主要领导均出席，并邀请全国人大常委会法工委领导到会指导。人大立法协同工作机制会议在研究年度立法计划、确定协同立法项目、协调立法重大利益、解决协同立法难点焦点问题等方面发挥了重要的协调、组织、推动作用。

2021 年 6 月 18 日在北京召开了第八次会议。这次会议强调继续协同推进公共卫生法治保障立法修法工作。2020 年 9 月以来，三地人大常委会协同推进强化公共卫生法治保障立法修法工作，推动院前医疗急救服务、促进中医药发展、突发事件应对等方面重要法规出台。下一步要紧紧围绕国家大局和京津冀区域关于疫情防控和保障人民生命安全需要，强化公共卫生法治保障立法修法工作机制，推进重大项目联合攻关，重要制度协同

衔接，加强工作沟通协调，推动筑牢联防联控工作机制。

这次会议还明确，协同推进冬奥会法治保障工作。研究通过《京津冀三地人大常委会关于协同推进冬奥会法治保障工作的意见》，明确京津冀三地人大根据各自情况和实际工作需要，有针对性地制定授权规定或者支持冬奥会举办的决定，授权政府可以通过制定规章或者发布决定的方式规定临时性行政措施，在更大范围为冬奥会顺利举办提供法治保障。本次立法协同工作探索，实现了立法协同工作从制定地方性法规的方式向制定法规性决定或者作出重大事项决定的方式进一步拓展。

2. 协商沟通机制。京津冀人大立法协同工作机制会议召开前，一般由三地人大常委会法制工作机构负责人召开筹备会议，协商沟通当年会议主题，提出协同立法项目建议和理论研究课题，并就讨论主题有关事项和筹备工作进行分工等，确保会议顺利举行。九年来，三地法制工作机构召开会议多达 20 余次，其中，在制定机动车和非道路移动机械排放污染防治条例时，先后召开十一次会议，有力促进了“一个文本、三家通过”的目标实现。同时，三地在各自制定事关京津冀协同发展或者其他重要法规时，主动向另外两地人大征求意见。三省市人大常委会结合京津冀协同发展要求，对许多法规案提出了很多具有宝贵价值的意见建议。互相征求意见已经常态化。

3. 立法规划计划协同机制。立法规划计划按照三地立法需求协同制定，选择立法项目从京津冀协同发展实际出发，照顾彼此关切。从 2015 年开始，三地在协同工作机制会议上通报当年立法计划及列入调研的立法项目。立法规划可以根据京津冀协同发展的实际需要及时予以调整。2015 年，河北省人大常委会请示省委批准调整了五年立法规划，主要是将省委明确要求制定、修改法规的项目列入立法规划，确保了立法规划适应京津冀协同发展实际需要。2018 年，三地人大常委会法制工作机构再次对五年立法规划和年度立法计划进行了充分协商。2021 年在北京举行的第八次人大立法协同工作机制会议上，三地商定协同推进编制下一个五年立法规划工作，落实好国家“十四五”规划关于京津冀协同发展的要求，做好研究、衔接，找准需要进行立法协同的要事大事，做出立法协同的安排，进一步提高立法协同工作水平。

4. 法规清理常态化机制。及时梳理不符合京津冀协同发展的法规项目，针对发现的问题，与京津两地加强沟通交流，共同研究后统一进行修改，力争步调一致，推进三地法规的协同性和可操作性。2014 年至今，河北省人大常委会对现行有效的地方性法规进行全面审视和清理，废止 27 部，打包修改 82 部。2021 年三地都围绕民法典实施和行政处罚法实施进行了法规清理工作。

5. 学习交流借鉴机制。三地人大常委会法制工作部门在立法程序、立法经验方面进行广泛深入的学习交流，及时通报立法信息，主动进行沟通协调。如制定《河北省大气污染防治条例》时，赴北京市人大常委会法制办就立法协商的启动、工作情况、取得的效果进行交流学习。通过学习借鉴，河北省于 2015 年首次开展了立法协商。这几年，三地人大法制工作机构建立京津冀协同立法微信群，实时交流立法动态，及时发布工作信息，共享研究成果。

（二）出台一系列制度，为具体开展协同立法工作提供遵循、明确规则

1. 《关于加强京津冀人大协同立法的若干意见》。该意见于 2015 年出台，是京津冀协同立法第一项工作制度。该意见明确，三省市加强立法沟通协商和信息共享，结合京津冀协同发展需要制定立法规划和年度计划，加强重大立法项目联合攻关，注意吸收彼此意见，加强立法工作经验和立法成果的交流互鉴，建立健全协同立法的组织保障机制。

2. 《京津冀人大立法项目协同办法》。该办法于 2017 年出台，标志着京津冀立法项目协同机制正式建立。该办法为实现推进京津冀协同立法落实到具体项目的目标，就需要协同的重点领域、内容、原则、方式、机制、程序提出了更加明确具体、更具操作性的要求。

3. 《京津冀人大法制工作机构联系办法》。该办法于 2017 年出台，标志着人大法制工作机构工作层面协同机制正式确立。该办法就推进协同立法责任主体、工作机构联席会议及会议内容、法规征求意见机制、沟通协商交流平台、干部培训交流等方面作出了规定。

4. 《京津冀人大立法项目协同实施细则》。该细则于 2018 年出台，就选定协同立法项目、构建三级沟通协调机制、制定协同实施方案、加强机

制保障、协同法规清理等方面作了规定，为推进立法项目协同具体工作提供了遵循。

（三）提升行政立法合作层次，发挥行政立法作用

1. 在建立健全立法机制中推进京津冀协同。京津冀三地司法厅（局）联合签订《京津冀行政立法区域合作协议》，对合作的原则、内容、机制等方面达成一致，规定了立法联席会议制度、立法专班制度、立法干部学习培训交流制度。联合签订《京津冀行政执法协调监督工作协同发展合作协议》，通过加强协同，持续推进行政执法制度规范建设。协调推动行政执法重点领域和地区深入合作，促进行政执法协调监督信息资源交流共享。

2. 在立法工作实践中推进京津冀协同。三地在政府立法过程中充分征求彼此意见建议，在河北省制定《铁路安全管理规定》《蓄滞洪区管理规定》等立法中，吸纳了京津两地很多好的意见建议；与天津市加强立法协同，在《河北省地震预警管理办法》立法中，赴天津市联合召开立法座谈会，通报彼此立法进展情况，研讨该办法中需要两地协同的重点内容。参加天津市司法局主办的第六届天津司法行政论坛，河北省司法厅参会同志以《地方立法助推社会治理体系和治理能力现代化》为题第一个作主旨发言，介绍河北省政府立法工作经验。

3. 在立法规范具体内容中推进京津冀协同。强化冬奥会立法保障，制定《关于为冬奥会提供司法服务和保障的实施意见》，全部化解涉冬奥行政案件；出台《河北省奥林匹克标志保护规定》，为奥林匹克标志保护提供法制保障，有效规范冬奥会特许产品经营秩序。京津两地《地震预警管理办法》通过深化预警协同、同一地震预警信息发布、加强数据信息共享、强化科学技术协同创新等方面推动立法协同落地落实，2021 年司法部《司法要情》第 17 期以《天津市、河北省司法行政机关积极参与地震预警协同立法工作》刊载两地做法。

二、打造协同立法精品，聚焦生态环境保护、产业转型升级、交通一体化等重点领域实现率先突破

三地人大围绕京津冀协同发展要求选取立法项目，尤其是在生态环境领域实现深度协同，带动其他领域协同立法稳步推进。从已经开展协同立

法的法规来看，协同内容主要涉及加强区域协作、构建联合执法机制、数据共享和平台建设、科技合作等方面。有的法规同步起草、同步修改、同步通过、同步实施，实现全面协同、高度协同，有的法规设置协同专章，有的法规设置专门协同条款，均不同程度体现推进区域协同要求。

（一）打造国内首部全面协同法规，出台机动车和非道路移动机械排放污染防治条例。河北省于 2020 年 1 月 11 日、北京市于 2020 年 1 月 17 日、天津市于 2020 年 1 月 18 日分别在人代会上表决通过了机动车和非道路移动机械排放污染防治条例，这是我国第一部对污染防治领域作出全面规定的区域性立法。三地人大法制工作机构在反复协商、求同存异的基础上，最大程度促进内容协同和文本协同，最终实现了同步起草、同步修改、同步通过、同步宣传、同步实施，促成了我国首部对污染防治领域作出全面规定的区域性协同立法的诞生，打造了区域协同立法新模式、新路径、新高度。出台这部法规是京津冀协同立法历史上的标志性事件，为国家推进区域协同立法提供了丰富创新实践经验，为其他省份开展区域协同立法提供了可资借鉴的制度范本。中央电视台、新华社、人民日报、光明日报、法治日报等中央媒体都给予积极正面报道，引起省内外热烈反响，取得了良好的政治效果、社会效果和法律效果。

为了更加广泛地宣传条例内容，更加有力地推动条例贯彻实施，依据京津冀立法工作协同机制，京津冀三地人大常委会共同商定联合召开新闻发布会，重点通过中央媒体等渠道权威发声，共同营造执法守法的良好舆论氛围。2020 年 4 月 27 日，京津冀联合召开新闻发布会，同时发布三地机动车和非道路移动机械排放污染防治条例。中央媒体高度关注，中央电视台《新闻联播》《新闻直播间》《东方时空》等栏目，人民日报、光明日报、新华社、法治日报等重要媒体均予以报道。

为深入推进京津冀首部协同立法成果机动车和非道路移动机械排放污染防治条例全面贯彻实施，河北省人大常委会组织执法检查组，采取省内自查和与北京市、天津市联合检查调研相结合的方式，对条例实施情况进行了全面检查。这是京津冀人大首次联合开展监督工作，是三地构建相对统一的区域法治环境，实现法治协作的有益探索，有力推动了京津冀地区重点工作的协同联合。

（二）紧紧抓住疏解北京非首都功能这个“牛鼻子”，出台《河北雄安新区条例》。雄安新区设立以来，这座由习近平总书记亲自决策、亲自部署、亲自推动的未来之城，高质量、高标准建设正全面提速，目前已进入全面建设和有效承接北京非首都功能疏解加快落地阶段，法治保障需求越来越突出，也越来越紧迫。2021 年 7 月 29 日河北省第十三届人大常委会第二十四次会议通过了《河北雄安新区条例》，已于 2021 年 9 月 1 日起施行，这是推进雄安新区规划建设在法治化、规范化轨道上行稳致远的关键性立法，是雄安新区第一部综合性法规，必将为雄安新区下一步建设发展提供坚强有力的法治保障。

早在 2017 年，河北省人大常委会即启动了雄安新区立法调研工作，由常委会领导带队先后赴深圳、浦东、滨海新区等地就法治保障新区规划建设进行学习考察；组织有关专家学者就雄安新区规划建设法治保障事项进行调研论证；多次赴雄安新区就立法需求等进行深入调研座谈，为条例制定工作奠定了坚实基础。四年磨一剑，河北省人大常委会始终坚持把习近平总书记关于雄安新区规划建设一系列重要指示批示精神和《中共中央国务院关于支持河北雄安新区全面深化改革和扩大开放的指导意见》《河北雄安新区规划纲要》等重要文件作为立法的主要依据和根本遵循，坚持立法决策与改革决策相统一、相衔接，通过法定程序，有效将党中央重大决策部署转化为法规制度，将党言党语转化为法言法语，通过法治思维和法治力量保障党中央重大决策部署落地落实，建设“法治雄安”，确保雄安新区一张蓝图干到底。

经省委同意，条例文本分别呈报中央全面依法治国委员会办公室、全国人大常委会办公厅、京津冀协同发展领导小组办公室、中央编委办、司法部征求意见。中央和国家有关方面对条例给予充分肯定，并对部分条款提出具体修改意见。中央和国家有关方面特别是全国人大常委会办公厅、全国人大常委会法工委的指导和支持，为条例修改完善提供了权威依据，使条例更加科学严谨、系统完善。

2021 年 8 月 22 日中央电视台《焦点访谈》专题报道《河北雄安新区条例》，得到了全社会高度关注。中共中央政治局常委、全国人大常委会委员长栗战书同志，中共中央政治局常委、国务院副总理韩正同志，中共中央政治局委员、全国人大常委会副委员长王晨同志对条例给予高度肯定。全国人大宪法和法律委员会、全国人大常委会法工委印发《法制工作简报》推广介绍立法经验。

（三）保障京津冀生态功能区建设，出台一系列地方性法规。京津冀生态环境治理和保护是京津冀协同立法的核心，三地以生态环保领域为突破口和重要抓手，不断创新方式方法，开创了京津冀协同立法的新纪元，初步形成了涉及大气、水、土壤、自然生态等各方面的生态环境领域法规体系，不断织密生态环境法规网络，为三地以更高标准打好蓝天、碧水、净土保卫战提供坚强的法治支撑。一是坚持系统治理，山水林田湖草沙海生命共同体保护有法可依，出台《河北省国土保护和治理条例》，将国土保护和治理作为一个统一的有机整体，致力于解决突出矛盾和共性问题，对共同保护、综合治理进行规范。二是坚持联防联治，打好蓝天保卫战有法可依，出台《河北省大气污染防治条例》，紧紧围绕京津冀协同发展国家战略，结合河北特殊区位，对大气污染重点区域联合防治予以系统性规范。三是坚持多管齐下，首都水源涵养功能区建设有法可依，先后出台《河北省地下水管理条例》《河北省湿地保护条例》《河北省河湖保护和治理条例》《河北省人民代表大会常务委员会关于加强滦河流域水资源保护和管理的决定》《衡水湖保护和治理条例》等。四是坚持协调联动，打好净土保卫战有法可依，出台《河北省土壤污染防治条例》，针对区域土壤污染防治协作工作情况，河北省与京津等地建立健全定期会商、联动执法、信息共享等机制。五是坚持全方位发力，自然生态治理有法可依，出台《河北省绿化条例》《河北省人民代表大会常务委员会关于加强太行山燕山绿化建设的决定》《河北省人民代表大会常务委员会关于加强张家口承德地区草原生态建设和保护的决定》《塞罕坝森林草原防火条例》等。

（四）强化京津冀晋流域协作，出台《白洋淀生态环境治理和保护条例》。白洋淀流域涉及北京、天津、河北、山西四省市部分区域。习近平总书记高度重视白洋淀生态环境治理和保护工作，先后作出一系列重要指示批示，强调“建设雄安新区，一定要把白洋淀修复好、保护好”[1]；

〔1〕《习近平在河北省安新县进行实地考察、主持召开河北雄安新区规划建设工作座谈会时的讲话》，《人民日报》2017年2月23日。

2020年9月初，对雄安新区防洪排涝和白洋淀水资源利用保护再次作出重要指示。河北省人大常委会以习近平总书记的重要指示批示精神为根本遵循，认真贯彻落实到立法的具体规定、标准、制度和责任上，坚持以法治方式解决白洋淀流域的环境治理、生态保护和防洪安全等问题。2021年2月22日，河北省第十三届人民代表大会第四次会议全票通过了《白洋淀生态环境治理和保护条例》。条例共一百条，被称为"白百条"，从规划管控、环境污染治理、防洪与排涝、生态修复与保护、保障与监督、法律责任等逐一进行规范，为建设蓝绿交织、清新明亮、水城共融的生态城市提供坚实的法治保障。

该条例创造了京津冀协同立法的新模式，体现流域共抓大保护的理念，京津冀晋四省市人大在雄安新区召开联合座谈会，共同研讨交流。审议过程中，再次专门征求北京市、天津市、山西省人大常委会及有关方面意见建议。条例实施后四省市人大共同开展了联合执法调研检查。通过共同努力，加快恢复白洋淀"华北之肾"功能，让"华北明珠"重绽光彩，助力把雄安新区建设成为新时代生态文明典范城市。

（五）服务冬奥会举办工作，出台授权政府规定临时性行政措施的决定。简约、安全、精彩办好冬奥会是省委确定的三件大事之一。2021年6月18日举行的京津冀人大立法协同工作机制第八次会议上，三地人大就为冬奥会提供法治保障达成共识，通过出台授权政府在冬奥会筹备和举办期间可以规定临时性行政措施的决定的方式，为冬奥会顺利举办提供法治支撑。2021年7月29日，河北省出台《河北省人民代表大会常务委员会关于授权省人民政府为保障冬奥会筹备和举办工作规定临时性行政措施的决定》，2021年7月30日，北京市、天津市出台决定。2021年8月3日，三地联合召开新闻发布会，中央电视台《朝闻天下》《新闻直播间》予以积极报道。

京津冀三地人大协同强化冬奥会法治保障，是继2020年三地人大审议通过机动车和非道路移动机械排放污染防治条例之后的又一项实质性协同立法项目，标志着三地协同立法向纵深推进，为实质性区域协同立法提供了生动实践和鲜活范例。一是从工作机制上看，出台授权决定进一步强化了协同立法的整体性、协调性和针对性，深化了法制工作机构策划、跨区域实地调研交流、联合攻关共同起草、立法协同机制决策的工作链条。二是从立法模式上看，出台授权决定进一步突出了一个文本各自通过、同步实施、同步终止，从而最大程度地保持了协同立法工作步调一致、决定内容趋同、授权方式相同、新闻宣传一体。三是从规范内容上来看，与京津两市相比，河北省的授权决定除了共同在环境保护、公共安全、公共卫生和道路交通四个方面授权外，根据环京津的特殊区位、产业特点和张家口赛区及周边地区的实际需要，增加了安全生产和城市市容管理两个方面授权，以保障在冬奥会筹备和举办过程中，持续保持安全稳定、秩序井然的社会环境。

（六）丰富重点领域协同成果，深入推进公共卫生领域协同立法修法工作。按照习近平总书记关于全面加强和完善公共卫生领域相关法律法规建设，强化公共卫生法治保障的总体要求，三地人大坚持政治站位，立足区域实际，在共同加强公共卫生领域立法修法协同工作上达成一致意见。按照协同立法工作安排，三地人大分别出台了《关于强化公共卫生法治保障立法修法工作计划（2020—2021 年）》，在京津冀人大立法协同工作机制第八次会议上，就立法修法计划实施情况进行了通报。在广泛深入研讨基础上，形成重要共识。一是坚持统筹兼顾，全面推进，在充分考虑公共卫生领域法规修改的同时，系统考虑与上位法和相关法律制度、规范性文件之间的衔接，并兼顾部分规章中涉及规定公共卫生内容条款的修改完善，使各项制度、规定之间规范严密、衔接有序、协调统一。二是坚持区分不同情况健全制度体系，现行的公共卫生领域法规，有些需要作较大幅度修改，有些需要作出针对性修改，有些已不适应社会发展需要应当废止，要坚持立改废释并举，有计划、有重点、有主次、分步骤统筹推进。三是继续推进重大项目联合攻关，结合京津冀区域关于疫情防控和保障人民生命安全需要，推动院前医疗急救服务、促进中医药发展、突发事件应对等方面重要法规出台，推动筑牢联防联控工作机制。

（七）设区的市立法蓬勃发展，推出一批服务京津冀协同发展的小切口法规。为打造京津冀生态环境支撑区、发挥首都政治、生态护城河积极作用，河北省各设区的市积极主动作为，出台了《张家口市禁牧条例》《张家口市无障碍设施建设管理条例》《张家口市公共场所控制吸烟条例》

《廊坊市院前医疗急救服务条例》《承德市水源涵养功能区保护条例》《承德市滦河潮河保护条例》《秦皇岛市海岸线保护条例》《保定市白洋淀上游生态环境保护条例》《沧州市大气污染防治若干规定》《沧州市大运河文化遗产保护若干规定》等一批促进京津冀协同发展的立法项目。

三、开展协同立法理论研究，为推进京津冀协同立法夯实理论根基

九年来，三地人大常委会高度重视理论研究，自发组织或者委托有关高等院校科研机构开展京津冀协同立法研究，取得重大理论突破和收获。

（一）加强协同立法基础理论研究。2016 年，河北省人大常委会委托河北大学国家治理法治化研究中心完成了《京津冀协同立法研究报告》。北京、天津分别完成了《推进京津冀协同发展首都立法问题研究总报告》《京津冀协同发展立法引领与保障研究报告》等理论研究成果，为推动协同立法提供了重要理论参考。2019 年委托河北大学完成京津冀三省市人大推进协同立法的阶段性总结。

北京市人大常委会的《推进京津冀协同发展首都立法问题研究总报告》，聚焦有序疏解北京非首都功能这一京津冀协同发展的关键环节和重中之重，深入研究京津冀协同发展规划纲要和分工方案，深入研究国际大都市在治理城市病中的好经验，深入分析北京自身面临的问题，提出国家层面立法建议、国家作出授权建议、本市地方立法建议和京津冀协同立法建议。天津市人大常委会的《京津冀协同发展立法引领与保障研究报告》，是在坚决贯彻落实京津冀协同发展重大国家战略、积极推动京津冀立法工作协同、优先安排有关京津冀协同发展的立法项目的基础上，组织对京津冀协同发展立法引领与保障进行专题研究，对过去的实践进行总结与概括，又结合实际提出国家、三省市协同和天津本地三个层面的立法项目建议，旨在推动京津冀协同立法不断走深走实。这两个报告对河北省做好协同立法有很好的启示和借鉴意义。

（二）依托法规开展专项理论研究。2018 年，三地人大常委会分别委托有关机构就机动车和非道路移动机械排放污染防治立法开展研究，河北省委托河北大学完成了《河北省新车生产环保一致性检验研究报告》，

北京市委托有关机构完成了《关于京津冀移动源污染协同治理研究报告》，天津市委托有关机构完成了《京津冀移动源污染防治协同实施项目市场监管法律缺失问题研究报告》。

（三）积极参与京津冀学术交流。借助外脑力量，积极参与、支持三地法学会、高等院校开展的京津冀协同立法研讨交流活动。2017 年 10 月，中国法学会立法学研究会、河北经贸大学法学院、河北经贸大学地方法治建设研究中心在河北经贸大学联合举办了京津冀协同发展立法高层论坛，河北省人大常委会积极参与举办。这次论坛，是京津冀三地人大领导与全国立法学领域顶尖专家进行理论与实务的重要对话。河北省法学会立法学研究会 2018 年主办了主题为“京津冀协同发展与地方立法问题”年会。同年 11 月，三地法学会在河北大学举办了第四届京津冀法学交流研讨会，研讨会主题为“坚持习近平新时代中国特色社会主义思想，推进京津冀协同发展与创新”。近年来中国法学会立法学研究会年会，区域协同立法都是重要专题，河北省人大常委会都积极参与论坛讨论和提交有关论文。在 2021 年 12 月 11 日举行的第十六届环渤海区域法治论坛暨第七届京津冀法学交流研讨会上，省人大常委会法制工作委员会主任周英就京津冀协同立法作了主旨报告。

（四）鼓励干部开展学术研究。河北省人大常委会法工委鼓励有关处室和干部围绕协同立法机制建设和具体项目开展理论研究。近年来，撰写的《京津冀协同立法的回顾与展望》被《法治蓝皮书——中国地方法治发展报告（2018）》收录；还在多项重要刊物上发表了《京津冀协同立法机制建设与实践》《落实科学立法、民主立法要求为京津冀协同发展提供到位法律保障》等论文；助力“十四五”规划和 2035 年远景目标制定，经过调查研究，撰写《全面提升立法协同项目规格、质量与效率》等研究性论文，得到河北省委主要领导肯定性批示。

四、推进协同立法实施成效，为京津冀协同发展提供坚强法治保障

（一）法治服务保障国家战略大事实施更加有力。京津冀协同立法为京津冀协同发展、雄安新区建设、北京冬奥会筹办等重大国家战略和国

家大事实施提供法治保障，确保“三件大事”顺利实施。设立河北雄安新区是以习近平同志为核心的党中央深入推进京津冀协同发展作出的一项重大决策部署，《河北雄安新区条例》是全国第一部关于支持雄安新区改革创新和建设发展的综合性地方性法规，把中央对雄安新区的各项支持政策上升为法律规范，对雄安新区规划建设发展做出全面系统规范，为高标准高质量建设发展雄安新区提供了重要法治保障和法治支撑。白洋淀是雄安新区这座未来之城的重要生态支撑区，加强白洋淀生态保护至关重要，《白洋淀生态环境治理和保护条例》出台后，在各方共同努力下，白洋淀和大清河流域生态环境治理取得明显成效，基本实现了《白洋淀生态环境治理和保护规划（2018—2035 年）》明确的阶段性目标。白洋淀淀区水质由 2017 年—2018 年的劣Ⅴ－Ⅴ类提升到 2020 年的Ⅲ－Ⅳ类；2021 年 1—7 月，淀区 8 个国考点位均达到或优于Ⅳ类水质标准、烧车淀达到Ⅲ类；上游河流实际监测的 49 个有水断面，全部达到或优于Ⅳ类标准，其中 44 个断面水质达到或优于Ⅲ类，为近 10 年来最好水平。办好北京冬奥会、冬残奥会是党和国家的一件大事，是我们对国际社会的庄严承诺，做好北京冬奥会、冬残奥会筹办工作使命光荣、意义重大，《河北省人民代表大会常务委员会关于授权省人民政府为保障冬奥会筹备和举办工作规定临时性行政措施的决定》出台后，省政府有关部门在环境保护、公共安全、公共卫生、道路交通、安全生产、城市市容管理等方面采取必要临时性行政措施，为冬奥会的筹备和举办提供了有力法治保障，与北京市、天津市以及周边其他省市通力协作，确保并实现了冬奥会的圆满成功。

（二）法治护航京津冀生态环境支撑区建设更加扎实。一是蓝天保卫战取得新成效。机动车和非道路移动机械排放污染防治条例作为首部对污染防治领域作出全面规定的区域性立法，为蓝天保卫战取得新成效作出贡献。河北省空气质量显著改善，2021 年全省 PM2.5 平均浓度 38.8 微克/立方米，同比下降 15.3%；优良天数平均 270 天以上，同比增加 15 天。石家庄、邢台、邯郸成功实现“退后十”目标。二是碧水保卫战取得新突破。2021 年，河北省纳入国家“十四五”考核的地表水断面中，达到或优于Ⅲ类（优良）的断面比例为 73.0%，优于国家年度目标 9.9 个百分点，劣Ⅴ类断面全部消除，优于国家年度目标 8.2 个百分点。三是净土保卫战取得新进展。土壤污染防治得到全面加强，截至 2021 年 12 月底，受污染耕地全部落实风险管控措施，2236 个建设用地地块纳入重点监管，在全国率先开展典型行业企业及周边土壤污染状况调查试点。四是生态文明建设取得新成果。积极开展矿山综合治理行动，截至 2020 年底，共修复责任主体灭失矿山 3705 处，共计 24.89 万亩。国土绿化快速推进，“十三五”期间，全省累计完成营造林 3954 万亩，全省森林覆盖率由 31% 提高到 35%，森林蓄积量由 1.44 亿立方米增加到 1.75 亿立方米。

（三）法治引领推动区域改革作用更加凸显。河北省政府有关部门围绕产业升级转移出台了一系列配套政策文件，在打造优质营商环境、推进创新驱动、深化对外开放方面取得了明显成效，为推动京津冀协同发展作出了重要贡献。一是优化营商环境方面，先后制定了《关于复制借鉴北京上海优化营商环境改革举措实施方案》等一系列政策文件，共推出 308 项具体工作举措，其中 135 项处于国内先进水平，打造了企业开办全流程网上办、政策集中兑现等一批改革亮点，实现了与先进地区政策水平接轨。二是加强创新驱动方面，河北省主动与国家有关部委和京津对接合作，在建立协同机制、搭建创新平台、提升成果转化能力等方面取得明显成效。2021 年，全省吸纳京津技术合同成交额首次突破 300 亿元、增速超过 50%。三是扩大对内对外开放方面，制定《中国（河北）自由贸易试验区条例》。自由贸易试验区总体方案提出的 98 项改革试点任务，目前河北自贸试验区已经实施 89 项，有效实施率达 90.8%，形成了一批国家级制度创新成果。

（四）法治保障京津冀交通一体化建设成效更加显著。京津冀交通一体化实现了率先突破，并向广度深度拓展，“四纵四横一环”综合运输大通道基本形成，交通网络化格局持续优化。一是廊坊北三县与通州区互联互通取得新突破，京秦高速京冀、冀津接线段贯通，密涿高速万庄连接线、燕郊潮白河大桥通车。二是“轨道上的京津冀”初步形成，与京津连通铁路达到 23 条，“轨道上的京津冀”主骨架基本成型。三是互联互通的公路网络全面构筑，与京津打通拓宽“对接路”34 条段、2089 公里，与京津连通干线公路达到 47 条、74 个接口。四是津冀港口群协作成效日益凸显，全省沿海港口生产性泊位 242 个，港口设计通过能力达 11.3 亿吨，年吞吐量突破12亿吨。五是京津冀机场群布局加速完善，全省机场总数达到16个，一枢多支多点机场布局体系初步形成。

（五）法治推动京津冀公共服务共建共享步伐更加迅速。一是养老服务领域，京津冀三地在养老服务协同发展的体制机制创新方面积极探索，旨在打破京津冀地区的户籍限制、行政阻力和“地方保护主义”。设立京津冀养老服务协同发展试点机构，按照“养老扶持政策跟着户籍老人走”的原则，逐步实现三地老人异地养老无障碍。二是志愿服务领域，聚焦提升志愿服务水平，先后制定了《关于实施青年志愿者助力脱贫攻坚行动的通知》等配套文件；以冬奥会筹办为契机，创新志愿服务活动，加强宣传培训，培育发展了一批以冬奥会志愿服务为主旨的志愿服务组织（团体）。三是旅游发展领域，与京津共同编制《京津冀旅游协同发展规划》等，共同构建世界级文化旅游目的地；加强文物保护、提升执法效能，挖掘环京津旅游资源，在环京津地区已创建5A级景区3家、国家级旅游度假区1家、国家级乡村旅游重点镇3个，国家级乡村旅游重点村20个。

第三节　京津冀协同立法启示

回顾近年来的协同立法，呈现出三个特点：一是协同站位更高。从具体项目立法协同到立法规划计划协同，从互相征求意见建议到协同推出《机动车和非道路移动机械排放污染防治条例》这样的高度协同一致的重要法规，从产业转移升级、生态环境保护、交通一体化三个领域率先协同到加强公共卫生重点领域协同，再到2021年为冬奥会举办协同提供法治支撑，已经扩展到重要领域立法的全面协同，上升到了更高层次的协同。二是协同视野更广。立足京津冀协同发展大局，在结合三地实际推进协同立法的同时，密切关注国内国际区域协同立法工作。2020年河北省人大常委会安排法工委同志赴长三角学习交流区域协同立法工作，拓宽视野，借鉴有益经验，力争打造协同立法的高地和全国样板。2021年三地站在全局高度，用国际眼光通过协同立法方式为冬奥会、冬残奥会这一世界级赛会提供法治保障，是一种新的协同立法模式，对于地方如何在构建国内大循环为主体、国内国际双循环相互促进的新发展格局中发挥立法作用，很有指导意义，可以说赋予了协同立法更广泛的内涵。三是协同力度更大。2020年4月，三地人大召开了机动车和非道路移动机械排放污染防治条例实施联合新闻发布会，2020年9月三地人大首次联合开展执法检查。2020年12月在制定《白洋淀生态环境治理和保护条例》时召开了京津冀晋四省市协同立法座谈会，2021年9月京津冀晋四省市就贯彻落实条例再次联合开展执法调研活动。协同形式更加丰富，协同力度空前，这充分彰显了三地人大高度的政治敏锐性和勇于创新实践的政治自觉、行动自觉。

可以说京津冀协同立法取得了良好的政治效果、社会效果、法律效果和实践成果，为国家区域协同立法提供了先行先试的实践经验。这些成绩的取得，离不开三地党委的坚强领导，离不开全国人大常委会及其法工委和兄弟省市的指导帮助，离不开三地政府及其有关部门的积极配合，离不开社会各界和科研机构、新闻媒体的关心支持。

几年来，协同立法实践与探索的经验及启示：

一、坚持思想引领，提高政治站位，确保协同立法工作正确政治方向。京津冀三省市人大及其常委会坚持以习近平新时代中国特色社会主义思想为指引，深刻领会这一思想的科学体系、精神实质、实践要求，深入贯彻落实习近平法治思想、习近平生态文明思想和习近平总书记关于坚持和完善人民代表大会制度的重要思想，认真学习贯彻党的十八大、十九大精神和十九届历次全会精神，并用以指导京津冀协同立法工作、推进京津冀协同立法实践，确保协同立法正确政治方向。这是京津冀协同立法九年实践最宝贵的经验，也是协同立法得以不断深入、实现持续创新的关键所在。

二、坚持党的领导，服务中心大局和国家重大战略，确保协同立法取得实效。京津冀三省市人大及其常委会始终坚持把党的全面领导作为最高政治原则，把党的领导贯彻协同立法全过程各方面，自觉围绕中心、服务大局。党的十八大以来，习近平总书记9次视察河北，发表一系列重要讲话，作出“四个加快”“六个扎实”“三个扎扎实实”“建设经济强省、美丽河北”等一系列重要指示；习近平总书记就推进京津冀协同发展重大国家战略实施，提出了加强顶层设计、加大协同推动、加快产业对接协作、优化城市布局和空间结构、扩大环境容量和生态空间、构建现代化交通网络系统、加快推进市场一体化进程等“七个着力”明确要求。河北省人大常委会深刻理解领会习近平总书记重要指示批示精神，主动对接国家目标，及时回应协同发展实践需求，通过协同立法把党中央决策部署具体为制度规范和工作措施。围绕重大国家战略落地落实，贯彻省委“三六八九”工作思路，立足“三区一基地”功能定位，制定立法规划计划，提出协同立法项目。协同立法中的重大问题及时向党中央、全国人大常委会及其有关工作委员会、国务院及其有关部门请示报告，争取指导、支持和理解。协同立法中的工作情况主动向省委请示报告，河北省人大常委会党组多次召开党组会议、主任会议研究有关事项，为推动协同立法工作提供了组织保障，确保协同立法能够落地生根，取得实效。

三、坚持人大主导，实行开门立法，把全过程人民民主贯穿于立法工作全链条。习近平总书记深刻阐述了全过程人民民主这一重大理念，指出了我国全过程人民民主的科学内涵、优势特点和实践要求。人民代表大会制度是实现我国全过程人民民主的重要制度载体，发挥人大常委会在立法工作中的主导作用，实现好、维护好、发展好最广大人民的根本利益是永恒的价值追求。协同立法项目的确定，在由人大主办的京津冀人大立法协同工作机制会议上讨论确定。具体立法过程中，三地人大常委会完善民主民意表达平台和机制建设，推进开门立法。拓宽代表参与调研、审议渠道，共同组织专家论证会，开展联合调研和联合执法检查，最大限度吸纳民意，汇集民智。《白洋淀生态环境治理和保护条例》多次多种方式征求全体省人大代表意见。邀请三地政府法制工作部门、有关厅局参加协同立法会议，带动政府层面协同工作开展。组织协调三地政府有关部门协同起草、修改，形成协同整体合力。

四、立足三地实际，突出本地特色，促进京津冀协同发展互利共赢。京津冀三地经济社会发展水平不均，经济体量、财政能力差异较大，基本公共服务差距明显，人均收入不平衡，利益冲突根深蒂固、复杂多样、不易协调。立法工作必须遵循客观规律和客观实际，认识到三地存在差异和差距。京津冀三省市人大及其常委会坚持问题导向，坚持协同发展、互利共赢、求同存异、优势互补、重点突破、成果共享的原则，切实考虑三地经济、社会发展水平、行政执法能力建设等因素，求大同、存小异，不搞一刀切，照顾彼此关切，体现本地特色，力争促进三地共赢。

但是也要看到，京津冀三地由于发展不均衡、诉求不同而引起的利益差别导致京津冀区域协同立法困难重重，如何通过法治方式协调京津冀三地利益，冲破地方利益藩篱，成为京津冀区域协同立法在理论和实践上亟待解决的根本难题。这一难题主要体现在实践探索突破难、具体项目落地难、体系化机制建立难、区际利益协调难。三地经济社会发展失衡的主要原因，是多个领域的体制机制失衡，因此牵涉诸多领域涉及的政策、利益分配原则、制度建设等层面的重新组合调整。所有这些，都亟待采取有力措施加以切实解决。

第四节　京津冀协同立法工作展望

京津冀协同发展、雄安新区规划建设、北京冬奥会筹办等重大国家战略和国家大事，为河北发展带来前所未有的重大历史机遇和战略支撑。加快建设经济强省、美丽河北，必须坚定不移推动重大国家战略和国家大事落地见效，坚持以疏解北京非首都功能为“牛鼻子”，举全省之力持续推动京津冀协同发展向广度深度拓展，在对接京津、服务京津中加快发展自己。下一步，要接续奋斗、多措并举，以高度的使命感、责任感开创京津冀协同立法工作新局面。

一、拓宽协同立法视野，更好服务协同发展全局。河北省人大常委会要增强推进京津冀协同立法的自觉性、主动性、创造性。一是紧紧围绕建设经济强省、美丽河北目标要求，加强与北京市、天津市协调对接，精心谋划立法工作规划、计划，找准法治服务发力点，提高协同立法质量和效率，增强立法的及时性、针对性、有效性，提升法治保障精准度。二是继续拓宽协同立法领域，在产业转移升级、生态环境保护、交通一体化、公共卫生等领域拓展深化协作，在雄安新区规划建设、世界级城市群建设、自贸区建设、市场要素集聚、优化营商环境、公共服务一体化等方面，选择三地共同关注的项目，由三省市人大共同制定或者修订，同时出台，实现更广领域立法协同。三是增进协同立法深度，敢于突破创新，敢啃硬骨头，在照顾彼此关切的前提下，下大气力消除行政壁垒、资源分割和利益藩篱造成的低效率，打破地方保护主义，促进要素自由流通，实现京津冀相互融合、优势互补、良性互动。

二、争取国家指导支持，加强与外省市交流互动。近年来，国家层面对区域协同立法持开放和支持态度，全国人大常委会主要领导多次就各地区开展协同立法的做法和成果给予高度评价。全国人大常委会法工委也将推进区域协同立法作为重要研究方向。以《长江保护法》为例，可以说是从国家层面推动区域流域协同。为贯彻中央要求和《长江保护法》有关规定，2021 年 4 月，江浙沪皖“三省一市”协同通过《关于促进和保障长江流域禁捕工作若干问题的决定》，采取的是上海率先起草示范文本，其他三地在此文本基础上修改推出本地条例文本的模式。这一模式与京津冀三地人大共同推出“授权政府在筹办和举办冬奥会期间规定临时性行政措施的决定”采取的由北京起草示范文本，天津、河北作出修改的立法模式不谋而合。2021 年 5 月，云南、贵州、四川三省人大常委会以“1 + 3”的模式，分别审议通过了关于加强赤水河流域共同保护的决定和各自省份的赤水河流域保护条例，并同步实施。河北省人大常委会要在协同立法工作上积极向全国人大常委会请示汇报，争取指导支持，必要时三地共同商请由全国人大常委会直接为京津冀协同区域立法工作。在区域协同立法上开放共享，绝不固步自封，积极与长三角、粤港澳大湾区、成渝地区、云贵川等地加强交流，取长补短，共同推进区域协同立法实践和理论创新。

三、丰富协同立法层次，推进形成协同合力。协同立法不仅仅是三省市省本级人大常委会的工作，也不是三省市人大法制工作机构的一亩三分地，而是需要有立法权的各主体都参加进来。这些年来，京津冀协同立法主要在三地人大法制工作机构之间开展，从协同工作主体上来看，还不够丰富。京津冀三地要集聚先发优势，在形成协同立法合力上多想一层、先走一步。一是加强协同立法工作向省委请示报告的自觉性、主动性，加强党委对协同立法工作的统筹协调。二是推动三地政府启动协同立法，推进地方政府规章立法协同，加强执法协作，强化联合监管。三是加强人大各专门委员会和人大常委会各专工委之间协同交流，促进立法各环节协同协作。四是支持设区的市立法，发挥环京津设区的市立法作用，服务保障京津冀协同发展重大国家战略落地实施。五是主动与京津冀周边加强协同工作。京津冀协同发展，不仅是三省市内部之间的事情，不仅是三省市自己受益的问题，而是要放到更大的发展格局中来谋划，用更宽广的视野来推进。环渤海地区各省市在各个领域、各个层面、各个环节，或多或少都存在协同立法的必要性和机遇。比如河北省人大常委会曾就滦河流域保护立法与辽宁，就塞罕坝森林草原防火立法与内蒙古，就白洋淀生态环境保护和治理立法与山西等开展了协同立法工作。今后京津冀三省市人大及其常委会要在推进京津冀协同立法走向深入的同时，也要开展与毗邻省份的协同立法，搭建平台，构建更加开放包容的地方协同立法新局面。

四、加强协同立法研究，开展协同效果评估。习近平总书记指出，“人民群众对立法的期盼，已经不是有没有，而是好不好、管用不管用、能不能解决实际问题”〔1〕。在中共中央政治局第三十五次集体学习会上，习近平总书记强调，“要抓住立法质量这个关键，深入推进科学立法、民主立法、依法立法，统筹立改废释纂，提高立法效率，增强立法系统性、整体性、协同性”〔2〕。协同立法质量是关系协同立法成败的关键。在推进协同立法质量提升方面，京津冀三省市人大及其常委会要集中优势力量，继续协同开展重大课题理论研究，适时启动协同立法后评估工作。一是通过选择一批基础性、综合性的地方立法课题，采取分别研究、定期通报、阶段汇总方式，以及通过课题组联合研究等方式，取得一批理论研究成果，指导京津冀协同立法工作。二是遵循客观公正、公开透明、注重实效、公众参与的原则，以开展自我评估和第三方评估相结合的方式，以法规及其具体制度是否在京津冀区域内得到统一执行、是否产生了预期的协同效应、是否对经济社会发展产生了良好效益为重点，全面了解协同立法质量和实施效果，为下步协同立法工作的顺利开展提供借鉴和指导。

---

〔1〕《习近平在十八届中央政治局第四次集体学习时的讲话》，《人民日报》2013年2月23日。
〔2〕《习近平在中共中央政治局第三十五次集体学习时的讲话》，《新华社》2021年12月7日。

第二章　《河北雄安新区条例》协同立法

中国特色社会主义进入新时代，我国经济由高速增长阶段转向高质量发展阶段。雄安新区作为北京非首都功能疏解集中承载地，将与北京城市副中心形成北京发展新的两翼，共同承担起解决北京“大城市病”的历史重任，建设高水平社会主义现代化城市，调整优化京津冀城市布局和空间结构，探索人口经济密集地区优化开发新模式，加快构建京津冀世界级城市群，培育建设现代化经济体系新引擎。“雄安质量”将推动雄安新区实现更高水平、更有效率、更加公平、更可持续发展，雄安新区将建设成为绿色生态宜居新城区、创新驱动发展引领区、协调发展示范区、开放发展先行区，成为贯彻落实新发展理念的创新发展示范区，成为新时代高质量发展的全国样板。

2021 年 7 月 29 日，《河北雄安新区条例》（本章简称条例）在河北省第十三届人民代表大会常务委员会第二十四次会议上获得全票通过，于 2021 年 9 月 1 日起正式实施。这是一部从雄安新区规划建设发展实际出发，针对其功能定位、总体目标和特殊阶段量身定制的综合性、基础性法规。条例充分体现了习近平总书记重要指示批示精神，体现了党中央和省委重大决策部署，体现了将雄安新区建设成为京津冀世界级城市群重要一极的现实需求，是加强新时代地方立法和区域协同发展立法的生动实践。该条例的颁布实施对于贯彻落实习近平总书记关于雄安新区规划建设一系列重要指示批示精神和党中央以及省委重大决策部署，实现立法决策与改革决策相统一、相衔接，以法治引领、保障和服务雄安新区规划建设发展具有重要意义，必将为推进雄安新区高标准建设高质量发展提供强有力的法治保障。

第一节　立法背景

设立河北雄安新区是以习近平同志为核心的党中央深入推进京津冀协

同发展作出的一项重大决策部署和重大的历史性战略选择，是继深圳经济特区和上海浦东新区之后又一具有全国意义的新区。

一、设立雄安新区，实施京津冀协同发展战略

党的十八大以来，以习近平同志为核心的党中央着眼党和国家发展全局，运用大历史观，以高超的政治智慧、宏阔的战略格局、强烈的使命担当，提出以疏解北京非首都功能为“牛鼻子”推动京津冀协同发展这一重大国家战略。习近平总书记多次深入北京、天津、河北考察调研，多次主持召开中央政治局常委会会议、中央政治局会议，研究决定和部署实施京津冀协同发展战略。

雄安新区地处北京、天津、保定腹地，距北京、天津均为 105 公里，距石家庄 155 公里，距保定 30 公里，距北京新机场 55 公里，区位优势明显，交通便捷通畅，地质条件稳定，生态环境优良，资源环境承载能力较强，有开发程度较低，发展空间充裕，具备高起点高标准开发建设的基本条件。

2017 年 2 月 23 日，习近平总书记专程到河北省安新县进行实地考察，主持召开河北雄安新区规划建设工作座谈会。习近平强调，规划建设雄安新区，要在党中央领导下，坚持稳中求进工作总基调，牢固树立和贯彻落实新发展理念，适应把握引领经济发展新常态，以推进供给侧结构性改革为主线，坚持世界眼光、国际标准、中国特色、高点定位，坚持生态优先、绿色发展，坚持以人民为中心、注重保障和改善民生，坚持保护弘扬中华优秀传统文化、延续历史文脉，建设绿色生态宜居新城区、创新驱动发展引领区、协调发展示范区、开放发展先行区，努力打造贯彻落实新发展理念的创新发展示范区〔1〕。

同年 4 月，中共中央、国务院印发通知，决定设立河北雄安新区。雄安新区规划范围包括雄县、容城、安新三县行政辖区（含白洋淀水域），任丘市鄚州镇、苟各庄镇、七间房乡和高阳县龙化乡，规划面积

---

〔1〕《习近平在河北省安新县进行实地考察、主持召开河北雄安新区规划建设工作座谈会时的讲话》，《人民日报》2017 年 4 月 2 日。

1770 平方公里。雄安新区规划建设以特定区域为起步区先行开发，起步区面积约 100 平方公里，中期发展区面积约 200 平方公里，远期控制区面积约 2000 平方公里。这是以习近平同志为核心的党中央深入推进京津冀协同发展作出的一项重大决策部署，是以习近平同志为核心的党中央作出的一项重大的历史性战略选择，是继深圳经济特区和上海浦东新区之后又一具有全国意义的新区，是千年大计、国家大事。对于集中疏解北京非首都功能，探索人口经济密集地区优化开发新模式，调整优化京津冀城市布局和空间结构，培育创新驱动发展新引擎，具有重大现实意义和深远历史意义。

习近平总书记指出，规划建设雄安新区要突出七个方面的重点任务：一是建设绿色智慧新城，建成国际一流、绿色、现代、智慧城市。二是打造优美生态环境，构建蓝绿交织、清新明亮、水城共融的生态城市。三是发展高端高新产业，积极吸纳和集聚创新要素资源，培育新动能。四是提供优质公共服务，建设优质公共设施，创建城市管理新样板。五是构建快捷高效交通网，打造绿色交通体系。六是推进体制机制改革，发挥市场在资源配置中的决定性作用和更好发挥政府作用，激发市场活力。七是扩大全方位对外开放，打造扩大开放新高地和对外合作新平台〔1〕。

二、河北举全省之力，高标准规划建设雄安新区

党中央、国务院关于设立雄安新区的通知中明确要求，河北省要积极主动作为，加强组织领导，履行主体责任。坚持先谋后动、规划引领，用最先进的理念和国际一流的水准进行城市设计，建设标杆工程，打造城市建设的典范。要保持历史耐心，尊重城市建设规律，合理把握开发节奏。要加强对雄安新区与周边区域的统一规划管控，避免城市规模过度扩张，促进与周边城市融合发展。各有关方面要按照职能分工，密切合作，勇于创新，扎实工作，共同推进雄安新区规划建设，为实现“两个一百年”奋斗目标和中华民族伟大复兴的中国梦作出新的更大贡献。

---

〔1〕《习近平在河北省安新县进行实地考察、主持召开河北雄安新区规划建设工作座谈会时的讲话》，《人民日报》2017 年 4 月 2 日。

按照中央的部署要求，在以习近平同志为核心的党中央坚强领导下，河北省委、省政府高度重视，全面落实党中央决策部署，全力推进雄安新区建设，稳步实施推进承接北京非首都功能疏解，加快建立改革开放政策体系，有序开展智能城市规划建设，加快集聚高端高新产业和科技创新资源，有序推进财税管理体制改革创新，不断加强金融创新，新区规划建设取得了重要的阶段性成效。

在现代化经济体系方面，坚持稳中求进工作总基调，以新发展理念为引领，以供给侧结构性改革为主线，着力提高发展质量和效益，坚决打赢脱贫攻坚战，推动新区经济社会发展，新区经济体系建设逐步规范，产业结构持续调优，投资保持高速增长，消费市场运行平稳，城镇化率持续提升，财政收入更加稳健。

在城市治理体系方面，坚持以《河北雄安新区规划纲要》为依据，以《河北雄安新区总体规划》为指导，以起步区控制性规划、启动区控制性详细规划、白洋淀生态环境治理与保护规划为重点，以专项规划、城市设计和规划设计标准为支撑，编制片区控制性规划和控制性详细规划，基本形成了“1+4+26”的规划体系。构建了1+4基础数字平台体系，搭建了智能开放平台，根据智能城市专项规划，系统梳理数字城市建设与需求和建设任务，初步形成数字城市标准体系，为打造智能之城提供了发展环境，确保数字城市建设有序推进。

在公共服务供给机制方面，以满足人民日益增长的美好生活需要为根本出发点，着力创新公共服务供给机制，提高保障和改善民生水平；在教育体育方面，不断夯实新区教育体育制度基础，充分调动京津冀优质教育资源援助新区积极性；在卫生健康方面，积极承接北京优质医疗卫生资源，创新建设整合型医疗卫生服务体系；在文化领域方面，推动现有产业转型升级，创新文化遗产保护方式；在社保就业方面，统筹推进新区社保政策制定工作，梳理新区社保政策需求；在选人用人方面，深入实施人才优先发展战略，扩大柔性引才力度。初步形成了优质高效、保障多元、城乡一体、开放共享的公共服务体系。

在扩大开放方面，深入扩大对内对外开放，加快电子政务建设，深化财政票据领域放管服改革，探索海关监管模式创新，探索建立多元化争议解决机制，推进管理体制改革，提升政务服务效能，开展项目审批制度改革，提升营商环境水平，结合北京非首都功能疏解，加快培育服务贸易市场主体，围绕服务贸易重点领域开展新业态、新模式创新，努力推动形成全面开放新格局。在促进投资贸易便利化和加快建设自由贸易试验区发展方面，按照国务院批复同意设立中国（河北）自由贸易试验区总体方案明确的试点任务，在管理体制、制度创新、平台建设、优化营商环境等重点领域都取得了积极成效。

三、推动新区立法，引领保障新区建设发展

随着雄安新区规划建设持续推进，各重点项目都在向纵深推进，各方面部署和建设全面提速，进入攻坚期、关键期。在从新区管理体制向城市管理体制过渡这一特殊阶段，法治保障需求越来越突出，也越来越紧迫。中央和我省关于支持雄安新区的各项决策部署需要通过立法予以保障；雄安新区行政管理体制、高质量发展、改革开放等关键性、综合性事项，需要通过立法予以规范；一些重大改革措施的推行、创制性制度的实施，需要通过立法予以引导。因此，加快制定《河北雄安新区条例》，将中央对雄安新区的各项支持政策上升为法律规范，实现立法决策与改革决策相统一、相衔接，对于加快构建具有雄安特色的法规制度体系，以法治方式、法治力量推动新区规划建设和发展十分紧迫，非常必要。但因雄安新区的特殊性质和定位，为其提供法治保障特别是立法方面的保障，没有先例可循，为此河北省人大常委会持续开展了一系列实践探索工作。

早在 2017 年新区设立之初，河北省人大常委会领导带队先后赴深圳、浦东、滨海新区等地进行学习考察，并组织有关专家学者就雄安新区规划建设法治保障事项开展研究论证。在这一阶段，考虑新区的特殊性，积极探索争取新区享有类似经济特区的特殊立法权，经与全国人大多次沟通，并反复论证后认为，一是目前雄安新区行政区划尚未确定，且无立法机构，暂不具备立法条件；二是雄安新区尚未提出需要授权暂时调整适用法律的具体建议，立法需求不明确；三是雄安新区的顶层设计权限在中央，中央对全国人大尚无明确指示；四是中国特色社会主义法律体系形成后，全国人大对赋权工作提出更高要求。因此，雄安新区暂不具备赋予特殊立

法权的条件。

2019年，依据中央35号文，也就是《中共中央 国务院关于支持河北雄安新区全面深化改革和扩大开放的指导意见》（以下简称《指导意见》）中“强化改革措施的法治保障，本指导意见提出的各项改革开放举措，凡涉及调整现行法律或行政法规的，按法定程序经全国人大或国务院统一授权后实施”的精神，结合全国人大常委会法工委的意见建议，开始研究探索通过授权暂停或者调整适用有关法律法规的方式为雄安新区建设提供法治保障，并多次到新区调研座谈，征集法治需求。然而由于当时雄安新区正处于以编制规划为工作重心的阶段，未能提出确需通过授权暂停或者调整适用法律法规予以解决的具体法治需求。

此后，从2020年开始，河北省人大常委会从地方立法权限和新区实际需求出发，在立法计划中安排了与雄安新区规划建设相关的立法项目，针对修复、保护白洋淀和发挥白洋淀的生态功能、防洪功能，保障雄安新区防洪排涝和生态安全的具体立法需求，制定出台了《白洋淀生态环境治理和保护条例》，法治保障工作进入了具体实施层面。同时，随着雄安新区规划建设的不断推进和法治保障探索的不断深化，新区的法治需求和法治保障路径也越来越清晰。2020年，河北省人大常委会起草了《关于加强雄安新区立法工作的意见》报送省委，提出了制定《河北雄安新区条例》的建议。经省委同意，同年底，河北省人大常委会将《河北雄安新区条例》列入河北省人大常委会2021年度立法计划一类项目。

第二节 立法过程

《河北雄安新区条例》作为雄安新区规划建设的基本法，它的立法质量关系到能否实现立法决策与改革决策相统一、相衔接，能否以法治引领、保障和服务雄安新区规划建设发展，能否为推进雄安新区高标准建设高质量发展提供强有力的法治保障。为此，中共河北省委和河北省人大常委会党组高度重视雄安新区立法工作，作出系列重要部署，明确提出要坚持科学立法、民主立法、依法立法，稳妥审慎推进立法进程。

一、坚持党的全面领导

制定《河北雄安新区条例》是一项政治性极强的工作，必须旗帜鲜明讲政治，把坚持党的领导作为立法工作不可动摇的生命线，自觉将习近平总书记关于雄安新区规划建设一系列重要指示批示精神和《指导意见》《河北雄安新区规划纲要》等重要文件作为立法的先导、指引和重要依据，将落实党中央和省委的有关决策部署作为立法的重心。

中共河北省委和河北省人大常委会党组高度重视雄安新区立法工作，以高度的政治责任感和强烈的历史使命感，加强党对立法工作的全面领导，把雄安新区立法工作摆在各项工作的重要位置，力求通过打造一部落实中央政策、推动改革创新、适应新区需要的良法，推动雄安新区规划建设，创造新的历史伟大奇迹。

中共河北省委高度重视条例制定工作，将其作为2021年的重点立法项目，优先列入立法计划。省委书记、省人大常委会主任王东峰同志多次就雄安新区立法工作听取汇报，时任主持召开省委常委会议专题研究雄安新区立法工作，并就加快推动雄安新区立法多次作出指示批示。在条例修改过程中，王东峰同志对立法的指导思想、原则思路、管理体制等关键问题提出重要指导意见，五次修改条例草案文本，为条例的制定把航定向。

省人大常委会党组按照省委部署，成立条例修改工作专班，深入开展调研，多方征求意见，涉及条例草案的重要内容、重大问题及时向省委汇报，确保立法正确方向。时任省人大常委会党组书记、常务副主任范照兵同志为推动雄安新区立法工作，自带队赴雄安新区调研、座谈，组织省人大常委会党组成员研究条例草案文本。省人大常委会党组成员、副主任、法制委员会主任委员王会勇同志组织并全程参与条例的调研、修改，组织召开两次法制委员会会议、十六次专题研究会，对条例进行精雕细琢，为打造一部精品良法奠定了坚实基础。

正是有了党对立法工作的全面领导，确保了条例的政治方向不偏移，确保了焦点难点问题能够得到有效解决，确保了条例出台后的全面落地落实。

二、全面深入调研论证

河北省委、省人大、省政府高度重视雄安新区立法工作。时任省委书记、省人大常委会主任王东峰同志、时任省长许勤同志在多个场合多次就雄安新区立法提出指导性意见；省人大常委会领导专门就雄安新区立法向全国人大请示汇报。在省委的领导和部署下，根据省人大常委会关于雄安新区综合性立法调研工作意见的建议，2020 年 4 月成立了雄安新区综合性立法调研领导小组，实行人大、政府立法双组长制，由时任河北省委常委、省政府副省长、党组副书记袁桐利，时任河北省人大常委会党组书记、常务副主任范照兵同志任组长，时任河北雄安新区党工委书记、管委会主任陈刚，河北省人大常委会副主任、省人大法制委员会主任委员王会勇，时任河北省政府副省长刘凯同志任副组长，领导小组办公室设在省司法厅。

2020 年 5 月至 8 月，在雄安新区综合性立法调研领导小组领导下省委编办和省委雄安办、省人大常委会城建环资工委、省司法厅牵头，雄安新区管委会采取分组书面调研与座谈会相结合的形式，围绕适应推进雄安新区规划建设和经济社会发展的法治需求，从管理体制、改革创新、生态文明建设、社会治理等方面开展了为期四个月的深入调研，并形成了四个专项调研报告。全面剖析雄安新区基本定位、发展现状、发展方向和存在的困难、问题和需求，提出立法建议，为起草《河北雄安新区条例》奠定了坚实基础。

三、高标准大专班起草

在深入调研的基础上，河北省司法厅成立起草专班，坚持牢牢把握打造北京非首都功能疏解集中承载地这个“牛鼻子”，一是坚持原则性和操作性相结合，在重点解决雄安新区发展中存在的原则性、方向性问题的同时，兼顾实践性、操作性。二是坚持前瞻性和现实需要相结合，考虑雄安新区建设需要相对较长的时间，形势和需要不断发生变化，条例应是阶段性的、过渡性的，条例草案既要有一定的前瞻性，更应聚焦当前工作中存在的体制机制障碍。三是坚持大胆突破和于法有据相结合，条例草案在坚持大胆突破的同时，规范各项改革发展举措，与法律法规以及中央、本省支持雄安新区发展的政策相协调，实现改革决策与立法决策相衔接。

条例起草期间，多次召开由省委雄安办、省人大常委会法工委、省协同办等部门以及部分人大常委、政协委员、专家学者参加的座谈会。在深入学习中央和我省关于支持雄安新区规划建设一系列政策文件、广泛听取意见建议的基础上，2020 年 9 月完成了条例（框架初稿），并将“框架初稿”分别呈报省委、省人大、省政府相关领导。先后两次征求各市（含定州、辛集市）及 32 个省直部门的意见，经反复修改，形成了《河北雄安新区条例（草案)》。2021 年 5 月 25 日，省政府常务会通过了条例（草案）。

四、发挥立法引领保障作用

贯彻新发展理念、打造未来之城，改革创新是雄安的灵魂和成长第一动力。用法治思维和法治力量确保重大国家战略落地落实、护航雄安新区规划建设，对立法的要求，已不仅仅是总结以往经验、巩固现有改革成果，还需要发挥立法对改革的引领和推动作用，主动适应改革发展需要，紧紧围绕雄安新区规划建设发展中迫切需要解决的现实问题和未来发展方向开展立法工作，实现改革和法治同步推进。

在条例起草修改过程中，修改专班始终注重把经验式、确认式、规范式的立法与能动性、前瞻性、引领性的立法有机结合，既对雄安新区设立以来在规划编制、重点项目建设、生态环境保护、优化发展环境等方面实践探索中积累的重要经验、有效做法通过立法使之制度化、法治化；又聚焦雄安新区功能定位和过渡阶段的特殊需求，着力解决当前存在的诸如管理体制方面的突出问题，满足当前阶段的法治需求。同时，坚持大胆突破和于法有据相结合，围绕建设绿色生态宜居新城区、创新驱动发展引领区、协调发展示范区、开放发展先行区，打造贯彻落实新发展理念的创新发展示范区这一目标，加强系统性制度设计，为雄安新区在创新发展、城市治理、生态环境、公共服务等方面先行先试、率先突破提供法治保障，推动形成一批可复制的体制机制创新经验。

五、稳妥审慎推进立法进程

省人大常委会党组高度重视条例修改工作，省政府常务会通过条例（草案）后，2021 年 5 月 27 日，河北省第十三届人民代表大会常务委员会第二十三次会议对条例（草案）进行了初次审议。会后，省人大常委会速即组织成立由河北省人大常委会副主任、法制委员会主任委员王会勇任组长，由省委雄安办、编办、省人大常委会法工委、财经工委、省司法厅、雄安新区管委会等多部门参加的条例修改工作专班。条例修改工作专班自觉将习近平总书记关于雄安新区规划建设一系列重要指示批示精神和《指导意见》《河北雄安新区规划纲要》等重要文件作为立法的主要依据和根本遵循，将落实党中央和省委的有关决策部署作为立法的重心，稳妥审慎推进立法进程。

一是全面深入开展调查研究。早在 2017 年，河北省人大常委会即启动了雄安新区立法调研工作，由常委会领导带队，先后赴深圳、浦东、滨海新区等地就法治保障新区规划建设进行学习考察；多次组织科研机构和高等院校的专家学者就雄安新区规划建设法治保障事项进行调研论证；多次赴雄安新区就立法需求等进行深入调研座谈，为条例制定工作奠定了坚实的基础。条例提交审议后，省人大常委会再次赴雄安新区召开立法座谈会，邀请有关专家学者进行论证，确保条例汇集各方智慧、凝聚社会共识。

二是坚持四项基本修改原则。条例修改过程中，一是坚持系统性，加强对雄安新区规划建设发展所涉及的高质量发展、改革与开放、生态环境保护、公共服务等方面的系统性制度设计，将条例打造成为一部规范引领保障雄安新区规划建设的综合性、基础性法规。二是突出针对性，聚焦将雄安新区建设成为北京非首都功能疏解集中承载地、高质量高水平社会主义现代化城市的功能定位和由新区管理体制向城市管理体制过渡阶段的特殊需求，既着眼于解决当前管理体制存在的突出问题，同时围绕打造优质承接环境、建设未来之城进行规范。三是体现创新性，坚持大胆突破和于法有据相结合，依法保障雄安新区在创新发展、城市治理、生态环境、公共服务等方面先行先试、率先突破，推动形成一批可复制的体制机制创新经验，实现改革决策与立法决策相衔接。四是强化约束性，体现法规对雄安新区规划建设中具体行为的刚性约束，对规划执行、产业准入、生态环境保护等方面实行最严格的管理制度提出了明确要求。

三是精雕细琢确保法规质量。条例关系雄安新区规划建设、社会稳定、未来发展；关系京津冀协同发展重大国家战略落地实施；关系中央政策落地落实，必须确保立法质量。时任省人大常委会党组书记、常务副主任范照兵同志和常委会副主任、法制委员会主任委员王会勇同志提出章节设计方案，多次主持参与条例修改、召开机关座谈会、赴雄安新区听取意见，为条例的制定把关定向、提供指导。条例修改工作专班反复打磨，前后不足两个月的时间，修改三十余稿，立法效率质量大幅提高。

四是对接北京天津征求意见。雄安新区作为京津冀协同发展的重要引擎，肩负着疏解北京非首都功能、推进京津冀协同发展的历史性任务。雄安新区立法从启动调研起草，到篇章设置，再到征求意见，立法过程的每一个环节，都与京津保持着密切沟通。首先是赴天津滨海新区调研，吸收借鉴立法经验。其次是将疏解北京非首都功能作为条例的重要内容。条例明确了雄安新区重点承接的北京非首都功能疏解的类型，力求将雄安新区打造成为与北京城市副中心形成“一体两翼”的北京空间优化新格局。再次是借助京津冀人大立法协同工作机制第八次会议的平台，与北京、天津的同志共同研究条例内容，征求两地意见。

五是积极争取国家层面支持。2018 年以来，河北省人大常委会多次就雄安新区法治保障有关事项向全国人大常委会法工委沟通汇报，积极争取国家层面的指导和支持。条例提请审议后，经省委同意，将条例文本呈报中央全面依法治国委员会办公室、全国人大常委会办公厅、京津冀协同发展领导小组办公室、中央编委办、司法部征求意见。中央和国家有关方面认为，条例贯彻落实中央精神，将改革决策转化为立法决策，切合雄安新区实际，较好地体现了法治保障改革、重大改革于法有据的原则，对依法推进保障雄安新区规划建设具有重要意义，并对条例的条款提出了具体修改意见。中央和国家有关方面的指导和支持，使条例更加科学严谨、系统完善。

2021 年 7 月 29 日，《河北雄安新区条例》在河北省第十三届人民代表大会常务委员会第二十四次会议上获得全票通过，于2021年9月1日起正式实施。这是雄安新区首部综合性地方法规。条例的制定实施，对于贯彻落实习近平总书记关于雄安新区规划建设一系列重要指示批示精神和党中央以及省委重大决策部署，以法治引领、保障和服务雄安新区规划建设发展具有重要意义。

第三节 主要内容

条例聚焦雄安新区功能定位和建设目标，全面贯彻落实习近平总书记关于雄安新区规划建设一系列重要指示批示精神和党中央以及省委重大决策部署，立足地方立法权限，结合新区实际，着力体现新区特色，共设十章八十条，主要规范了八个方面内容。

一、明确法律地位，确保雄安新区有效行使职权

为保障雄安新区管理委员会有效行使相应经济社会管理权限，发挥职能作用，统筹推进雄安新区规划建设各项工作，条例立足雄安新区过渡阶段的实际情况，进一步明确了雄安新区现有管理体制下的行政职权。

一是明确雄安新区管理委员会的性质、地位。根据《指导意见》《中共河北省委 河北省人民政府关于组建河北雄安新区管理机构的通知》的有关规定，条例明确规定雄安新区管理委员会是省人民政府的派出机构，参照行使设区的市人民政府的行政管理职权，行使国家和省赋予的省级经济社会管理权限，领导雄安新区规划范围内各级人民政府的工作，根据雄安新区功能定位和建设目标，依法有序推进规划建设管理和发展。而雄安新区管理委员会要按照国家和省有关规定设置所属管理机构，依法依规归口统筹行使设区的市人民政府行政管理部门的行政执法、监督管理等行政管理职权，依法推行权责清单制度。

二是明确实行大部制扁平化管理。条例明确规定，雄安新区应当根据国家和省赋予的自主权，按照优化、协同、高效的原则依规调整机构设置，完善大部门制运行模式，构建系统完备、科学规范、运行高效的机构

职能体系。雄安新区管理委员会应当健全综合行政执法体制，并可以根据建设发展需要，按照程序确定、调整纳入综合行政执法体制改革的执法职能和事项。同时，雄安新区管理委员会还将依据国家和省有关规定构建灵活高效的用人制度，按照规定享有统筹使用人力资源的自主权。

三是明确行政复议程序。对于雄安新区的行政复议程序，根据2020年中央全面依法治国委员会《行政复议体制改革方案》明确提出整合地方行政复议职责的精神，条例规定："对雄安新区内县级人民政府有关部门作出的行政行为不服的，可以向该县级人民政府申请行政复议；对雄安新区内县级人民政府、雄安新区管理委员会所属机构作出的行政行为不服的，可以向雄安新区管理委员会申请行政复议；对雄安新区管理委员会作出的行政行为不服的，可以向省人民政府申请行政复议。法律、行政法规另有规定的，从其规定"。

二、强化规划刚性，确保一张蓝图干到底

习近平总书记指出："要保持历史耐心和战略定力，做好这件历史性工程"[1]、"保持规划的严肃性和约束性，用法律法规确保一张蓝图干到底"[2]。为了维护雄安新区各项规划的严肃性和权威性，条例进一步强化了对雄安新区各项规划执行的刚性约束。

一是明确新区规划编制原则。条例明确规定，雄安新区规划建设应当根据国家和省确定的发展规划和功能定位，坚持以资源环境承载能力为刚性约束条件，统筹生产、生活、生态三大空间，科学确定开发边界、人口规模、用地规模和开发强度，严守生态保护红线、严格保护永久基本农田、严格控制城镇开发边界，构建蓝绿交织、和谐自然的国土空间格局。

二是强化规划刚性约束。条例明确规定，雄安新区管理委员会应当完善规划实施决策机制，建立雄安新区规划委员会，履行组织协调和规划审查职能。雄安新区规划一经批准，任何单位和个人不得擅自修改。确需修

〔1〕《一项历史性工程——习近平总书记调研京津冀协同发展并主持召开座谈会纪实》，《人民日报》2019年1月20日。

〔2〕《习近平在京津冀三省市考察并主持召开京津冀协同发展座谈会上的讲话》，《新华社》2019年1月18日。

改的，按照法定程序报请原审批机关批准。同时，雄安新区管理委员会应当对规划实施情况定期组织评估，并向原审批机关提出评估报告。

三是简化审批程序。雄安新区实施国土空间规划许可制度，逐步推进建设用地预审、选址意见书、使用林地审核、建设用地规划许可、建设工程规划许可、乡村建设规划许可等审批事项合并办理，提高审批质量和效率。

四是完善新区规划设计体系。条例明确规定，雄安新区管理委员会一要建立健全城市规划设计建设管理标准体系，推进基础设施、城市建筑等领域标准化。二要加强城市设计，坚持中西合璧、以中为主、古今交融，弘扬中华优秀传统文化，保留中华文化基因，彰显地域文化特色，塑造中华风范、淀泊风光、创新风尚的城市风貌，形成体现历史传承、文明包容、时代创新的新区风貌。三要坚持数字城市与现实城市同步规划、同步建设，加强智能基础设施建设，积极推广智能化应用服务，构建城市智能运行模式和智能治理体系，健全大数据资产管理体系，建设全球领先的智慧城市。四要建立健全城市安全发展管理体制，在城市安全运行、灾害预防、公共安全、综合应急等方面建立高效联动智能的新型城市安全和综合防灾减灾救灾体系，完善重大安全风险联防联控、监测预警和应急管控处置机制。五要全面实施乡村振兴战略，创新城乡融合发展体制机制和政策体系，促进城乡公共服务和基础设施建设均衡配置，改善农村生产、生活、生态环境，发展特色小城镇，推进美丽乡村建设。六要建立健全地下空间开发利用统筹协调机制，按照安全、高效、适度的原则，优先布局基础设施，规划和建设市政综合管廊系统和地下综合防灾系统，推进地下空间管理信息化建设。

三、有效疏解承接，促进高质量发展

围绕中央确定的将雄安新区建设成为北京非首都功能疏解集中承载地、高质量高水平社会主义现代化城市这一目标，条例对雄安新区高质量发展总体要求、北京非首都功能疏解承接重点、产业发展方向与空间布局、科技创新与成果转化、人才支撑战略等几个方面作出相应规定。

一是明确雄安新区高质量发展总体要求。条例明确规定，雄安新区应当按照国家和省有关规定，建设创新型雄安，强化创新驱动，推进供给侧结构性改革，大力发展高端高新产业，促进数字经济和实体经济深度融合，构建现代产业体系，推进高质量发展。为了达到这一目标，雄安新区实行产业准入制度，严格产业准入标准，建立入区产业项目科学评估论证机制，制定限制承接和布局的产业负面清单。同时，雄安新区还应当改造提升符合雄安新区功能定位和发展方向的本地传统产业，有序迁移或者淘汰其他传统产业。

二是明确北京非首都功能疏解承接重点。按照《指导意见》和《河北雄安新区规划纲要》等文件精神，条例明确了在京高等学校及其分校、分院、研究生院，事业单位；国家级科研院所，国家实验室、国家重点实验室、工程研究中心等创新平台、创新中心；高端医疗机构及其分院、研究中心；软件和信息服务、设计、创意、咨询等领域的优势企业，以及现代物流、电子商务等企业总部；银行、保险、证券等金融机构总部及其分支机构；新一代信息技术、生物医药和生命健康、节能环保、高端新材料等领域的中央管理企业，以及创新型民营企业、高成长性科技企业；符合雄安新区产业发展方向的其他大型国有企业总部及其分支机构；国家确定的其他疏解事项等八大类疏解重点。

三是明确新区产业发展方向与空间布局。雄安新区要高质量发展，除了疏解北京高端高新产业外，还要靠自身产业发展。为此，条例明确规定，雄安新区管理委员会应当制定产业发展指导目录并向社会公布。明确列举了新一代信息技术、现代生命科学和生物技术、新材料、高端现代服务业、绿色生态农业、国家和省确定的其他重点发展的高端高新产业等六大类发展重点。明确雄安新区应当合理安排产业空间布局，推动起步区、外围组团和特色小城镇协同发展，在具备条件的情况下，将优势产业向周边地区拓展形成产业集群。

四是为高质量发展提供金融、科技、人才支撑。为保障雄安新区实现高质量发展，条例还在推动金融基础设施在雄安新区布局，建设金融科技中心，有序推进信息科技前沿成果在金融领域应用；加强科技创新能力和体系建设，促进科技成果转化，支持在前沿领域技术创新试验和应用方面先行先试，积极建立产业协同创新共同体、科技创新智库，创新国际科技合作模式，鼓励科技成果投资入股，推动创新成果标准化、专利化；实施人才优先发展战略，建立与高质量发展相适应的“五湖四海”选人用人机制以及高层次人才引进与激励政策体系，优化就业创业、成长成才环境等方面为雄安新区高质量发展打造全方位的政策支持。

四、探索先行先试，赋予更大的改革自主权

引导和保障雄安新区先行先试、率先突破，构建有利于增强对优质北京非首都功能吸引力、符合高质量发展要求和未来发展方向的制度体系，为打造贯彻落实新发展理念的创新发展示范区提供法治保障，这是条例的一个十分重要的考量因素。因此，条例在土地、住房、投融资、财税、金融、人才、医疗等方面为雄安新区先行先试提供全方位的政策支持，推动雄安新区实现更高质量、更有效率、更加公平、更可持续发展。

一是明确自然资源资产产权制度改革、探索完善土地征收、供应政策。首先，雄安新区可以按照授权开展自然资源资产产权制度改革，建立健全权责明确的自然资源资产产权体系，实施自然资源统一确权登记。其次，雄安新区应当依法建立健全程序规范、补偿合理、保障多元的土地征收制度，完善被征地农民就业、养老保险等社会保障制度。第三，雄安新区要制定与住房制度相配套、与开发建设方式相适应的土地供应政策，完善土地出让、租赁、租让结合、混合空间出让、作价出资入股等多元化土地利用和供应模式，以及不同土地供应方式下的不动产登记模式。

二是推进农村集体产权制度改革和完善国有企业资产管理体制。条例明确规定，农村集体经济组织成员可以依法转让土地承包经营权，增强农村集体所有制经济发展活力，推动建立持续稳定的农民收入增长机制。在国有企业资产管理方面，要建立以管资本为主的国有资产监管机制，健全法人治理结构和市场化经营机制。除涉及国民经济命脉或者承担重大专项任务外，积极稳妥发展混合所有制经济。

三是为改革开放提供税收、金融、人才、平台等支撑。在税收方面：条例明确规定，雄安新区可以按照国家规定，对符合税制改革和发展方向的税收政策，在现行税收制度框架内优先实施；对需要先行先试的，依法依规优先试点。支持在京企业向雄安新区搬迁的税收政策，引导和推动符

合雄安新区功能定位的在京高新技术企业加快转移迁入。雄安新区还要建立智慧、便捷的税费服务体系，为纳税人、缴费人提供法律宣传、业务咨询、在线办理、权益保护等服务。在金融方面，条例明确规定，雄安新区可以按照国家规定推进综合性、功能性金融监管体制改革，探索建立符合国际规则的金融监管框架，加强本外币协同监管，实现金融活动监管全覆盖，防止发生系统性、区域性金融风险。同时，雄安新区要按照国家有关政策，支持金融业实施更大力度的对外开放举措。鼓励银行业金融机构加强与外部投资机构合作开展相关业务。在人才方面，条例明确规定，雄安新区应当探索建立“揭榜挂帅”的科技人才激励机制，赋予科研机构和高等学校收入分配自主权，建立健全前沿科技领域人才和团队稳定支持机制，实施科研经费和科技成果管理负面清单制度。优化境外人才引进和服务管理，为境外人才创新创业提供便利。在投资方面，条例明确规定，雄安新区应当扩大对内对外开放，鼓励国际国内各类资本参与建设，完善企业投资服务机制，促进投资贸易便利化，构建开放型经济体系，实行外商投资准入前国民待遇加负面清单管理制度，对负面清单以外的事项实行内外资统一管理。支持符合条件的投资者设立境外股权投资基金，按照国家规定创新本外币账户管理模式，允许跨国公司总部在雄安新区开展本外币资金集中运营，建设面向全球的数字化贸易平台，便利跨境支付结算。同时，雄安新区应当根据国家规定放宽外汇资金进出管制，促进投融资汇兑便利化，推进人民币资本项目可兑换。在国际贸易方面，条例明确规定，雄安新区应当推进海关通关智能化、信息化建设，探索建立海关特殊监管区域，建立国际贸易“单一窗口”，提高监管效率和水平。在中国（河北）自由贸易试验区（雄安片区）推进制度集成创新，开展首创性、差别化改革探索，积极推进雄安综合保税区建设，促进外向型优势产业发展。雄安新区还将推动开放型平台、“一带一路”国际合作平台建设，推动与相关国家和地区的交流合作。

五、践行生态文明，实行最严格的保护制度

坚持生态优先、绿色发展，建设绿色生态宜居新城区，走出一条人与自然和谐共生的现代化发展道路是中央对雄安新区建设的明确要求。条例

实行最严格的生态环境保护制度，以法治手段助力打造蓝绿交织、清新明亮、水城共融的优美生态环境。

一是创新体制机制，建立绿色低碳循环发展经济体系。条例明确规定，雄安新区应当创新生态环境保护体制机制，建立绿色低碳循环发展经济体系，加快碳达峰碳中和进程，实行最严格的生态环境保护制度，加快水生态修复与治理，加强大气污染防治，严守土壤环境安全底线，打造蓝绿交织、清新明亮、水城共融的优美生态环境。

二是加强水生态治理和保护。条例明确规定，雄安新区应当确立水资源开发利用红线，按照以水定城、以水定地、以水定人、以水定产的要求，实行最严格的水资源管理制度。同时，雄安新区还要加强白洋淀生态环境治理和保护，推进补水、治污、防洪一体化建设，发挥白洋淀的生态功能、防洪功能，实现以淀兴城、城淀共融。

三是创新和完善市场化生态保护和治理机制。条例明确规定，雄安新区应当创新和完善市场化生态保护和治理机制、资源环境价格机制、多样化生态补偿机制，推行生态环境损害赔偿和企业环境风险评级等制度；建立全面节约和循环利用资源制度，落实国家和省资源节约指标要求，建立具有国际先进水平的生活垃圾分类制度，提高城市资源循环节约利用水平，率先建成无废城市。

四是建立绿色生态城区指标体系。条例明确规定，雄安新区要通过开展大规模国土绿化，塑造高品质城区生态环境，加强绿化带和生态廊道建设，构建由多类型公园组成的公园体系，提高绿化和森林覆盖率，建立绿色生态城区指标体系。同时，通过建立资源环境承载能力监测预警长效机制，构建智能化资源环境监测网络系统和区域智慧资源环境监管体系，实行自然资源与环境统一监管。

此外，为保证雄安新区生态文明建设成效，条例还明确规定，雄安新区应当开展生态文明建设目标评价考核，建立健全生态环境保护责任清单、环保信用评价、信息强制性披露、生态环境损害责任终身追究等制度。

六、提升公共服务，营造良好发展环境

提升雄安新区公共服务水平，有序推进公共服务设施建设，打造优质

公共服务环境，是营造良好发展环境，推动疏解对象顺利落地的前提和基础性工作。条例对加强政务服务建设，推进现代教育体系建设，深化医疗卫生领域改革，创新医疗卫生体制机制，搭建居家社区机构相协调、医养康养相结合的养老服务体系，提供多层次公共就业服务，建设多层次公共文化服务设施，构建保障基本、兼顾差异、满足多层次个性化需求的新型多元化住房供应体系等方面作了相应规定。推进构建多层次、全覆盖、人性化的基本公共服务网络，全面提升新区公共服务水平，建设具备优质公共服务的新型城市。

一是加强政务服务建设。条例明确规定，雄安新区应当加强政务服务建设，推行证明事项告知承诺制，推动政务服务标准化建设，实现“一网通办、一窗核发”。除法律、法规另有规定或者涉及国家秘密等情形外，政务服务事项应当纳入政务服务平台办理。同时，雄安新区应当运用现代信息技术，推进政务信息共享和业务协同，提高政务服务信息化、智能化、精准化、便利化水平。

二是推进现代教育体系建设。条例明确规定，雄安新区应当合理均衡配置教育资源，创新教育机制和模式，引进优质教育资源，发展高质量的学前教育、义务教育、高中教育，以及高水平、开放式、国际化高等教育，加快发展现代职业教育。

三是深化医疗卫生领域改革。条例明确规定，雄安新区要创新医疗卫生体制机制，构建体系完整、分工明确、功能互补、优质高效的整合型医疗卫生服务体系和立体化卫生应急体系。采取有效措施引进北京市和其他地区优质医疗资源，促进医疗资源和信息共享，并依法支持、鼓励社会资本和境外医疗人员参与提供医疗卫生服务。

四是搭建养老服务体系。条例明确规定，雄安新区要建立以居家为基础、社区为依托、机构为支撑，居家社区机构相协调、医养康养相结合的养老服务体系，满足多层次、多样化的养老服务需求。

五是创新公共文化服务模式。条例明确规定，雄安新区要建设多层次公共文化服务设施，实现农村、城市社区公共文化服务资源整合和互联互通，提高基本公共文化服务标准化、均等化水平。

六是提供多层次公共就业服务。条例明确规定，雄安新区管理委员会应当创新社会保障服务和劳动就业服务体系，提供多层次公共就业服务，建立健全社会保障基本制度和城乡一体化、均等化的就业制度以及失地农民就业创业机制。

七是构建职住平衡的住房制度。条例明确规定，雄安新区要按照职住平衡、住有所居的原则，构建保障基本、兼顾差异、满足多层次个性化需求的新型多元化住房供应体系，建立多主体供应、多渠道保障、租购并举的住房制度。严禁大规模开发商业房地产。

七、推进协同发展，建设京津冀世界级城市群

条例将“协同发展”作为重要内容专设一章，对加强区域交流合作，创新公共服务供给机制，加强与北京市、天津市合作，逐步形成优质高效、保障多元、城乡一体、开放共享的公共服务体系，建立生态环境协同治理长效机制，加快建立与北京市、天津市及周边地区的轨道和公路交通网络，制定有利于承接北京非首都功能疏解的人口迁移政策，建立多地区多部门信息沟通共享和协同推进机制等方面作了相应规定。力求通过集中承接北京非首都功能疏解，促进与北京市、天津市以及周边地区合理分工，辐射带动京津冀地区协同发展，加强各领域政策措施之间的统筹协调和综合配套，建立多地区多部门信息沟通共享和协同推进机制，增强工作的系统性、整体性、协同性，打造要素有序自由流动、主体功能约束有效、基本公共服务均等、资源环境可承载的区域协调发展示范区，推进建设京津冀世界级城市群。

一是加强公共服务体系协同。条例明确规定，雄安新区管理委员会应当根据功能定位和人口需求，编制公共服务发展规划，加强教育、医疗、文化、法律等公共服务基础设施建设，创新公共服务供给机制，加强与北京市、天津市合作，逐步形成优质高效、保障多元、城乡一体、开放共享的公共服务体系。

二是生态环境协同治理。生态环境保护是京津冀协同发展的重要突破口之一，为加快推进京津冀生态环境支撑区建设，条例明确规定，河北省人民政府及其有关部门应当支持雄安新区与周边地区建立生态环境协同治理长效机制，加强重点流域水污染协同治理、大气污染联防联控、生态系

统修复与环境管理等方面协作。

三是交通一体化建设。条例明确规定，雄安新区应当按照网络化布局、智能化管理、一体化服务的要求，合理布局综合交通枢纽，加快建立连接雄安新区与北京市、天津市及周边地区的轨道和公路交通网络。坚持公交优先，综合布局各类城市交通设施，提高绿色交通和公共交通出行比例，打造便捷、安全、绿色、智能的交通系统。

四是搭建新型人口迁移政策。条例明确规定，雄安新区管理委员会应当制定有利于承接北京非首都功能疏解的人口迁移政策，建立以居住证为载体的公共服务提供机制，实行积分落户制度。建立服务型人口管理新模式和科学的人口预测及统计体系，实行新型实有人口登记制度。应当推动基本公共服务和社会保障水平与北京市、天津市相衔接。

八、强化法治保障，构建法治保障制度体系

为打造与雄安新区规划建设相匹配，营造有利于先行先试、创新创业、公平公正的法治环境，构建符合高质量发展要求的法治保障制度体系，推进法治雄安和廉洁雄安建设，条例对依法保护各种所有制经济组织、公民的财产权和其他合法权益，建立快速反应的知识产权执法机制，建立并完善守信激励和失信联合惩戒机制，对新技术、新产业、新业态、新模式等实行包容审慎监管，加强社会矛盾纠纷多元预防调处化解工作，深化司法责任制综合配套改革，营造公正高效权威的司法环境作出相应规定。同时，为进一步强化改革措施的法治保障，规定凡涉及调整现行法律、行政法规、国务院决定和地方性法规的，按法定程序经有权机关授权后实施。

一是依法保护合法权益。条例明确规定，雄安新区要依法保护各种所有制经济组织、公民的财产权和其他合法权益，保护企业经营者人身和财产安全。严禁违反法定权限、条件、程序对市场主体的财产和企业经营者个人财产实施查封、冻结和扣押等行政强制措施；依法确需实施前述行政强制措施的，应当限定在所必需的范围内。加强产权司法保护，依法严惩侵犯产权的各类刑事犯罪，严格规范涉案财产处置。

二是加大知识产权保护力度。条例明确规定，雄安新区要建立健全知

识产权保护机制，强化行政执法和刑事司法衔接，建立快速反应的知识产权执法机制，实施知识产权侵权惩罚性赔偿制度。

三是完善社会信用体系。条例明确规定，雄安新区要建立覆盖自然人、法人和非法人组织的诚信账户，实行信用风险分类监管，建立并完善守信激励和失信联合惩戒机制。

四是建立包容审慎监管机制。条例明确规定，雄安新区应当按照鼓励创新的原则，对新技术、新产业、新业态、新模式等实行包容审慎监管，针对其性质、特点分类制定和实行相应的监管规则和标准，确保质量和安全。

五是加强社会矛盾纠纷多元预防调处化解。畅通和规范公众诉求表达、利益协调、权益保障通道，完善信访制度和人民调解、行政调解、司法调解联动工作机制。支持设立国际性仲裁、认证、鉴定机构，建立商事纠纷多元解决机制。

六是健全司法体制机制。雄安新区将深化司法责任制综合配套改革，营造公正高效权威的司法环境。加强公共法律服务体系建设，完善公共法律服务体制机制，加强服务平台和服务网络设施建设，促进公共法律服务标准化、规范化，提供及时、精准、普惠的公共法律服务。支持律师事务所、法律援助机构、公证机构、司法鉴定机构、仲裁机构、调解组织等创新建设发展，鼓励各类社会组织在法治宣传、权益维护、矛盾纠纷化解等方面提供法律服务。建立有利于鼓励改革创新的容错纠错机制，明确适用于容错纠错的具体情形和认定程序。

同时，为保障各项改革于法有据，条例还明确规定，雄安新区改革创新需要暂时调整或者暂时停止适用法律、行政法规、国务院决定的，应当依照法定程序报请有权机关决定；需要暂时调整或者暂时停止适用地方性法规的，省人民政府应当依法提请省人民代表大会或者其常务委员会作出决定。

第四节　宣传贯彻

法规的生命力在于实施。《河北雄安新区条例》在河北省十三届人大常委会第二十四次会议上获得全票通过后，省委省政府高度重视条例的贯彻实施，专门下发通知要求全省各级各部门切实增强学习宣传贯彻条例的政治自觉、思想自觉和行动自觉，充分发挥条例在雄安新区建设发展中的引领、保障和推动作用。全国人大宪法和法律委、全国人大常委会法工委印发《法制工作简报》，介绍条例有关情况。各级各类媒体对条例进行了广泛报道和全面解读，进一步提升了条例在全社会的关注度和影响力。河北上下，深入学习贯彻习近平总书记重要指示精神和党中央以及省委重大决策部署，深刻认识规划建设雄安新区的重要意义，准确理解把握条例的重点内容，充分发挥各级各部门的职能作用，保障了条例落地落实、见到实效。

一、各级各类媒体报道，全方位宣传解读条例

2021 年 7 月 29 日河北省人大常委会召开《河北雄安新区条例》新闻发布会后，各级各类媒体对条例进行了全方位、多角度宣传报道，共发布相关稿件 695 篇，其中，中央媒体发稿 153 篇，省级媒体发稿 212 篇，新区媒体发稿 330 篇，切实提升了条例在全社会的关注度和影响力，营造了浓厚舆论氛围和良好社会环境。

央视《新闻联播》《新闻 30 分》《中国新闻》《今日环球》《午夜新闻》等栏目第一时间对条例的颁布实施进行了报道。央视《焦点访谈》栏目刊播《筑牢法治之基　护航未来之城》，专题对条例进行全面深入阐释，邀请河北省委常委、副省长，雄安新区党工委书记、管委会主任张国华和河北省人大常委会副主任、法制委员会主任委员王会勇、中国政法大学校长马怀德等领导和权威专家介绍了新区设立背景和建设发展情况，对条例出台背景、核心内容和重大意义等进行了全面解读，表示条例为实现“雄安事雄安办”，推动“未来之城”的改革与发展提供了法律保障。

人民日报、新华社全媒头条、光明日报、经济日报、工人日报、中央广播电视总台中国之声《新闻纵横》等中央主要媒体集中刊播条例出台消息。人民日报刊发《〈河北雄安新区条例〉9 月 1 日正式实施》，报道条例涵盖管理体制、规划与建设、高质量发展、改革与开放、生态环境保护、公共服务、协同发展、法治保障等八个方面内容，填补了雄安新区综合立

法的空白，并对条例重要内容进行了摘录。新华社刊发《〈河北雄安新区条例〉将于今年 9 月 1 日正式实施》《河北立法规定雄安新区管委会是河北省政府派出机构》，报道了条例对“将雄安新区建设成为北京非首都功能疏解集中承载地、高质量高水平社会主义现代化城市”的功能定位进行的系统规定，将为雄安新区下一步建设发展提供强有力法治保障。法治日报刊发《河北出台关于支持雄安新区改革创新和建设发展综合性法规 法治引领确保一张蓝图绘到底》，从积极稳妥推进打造立法精品、明确管理体制鼓励先行先试、构建保障体系推进法治建设三方面报道条例的立法过程、特色亮点和保障体系，以及条例的出台标志着法治雄安建设开启了新篇章。

在中央媒体全面宣传解读条例的同时，河北也加大宣传力度。河北日报刊发《〈河北雄安新区条例〉看点解析 | 法治护航未来之城行稳致远》《政论 | 高标准高质量建设发展雄安新区的重要支撑和法治保障》《长图 | 亮点 + 解读，雄安新区首部综合性地方法规图解》等，通过评论和图解，对条例内容进行摘编和解析，对条例内容进行全方位宣传解读。河北电视台聚焦《河北雄安新区条例》是我国第一部关于支持雄安新区改革创新和建设发展的综合性法规，就明确管委会行使国家和省赋予的省级经济社会管理权限、用法律法规确保一张蓝图干到底等主要内容，邀请河北省人大常委会法制工作委员会主任周英、河北省司法厅副厅长梁洪杰、时任雄安新区党工委委员、管委会副主任陈峰等分别进行了解读。长城新媒体制作微视频，AI 动画解读《河北雄安新区条例》。省内河北法制日报、燕赵都市报、公民与法治等新闻媒体也都从不同角度对条例进行了全面解读和宣传。

此外，兄弟省市特别是北京日报刊发了《雄安首部综合性地方法规〈河北雄安新区条例〉出台 重点承接八类北京非首都功能疏解》，报道条例科学确定新区开发边界和强度，重点发展六大高端高新产业，推动公共服务与京津衔接，打造区域协调发展示范区。

二、发挥人大制度优势，全面保障条例贯彻执行

省人大常委会党组高度重视省委省政府关于做好条例学习宣传贯彻工

作的通知要求，召开省人大常委会党组会议，组织学习条例精神，部署宣贯任务，为发挥人大制度优势，全面保障条例贯彻执行指明了方向，提供了坚强的组织保障。

一是组织开展学习讨论，充分认识条例重大意义。《河北雄安新区条例》是一部从雄安新区规划建设发展实际出发，针对其功能定位、总体目标和特殊阶段量身定制的综合性、基础性法规。条例的制定实施，对于贯彻落实习近平总书记关于雄安新区规划建设一系列重要指示批示精神和党中央以及省委重大决策部署，以法治引领、保障和服务雄安新区规划建设发展具有重要意义。省人大常委会各部门和有关市县人大常委会将学习贯彻条例作为一项重要的政治任务，高度重视，精心组织，深入学习领会条例的核心要义，切实增强贯彻落实的政治自觉、思想自觉和行动自觉。

二是配合做好宣传引导，营造良好贯彻落实氛围。条例表决通过后，省人大常委会迅即组织召开了新闻发布会，对条例制定过程和主要内容进行了全面解读，中央重点媒体和省级主流媒体等第一时间作了重点报道，对条例给予充分肯定、高度评价和正面宣传，取得了较好的社会反响。省人大常委会积极配合省委宣传部、雄安新区管委会等单位做好条例的深度宣传解读工作，组织相关业务骨干赴雄安新区和省直相关部门进行宣讲，营造条例贯彻实施的良好社会氛围和舆论氛围。

三是适时开展执法检查，保障条例真正落地落实。一部好的法规出台后，关键看落实。雄安新区成立人大工作联络办公室，负责联系协调人大工作。实现良法善治必须真刀真枪地抓执行落实，省人大常委会将切实履行宪法、法律赋予的监督权，由财经工委和监察司法工委牵头，各有关工委配合，组织开展条例执法检查，充分运用执法检查、听取审议专项工作报告、专项调研等形式，推动条例有效实施。督促雄安新区和各级有关部门全面准确贯彻落实条例规定。

四是有效发挥代表作用，形成宣传贯彻落实合力。充分发挥人大代表密切联系群众的优势，依托“人大代表之家”、“代表联络站”，以座谈、集中宣讲等多种形式，组织全省各级人大代表学习宣传贯彻，使各级代表都能够深刻认识制定条例出台的重大意义，全面理解把握条例的主要内容，主动宣传好、落实好条例，形成条例宣传贯彻落实合力。

五是持续加强调查研究，推动配套制度尽早出台。条例作为一部综合性、基础性法规，对改革开放、生态环保、公共服务等多个领域作出了原则性、方向性制度设计，这些制度设计需要政府各部门及时制定与之相配套的政策来保障实施。省人大常委会各工委将结合各自工作职责，加强调查研究论证，根据雄安新区不同阶段不同方面的法治需求，适时启动有关立法项目，推动形成有效保障雄安新区规划建设发展的法规政策制度体系。

三、发挥政府主体作用，全力推动雄安新区发展

河北省政府各级各部门全面准确把握条例的基本原则和任务要求，对照条例规定的管理体制、规划建设、高质量发展、改革开放、生态环境保护、公共服务、协同发展、法治保障等内容主体职责要求，全力指导、推进和保障雄安新区规划建设发展。

一是加大统筹协调力度，推动新区法治建设。河北省政府深入学习宣传贯彻习近平法治思想，立足雄安新区建设发展实际，总结法治建设实践经验，整合各方法治力量串珠成链增强法治建设合力，推动解决法治雄安建设领域突出问题，推出并扎实推进更多以小切口解决大问题的依法治省实事项目，让新区群众法治获得感成色更足、幸福感更可持续、安全感更有保障。通过深入实施“八五”普法规划，推动加强雄安新区法治宣传教育机构建设，改进创新普法工作，组织开展国家宪法日和“宪法宣传周”集中宣传活动、“美好生活·民法典相伴”主题宣传活动，推动“谁执法谁普法”普法责任制落实，健全国家工作人员学法用法制度，培育壮大普法志愿者队伍，实施农村“法律明白人”培养工程和公民法治意识法治素养提升行动，增强雄安新区全民法治观念。

二是加强行政监督指导，推动新区履职尽责。条例聚焦解决雄安新区体制机制障碍，明确了雄安新区管理委员会及其所属机构的行政主体地位，赋予了雄安新区管理委员会及其所属机构的行政执法权，以及雄安新区管理委员会的行政复议权，同时产生的还有行政应诉职责，这些都是雄安新区的全新职责。河北省政府加强对新区行政执法、行政复议、行政应诉工作的指导监督，全面推行行政执法“三项制度”，严格行政执法人员

资格和证件管理，规范执法自由裁量权，推动加强行政复议工作机构建设，优化行政复议资源配置，健全行政复议案件审理机制，规范和加强行政应诉工作，推动行政机关负责人出庭应诉制度落实，加强行政执法、行政复议、行政应诉队伍建设，助力雄安新区履行好新职责。

三是严格按照条例规定，推动新区规划建设。条例对新区城市规划、产业发展和改革开放等内容，规定了一系列体制机制建设要求。河北省政府按照条例规定，严格把握城市规划建设要求，统筹生产、生活、生态三大空间，加强国土空间用途管制，完善规划实施决策机制，严格规划刚性约束；加强新区城市设计，推动新区建立健全城市规划设计建设管理标准体系和城市安全发展管理体制。按照新区高质量发展要求，坚持高端高新方向，制定产业发展指导目录和限制承接布局产业负面清单，积极承接北京非首都功能疏解，重点发展新技术、新材料、新产业；实施人才优先发展战略，加强科技创新能力和体系建设。坚持改革创新和对外开放，在土地、住房、投融资、财税等方面先行先试，推动自贸试验区雄安片区和雄安综合保税区建设，推动雄安新区实施更高质量、更有效率、更加公平、更可持续发展。

四是加强京津冀交流合作，打造区域协调发展示范区。河北省政府扎实推进京津冀协同发展，落实京冀、津冀战略合作协议，加快“三区一基地”建设。加快建立连接雄安新区与京津及周边地区的轨道和公路交通网。紧紧扭住疏解北京非首都功能“牛鼻子”，举全省之力抓好重点承接平台建设，提升对京津产业转移项目的吸引力和承载力，同时优化区域产业链布局，巩固和优化一批上下游关联度高、在国内国际具有较强影响力的产业链条，推动产业链、供应链、创新链深度融合。加强区域交流合作，强化重点流域水污染协同治理、大气污染联防联控、生态系统修复与环境管理等方面协作，抓好潮白河流域治理保护，推进京津冀协同发展生态保护和修复等生态工程，建设首都水源涵养功能区和京津冀生态环境支撑区。

五是完善公共法律服务，营造良好社会环境。一方面河北省政府紧紧围绕人民日益增长的美好生活需要，进一步完善雄安新区公共法律服务体系，加快整合律师、公证、调解、仲裁、法律援助、司法鉴定等公共法律服务资源，创新多元化公共法律服务供给模式，持续推进“互联网＋公共法律服务”“区块链＋公共法律服务”，进一步打造共建共治共享的公共法律服务生态圈。另一方面河北省政府坚持和发展新时代“枫桥经验”，聚焦征地拆迁、重点项目建设、金融风险防范、生态环境保护等重点领域矛盾纠纷，综合运用调解、和解、公证、仲裁、行政裁决、行政复议等方式，推动加强诉调对接、诉裁对接等机制建设，充分发挥新型矛盾纠纷调解方式在维护社会和谐稳定中的基础作用，及时有效调处化解矛盾纠纷，为雄安新区建设发展营造良好的社会环境。

四、发挥新区阵地作用，全力确保条例落地落实

《河北雄安新区条例》作为全国第一部关于支持雄安新区改革创新和建设发展的综合性地方性法规，对雄安新区规划建设发展做出全面系统规范，为高标准高质量建设发展雄安新区提供了重要法治保障和法治支撑。雄安新区按照省委省政府要求，结合工作实际制定《关于学习贯彻〈河北雄安新区条例〉的实施意见》（以下简称《实施意见》），明确分工，压实责任。新区全面贯彻条例和《实施意见》各项规定，有力有序推进各项工作开展，取得了积极成效。

一是依法健全完善行政管理体系。全面梳理新区各部门应当依法行使的行政执法、监督管理等行政管理职权，编制新区《行政执法事项清单》《罚没事项清单》和权责清单，全面推进依法行政。对依法应由雄安新区行使的行政管理事项，正在研究划转的解决方案，加强工作对接，加快形成雄安新区全面、完整、系统的行政管理工作体系。制定《河北雄安新区行政复议体制改革实施方案》《河北雄安新区管理委员会行政复议工作办法》《河北雄安新区管理委员会行政应诉工作办法》，规范新区行政复议和行政应诉工作程序。

二是高标准高质量推进规划建设。雄安新区按照条例规定，统筹生产、生活、生态三大空间，科学确定城镇开发边界、人口规模、用地规模和开发强度，严守生态保护红线，有序组织开展生态保护红线勘界定标工作。制定城市建筑风貌设计正负面清单，编制形成起步区东西轴线城市建筑风貌及景观设计、南北中轴线城市设计和标志性建筑概念设计成果，完

成启动区金融岛、总部区、科学园、创新坊等功能片区城市建筑风貌设计，为片区开发建设打下坚实基础。建立动态调整机制，深化市场化项目规划条件，实行用地预审与选址、划拨土地“一表申请、同步办理”，由串联改为并联审批，提高划拨土地效率。建立建设用地多功能复合利用开发模式，创新设定综合用地，可兼容住宅、商业、公共设施、产业用地等多种用途，2021 年累计为 50 个项目供应土地 17.52 平方公里，有力保障新区建设用地需求。健全生产安全风险防控体系，加强公共安全风险防控工作，完善防灾减灾救灾体系，提高应急管理能力和抗震设防能力。扎实推进智能城市建设，初步搭建完成以城市计算中心、块数据平台、城市物联网平台、视频一张网平台、CIM 平台为核心的城市大脑体系，并于 2021 年中国国际数字经济博览会上正式发布新区城市大脑框架体系。正在抓紧推进建设雄安城市计算（超算云）中心项目，雄安自主可控区块链底层技术平台通过初验，即将上线部署区块链 BaaS 平台。高标准高质量建设雄安新区，打造新时代高质量发展的全国样板，最终要落实到每一个具体项目上。截至 2021 年底，新区累计完成投资 3500 多亿元。着眼于城市显雏形、出形象的总体目标，2022 年将安排 230 多个重点项目，年度计划投资 2000 多亿元。

三是打造推动高质量发展全国样板。研究制定新区承接北京非首都功能疏解总体实施意见和承接高校、医院、企业总部三个专项工作方案，落实中央层面及省政府已出台的教育、医疗卫生、住房等疏解政策，细化完善一揽子承接疏解配套支持政策，增强新区对疏解单位和人员的吸引力。加快构建现代产业体系，发展高端高新产业，改造提升符合雄安新区功能定位和发展方向的本地传统产业，向“智能化、绿色化、服务化、高端化”四化方向转型，制定《雄安新区关于加快打造新产业的实施方案（2021—2025 年）》《雄安新区传统产业转移转型行动方案（2021—2023 年）》。积极开展启动区金融岛片区建设，中证金融大厦和资本市场培训基地项目已进入拿地建设的实质性推进阶段，建设银行、中国银行、中石化资本、人寿集团、人民银行等金融岛项目正在持续洽谈推进。严格落实《关于河北雄安新区引进海内外高端人才的实施意见》，编制完成《雄安新区人才发展“十四五”规划》，出台《关于加快聚集支撑疏解创新创业人才的实施方案》，实施《雄安新区“聚焦新产业集聚新人才”产业人才引进三年行动计划》，制定人才引进办法。截至2022年3月，新区累计选录招聘清华、北大等“双一流”高校人才1000余名，柔性引进院士、专家等高端人才12名，项目合作引进规划建设重点领域人才100余名。中央部委、北京市和沿海发达地区累计选派近300名挂职干部到新区参与建设。新增各类创新创业人才1.3万余人。

四是加快形成改革与开放新格局。扎实做好“六稳”工作、落实“六保”任务，全面贯彻实施外商投资法、外商投资法实施条例和外商投资准入负面清单，研究制订促进外资高质量发展政策举措。有序推进深化服务贸易创新试点，117项任务实施率达50%，形成多项服务贸易案例。积极推进跨境电商综合试验区建设，跨境电商综试区线上综合服务平台（一期）正式上线运行，跨境电子商务9610模式、9710模式首次在雄安新区落地实施。朱各庄跨境电商产业园已与亚马逊（Amazon）、购物趣（Wish）等全球电商平台签署战略合作协议，与47家国内领先的跨境电商生态企业、供应链企业完成合作意向洽谈。加快推进自贸试验区制度集成创新，雄安片区共梳理9项制度创新案例，其中，2项案例在全国复制推广，6项案例在全省复制推广，在河北自贸试验区四个片区中处于领先地位。加快综合保税区规划建设，目前施工现场临建搭建完成，正式启动部分厂房、仓库的基础处理工作。简化业务办理流程，将出口退税平均办理时长压缩至2.1个工作日，较国家层面要求缩短70%。开展数字人民币缴税试点工作，推进税收征管改革，实现了全国首笔个人住房租赁、容东片区安置房契税、异地建筑企业预缴的数字人民币税款缴纳。

五是建设绿色发展典范城市。积极开展绿色金融创新，试运行“中证雄安绿色发展指数”，研究制定《河北雄安新区绿色金融改革创新试验区整体方案》，积极申设“绿色金改试验区”。研究制定碳达峰行动方案，科学精准掌握温室气体排放底数，深入研究新区实现碳达峰、碳中和的时间表、路线图和行动计划。持续推进新区水、大气及土壤污染治理等措施，全面提升新区生态环境治理水平，污染防治攻坚取得明显成效，白洋淀水质改善明显，自1988年恢复蓄水以来首次历史性实现Ⅲ类标准。“千年秀林”工程已累计造林45.4万亩，雄安郊野公园、悦容公园等一批高品质休闲设施投用，雄安新区森林覆盖率由 11% 提高到 32%。加强地质资源保护与开发利用，实现清洁供热和碳中和目标。地热动态监测初步实现自动化，初步建成信息化监测系统。

六是打响“雄安服务”金字招牌。加强政务服务建设，除部分事项不宜进驻外，新区许可事项已实现“应驻尽驻”，进驻率达 99%。推进大综窗建设，实现“一窗受理”，全面推行证明事项告知承诺制。在充分发挥“一会三函”制度优势基础上，开展投资项目审批流程再造，优化形成法定许可和“一会三函”并联运行、同时审批的完整审批链条，明确企业投资备案类项目“拿地即开工”实施办法。推进投资项目审批“三集中、三到位”，实现投资项目审批类事项“进一扇门、办所有事”，建立以项目为中心的全流程帮办机制，为容东片区首批交付使用建设项目高效办理 218 个行政许可手续。研究新区承接北京非首都功能疏解住房保障政策，明确商品住房、共有产权住房、租赁住房的建设方式、价格管理、准购限售条件等条款。目前新区已推出积分落户政策，对急需的特殊人才可开通落户直通车，建立多主体供应、多渠道保障、租购并举的住房制度，预计未来三年可提供约 1355 万平方米、约 14 万套住房，满足各类人才需求。

七是加快打造区域协调发展示范区。构建新区骨干交通网络，逐步推进新区对外路网建设，开通运营京雄城际和雄安站综合交通枢纽，京雄商高铁可行性报告已获批。坚持公交优先发展，陆续组织开通覆盖容东组团以及绿博园、启动区等重点片区以及连接雄安站与三县等重点节点的骨干公交线路，保障定线公交、弹性公交等平稳有序运行。深入推进京津冀医疗卫生协同发展，签约京津冀支持雄安新区医疗卫生事业发展合作框架协议。与北京市在“互设窗口、互派人员”模式开展“跨省通办”的基础上，进一步强化京雄合作，与北京市五区结成政务服务“跨省通办”合作伙伴，解决企业群众两地办事来回跑问题，有效服务北京非首都功能疏解。

八是优化法治化营商环境。研究制定雄安新区法治建设规划，构建符合高质量发展要求的法治保障制度体系。创新行政执法方式，建立包容审慎的执法监管机制。对企业立案查处的，对符合法定从轻、减轻情形的，依法从轻或减轻行政处罚。成立知识产权战略实施工作领导小组，构建

“严保护、大保护、快保护、同保护”工作格局。开展省级知识产权信息公共服务网点建设，加强知识产权金融运用。加强社会信用体系建设，投入使用新区数字信用信息平台。全面加强案件质量管理，审判质效持续提升。积极主动探索检察权运行新模式，系统推进检察一体化建设。加强公共法律服务，积极推动公共法律服务社会组织为新建片区回迁群众提供优质高效的法律服务。

第三章 《白洋淀生态环境治理和保护条例》协同立法

第一节 立法背景

白洋淀素有"华北明珠"之称，属于海河流域大清河水系，143个淀泊星罗棋布，3700多条沟壕纵横交错，淀区正常水位水域面积约366平方公里，既是华北平原最大的淡水湿地生态系统，也是雄安新区蓝绿空间的重要组成部分，对维护华北地区生态环境和水安全具有不可替代的作用，也被誉为"华北之肾"。加强白洋淀生态环境治理和保护，关系到雄安新区高质量发展，关系到人民群众福祉和水环境安全，直接影响着雄安新区生态文明建设和京津冀区域生态安全，是雄安新区规划建设重中之重的任务。制定《白洋淀生态环境治理和保护条例》的立法背景，主要是雄安新区设立后，白洋淀环境综合整治成效初显，但由于历史欠账较多，生态环境治理保护依然任重道远，亟待强化规划和法治保障，以法治力量护航千年大计、国家大事，进一步夯实京津冀协同发展生态之基。

一、加强白洋淀生态环境治理和保护立法，是高质量推进规划建设雄安新区的现实需要

（一）雄安新区的设立

设立河北雄安新区，是以习近平同志为核心的党中央作出的一项重大历史性战略选择，是千年大计、国家大事。习近平总书记亲自谋划、亲自决策、亲自推动，倾注了大量心血，2017年2月23日亲临实地考察并发表重要讲话，多次主持召开会议研究部署并作出重要指示，为雄安新区规

划建设指明了方向。2017 年 4 月 1 日，新华通讯社受权发布：中共中央、国务院决定设立河北雄安新区。雄安新区规划范围包括雄县、容城、安新三县行政辖区（含白洋淀水域），任丘市鄚州镇、苟各庄镇、七间房乡和高阳县龙化乡，规划面积 1770 平方公里。从此，白洋淀和雄安新区紧紧联系在一起，举世关注，万众瞩目。

雄安新区地处北京、天津、保定腹地，各方面优势明显，土地水利环境地质支撑条件优良，发展空间充裕，成为集中承接北京非首都功能疏解的首选之地，这其中，白洋淀显著的自然本底生态优势也是重要考量之一。雄安新区生态良好，资源环境承载能力较强。雄县—容城—安新全境及周边部分地区属海河流域的大清河水系，区内河渠纵横，水系发育，湖泊广布，主要河流（渠）有友谊河、大清河、白沟河、白沟引河、南拒马河、萍河、瀑河、漕河、府河、唐河、孝义河、潴龙河、任文干渠、赵王新渠等，河网密度 0.12—0.23 千米/平方千米。雄安新区属暖温带季风型大陆性半湿润半干旱气候，春旱少雨，夏湿多雨，秋凉干燥，冬寒少雪；根据容城县 1968—2016 年气象资料，多年平均气温 12.4℃，年日照 2298.4 小时，年均无霜期 204 天，多年平均降水量为 495.1 毫米，多年平均蒸发量为 1661.1 毫米[1]。白洋淀是华北平原最大的淡水湖泊，是大清河南支缓洪滞涝的天然洼淀，主要调蓄上游河流洪水。九河下梢，汇集成淀，星罗棋布的苇田，摇船入淀，但见浩渺烟波，苍苍芦苇，悠悠小舟，岸上人家，宛若“华北江南”。白洋淀为雄安新区所辖，不仅成为雄安新区发展的重要生态水体，更是雄安新区蓝绿空间的重要组成部分。从某种程度上说，治理好白洋淀是为了保障新区的建设和发展。新区的建设和发展，反过来也会支撑和要求白洋淀有更好的质量，提升白洋淀的生态修复和环境改善的能力和水平，两者是相辅相成、融合发展的。

（二）纲要和规划的相关要求

2018 年 2 月 22 日，习近平总书记主持召开中央政治局常委会会议，听取雄安新区规划编制情况的汇报并发表重要讲话。党中央、国务院始终把加强白洋淀生态环境治理和保护作为规划建设雄安新区的关键环节，强

〔1〕《雄安地理环境和气候特征》，中国雄安官网，2022 年 2 月 7 日。

化顶层设计。按照党中央要求，京津冀协同发展领导小组修改完善形成了《河北雄安新区规划纲要》。2018 年 4 月 14 日，中共中央、国务院作出关于对《河北雄安新区规划纲要》（简称《纲要》）的批复；同年 12 月 25 日，经党中央同意，国务院批复《河北雄安新区总体规划（2018—2035 年）》（简称《总体规划》），《纲要》《总体规划》提出加强白洋淀生态环境治理保护和构建新区防洪安全体系等目标，明确了白洋淀生态环境治理和保护的目标和任务。在河北省委、省政府组织下，由中国科学院生态环境研究中心牵头，以《纲要》《总体规划》为基础，依法依规深化研究，形成了《白洋淀生态环境治理和保护规划（2018—2035 年）》（简称《白洋淀规划》），经党中央、国务院同意后正式印发。作为雄安新区规划体系的重要组成部分，《纲要》和《总体规划》《白洋淀规划》都对做好白洋淀生态环境保护工作提出了明确任务和具体要求，提供了根本依据，指明了工作方向，并明确要求制定白洋淀生态环境相关地方性法规。

《纲要》中明确，要构建新区“一淀、三带、九片、多廊”的生态安全格局，形成林城相融、林水相依的生态城市。“一淀”指的就是要开展白洋淀环境治理和生态修复。其中设置专章三节的篇幅对“打造优美自然生态环境”进行了全面阐述，不仅要恢复淀泊水面、实现水质达标，还要开展生态修复、加强生态环境建设，更要推动区域流域协同治理，全面提升生态环境质量。要求创新生态环境治理，远景规划白洋淀国家公园。根据《总体规划》要求，要践行习近平生态文明思想，坚持尊重自然、顺应自然、保护自然，开展生态保护与环境治理，建设新时代的生态文明典范城市。强化白洋淀生态整体修复和环境系统治理，建立多水源补水机制，逐步恢复淀区面积，有效治理农村面源污染，确保淀区水质达标，逐步恢复“华北之肾”功能，远景规划建设白洋淀国家公园。开展大规模植树造林，塑造高品质城区生态环境，保障区域生态安全。《白洋淀规划》则从流域治理角度出发，统筹考虑了水量、水质、生态三大要素，以白洋淀水质、水生态恢复目标为抓手，通过补水、治污、清淤、搬迁等措施综合治理，全面恢复白洋淀“华北之肾”功能，使“华北明珠”重放光彩。据新华社报道，按照《白洋淀规划》，到 2020 年，白洋淀环境综合治理和生态修复取得明显进展；2022 年，白洋淀环境综合治理取得显著进展，生态环境质量初步恢复；2035 年，白洋淀综合治理全面完成，淀区正常水位保持在 6.5—7 米，淀区面积稳定在 360 平方公里，淀区水质达到国家地表水环境质量三到四类标准。到本世纪中叶，淀区水质功能稳定达标，淀区生态系统结构完整、功能健全，白洋淀生态修复全面完成，展现白洋淀独特的“荷塘苇海、鸟类天堂”胜景和“华北明珠”风采[1]。

经过几年不懈努力，雄安新区规划建设迈出坚实步伐。先后有 60 多位院士、国内外 200 多个团队、3500 多名专家和技术人员参与新区规划体系编制；以《纲要》为统领，形成了以雄安新区总体规划、起步区控制性规划、启动区控制性详细规划及白洋淀生态环境治理和保护规划四个综合性规划为重点，26 个专项规划为基础支撑的“1 +4 +26”规划体系，承接北京非首都功能疏解有序推进，新区产业准入和注册登记指导意见及产业发展正负清单出台，重点片区和重点建设项目加快推进，形成了“塔吊林立、热火朝天”的建设场面。雄安商务服务中心、“三校一院”、容东安置房、高铁站片区、“千年秀林”建设成效显现，雄安新区画卷徐徐铺展，正在加快见雏形、出形象。白洋淀生态环境治理和保护取得明显成效，实施唐河污水库治理、白洋淀内源污染治理等一系列重大项目，扎实推进“散乱污”企业整治、入淀河流排查整治等十个专项治理，持续开展生态补水，有力推动白洋淀水环境质量持续好转，白洋淀“华北之肾”功能加快恢复。

（三）立法的根本遵循

习近平生态文明思想和习近平总书记重要指示批示精神，是强化规划建设雄安新区和加强白洋淀生态环境治理和保护法治保障的根本遵循。习近平总书记传承中华民族传统文化、顺应时代潮流和人民意愿，站在坚持和发展中国特色社会主义、实现中华民族伟大复兴中国梦的战略高度，深刻回答了为什么建设生态文明、建设什么样的生态文明、怎样建设生态文明等重大理论和实践问题，系统形成了习近平生态文明思想，有力指导生态文明建设和生态环境保护取得历史性成就、发生历史性变革。规划建设

[1] 《让“华北明珠”重绽风采——“白洋淀生态环境治理和保护规划”解读》，《新华社》2019 年 1 月 17 日。

雄安新区，是以习近平同志为核心的党中央深入推进京津冀协同发展作出的重大战略部署，是千年大计、国家大事。习近平总书记高度重视白洋淀生态环境治理和保护工作，先后作出一系列重要指示批示，2017 年、2019 年两次亲临雄安新区视察并发表重要讲话。2017 年 2 月，习近平总书记到河北省安新县进行实地考察，主持召开河北雄安新区规划建设工作座谈会时的讲话，强调“建设雄安新区，一定要把白洋淀修复好、保护好”〔1〕，深刻指出雄安新区紧邻白洋淀这个“华北之肾”，既要利用白洋淀自然生态优势，又要坚决做好白洋淀生态环境保护工作，不能因城废淀。2019 年 1 月，习近平总书记主持召开京津冀协同发展座谈会，对推动京津冀协同发展和强化规划法治保障提出明确要求，强调“保持历史耐心和战略定力，高质量高标准推动雄安新区规划建设。要把设计成果充分吸收体现到控制性详细规划中，保持规划的严肃性和约束性，用法律法规确保一张蓝图干到底”〔2〕。2020 年 9 月初，习近平总书记对雄安新区防洪排涝和白洋淀水资源利用保护再次作出重要指示。必须坚持以习近平总书记的重要指示批示和党中央的重大决策部署为根本遵循，按照党中央和省委的部署和要求，坚持以规划为依据，认真开展立法工作，落实顶层设计，维护规划法定地位和权威，做好与上位法和规划的有序衔接，推动党中央重大决策部署落地落实。

二、加强白洋淀生态环境治理和保护立法，是高标准护卫“华北明珠”重绽光彩的现实需要

（一）白洋淀基本概况〔3〕

1. “华北明珠”。白洋淀位于华北北部，河北省中部，太行山东麓永定河冲积扇与滹沱河冲积扇相夹峙的低洼地区，旧称白羊淀，又称西淀，是华北平原上最大的淡水湿地生态系统，素有“华北明珠”“华北之肾”

〔1〕《习近平在河北省安新县进行实地考察、主持召开河北雄安新区规划建设工作座谈会时的讲话》，《中国日报网》2018 年 3 月 31 日。

〔2〕《习近平在京津冀三省市考察并主持召开京津冀协同发展座谈会时的讲话》，《新华社》2019 年 1 月 19 日。

〔3〕 河北省水利厅编，《河北河湖名览》，中国水利水电出版社 2009 年，第 169—172 页。

的美誉。现白洋淀是诸淀的统称，位于海河流域大清河水系中部，位于东经 115°45′—116°06′，北纬 38°44′—38°59′之间，东西长约 29.6 千米，南北宽约 28.5 千米，在水位 10.5 米时（大沽，下同）水面面积 366 平方千米，容积 10.7 亿立方米。白洋淀由大小 143 个淀泊和 3700 多条沟壕组成，67 公顷以上的淀泊 31 个，百亩以上的大淀 99 个，其中白洋淀、烧车淀、羊角淀、池鱼淀、后塘淀等较大，白洋淀本淀面积 1133.3 公顷，为诸淀之首。淀内地形西高东低，淀底高程最低 5.0 米，一般 5.5—6.0 米。淀内常年有水，平时水深 2—3 米。低水位时，各淀泊轮廓分明，淀泊有沟壕相通；高水位时各淀相连，一片汪洋。诸淀一般位置明确，但其间并无精确界限。白洋淀水域辽阔，烟波浩淼，势连天际，大面积的芦苇荡和连片的荷花淀构成优美的北方水乡景观。淀内水生动植物资源丰富，有芦苇 12 万亩，荷花近 10 万亩，淡水鱼类 50 多种，广阔的水面和芦苇荡成为各种鸟类、野生动物的栖息地，是重要的湿地保护区。保护历史文化，是培植厚重的生态文化，构建生态文明体系的题中之义。白洋淀文化历史悠久，这里有宋辽文化、渥城文化、行宫文化、航运文化等历史文化遗产，也集中体现了“芦苇台田、荷塘生境”的水乡文化、生态文化和在革命斗争中培育出的革命文化。抗日战争时期，“雁翎队”威名远扬，“荷花淀派”《荷花淀纪事》《新儿女英雄传》《小兵张嘎》等作品脍炙人口。白洋淀曾为保定、天津之间的重要航道，淀区内曾有渔业、芦苇加工等传统产业。20 世纪 90 年代后，随着旅游业的兴起，逐渐成为著名的旅游胜地，并于 2007 年评为国家 5A 级旅游景区。

2. 水环境。白洋淀始于第三纪晚期，成于第四纪，是河北平原北部古湖盆地的一部分，至晚全新世，气候干旱，淀水变浅，古淀开始解体、收缩而局部干涸。据统计，1081 年—1948 年的 800 多年中，白洋淀发生过 4—5 次干涸或缩小，平均 100 多年出现一次。从 1949 年到 20 世纪 80 年代，发生干淀 6 次，其中 1983—1987 年连续 5 年干淀，水乡风光大减，野生动植物资源遭到破坏，养殖（植）业萎缩。1988 年白洋淀重新蓄水，1992—2005 年利用上游水库，补水 6.2 亿立方米，较好地恢复和维持了白洋淀的水生态环境。

白洋淀内有大面积苇田，年蒸发和侧渗损失水量约为 1.5 亿立方米。

20 世纪五六十年代以来，由于上游修建了大量拦蓄水工程，再加上工农业用水量增加，地下水大量开采，产汇流条件变化很大，入淀径流越来越少。20 世纪 60 年代中期以前，白洋淀上、下游皆通航。船只经府河可上通保定，经赵王河、大清河下达天津，并与南运河、子牙河航线连通，津保水上航线成为当时沿线人民日常用品、生活物资的主要运输线。1965 年以后，水源逐渐减少，先是保定到白洋淀断航，随后白洋淀到天津也断航。引白洋淀水灌溉农田，宋代即有记载。新中国成立后，为淀边排水和灌溉，在周边堤上修建扬水站 26 座，小型引水、排水闸涵 28 座，淀边农田灌溉面积曾发展到 30820 公顷。20 世纪 80 年代以来，白洋淀蓄水严重不足，淀边工农业用水已经全部停用淀内水源。

白洋淀四周筑有堤防：东有千里堤，北有新安北堤，西有四门堤和防水埝，南有淀南新堤，堤防总长 202.6 千米。下游建有枣林庄枢纽，是白洋淀出口的控制性工程。白洋淀是大清河水系中游缓洪、滞沥和综合利用的大型平原洼淀，上游流域面积 3.12 万平方千米，跨山西、河北、北京 3 省（市）。白洋淀承纳大清河南支潴龙河、孝义河、唐河、府河、漕河、瀑河、萍河和北支白沟引河（含南拒马河、白沟河）等较大的河流洪沥水，经调蓄后由枣林庄枢纽控制下泄。白洋淀十方院水位超过保证水位 10.5 米，威胁千里堤安全时，要有计划地破除周边堤防分洪，1949—1963 年先后分洪 7 次。后经修建枣林庄枢纽、淀内开卡、闸前除埝等一系列工程，使白洋淀能够抵御一定标准的洪水，淀内行洪和出口泄流能力有很大提高。

3. 行政管理。行政管辖上，白洋淀在保定、沧州两个设区的市境内，原分属安新县、雄县、任丘市、容城县、高阳县 5 个县（市）。1988 年成立了河北省白洋淀管理处。白洋淀总面积 366 平方千米，其中有 312 平方千米分布于安新县境内。安新县境内管辖白洋淀大部分水域，约占 85%；雄县、任丘市管辖约 15% 的水域面积，容城县、高阳县也分别管辖少量水域。设立的河北雄安新区包括了雄县、容城县、安新县全境，原任丘市的鄚州镇、苟各庄镇、七间房乡，原高阳县的龙化乡因毗邻白洋淀也分别由雄县、安新县托管。至此，白洋淀整个淀区归属雄安新区管理，成为雄安新区发展的重要生态水体。白洋淀内现有纯水村 36 个，河淀相连，沟壕纵横交错，芦荡荷塘密布，村镇田园镶嵌其间，是白洋淀特有的自然景观。

（二）白洋淀生态功能

生态功能即生态系统及其生态过程所形成或所维持的人类赖以生存的自然环境条件与效用。湿地被称为“地球之肾”，它具有保护生物多样性、调节大气、净化水质、调节径流、提供食物及工业原料等诸多功能。白洋淀地处华北平原中部，是华北平原最大、最典型的淡水浅湖型湿地，享有“华北之肾”“华北明珠”的美誉，对维持华北地区生态平衡发挥着不可替代的巨大作用。保护白洋淀湿地资源就是维护区域生态系统的安全，就是维护人与自然和谐共生。

1. 涵养水源，调节周边地区气候。白洋淀位于太行山东麓永定河与滹沱河相夹峙的冲积扇上，是华北平原的天然贮水库，也是地下水的重要补给源之一。白洋淀可以为周边地区及其下游地区提供宝贵的工、农业生产用水，缓解水资源短缺状况。同时，还可以通过渗漏、侧渗方式补充地下水源，提高地下水位。白洋淀常年积水，水域辽阔，对周边地区的气候起着明显的调节作用。白洋淀年平均水面蒸发量 1369 毫米，对于缓解气候干燥具有重要作用。

2. 缓洪滞沥，调蓄径流。水分调节是湿地的重要功能之一，湿地具有巨大的渗透能力和蓄水能力，由于湿地植物的吸收、渗透作用，致使降水进入江河的时间滞后，水量也减少，从而减少了洪峰径流，达到削洪的目的。白洋淀流域属暖温带大陆性季风气候，降水主要集中在夏季，每逢暴雨，河水向下游宣泄迅猛异常，易造成水灾。白洋淀位于大清河中游，正常情况下，白洋淀宽阔的水域面积可蓄纳多达 5 亿多立方米的洪水，从而可大大削减下游河流洪峰，并使周边地区的沥水排泄入淀。

3. 滞留沉积物，净化水体。注入淀区的河水由于水面展宽，坡降变小，水中的泥沙等杂质发生沉淀，脱离水体，使水质改善，广大的水生植物如芦苇、香蒲、浮萍等能净化淀区水质。另外，白洋淀水域辽阔，水量大，淀水常年流动，水体交换量大。水生生物丰富，可通过水体的稀释、混合等物理过程以及生物的吸收、降解等生物化学过程，对淀水进行自然净化。

4. 保护生物多样性。白洋淀水域辽阔，是鱼类和鸟类在华北地区中部最理想的栖息地之一，为野生生物提供了良好的栖息地和避难所。白洋淀具有多种生态系统，如水域生态系统、沼泽生态系统和淀边农田生态系统等，物种十分丰富。淀内光热适度、水草丰美、饵料充足，既有利于各种鱼类的洄游与繁衍，又利于各种水生植物的栽培和生长。白洋淀湿地生态系统为多种生物的生存栖息提供了良好生境，保证了系统内部生物种之间的能量流动以及生物群落与环境之间的物质循环，也维护了物种生存和进化的正常进程，保护了生物多样性。白洋淀盛产鱼、虾、蟹、贝、禽、蛋、苇、藕、菱、芡实等多种水产品，淡水鱼类多达 17 科 54 种，哺乳动物 14 科，鸟类 192 种，有国家级保护鸟类 187 种，包括大小天鹅、灰鹳、雕枭、白鹭等国家二级保护动物，浮游植物 9 门 142 属 406 种，底栖植物 38 种，被誉为“生物资源和野生动物种群的基因库”。[1]

（三）存在问题

新区及白洋淀位于海河流域大清河水系中游平原地带。大清河水系地处海河流域中部，跨京、津、冀、晋四省市，流域面积约 4.31 万平方公里，其中河北省的流域面积约 3.47 万平方公里，占 80.6%。大清河流域白洋淀及以上区域（白洋淀流域），包括大清河淀西平原和山区，流域面积 3.12 万平方公里，其中山区面积占 64.1%，平原面积 35.9%。白洋淀生态环境治理和保护主要还有以下几方面的问题。

1. 水资源短缺的影响始终存在

河北省是全国水资源最稀缺的省份之一，全省人均水资源量 307 立方米，仅为全国平均水平的 1/7。白洋淀流域多年平均（1956 年—2015 年）水资源量 41.6 亿立方米，多年平均人均水水资源量 276 立方米。浅层地下水埋深从 20 世纪 80 年代初的 6 米下降到目前的 25 米左右，地下水超采产生的累计亏空量约 230 亿立方米。白洋淀蓄水主要来自大清河上游地区降水在地表形成的径流，由于本地区流域降水量减少和水资源过度开发利用，导致入淀水量大幅减少，白洋淀多次濒临干淀。为保护“华北明珠”，上世纪 80 年代以来，先后实施了“引岳济淀”“引黄济淀”等应急补水工

---

〔1〕 高芬：《白洋淀生态环境演变及预测》，河北农业大学出版社 2008 年。

程。据统计，自 2000 年至 2016 年，先后 25 次向白洋淀累计补水 14 亿立方米。2017 年，雄安新区实施了 2 次白洋淀补水。2018 年，通过南水北调中线工程放水，同时还有保定两大水库的补水等 4 次补水，入淀水量 1.72 亿立方米，基本维持了白洋淀生态湿地功能。虽然通过大规模生态补水，避免了干淀现象的出现，但可利用水量与生态环境需求之间的矛盾始终存在。

2. 水污染治理任务艰巨

白洋淀水环境曾面临过严峻的污染状况。根据 2008 年—2018 年十年间国家环境状况公报和河北省环境状况公报统计，2008 年以来，白洋淀水域的水质长期保持在Ⅳ—劣Ⅴ类。其中，2012 年到 2017 年的水质是中度污染和重度污染各占 50%，整体为轻度富营养，2018 年仍有 7 个月水质为Ⅴ类。通过 2018 年专项整治、大力度的污染治理和持续的生态补水，2019 年入淀河流与淀区水质明显改善，流域水质达到或者优于国家地表水环境质量Ⅳ类标准的断面占比为 92.6%，但月度监测数据显示仍有部分断面水质不能稳定达标。

主要污染源。从长期监测资料分析，对白洋淀构成污染的主要因素有以下 6 类：PH 值、氨氮、高锰酸盐指数（化学耗氧量 CODmn），五日生化需氧量（BOD5）、总磷及石油类。白洋淀污染源类型按排放方式划分，主要分为点源和非点源污染两大类。点源污染主要来自府河、白沟引河、漕河、唐河等多条入淀河流，但以府河的污染最为严重。非点源污染主要包括农业污染源和城镇生活污染源等，包括淀区内的生活污水和雨水冲刷村落、街道、家畜、畜牧业产生的废弃物等。白洋淀污染的来源广、途径多、种类复杂，总的说来，一是由府河排入淀内的保定市生活污水。从 20 世纪 60 年代中期开始，府河上游天然水断流，整个水系成为保定市生活污水和工业废水的排放渠道，其主要污染物是氨氮、化学耗氧量、五日生化需氧量、挥发酚等。二是其他上游河流如漕河、孝义河、潴龙河、白沟引河等汛期径流汇入的污染物。非汛期各河周边的污水排入河道，由于水量较小不能直接进入白洋淀，这些污染物质在汛期随径流一起入淀。三是农业污染源，主要来自于淀周边和淀内台地上开垦耕地的水土流失，农药、化肥等的残留。四是城镇污染源，包括淀区内的生活污水和网箱养鱼、家禽饲养产生的废弃物被雨水冲刷从而随径流入淀。

3. 管理体制仍存在制约

白洋淀流域没有统一的流域管理机构，难以统筹协调流域内上下游、左右岸的治水、节水、用水。流域管理涉及国家海河流域管理机构以及北京市、天津市和山西省，关于推进水资源保护利用、生态环境治理和防洪等领域合作以及信息共享、政策统筹、应急联动等工作均需要省级以上层面进行协调。白洋淀流域涉及多个市和38个县（市、区），上游的保定市虽然于2019年及时施行了《保定市白洋淀上游生态环境保护条例》，加强了上游污染的治理和管控，但部分市、县面临乡村振兴与生态保护双重挑战，还需加快推进市与市之间、县与县之间等跨行政区域水环境生态补偿工作。此外，关于河湖长履职、群众监督、部门监管、领导责任考核、环境公益诉讼等方面的体制机制建设还需要进一步完善。

（四）治理任重道远

2018年12月，省委九届八次全会审议通过《中共河北省委河北省人民政府关于〈河北雄安新区总体规划〉实施意见》《中共河北省委河北省人民政府关于〈白洋淀生态环境治理和保护规划〉实施意见》，对实施好《白洋淀生态环境治理和保护规划》作出了全面部署，围绕白洋淀流域污染治理和淀区水质改善，提出具体措施，并明确到2020年淀区现有考核断面水质基本达到国家地表水质量Ⅲ—Ⅳ类的目标。省委、省人大、省政府及各有关单位认真履行主体责任，把雄安新区规划建设和白洋淀治理保护作为全省头等大事，多次召开省委常委会会议、书记专题会议、省人大常委会党组会议、省政府常务会议、省长办公会议和雄安领导小组会，研究部署雄安新区规划建设和白洋淀治理保护重点工作和重大事项。建立完善组织领导体系，层层压实责任，全省上下一盘棋，及时研究解决重大问题，在政策创新、资金争取、项目跑办、建设用地等方面坚持特事特办、绿色通道，重大事项及时向党中央、国务院报告。2019年2月11日，河北省委常委会召开“深入贯彻习近平生态文明思想，坚定不移依法治理和保护生态环境”会议，强调要集中力量抓好白洋淀生态环境治理和保护工作。2020年1月，专门召开全省雄安工作会议，以落实中央批复雄安新区起步区控规和启动区控详规为契机，组织动员全省力量，把习近平总书记的重要指示和党中央决策部署贯彻落实到雄安新区规划建设的各个环节、各个领域，努力创造“雄安质量”，以实际行动当好首都政治“护城河”。全省上下坚持政治站位，贯彻落实主体责任，有力推动了白洋淀生态环境治理和保护工作，为制定条例奠定了坚实的实践基础。

1. 开展专项整治。2018 年，全省首次对白洋淀及上游周边区域涉水企业开展系统性全面排查，共检查涉水企业（点位）3383 家，城镇和工业聚集区污水处理厂 89 家，入淀河道点位 276 个，查处并督促整改各类环境问题 1392 个〔1〕。

经治理，2018 年，白洋淀及上游流域国省考地表水考核断面中，达到或好于Ⅲ类水质断面 7 个，同比增加 12. 5 个百分点；Ⅳ类以上断面 8 个，同比增加 12. 5 个百分点；劣Ⅴ类水质断面 3 个，同比减少 12. 5 个百分点。淀区总体水质为Ⅳ类，比 2017 年有所好转；主要污染物总磷、氨氮和化学需氧量年均浓度分别比 2017 年下降 36. 7%、31. 1% 和 2. 3%。

2. 强化监测监管。专门设立白洋淀流域生态环境监测中心，在全流域设置 61 个考核监测断面，建设 42 座水质监测自动站，织密白洋淀流域监测网络，加密监测频次，建立监测数据日通报制度。组建白洋淀流域生态环境执法局，常态化开展异地执法、交叉执法、巡回执法，为白洋淀水质改善提供执法保障。

3. 大力整治工业污染。加强流域内 37 个省级以上工业园区污水集中处理设施建设，排查取缔“散乱污”企业 3 万余家，持续保持动态清零。推进涉水企业清洁生产审核，完成酿造、制药等六个行业 301 家涉水企业清洁生产改造。

4. 全面治理农业农村污染。因地制宜、分类施策，完成白洋淀周边及主要入淀河流沿线 968 个村庄生活污水处理。设立沿河沿淀化肥农药禁施区，减少农业面源污染。规模化畜禽养殖场全部配建粪污处理设施，粪污综合利用率达到 79% 以上。

5. 强力推进治污设施建设。白洋淀流域新建污水处理厂 25 座，原有

---

〔1〕《河北省首次对白洋淀及上游周边区域涉水企业开展系统性全面排查》，《人民网》2018 年 10 月 15 日。

59 座污水处理厂全部提标改造，达到《大清河流域水污染物排放标准》；完成流域城市建成区雨污分流改造 923.6 公里，雨污分流能力大幅提升。

6. 加强生态清淤。采取抽运处理塘水、清运污染底泥、拆除围堤围埝、种植沉水植物等综合措施，分两期推进生态清淤 2.42 平方公里，累计抽运处理塘水 368 万立方米，清运污染底泥 87.2 万立方米，拆除围堤围埝 78 公里，种植沉水植物 280 万平方米，淀区水体连通性、水动力明显增强，化学需氧量等污染物浓度明显降低。

7. 管控旅游航运次生污染。改造淀区 133 家农家乐，建设景区餐厨垃圾收集处置系统，旅游厕所全部完成 A 级标准改造。强化船舶污染治理，实行航道网格化清洁管理，原有 1328 艘燃油运营船舶全部回购停用，新增旅游船舶全部使用清洁能源并配备污水和垃圾收储设施。[1]

做好白洋淀生态环境治理和保护工作，必须用最严格制度最严密法治保护生态环境，加快制度创新，强化制度执行，让制度成为刚性的约束和不可触碰的高压线。省委、省政府坚决贯彻党中央、国务院决策部署，认真落实习近平总书记嘱托，切实履行主体责任，加快雄安新区规划建设，将白洋淀生态环境治理和保护摆在重要位置，集中力量抓好白洋淀生态环境治理和保护工作，推动党中央重大决策部署落地落实，坚持目标导向、需求导向和问题导向，强化淀区和流域污染治理，加强生活污水和工业污水综合治理，坚决整治“散乱污”企业，科学推进清淤试点，有效开展绿化美化，努力加快实现白洋淀水质、生态全面改善，逐步恢复白洋淀“华北之肾”功能，让“华北明珠”重绽风采。通过近几年的不懈努力，白洋淀水环境质量持续好转，生态环境综合治理和防洪排涝工程建设取得阶段性明显成效。但距离建设蓝绿交织、清新明亮、水城共融的生态文明典范城市的目标任重道远。因此，制定一部白洋淀生态环境治理和保护的地方性法规，突出高起点站位、强化最严格制度、落实最严厉责任，把白洋淀生态环境治理和保护的规划要求、重大举措、成功经验上升为法规规定，有利于以法治方式解决环境治理、生态保护和防洪安全等突出问题，着力守护良好生态环境这个最普惠的民生福祉，不断满足人民群众日益增长的

〔1〕 孙天曈：《白洋淀水环境保护立法问题研究》，河北大学出版社 2019 年。

优美生态环境需要，以确保雄安新区防洪排涝安全万无一失，确保白洋淀保持科学合理正常水位和良好水生态，确保白洋淀生态环境质量不断改善和提升，为加快建设绿色生态宜居新城区、打造新时代生态文明典范城市奠定坚实的法治基础。

三、加强白洋淀生态环境治理和保护立法，是高水平构建京津冀生态环境支撑区的现实需要

推动京津冀协同发展是重大国家战略，而区域生态环境是这一战略面临的首要问题。京津冀协同发展战略的核心是有序疏解北京非首都功能，强调要在生态环境保护等重点领域率先取得突破；京津冀整体定位之一是“生态修复环境改善示范区”；《京津冀协同发展规划纲要》确定了河北省“三区一基地”的功能定位，京津冀生态环境支撑区是其中一项重要内容。由此可见，河北肩负着加快生态环境修复改善，保障京津冀区域发展生态文明安全的光荣使命和重大责任。建设京津冀生态环境支撑区，其核心就是把河北的生态环境修复好、保护好、建设好，为京津冀区域可持续发展提供保障。

设立雄安新区，为京津冀协同发展完成了重要的战略拼图，三地协同发展的战略布局更加明确，任务更加清晰。同时要看到，京津冀地处海河流域，长期存在较为严重的水资源短缺、水环境污染、水生态退化等多种水资源保护利用问题，已经成为制约协同发展战略实施的突出因素，解决好“水少”“水脏”“水不安全”等问题迫在眉睫，护好“盆”里的水、管好盛水的“盆”依然任重道远。

雄安新区作为北京非首都功能疏解集中承载地，与北京城市副中心形成北京发展新的两翼，共同承担起解决北京“大城市病”的历史重任。要把雄安新区建设成为“绿色生态宜居新城区、创新驱动发展引领区、协调发展示范区、开放发展先行区”。排在第一位的就是“绿色生态宜居新城区”。打造雄安新区和白洋淀优美自然生态环境，建成蓝绿交织、清新明亮、水城共融的新时代生态文明典范城市，将对生态环境支撑区建设起到巨大辐射带动、示范引领作用，是建设绿色生态宜居新城区、创造“雄安质量”、成为新时代推动高质量发展的全国样板的必然要求。

（一）与统筹区域协同治理新形势相适应，做好京津冀生态环境支撑区建设的“助推器”

京津冀水环境问题严峻。京津冀协同发展上升为国家战略后，在“十二五”期间，海河流域水污染防治工作取得明显成效，但问题依然突出。一是污染问题仍严重。根据2015年国家环保部水环境质量状况监测统计，海河达到或优于Ⅲ类的断面比例为40.9%，劣Ⅴ类断面比例为36.9%，主要污染指标为氨氮、总磷和化学需氧量，在七大重点流域中水质最差，污染最为严重。二是水资源供需矛盾突出。水资源开发利用程度已远超出环境的承载能力，海河流域耗水量超过水资源可利用量的80%，造成部分河流断流甚至常年干涸。三是水生态受损严重。湿地、海岸带、湖滨、河滨等自然生态空间不断减少，海河流域主要湿地面积减少了83%，自然岸线保有率大幅降低。四是水环境隐患多。许多高污染、高排放、高能耗项目布设在河湖沿岸、人口密集区等敏感区域，水污染突发环境事件频发；部分饮用水水源保护区内仍有违法排污等现象，地下水的超量开采，造成地下水位急剧下降以及地面下沉、地裂和塌陷等一系列环境地质问题，其中海河南系浅层地下水开发利用率达到了149%。

建立健全流域协同治理工作机制。京津冀协同发展要求，打破行政区域限制，加强生态环境保护和治理，扩大区域生态空间；重点是联防联控环境污染，建立一体化的环境准入和退出机制，加强环境污染治理。由国家有关部门牵头，各相关省（区、市）政府共同参与，已基本建立了京津冀水污染防治协作联动机制。但开展的流域污染治理合作主要停留在较浅层次的具体工作上，统一规划、统一行动的污染协同治理体制机制尚未完全建立，相关协同立法、普法、执法工作还需要进一步加强。特别是白洋淀所处大清河流域面积广、涉及地区多、协调难度大，应深化京津冀及周边地区流域协作，尽快建立完善以白洋淀流域为重点的水污染防治协作联动机制。要创新和完善协同治理工作机制，实施以流域为单元的综合治理，统筹谋划上下游、干支流、左右岸、地表地下、城市乡村一体化管控，努力打破行政分割、破除利益藩篱，与相关省市共同推进流域协同治理。加强统一的水环境监测，建立跨界水污染信息交流平台与区域水污染突发状况应急响应预案，加大联防联控力度，以“不让一滴污水流入白洋淀”精神，推进白洋淀生态环境质量持续改善。

（二）与高质量发展新要求相适应，当好京津冀区域生态安全的“压舱石”

“十三五”成效。京津冀协同发展纵深推进为支撑区建设带来前所未有的战略机遇，“十三五”期间，河北省对生态建设重视程度之高、污染治理推进力度之大、环境质量改善速度之快前所未有。坚持山水林田湖整体修复，按照《京津冀协同发展规划纲要》对河北的定位，着力打造京津冀生态环境支撑区。编制出台《河北省建设京津冀生态环境支撑区规划（2016—2020年）》，将全省按生态功能划分为五个区域，包括京津保中心区生态过渡带、坝上高原生态防护区、燕山—太行山生态涵养区、低平原生态修复区和海岸海域生态防护区。坚决打好打赢碧水保卫战，污染防治攻坚战阶段性目标圆满完成。地表水国考断面优良水质比例达到66.2%，劣Ⅴ类断面全面消除，白洋淀水质实现全域Ⅳ类、局部Ⅲ类，北京密云水库和天津于桥水库上游河流出境考核断面水质保持Ⅱ类以上，有效保障了京津水源安全。京津签署了《关于进一步加强环境保护合作的协议》，津冀签署了《加强生态环境建设合作框架协议》。三地共同签订了《京津冀区域环境保护率先突破合作框架协议》《水污染突发事件联防联控机制合作协议》，联合制定出台《京津冀环境执法联动工作机制》等。不断完善水污染防治责任体系，出台50条措施“剑指”水污染。省政府与各设区市签订目标责任书，大力推动节水和水资源循环利用，京津冀地下水超采等工程持续实施，持续抓好地下水超采综合治理。以深化生态文明体制改革为突破，探索制度创新在全省建立实施河长制；探索实施跨界河流生态补偿机制，被国家试点试行，理清了河流断面上下游地方责任；推动建立环境管理责任体系，在全国率先启动省以下环保机构监测监察执法垂直管理改革，成立公安环境安全保卫总队，组建相应机构和环保警察队伍；生态环境联合监测和常态化联合执法、应急联动机制日益健全，联防联治、共建共享体系不断完善。

新发展要求。生态环境质量改善由量变到质变对支撑区建设提出了更高的要求，也为河北省高质量发展注入了前所未有的活力和动力。党的十九大提出，以疏解北京非首都功能为“牛鼻子”推动京津冀协同发展，高起点规划、高标准建设雄安新区。这是新时代对京津冀协同发展战略的新要求。党的十九届四中全会强调，构建区域协调发展新机制，形成主体功能明显、优势互补、高质量发展的区域经济布局。党的十九届五中全会进一步提出，推进京津冀协同发展，打造创新平台和新增长极，高标准、高质量建设雄安新区。这都为京津冀协同发展赋予了新内涵，提出了重大战略思路性要求，坚持京津冀协同发展，首先要按照主体功能定位各得其所，同时发挥各地区比较优势，优化区域分工，深化区域合作，更好促进共同发展，全面落实加快构建新发展格局的决策部署，增强京津冀协同发展的自觉性、主动性、创造性；同时，要更加注重高质量绿色发展，坚持把绿色作为高质量发展的普遍形态，实现人与自然和谐共生。由此，也为河北带来了全新的工作思路，就是：全省上下要牢固树立“一盘棋”思想，全力支持服务雄安新区规划建设，要深入学习贯彻党的十九大精神和习近平总书记对河北工作的一系列重要指示，要积极主动融入重大国家战略，以疏解北京非首都功能为“牛鼻子”，按照建设世界级城市群的要求，在对接京津、服务京津中加快发展自己，推动京津冀协同发展向深度广度拓展。始终坚持保护好生态环境是协同发展和河北高质量发展的重要基础和重点任务，充分发挥首都政治“护城河”作用，以京津冀生态环境支撑区建设拱卫首都生态安全。

（三）与生态文明发展要求相适应，树好新时代发展“新标杆”

坚持以习近平生态文明思想为指导，持续推动京津冀协同发展重大国家战略和国家大事，继续提升生态环境支撑能力，是新时代推动区域创新、协调、绿色、开放、共享发展的坚实基础和必然选择。党中央、国务院批复《河北雄安新区规划纲要》后，白洋淀生态环境治理和保护等4个基础性规划相继出台，20多个专项规划印发实施，形成“1+4+26”的规划体系，坚持把每一寸土地规划得清清楚楚后再开工建设。雄安新区要建设成为高水平社会主义现代化城市、京津冀世界级城市群的重要一极、现代化经济体系的新引擎、推动高质量发展的全国样板，特别强调充分体现生态文明建设要求，坚持生态优先、绿色发展，高标准高质量推进。

开展综合治理，大清河流域及白洋淀污染防控全面推进。对大清河流域实施“控源—截污—治河”系统治理，持续推进、稳步恢复白洋淀“华北之肾”功能。一是加强污染源头管控。严控工业污染源，取缔大清河上中游流域散乱污企业 3 万余家，封堵入河入淀非法排污口 1.3 万个。严控农业污染源，在沿河沿淀 1000 米范围设立化肥农药禁施区，取缔水产养殖 741 处。严控旅游污染源，将白洋淀景区 1328 艘燃油营运船舶替换为清洁动力船舶，推动旅游厕所全部达到 A 级，对景区航道垃圾实行网格化清洁管理。二是加大截污处置力度。大清河上游入淀河流沿线城市建成区雨污分流全部改造到位。完成 78 个淀中村、淀边村污水垃圾厕所一体化治理，将淀边原直排入淀的 57 座小型污水处理站尾水导排至淀外资源化利用，流域市县生活垃圾实现收运体系全覆盖和新增垃圾日产日清。三是实施入淀河道治理。开展大清河流域河道“清四乱”（清理乱占、乱采、乱堆、乱建）常态化规范化整治，有效维护了白洋淀及上游河道生态环境。

强化修复与管控，白洋淀生态环境持续提升。围绕白洋淀水生态、水环境、水生物等开展系统治理，努力打造生态文明建设典范。一是加强生态系统修复。稳妥实施退耕还淀，已全部退出淀区内稻田、藕田。建成唐河、府河、孝义河及萍河河口湿地水质净化工程并实现有效运转。持续开展水生植物平衡收割及资源化利用，恢复白洋淀生态功能和自然风光。二是实施生态环境分区管控。对白洋淀实行“三线一单”（生态保护红线、环境治理底线、资源利用上线和生态环境准入清单）管理措施，明确优先保护单元、重点管控单元和一般管控单元，严格开展相关项目环评审批、强化环境保护措施。三是大力推进植树造林。雄安新区坚持先植绿后建城，以建设全国森林城市示范区为目标，加快“千年秀林”建设，从 2017 年 11 月起，截至 2021 年 4 月，雄安新区三年多来已新造林 41 万多亩，有效改善了水土流失状况。四是开展生物多样性保护。组织实施白洋淀水生生物资源系统调查，摸清淀区、上游水库和入淀河流生物资源状况并开展增殖放流，2020 年在重点淀泊放流鱼类、青虾等苗种 6800 万单位。

统筹补水和调水，白洋淀水资源配置明显改善。统筹雄安新区水资源配置，不断强化白洋淀生态用水保障，积极建设节水型流域。一是开展白洋淀多水源生态补水。制定实施白洋淀水位保持及补水方案，统筹引黄入冀、南水北调、当地水和再生水，科学安排补水时段、水源和水量，完善太行山区大型水库、南水北调中线干渠向白洋淀生态补水的供水网络，有序推进白洋淀生态补水。2017—2020 年，白洋淀累计补水 14.81 亿立方米。二是加强水资源配置管理。制定实施雄安新区水系与城市生态水资源配置专项方案，统筹本地水与外调水、地下水与地表水，限制审批新增取用地下水。雄安新区 2020 年浅层地下水位平均埋深达到 18.88 米，深层地下水位平均埋深达到 42.75 米，分别比 2018 年同比回升 0.76 和 0.56 米。三是推进水资源节约利用。加强用水消耗总量和强度双控，强化取水管理和监测计量，推行城镇工商服务业用水超定额累进加价等措施，提升用水效率和效益。加强农业节水建设，鼓励种植耐旱作物，严格控制发展高耗水作物，加快建设高标准农田，大力推广管灌、喷灌、滴灌等高效节水灌溉技术。

第二节　立法过程

《白洋淀生态环境治理和保护条例》（本章简称条例）作为涉及雄安新区的第一部地方性法规，政治性强、涉及面广、关注度高。在条例的起草和制定过程中，省委高度重视，对条例的出台多次进行指导、协调；省人大常委会充分发挥立法主导作用，坚持党对立法工作的领导，重大事项及时向省委报告，主动争取全国人大和国家有关部委指导支持；省政协组织民主党派、各界人士对条例进行充分协商；京津晋兄弟省市积极开展立法协同。通过各方共同努力，打造出一部经得起历史和实践检验、奠定支撑雄安新区生态文明建设基础的高质量地方性法规。

一、始终坚持高位推动

（一）重视程度之高前所未有，省四大班子多措并举、合力推动。条例得到省委、省人大、省政府、省政协四大班子的合力推动，重视程度之高在河北省地方立法史上尚属首次。省委高度重视条例立项、起草、审议工作，时任省委书记王东峰同志多次作出指示批示并三次修改条例草案，提出许多重要指导和修改意见。相关省领导均多次深度参与立法调研和条例草案修改工作。省人大常委会多次到雄安新区、相关省市深入开展调研论证、认真听取意见建议，广泛征求社会各方面及基层立法联系点意见。省政府及其有关部门多次赴白洋淀流域调查研究，省生态环境厅多次与基层单位调研座谈，起草草案文本，省水利厅、省司法厅等有关部门起草论证并积极配合修改完善。省政协两次召开专门会议，组织省政协委员和民主党派以及专家学者对条例进行立法协商，提出了很多富有建设性的意见建议，为条例的修改完善提供了智力支持。

（二）支持力度之大前所未有，认真落实全国人大和国家部委有关要求。全国人大常委会有关领导对贯彻落实习近平总书记关于白洋淀环境保护和防洪排涝有关工作重要指示精神作出批示、提出要求。全国人大常委会召开雄安新区和白洋淀水资源利用保护法治保障座谈会，推进贯彻落实习近平总书记重要指示精神。省人大常委会领导带队，多次赴全国人大常委会请示汇报、听取意见建议。全国人大环资委、财经委，全国人大常委会法工委和国家京津冀协同办、生态环境部、水利部、住建部等有关部委对条例提出具体指导意见，给予大力支持。

（三）征求意见之广前所未有，广泛汇聚社会各界民意、凝聚兄弟省市共识。多次公开征求意见，将条例草案在河北日报等主流媒体全文刊发，并重点征求白洋淀流域38个县（市、区）和基层立法联系点的意见。多次召开立法论证会，邀请有关部委及高校专家进行论证研讨。推进京津冀晋协同立法，在雄安新区专门召开四省市征求意见座谈会，听取兄弟省市的意见和建议。

（四）基础工作之牢前所未有，充分发挥人大在立法中的主导作用。省人大常委会充分发挥立法主导作用，早在2017年6月，由常委会领导牵头赴上海、天津、深圳、贵州等地考察学习，到雄安新区调研座谈，深入了解新区实际立法需求，认真听取意见建议。从2018年起，由省人大常委会领导牵头，多次组织开展了雄安新区管理体制、改革创新、生态文明建设、社会治理等六方面立法专题调研，形成调研报告。多次到雄安新区、相关省市深入开展调研论证、广泛征求社会各方面及基层立法联系点意见。2019年11月，制定《关于加强太行山燕山绿化建设的决定》，推进白洋淀及其上游流域造林绿化；修订《河北省水污染防治条例》，对向白洋淀排放污染物的标准限值、环境综合整治和生态修复作出规定；2020年1月制定《河北省河湖保护和治理条例》，专条规定白洋淀及其上游河道的整治活动；批准《保定市白洋淀上游生态环境保护条例》，明确保定市与雄安新区协同发展的保障体系；修订《河北省地下水管理条例》，加强地下水管理和保护，促进地下水可持续利用。将地下水超采纳入2020年“6+1”联动监督，省人大常委会领导先后9次专门督导水利执法工作，有力促进了党中央治水重大决策落实和全省依法治水管水工作；2019年专门到保定市、雄安新区开展水污染防治“一法一条例”执法检查，提出强化综合施策，着力加强白洋淀生态保护和修复的建议；2020年10月就《河北省河湖保护和治理条例》等“一条例、两决定”贯彻实施情况开展执法调研，为白洋淀防洪、补水、治污工作提供坚强法治支撑。

（五）审议次数之多前所未有，充分发挥人大常委会组成人员和人大代表主体作用。条例于2019年经省政府常务会议审议后，先后提请省十三届人大常委会第十三次会议（2019年11月）、第十七次会议（2020年5月）、第十九次会议（2020年9月）、第二十次会议（2020年11月）进行了四次审议，并由省十三届人大四次会议（2021年2月）审议通过，这是提交代表大会审议的条例中常委会审议次数最多的一部法规。条例从起草到出台历时一年多，跨越3个年头。期间充分发挥人大常委会组成人员和人大代表主体作用，审议一次比一次深入，意见一次比一次聚焦，充分把社会期盼、群众智慧、专家意见、基层经验吸收进来，有效提升了立法质量，专门召开部分省人大代表意见建议座谈会，两次书面征求所有省人大代表意见。代表、委员逐条研究，提出反馈意见200余条。审议次数之多、立法过程之细，开创了河北省地方立法先河，为打造高质量法规奠定了重要基础。

二、全国人大大力指导

（一）在全国人大指导下积极探索协同立法新模式。栗战书委员长对白洋淀生态环境治理和保护协同立法工作提出明确要求。全国人大环资委、全国人大常委会等大力支持、积极协调推动区域协同立法工作，进一步研究贯彻落实措施。省人大常委会在全国人大的大力支持和指导下，以该条例为切入点，积极探索“一地为主，三地支持”立法模式，推进京津冀晋四省市协同立法，健全四地人大工作协作交流机制，针对白洋淀流域生态环境治理保护工作中重点难点焦点问题，坚持高标准、力求高水平，加强深化交流与协作，共同提升立法水平和工作成效。

（二）全国人大领导提出重要指导意见为立法工作提供重要支撑。栗战书委员长、王晨副委员长等对贯彻落实习近平总书记作出的重要指示精神作出安排部署，提出重要指导意见。沈跃跃副委员长率调研组赴河北，在雄安新区防洪和白洋淀水生态保护工程现场、淀中村和雄安规划展示中心调研，并召开座谈会，听取工作汇报，了解雄安新区、白洋淀水生态保护和治理等情况，对该条例制定工作充分肯定并提出了重要指导意见，强调要以习近平法治思想为指导，扎实做好地方立法工作，把生态优先、绿色发展重要要求落实到法规条文中，为雄安新区和白洋淀科学治水、节水、用水提供支撑和保障。要大力推动法律贯彻实施，真正使法律法规成为刚性约束和不可触碰的高压线，依法保障雄安新区和白洋淀水资源保护和利用。

（三）全国人大各部门以及有关部委的大力支持为条例修改完善提供极大帮助。全国人大环资委、全国人大财经委、全国人大常委会法工委和国家京津冀协同发展领导小组办公室、生态环境部、水利部、住建部等部委对条例的制定提出具体指导意见，在立法技术、重点难点问题上提供了大力支持，帮助做好条例草案的修改和完善。例如在条例草案三审后，京津冀协同办原则同意条例内容，反馈了 6 条修改意见，生态环境部表示积极支持条例出台，从工作层面进行了沟通，提出了 14 条具体意见。全国人大环资委、全国人大常委会法工委相关负责同志及有关专家对这项立法给予充分肯定，认为条例作为一部创制性立法，是正确处理生态环保和经济发展、加强区域协同立法的新实践，率先为依法保障国家大事规划建设提供了省级制度样本。

条例草案经省十三届人大常委会第十九次会议三次审议后，河北省人大常委会先后向全国人大常委会两次书面汇报、三次当面汇报，按照全国人大各部门及有关部委的意见精心修改完善，确保条例高质量出台。例如，2020 年 10 月 12 日，河北省人大常委会向全国人大常委会报送关于《白洋淀生态环境治理和保护条例（草案）》立法情况的报告。全国人大提出总体要求，要进一步聚焦重点难点，切实增强条例的针对性和可操作性。在立法思路上，坚持生态优先、遵循规律；在立法内容上，坚持紧贴实际、突出重点。为此，河北省人大常委会进一步充实立法内容，在条例草案中增加了防洪排涝的专章规定，突出了生态治理保护的重点内容。

2020 年 11 月 16 日至 18 日，沈跃跃副委员长率调研组到我省就秋冬季大气污染防治、白洋淀水生态环境保护情况进行专题调研，并就做好《白洋淀生态环境治理和保护条例（草案）》立法工作提出重要指导意见和具体工作要求，11 月 18 日，时任河北省人大常委会常务副主任范照兵在白洋淀水资源利用保护法治保障座谈会上向全国人大常委会沈跃跃副委员长汇报了条例（草案）基本情况、立法考虑和主要内容，并表示将与京津两市人大进一步协同沟通，更好体现区域、流域和生态系统共治共建共享，下功夫把条例草案修改好、完善好。恳请全国人大环资委、全国人大常委会法工委在更高站位、更宽视野、更富针对性上，对条例草案的总体把握、具体条款给予进一步指导，帮助做好条例修改完善工作，力求制定一部确保国家战略实施的高质量地方性法规。

2020 年 12 月 4 日，河北省人大常委会副主任王会勇在向全国人大汇报会上表示，为落实好沈跃跃副委员长讲话要求，对《白洋淀生态环境治理和保护条例（草案）》从规划与管控、环境污染治理、防洪与排涝、生态修复与保护、保障与监督、法律责任等方面逐一作了进一步修改和完善。比如强化了防洪排涝有关内容，增加了区域、流域防洪排涝总体要求、蓄滞洪区建设与启用、应急调度、跨行政区涉水工程建设管控等。进行了防洪排涝章节条序调整，并按照防洪总体要求、防洪工程建设、涉防洪项目管理、蓄滞洪区建设、蓄滞洪区启用、雄安新区排涝体系建设、海绵城市、韧性城市建设、河道清理整治、应急指挥调度、联动机制、雨洪资源利用、跨行政区涉水工程建设的顺序逐条规范。明确并从严设置法律责任，充实了防洪法律责任，规定水行政主管部门应当加强防洪工程的安全监管，加强涉水建设项目和穿、跨、临河以及穿堤工程设施的监督检查，依法查处影响防洪安全的违法行为。完善了未进行环评擅自开工建设、违法采砂、违法修筑围堤围埝，擅自建设旅游设施，释放、丢弃、擅自引进外来物种等法律责任条款。细化实化白洋淀流域区域协同，将白洋淀生态环境治理保护纳入实施京津冀协同发展国家战略重要内容。全国人大要求坚持以习近平生态文明思想为根本指导思想，进一步修改完善条例草案，确保在立法工作中得到全面贯彻落实。

2021 年 1 月 5 日，全国人大召开雄安新区和白洋淀水资源利用保护法治保障座谈会，有关部委和京津冀晋等省市参加。我省汇报了河北坚持政治站位、认真贯彻落实习近平总书记重要指示，落实主体责任、举全省之力推进雄安新区规划建设，加强立法和监督、用法治力量保障雄安新区和白洋淀水资源利用保护，汇聚各方合力、协同推进相关法规顺利实施等工作情况。提出进一步加强对地方协同立法的指导、加大对白洋淀治理保护支持力度等建议，得到全国人大常委会领导的充分肯定，并就下一步工作提出了重要指导意见。

三、京津冀晋密切协同

（一）深刻把握统筹规划、协调推进的立法原则。白洋淀地处“九河下梢”，其所在大清河流域跨越山西、河北、北京、天津四省市，白洋淀全流域生态恢复并非河北一省之力能完成的，也不是一蹴而就的事情。在条例制定过程中，严格执行白洋淀生态环境治理和保护规划以及雄安新区防洪专项规划等相关规划并保障其实施，统筹协调好上下游、左右岸、淀内外全流域保护和治理，发挥好规划的刚性约束作用。加强与京津两市和山西省以及海河流域管理机构的协同治理体制机制建设，增强治理的系统性、综合性、协同性。

（二）积极同北京市、天津市、山西省开展沟通。立项之初，河北省人大常委会主动就条例专门征求北京市、天津市和山西省人大意见。修改之中，先后 3 次通过书面或者专门派调研组到京津晋人大征求三省市意见。尤其在 2020 年 11 月 9 日，为落实好全国人大常委会领导同志关于雄安新区建设和白洋淀水资源保护工作的重要批示精神，修改好条例草案，省人大常委会法工委调研组专程赴北京市进行学习座谈，同时书面征求天津市人大常委会意见。京津均认为，由于条例属于专门针对特定区域的法规，有其特有的政治和现实意义，需要进一步突出区域协同治理机制，规范相关条款表述内容；进一步作出更严厉的处罚，如关于水污染方面的规定可以进一步强化、法律责任可以进一步提高处罚力度；比如关于绿色生产生活、科技支撑、宣传教育和公众参与、秸秆焚烧等条款，可参考相关条例的基础上，进一步充实完善。

2020 年 12 月 11 日，在雄安新区专门组织召开京津冀晋四省市条例征求意见座谈会，得到京津晋三省市的热烈响应和积极支持。大家一致认为，该条例草案比较好地贯彻了习近平总书记的重要指示批示，落实了栗战书委员长的批示要求，立法起点高、工作基础扎实、制度设计明确、法律责任清晰，是一部政治站位高、有特色有分量、系统性针对性可操作性很强的地方性法规。同时还提出了一些建设性的意见建议。

北京市人大常委会提出，主动同全国人大相关机构及雄安对接，理清应担任务和应尽义务以及白洋淀同北京的水源关系。北京市共有拒马河、大石河、小清河等三条河流由房山区流入河北境内，最终汇入白沟河并流入白洋淀，其中拒马河为二类水质，大石河、小清河为四类水质。但目前缺水问题严重，上述河流只有在汛期才能流入白洋淀，平时在流入白洋淀之前就已干涸。因此坚持补水、节水、涵养水多管齐下，让水真正进得来、流得动。

天津市人大常委会认为，要增强条例的执行性和可操作性。要把条例规定的“能落地、真管用”作为首要问题来考虑，进一步斟酌相关内容。如限制、禁止发展的产业目录应由省级政府制定而不是白洋淀流域县级以上人民政府；关于生态补水的相关规定，水源的保障涉及到方方面面，要考虑到从其他行政区域引水、调水，也要考虑到旱灾等影响，应当规定省政府水行政主管部门加强相关工作，而保证白洋淀的生态水位的问题则需要国家层面的协调，建议规范相关表述。

山西省人大常委会认为，条例应当充分考虑补偿机制，增加刚性。根据以最广大人民群众的根本利益为出发点的工作原则，实行最严格的生态保护措施，在条例中关于补偿机制的规定要再进一步加强，不应只停留在鼓励层面；另外建议增加由政府进行综合补偿的相关内容。

条例草案在吸收以上意见建议的基础上，作了 18 处修改完善，从严设置了法律责任，增强了法规刚性约束。

（三）京津冀晋四省市就加强立法协同达成共识。聚焦解决白洋淀流域突出的环境污染和生态破坏问题，统筹山水林田淀草沙系统治理，坚持兴水利、防水患、治污染、保生态全面发力，进一步加强涉水法治保障，合力形成对白洋淀全流域、淀内外、地上地下系统治理和保护。共同推进建立流域协同治理机制和联席会议工作制度，推动与京津、山西等周边地区以及国家相关海河流域管理机构共同开展防洪、生态环境治理和水资源利用保护等领域合作，促进区域协同立法、执法、监督，做到信息共享、政策统筹、应急联动，强化上下游联动监测预警，联防联控联治联建，共同推动开展白洋淀流域防洪和生态保护工作。

京津冀晋四省市需要同心同向、协同发力，共同落实好党中央重大决策部署，落实好习近平总书记重要指示批示，充分认识用立法来保障白洋淀生态环境治理和保护的极端重要性，依法推动雄安新区一张蓝图干到底，依法确保白洋淀碧波安澜。

四、精细立法夯实基础

推进精细化立法，提高立法质量，通过增强法规的精细化程度来增强人大立法工作的实效，维护人大及其常委会的权威，是立法机关面临的一项重要而迫切的任务。通过近几年的立法实践来看，精细化立法路线，是提升立法质量与效率，提高立法的针对性、适用性和可操作性的必由之路。河北省人大常委会在推进《白洋淀生态环境治理和保护条例》修改、审议过程中，始终坚持科学立法、民主立法、依法立法，贯穿全过程人民民主理念，严格执行精细化立法程序，扎实推进立法进度，深入开展了一系列立法调研、座谈论证、征求意见和审议修改工作，确保立法程序精细完善，执行程序严谨到位，确保立法工作的整体安排科学合理、重点突出、协调有序、高质高效。

（一）深入开展调研。立法调研是反映广大人民群众意志的重要环节，是促进立法工作科学化民主化、提高立法质量的重要手段。在条例立法过程中，河北省人大常委会始终坚持问题导向，提高立法调研工作的深度和广度，将调研贯穿历次审议修改全过程。多次省内调研。在前期立法调研的基础上，省人大常委会、省政府及有关部门多次实地查看白洋淀及上下游各条河流、主要水库、重点水利工程，先后到衡水、保定、雄安新区等地调研，深入中科院生态研究所、重点排污企业等地了解白洋淀治理和保护情况，充分听取市县相关部门、基层乡镇、部分人大代表和专家的意见建议，全面掌握白洋淀生态环境第一手资料。借鉴外省经验。赴云南、江苏进行实地考察，与江苏省及苏州、无锡市等地人大常委会法工委和相关部门进行了座谈交流，学习太湖、滇池等生态环境治理保护先进做法，将“坚持齐抓共管、设立太湖水污染防治委员会”、“分级保护整治水环境”、“环境资源区域补偿制度”等制度理念和成熟做法，结合我省实际，作为立法重要参考。

（二）精雕细琢起草。法规起草是立法工作的重要组成部分，是制定法规的关键步骤之一。按照立法程序要求，省生态环境厅、省司法厅组织专门力量，开展起草工作。坚持以习近平生态文明思想为指导，服务雄安新区规划建设战略部署，对接《白洋淀规划》，对标中央办公厅、国务院办公厅印发的《关于构建现代环境治理体系的指导意见》，在深入调研的基础上，聘请专家学者参与立法，省人大常委会城建环资工委主动提前介入、集中研讨，着眼目标任务、重点措施、难点问题，对条例草案逐条研究，反复讨论，数易其稿，努力突出白洋淀生态环境治理和保护特点，切实增强条例草案的针对性、创新性和可操作性。

（三）扎实开展论证。加强对法规立项的分析论证，不断提高立项的科学性。通过立法论证，不同领域的专家学者对法规涉及的制度设计与重点问题进行论述与证明，为立法机关提供决策依据。河北省人大常委会、河北省人民政府有关部门多次召开立法论证会、座谈会，认真听取参与制定白洋淀生态环境治理和保护规划的中国工程院院士等多位权威专家的意见，先后5次邀请全国人大、国务院发展研究中心、生态环境部、水利部、住建部、中科院、中国法学会、北京大学、中央财经大学等单位多名知名专家进行立法论证和专题研讨，为修改完善工作打下了坚实基础。

（四）专班通力协作。地方立法工作需要在党委领导下，人大常委会各个专门委员会、省政府相关部门之间的沟通协调、相互配合。近年来的立法实践证明，成立立法工作专班，能有效畅通人大常委会法工委与其他专门委员会之间，人大常委会工作机构、各专门委员会与政府部门之间的协同配合，在完成各自立法职责的前提下，既可以相互整合力量，又可以提前介入，快速达成共识，为顺利完成立法任务奠定基础。

在条例初审前，省人大常委会党组就精心组织工作专班，省人大常委会部分党组成员，省人大常委会办公厅、研究室、法工委、农工委、城建环资工委等部门主要负责同志参加，抽调各相关部门精干力量尽锐出战。在条例的历次审议中，多次召开专班会议，明确修改方向。立法专班人员深入学习、领会习近平总书记重要指示批示精神和栗战书委员长等中央领导同志的重要批示精神，对条例草案进行多次集体讨论研究，高标准、严要求推进法规修改完善工作。对征求到的立法修改意见建议，结合实际逐条进行认真研究和甄别吸收，对于有些质量较好的文字性意见，能完全吸收的尽量完全吸收，不能完全吸收的加以改造部分吸收，对于有的意见属于具体工作层面内容的，虽不吸收但也作为重要参考借鉴，对于原则性意见在立法框架和条文表述中尽量予以体现，不断细致深入打磨，确保文本质量。

（五）广泛征求意见。立法必须充分体现人民意志，反映人民意愿，维护人民利益。因此，需要拓宽思路、细化方法，多方式、多渠道广泛听取人民群众意见建议，开展全过程民主立法。在条例草案的每一次审议前，省人大常委会都书面征求省直有关部门意见，及时重点征求白洋淀流域38个县（市、区）和基层立法联系点的意见。同时，将条例草案在河北日报、河北人大网站等主流媒体上全文刊发，公开征求意见；对收集到的近百条意见建议予以充分吸纳，确保条例更加符合实际，充分反映全省人民意愿。

（六）开展立法协商。开展立法协商是学习贯彻习近平法治思想的具体实践，是推进全面依法治国的必然要求，是实现科学立法、民主立法的现实需要，将涉及重大事项和重大利益调整的立法项目草案，报经省委批准开展立法协商，充分听取政协委员和各民主党派意见建议，有利于切实发挥政协委员的主体作用，不断增强立法协商的质量和实效，从而有效提高法规的可操作性和可执行性。河北省人大常委会本届以来已有10余部法规开展了立法协商，这作为一项创新举措，是对科学立法、民主立法、依法立法的有益尝试。例如，按照立法工作安排，2020年12月，省人大常委会请示省委主持与政协和各民主党派进行立法协商。经认真梳理汇总，此次立法协商收到39条意见，其中13条文字性意见吸收或者部分吸收，原则性意见2条，逐条深入分析讨论，认真研究吸纳，全部吸收。

（七）发挥人大代表主体作用。充分尊重人大代表的主体地位，健全人大代表参与立法工作机制，积极拓宽基层人大代表参与立法的渠道，既是地方立法的根本出发点和落脚点，也是精细化立法的关键。

条例在起草调研过程中，高度重视发挥代表参与积极性，两次书面征求全体省人大代表意见，并通过微信平台组织省人大代表研读讨论条例草案。省人大法制委员会、省人大常委会法制工作委员会有关领导和同志，分赴各设区的市代表团召开立法座谈会，与部分省人大代表面对面交流，征求对条例草案的意见建议。其间，代表共提出意见和建议约120条，对代表反馈意见建议逐条研究，绝大部分予以吸收或者体现相关内容，充分体现和凝聚全省人民的集体智慧和共同意志。

五、五次审议全票通过

加强对立法工作的统筹协调，积极发挥人大及其常委会在立法中的主导作用，尤其在省人大常委会历次审议过程中，组织常委会组成人员深入学习，集体研讨，全力解决制约重大制度设计推进中的重点难点问题，敢于和善于在矛盾的焦点上"砍一刀"。条例草案基本成熟后，先后提请省人大常委会会议进行了四次审议，常委会组成人员认真负责、履职担当，秉持以规划为依据，做好与上位法和规划的有序衔接的基本原则，审议一次比一次深入，意见一次比一次聚焦，力求把中央批准的规划要求充分体现，把各方面专家意见建议充分吸收，对条例草案进行了整体打磨，进一步优化制度设计，完善标准体系，强化监督管理。

（一）常委会第一次审议修改情况。条例草案于2019年11月25日在河北省十三届人大常委会第十三次会议进行了初审。草案设总则、综合防控、污染治理、生态修复与保护、保障与监督、法律责任、附则，共七章七十二条。常委会审议主要集中在淀区生态保护和修复内容，白洋淀淀区和流域河流要采取引水蓄水等多种办法确保淀区生态水位和流域生态径流。同时，提出禁止污染物和污水排放入淀，解决好白洋淀清淤治理问题。

（二）常委会第二次审议修改情况。条例草案于2020年5月31日在河北省十三届人大常委会第十七次会议上进行了二审。审议中提出了增加

"党委领导"的基本原则，扩大适用范围至"干支流"；强化流域综合治理，明确白洋淀及其上游流域实行流域与行政区域相结合的管理体制；加强对白洋淀底泥的生态化治理修复，增加分期分类分区治理的规定，逐步改善底泥质量，恢复水体自净能力，提高水环境质量。明确白洋淀及其上游流域要执行生态环境准入清单，引导符合产业结构、产业布局要求的企业入驻工业聚集区。

（三）常委会第三次审议修改情况。条例草案于 2020 年 9 月 22 日在河北省十三届人大常委会第十九次会议上进行了三审。审议提出，增加防洪与排涝的专章内容，对防洪工程建设、非防洪项目管理、排涝体系和设施建设以及水资源利用等方面作出规定；强调规划的刚性约束，突出了生态治理保护重点要求，增加地下水污染防治内容；明确了省政府在生态补偿方面的职责，细化了考核机制、补偿金扣缴制度等相关规定；增加公众参与和公益诉讼相关内容。

（四）常委会第四次审议修改情况。条例草案于 2020 年 11 月 24 日在河北省十三届人大常委会第二十次会议上进行了四审。审议认为，建议增加人大监督等内容，健全监管体系；增加太行山绿化、生态廊道建设等生态修复和保护的内容，同时根据最新法律规定对外来物种入侵防治及相关法律责任进行补充完善，对水污染法律责任加大处罚力度；尤其针对白洋淀旅游污染防治，对违法弃置和堆放垃圾的行为进一步明确法律责任。

（五）人代会审议通过情况。考虑到这是服务和保障雄安新区规划建设的第一部专门地方性法规，报经省委同意，条例草案由十三届第二十次常委会会议决定提请 2021 年 1 月河北省十三届人民代表大会第四次会议审议表决。会议期间，大会秘书处专门设立法案组负责做好《白洋淀生态环境治理和保护条例》法规案的提交、审议、修改、表决、公告等保障工作。同时，重视加强与代表和有关部门的联系沟通，对代表意见，都做到逐一解释反馈，提高了意见建议吸收采纳工作的质量和效率。

在 2 月 19 日开幕会上，王会勇副主任向大会作关于《白洋淀生态环境治理和保护条例》的说明。大会法案组共收集到各代表团 19 名代表提出的 33 条意见，其中 15 条肯定性意见，18 条具体意见，主要为文字性修改意见，均认真研究吸收。个别属于国家法律规定权限或者具体执行层面的问题，均与代表作了认真解释沟通，得到代表的高度认可。

在大会期间，2 月 21 日，分别向大会法制委员会、主席团常务主席会议、主席团会议作了报告。省人大法制委员会关于条例审议结果的报告向主席团常务主席会议汇报时，得到成员们的一致肯定，一致认为河北不仅有了“白规”（《白洋淀规划》），现在还有“白百条”（条例一百条），加强白洋淀生态治理保护的底气更足、保障更有力。2 月 22 日上午，提交大会进行表决，实际到会代表 724 名，724 票赞成，获得全票通过。这在河北省人大历史上还是第一次，开创了立法先河。体现了全体代表的高度政治自觉和使命担当，也是对条例高质量的充分肯定。

第三节　主要内容

京津晋三省市人大相关负责同志对此项立法予以高度评价，一致认为，《白洋淀生态环境治理和保护条例》立法起点高、工作基础扎实、制度设计明确、法律责任清晰，是一部政治站位高、有特色有分量、系统性针对性可操作性很强的地方性法规；条例虽然是一部大块头立法，但大而不散，很聚焦、很务实，在全国人大的指导下，实现了“一地为主、三地支持”协同立法模式创新。条例与《河湖保护和治理条例》《关于加强太行山燕山绿化建设的决定》《地下水管理条例》等完善了我省法规体系，进一步织牢织密白洋淀生态环保法治保障网络。

一、立法的指导思想

为实现《白洋淀生态环境治理和保护规划》及其实施意见规定的具体任务和目标，形成人与自然和谐发展的现代化建设新格局，必须深刻认识到，推动雄安新区规划建设要有强有力的法治保障，用法治的力量保障党中央决策部署落地落实，用法治的力量保障雄安新区一张蓝图干到底，用法治的力量推动改革创新，实现雄安新区高质量发展；必须深刻认识到，白洋淀是“华北之肾”，是雄安新区水的命脉，是规划建设雄安新区的咽喉瓶颈，必须高度重视，全力以赴，确保雄安新区清水润城，确保白洋淀碧波安澜；必须深刻认识到，京津冀晋山水相连、人文相通，做好雄安新区和白洋淀水资源利用保护工作，需要四省市同心同向、协同发力，共同贯彻落实好习近平总书记重要指示精神，共同贯彻落实好千年大计、国家大事。

《白洋淀生态环境治理和保护条例》在制定过程中坚持的立法指导思想是：坚持以习近平生态文明思想为根本指导，坚持绿水青山就是金山银山，坚持生态优先、绿色发展，统筹山水林田草淀城系统治理，坚决做好白洋淀生态环境法治保障这篇大文章。立足雄安新区发展定位和白洋淀功能定位，围绕白洋淀流域污染防治和水资源保护利用目标，把深入贯彻落实习近平总书记重要指示批示精神贯穿始终，把以淀兴城、城淀共融理念贯穿始终，把补水、治污、防洪一体化建设要求贯穿始终。突出问题导向，加强协同治理，优化制度设计，坚持兴水利、防水患、治污染、保生态全面发力，做到上下游、左右岸、淀内外全流域治理，用最严格的制度、最严密的规定、最严厉的处罚，为建设蓝绿交织、清新明亮、水城共融的生态城市提供坚实的法治保障。

二、立法的思路特点

（一）具体立法思路

提高站位，坚持政治引领。深入贯彻习近平生态文明思想，以习近平总书记的重要指示批示和党中央的重大决策部署为根本遵循，坚决把贯彻落实习近平总书记重要指示批示精神贯穿始终，把以淀兴城、城淀共融理念贯穿始终，把补水、治污、防洪一体化建设要求贯穿始终。善于将党言党语转化为法言法语，切实将习近平总书记的重要批示指示精神落实到具体的规定、标准、制度和责任上。牢牢把握雄安新区及白洋淀功能定位，坚持生态优先、绿色发展，突出规划引领和刚性约束，坚持以水定城、以水定地、以水定人、以水定产。顺应自然、尊重规律，坚决摒弃与新发展理念不相适应的惯性思维和路径依赖，坚持补水治污防洪一体化建设，坚持全流域协同共治，全面规范环境污染治理，加快恢复白洋淀生态功能，增强雄安新区防洪功能，实现以淀兴城、城淀共融。

突出最严，保障规划落实。坚持用最严格的制度、最严密的法治、最严厉的处罚护卫白洋淀生态环境安全边界，充分考虑白洋淀作为九河下梢的环境实际，坚持兴水利、防水患、治污染、保生态全面发力，加快恢复白洋淀的生态功能、防洪功能，提升流域防洪抗灾能力。通过对白洋淀流域上下游、左右岸、地表地下、淀内淀外的全面治理，不断加快恢复白洋淀全流域生态功能。通过兴修水利、防治水患，不断增强雄安新区的城市防洪功能，确保新区水安全。坚持以规划为依据，落实顶层设计，充分体现《总体规划》《白洋淀规划》和防洪专项规划等规划要求。统筹山水林田草淀城系统治理，围绕实现白洋淀水面保持、水质达标、生态修复等治理目标，严格落实“三线一单”、生态环境质量责任等制度，突出环境准入从严、标准从严、管理从严、责任从严，真正使制度成为刚性约束和不可触碰的高压线。维护规划法定地位和权威，做好与上位法和规划的有序衔接，推动党中央重大决策部署落地落实，依法确保雄安新区规划建设一张蓝图干到底。

坚持创新，构建制度集成。坚持良好生态环境是最普惠的民生福祉，坚持目标导向、问题导向，着力以法治方式解决环境治理、生态保护和防洪安全等突出问题，建立健全生态环境保护、科学治水节水用水的制度体系。发挥创制性立法优势，通过把白洋淀生态环境治理和保护的规划要求、重大举措、成功经验上升为法规规定，努力构建现代环境治理体系。按照贯彻新发展理念、围绕构建新发展格局，规定了推进工业集聚，衔接最新排污许可规定，全面规范环境污染治理，雨污分流举措入法，整治围堤围埝，创建河淀保洁责任制，推进海绵城市、韧性城市、无废城市建设，构建太行山生态安全屏障，加强水安全智慧管理，一体化推进生态修复和保护等一系列创新制度不胜枚举。充分发挥制度的系统集成、高效保护作用，全面提升白洋淀生态环境质量和生态支撑功能，加快构建安全、韧性排水防涝体系，以确保雄安新区防洪排涝安全万无一失，确保白洋淀保持科学合理正常水位和良好水生态，确保白洋淀生态环境质量不断改善和提升。

积极探索，加强协同治理。坚持立法协同，建立流域协同治理机制，推动与京津、山西等周边地区共同开展治理和保护工作，将白洋淀生态环境治理和保护纳入实施京津冀协同发展国家战略重要内容，推进区域协同、流域共治，建立流域与行政区域相结合的管理体制。白洋淀所在的大清河流域跨越山西、河北、北京、天津四省市，做好雄安新区和白洋淀水资源利用保护工作，需要全面统筹全流域水资源水环境水生态治理保护，需要四省市同心同向、协同发力，共同贯彻落实好习近平总书记重要指示精神，共同贯彻落实好千年大计、国家大事。京津冀协同立法工作已经取得不少实际成果，从实际出发，积极探索协同立法新领域、新模式。河北主动就条例草案征求三省市意见，还专门召开座谈会，得到京津晋三省市的热烈响应和支持，并将白洋淀生态环境治理保护纳入贯彻实施京津冀协同发展国家战略重要内容。在全国人大的大力支持和指导下，探索"一地为主，三地支持"立法模式，四省市就加强立法协同达成共识，共同推进建立流域协同治理机制和联席会议工作制度，推动与京津、山西等周边地区以及国家相关海河流域管理机构共同开展防洪、生态环境治理和水资源利用保护等领域合作，促进区域协同立法、执法、监督，做到信息共享、政策统筹、应急联动，强化联防联控联治联建，共同推动开展白洋淀流域防洪和生态保护工作，极大地增强了治理和保护的系统性、综合性、协同性。

（二）立法主要特点

认真践行习近平生态文明思想。党的十八大以来，以习近平同志为核心的党中央以前所未有的力度抓生态文明建设，全方位、全地域、全过程加强生态环境保护，开展一系列根本性、开创性、长远性工作，形成了习近平生态文明思想，引领我国生态环境保护发生历史性、转折性、全局性变化。各地各部门深入学习贯彻习近平生态文明思想，坚决贯彻落实习近平总书记重要指示批示精神和党中央决策部署，推动绿色发展自觉性和主动性显著增强，污染防治力度空前加大，生态环境质量明显改善。条例之所以能够高质量顺利出台，关键是有习近平生态文明思想的正确指引。习近平总书记亲自决策、亲自部署、亲自推动雄安新区规划建设，倾注了大量心血。特别是习近平总书记关于白洋淀生态环境治理和保护工作的一系列重要指示批示精神，为雄安新区生态环保与治理指明了方向，提供了根本遵循。

着重突出了三个观念。一是系统观念，统筹山水林田草淀城系统治理，从系统工程和全局角度寻求新的治理之道。树牢生命共同体理念，按照生态系统的整体性、系统性及内在规律，统筹考虑自然生态各要素，全方位、全地域、全过程进行整体保护、宏观管控、系统治理。切实处理好城市排涝、流域防洪、水系治理的关系，全面提升防灾抗灾的能力，提高污染防治水平，推进流域水资源节约利用。二是综合治理观念，结合实践中积累的白洋淀生态保护和治理源头预防、过程控制、综合治理等系列经验做法，加强补水、治污、防洪一体化建设，统筹规划生产、生活、生态三大空间，协调推进补水、治污、防洪“三位一体”建设，开展控源、截污、治河、补水、生态修复和防洪排涝等综合治理举措，以水为主协同推进大气、水、固废、土壤污染治理，有效防范化解生态环境风险，以法律手段保障实现白洋淀生态保护和治理目标任务。三是人与自然和谐共生观念，围绕构建新发展格局，建设绿色生态宜居的城乡人居环境，推动全社会形成节约资源、保护生态环境的生产生活方式，为打造贯彻落实新发展理念的创新发展示范区奠定坚实的法治基础。条例作为创制性地方立法，坚持以贯彻落实习近平总书记的重要指示批示精神为立法核心重点，以贯彻实施相关规划和生态环境保护法律法规为立法两大基石，坚持以人民为中心，坚持人与自然和谐共生，统筹区域和流域共建共治共享，统筹生态环境保护、经济社会发展和传统文化保护，是我省立法工作贯彻落实习近平生态文明思想的生动实践和重要体现。

充分体现地方立法特色优势。为白洋淀乃至整个雄安新区生态环境治理和保护立法，没有现成的模式可以借鉴。为加快推进雄安新区规划建设法治保障，河北省人大常委会强化使命担当，将立法责任牢牢扛在肩上，认真贯彻党中央和全国人大关于地方立法的新要求，依靠省委坚强领导，坚持立法先行，创造性解决保障规划实施、区域流域协同共治等一系列重点难点立法问题，走出一条稳扎稳打、攻坚克难、勇于创新的立法之路，形成了保障国家大事、千年大计落地实施的重要法治成果。条例既是小切口，又是大块头立法，充分发挥地方立法的实施性、补充性、探索性功能。坚持创新思维，做好加减法，既不简单照抄照搬相关规定，又准确完整贯彻落实党中央和省委重要决策部署精神，坚持精细化立法和小切口、真管用的思路，聚焦解决白洋淀流域突出的环境污染和生态问题，找准问题关键所在开刀切口，力求有效实用，确保法规立得住、行得通、真管用，突出创制性立法灵活务实高效特点。

三、条例的主要内容

条例共八章一百条，分别从总则、规划与管控、环境污染治理、防洪与排涝、生态修复和保护、保障与监督、法律责任和附则，作出了系统全面的规范。条例的主要内容有：

（一）明确立法原则和基本要求。条例明确了白洋淀治理保护范围、原则和基本要求，坚持生态优先、绿色发展，统筹规划、协调推进，遵循规律、保障安全，属地负责、协同共治的原则。强调科学治水节水用水，坚持补水治污防洪一体化建设。按照贯彻新发展理念、推进高质量发展的要求，强调山水林田草淀城系统治理和最严格保护，对强化防洪体系建设、完善流域共治体制机制等方面作出了规定。推动与京津、山西等建立流域协同治理机制和联席会议工作制度，加强白洋淀流域水污染防治、防洪排涝等应急联防联控机制建设。

（二）突出规划与管控。条例将保障规划有序有效实施作为立法的重要任务，充分体现《河北雄安新区总体规划》和《白洋淀生态环境治理和保护规划》、防洪专项规划等规划要求，依法保障规划落地落实。完善规划实施统筹协调机制，加强实施监督和考核，保障规划有序有效实施。强化国土空间规划和用途管控，坚持以水定城、以水定地、以水定人、以水定产，发挥资源环境承载能力和水安全保障的约束指导作用，并依法进行环境影响评价。严格落实“三线一单”制度，不得变通突破、降低标准。严格标准管理，可以制定严于国家标准的污染物排放地方标准，完善白洋淀流域生态环境标准体系。从源头减少污染排放，严格产业准入，加强工业集聚区环境治理。禁止新建高耗水、高排放的企业和项目，对现有高耗水、高排放的企业和项目应当依照有关规定改造、转型、关停或者搬迁。

（三）全面规范环境污染治理。坚持全流域协同共治，落实属地责任，采取控源、截污、治河、补水等系统治理措施，全面加强白洋淀生态环境治理和保护。突出水环境治理，明确禁止污染水体的十项行为，规范排污许可管理和排污口设置，对工业、农业污染防治以及城乡生活污水处置等作出具体规定，严禁污水入河入淀。对白洋淀旅游、船舶污染防治和清除围堤围埝等专门予以规范，并对大气、水、土壤污染协同治理和突发环境事件应急处置作出规定。通过源头预防、过程管控、综合治理，全方位保护白洋淀生态环境。

（四）加强雄安新区防洪排涝安全体系建设。设防洪排涝专章，按照防洪总体要求，逐条规范相关内容。并在总则、规划与管控、保障与监督等章节中，对应相关条款全部充实增加了防洪排涝相关内容。依托大清河流域防洪体系，落实防洪专项规划等要求，坚持流域防洪体系建设与雄安新区发展布局相结合，统筹水资源利用与防灾减灾、防洪排涝工程与生态治理和城市建设。坚持上蓄、中疏、下排、适滞的方针，分区域按照二百年一遇、一百年一遇、五十年一遇等标准要求建设防洪工程。强化洪涝风险意识，推进海绵城市、韧性城市建设，坚持河道清理整治、严格涉河涉淀项目管理、加强蓄滞洪区建设、完善流域防洪联动机制，构建雄安新区防洪排涝安全体系，确保雄安新区防洪排涝绝对安全。

（五）推进全流域生态修复与保护。坚持节约优先、保护优先、自然恢复为主，建立和完善相应的调查、监测、评估和修复制度，科学确定保护和治理、自然和人工、生物和工程等措施，加快恢复白洋淀流域生态功能。强化水资源利用保护，加强科学治水节水用水，建立生态补水多元保障机制，促进水系连通。优化区域生态安全格局，发挥太行山生态安全屏障作用，推进生态廊道建设、矿山综合治理。加强湿地修复，保护和恢复流域湿地面积和生态功能，构建以白洋淀为主体的自然保护地体系，开展白洋淀底泥、芦苇蒲草管护治理，强化生物多样性保护。

（六）建立健全监管保障机制。明确政府职责，创新监管方式，提高治理能力。明确各级人民政府、雄安新区管委会、县级以上有关部门以及乡级综合执法机构的职责，划定生态环境质量责任，规定“三线一单”制度，划定白洋淀生态保护红线、环境质量底线和资源利用上线、制定生态环境准入清单。按照水环境质量改善目标要求，制定限期达标规划和实施方案。健全水生态环境质量监测和评价制度。强化河湖长制、林长制，实行白洋淀流域环境保护目标责任制和考核评价制度，推进智慧化管理，加强监督检查。加大多元化资金投入力度，健全市场化、多元化生态补偿制度建设。明确规范了监管制度，设立自然资源资产审计、生态环保督察、约谈、信用惩戒等制度。强化了人大监督。

（七）从严设置法律责任。条例逐一对照所规定的禁止行为，依照相关上位法规定从严设置相应法律责任。严格规定了执法部门的监管责任，明确造成环境损害或者生态破坏的应当承担生态环境损害赔偿责任；完善了非法排污、擅自处置污泥、未进行环评擅自开工建设和建设旅游设施等方面的法律责任；新增了违法采砂、违法修筑围堤围埝、未履行涉河湖工程设施日常检查维护等法律责任；依照行政处罚法的规定，在上位法规定的幅度范围内，提高了罚款处罚下限，对非法设置排污口、屡查屡犯、严重污染水体、违法建设妨碍行洪以及释放丢弃及擅自引进外来入侵物种等违法行为严惩重罚，形成震慑，切实增强条例的刚性和权威性。

四、规范的重点问题

（一）关于条例名称和适用范围。考虑到《白洋淀生态环境治理和保护规划（2018—2035 年）》中明确要求制定地方性法规，列入立法计划后的条例名称就沿用了规划的称谓。

根据立法实践来看，地方性法规名称一般由制定机关、规范事项和体例三要素构成，应当完整、准确、简洁，要准确表述法规的调整对象和基本内容，明确体现其立法目的。其中制定机关往往体现出较强的行政地域色彩，省级的一般冠以某某省（市或自治区）字样，但考虑到白洋淀是特定空间位置上自然或地理实体的专有名称和流域特点，条例制定目的是为贯彻落实党中央、省委有关建设雄安新区及保护白洋淀的一系列要求，服务于雄安新区规划建设以及京津冀协同发展的现实需要，因此在条例名称上，采取了区别于以往立法的惯常做法，没有冠以“河北省”的行政区划名称，而是与《白洋淀规划》保持一致，确定为《白洋淀生态环境治理和保护条例》，这在后来征求意见过程中也得到了全国人大和有关部委的认可。在条例修改过程中，特别是增加了防洪排涝内容后，有的同志提出条例名称是不是也要做相应的修改，专班也提出了几个方案，如“白洋淀保护条例”，或者“白洋淀生态环境治理保护和防洪排涝条例”等。经反复讨论研究，为了体现条例与白规的直接关系，常委会审议达成一致，仍沿用原来的名称。

为做好技术处理，适用范围的规定也进行了相应完善。将条例第二条第一款分成两句表述条例的适用范围和对象。第一句首先指出本条例适用于白洋淀生态环境治理和保护等活动。这是立法的初衷和本源。第二句强调，本省行政区域内白洋淀流域的水资源保护利用、环境污染防治、防洪排涝、生态修复保护及其监督管理等活动，应当遵守本条例。第二款对白洋淀流域的范围进行了详细的规范，包括白洋淀淀区及其上下游涉及的相关县级行政区域；此外，还对白洋淀淀区、上下游的范围进行了规定：白洋淀淀区是指保持合理水位时的面积区域，上下游包括入淀出淀的潴龙河、孝义河、唐河、府河、漕河、瀑河、萍河、白沟引河（含南拒马河与白沟河）、赵王新河等干支流流经的区域。对适用范围的详细规定，有利于相关部门以及执法单位在确定职责范围、开展执法工作时能够清晰、明白。这样就把条例所涉及的环境要素从地域（淀区和上下游）到内容（治污、防洪、生态）都囊括进来，实现了条例逻辑、框架、内容的和谐统一。

（二）关于政府和部门职责。《中华人民共和国环境保护法》规定，地方各级人民政府应当对本行政区域的环境质量负责。国务院环境保护主管部门，对全国环境保护工作实施统一监督管理；县级以上地方人民政府环境保护主管部门，对本行政区域环境保护工作实施统一监督管理。县级以上人民政府有关部门和军队环境保护部门，依照有关法律的规定对资源保护和污染防治等环境保护工作实施监督管理。中共中央办公厅、国务院办公厅《关于构建现代环境治理体系的指导意见》中提出，要健全环境治理领导责任体系，完善中央统筹、省负总责、市县抓落实的工作机制。党中央、国务院统筹制定生态环境保护的大政方针，提出总体目标，谋划重大战略举措，省级党委和政府对本地区环境治理负总体责任，贯彻执行党中央、国务院各项决策部署，组织落实目标任务、政策措施，加大资金投入，市县党委和政府承担具体责任，统筹做好监管执法、市场规范、资金安排、宣传教育等工作。

考虑到雄安新区作为国家级新区，其实际地位有一定特殊性，既是北京非首都功能的集中疏解地与承载地，行政管理范围又在河北省内，河北雄安新区管理委员会（简称雄安新区管委会）作为省政府的派出机构，其职能与一般的设区市政府职能有所不同，条例在政府和部门职责设置上，采取了“总中有分，分中有总”的体例安排，在总则既明确了各级人民政府以及雄安新区管委会总体职责，又明确了执法管理体制，还在“污染治理”“防洪排涝”和“生态修复保护”等章提纲挈领地分别规定各级人民政府以及雄安新区管委会的具体职责。

一是在条例总则第六条、第七条对各级人民政府以及雄安新区管委会职能进行总体规范。规定省人民政府负责白洋淀流域生态环境治理和保护总体工作，雄安新区管理委员会负责雄安新区内白洋淀生态环境治理和保护工作。白洋淀流域各级人民政府对本行政区域的生态环境质量和防洪安全负责。白洋淀流域县级以上人民政府应当按照相关规定制定责任清单，明确各部门责任。县级以上人民政府有关部门以及乡镇和街道综合行政执法机构按照各自职责做好白洋淀流域生态环境治理和保护相关工作。此外，还强调省人民政府、雄安新区管理委员会应当加强雄安新区防洪安全体系建设，调整完善流域防洪布局，统筹流域防洪与区域防洪、城市排涝，构建预防为主、蓄泄结合、分区设防、确保重点的现代化防洪排涝减灾体系，提高防灾、减灾、抗灾、救灾能力。白洋淀流域县级以上人民政府应当将白洋淀生态环境治理和保护工作纳入国民经济和社会发展规划，统筹水资源保护利用、生态环境治理、补水和防洪工程建设等方面的专项资金，形成常态化稳定的财政保障机制。加大对白洋淀流域环境污染防治、防洪排涝、生态修复保护等资金支持力度，推行有利于生态环境治理和保护的经济、产业、技术等政策和措施，保障工作开展。此外，规定白洋淀流域各级人民政府及其有关部门应当加强宣传教育，普及相关法律法规以及政策知识，增强社会公众生态安全和洪涝风险意识，营造爱护白洋淀流域生态环境的良好风气。同时应当依法公开环境信息，建立完善公众参与和社会监督机制，发挥环保志愿组织和志愿者作用。

二是在主要章的首条明确各级人民政府以及雄安新区管委会的具体管理职责。如第三章环境污染治理，第二十二条规定白洋淀流域县级以上人民政府应当履行属地治理监管责任，以改善白洋淀水质为重点，实行全流域联动综合治理，采取控源、截污、治河、补水等系统治理措施，提高生态环境质量；第四章防洪与排涝，第四十五条规定省人民政府、雄安新区管理委员会应当坚持流域防洪体系建设与雄安新区发展布局相结合，统筹水资源利用与防灾减灾、防洪排涝工程与生态治理和城市建设等职责；第五章生态修复与保护，第五十七条规定白洋淀流域各级人民政府应当坚持节约优先、保护优先、自然恢复为主，建立和完善相应的调查、监测、评估和修复制度，科学确定保护和治理、自然和人工、生物和工程等措施，加快恢复白洋淀流域生态功能，优化区域生态安全格局，提升全流域生态系统质量和稳定性。

（三）关于区域协同治理。党的十九大报告指出，以疏解北京非首都功能为“牛鼻子”，推动京津冀协同发展，高起点规划、高标准建设雄安新区。《河北雄安新区规划纲要》中指出，雄安新区作为北京非首都功能疏解集中承载地，要建设成为高水平社会主义现代化城市、京津冀世界级城市群的重要一极、现代化经济体系的新引擎、推动高质量发展的全国样板。《白洋淀生态环境治理和保护条例》作为保障雄安新区规划建设的一部生态环保类地方性法规，要充分考虑京津冀协同发展的需要，强化整体性、协调性和多元化的区域合作，不能各管一摊、相互掣肘，而必须统筹兼顾、整体施策、形成合力，使白洋淀流域治理由“九龙治水”变为“协同共治”。《中华人民共和国环境保护法》规定，国家建立跨行政区域的重点区域、流域环境污染和生态破坏联合防治协调机制，实行统一规划、统一标准、统一监测、统一的防治措施。生态环境部、水利部在《关于建立跨省流域上下游突发水污染事件联防联控机制的指导意见》也提出，要建立协作制度，跨省流域上下游省级政府应按照自主协商、责任明晰的原则，充分发挥河长制、湖长制作用，建立具有约束力的协作制度，增强上下游突发水污染事件联防联控合力。因此，条例总则中第八条和第十九条专门对协同治理进行规范，规定省人民政府、雄安新区管理委员会应当将白洋淀生态环境治理和保护纳入实施京津冀协同发展国家战略重要内容，打造蓝绿交织、清新明亮、水城共融的优美生态环境，实现以淀兴城、城淀共融。建立和完善与北京市、天津市和山西省等周边地区以及国家相关海河流域管理机构区域治水节水用水协同治理制度机制，推进水资源保护利用、生态环境治理和防洪等领域合作。推进建立联席会议工作制度，完善生态环境、防洪防汛联防联控联建等机制，建立完善与北京市、天津市和山西省等周边地区以及国家相关海河流域管理机构相衔接的白洋淀及其上下游联动的监测预警机制，加强对水生态环境监测和管理，促进区域协同立法、执法、监督，做到信息共享、政策统筹、应急联动，共同推动开展白洋淀淀区及流域生态环境治理和保护工作。

区域协同治理还体现在强化执法、司法保障上。根据中央有关文件精神，河北省委细化分工，抓好贯彻落实。大力支持雄安新区对接京津冀生态环境协同治理机制，探索跨部门、跨区域综合执法、联合执法，进一步理顺生态环境保护综合执法与公安执法、市场监管执法、应急管理执法等的关系，严格落实生态环境监管责任。为进一步支持雄安新区法治保障建设，推进在雄安新区中级人民法院设立环境资源法庭，对雄安新区及周边区域、白洋淀流域环境资源诉讼案件集中管辖，全面实施环境资源保护公益诉讼制度，落实生态补偿和生态环境损害赔偿制度。据中国雄安官网报道，2020 年 12 月 10 日上午，白洋淀环境资源法庭揭牌仪式在雄安新区安新县人民法院举行，该法庭集中管辖雄安新区应由基层人民法院受理的涉环境资源一审刑事、行政、民事及所产生的执行案件，在全省范围内首次实现了真正意义上的“三审合一”。这是河北省首家实行环境资源案件“三审合一”的专门化法庭，是深入推进司法体制机制创新的一项重大举措，还将按照上级部署要求，稳步推进周边地区及白洋淀全流域环境资源类案件的集中管辖，对有效解决环境资源案件区域管辖难题、加强环境资源审判的专业化建设，具有重大深远的意义。

在条例总则的第九条，对执法管理体制提出了要求，规定省人民政府应当完善白洋淀流域生态环境治理和保护管理体制，整合执法资源和执法职责，加强执法队伍和执法能力建设，实施规划、标准、预警、执法等统一管理，增强生态环境治理和保护能力。白洋淀流域设区的市、县（市、区）人民政府及其有关部门应当实行流域与行政区域相结合的管理体制，加强流域联合执法和联防共治机制，实行统一规划、统一标准、统一监测、统一执法等措施，共同推进白洋淀生态环境治理和保护工作。雄安新区管理委员会应当会同白洋淀流域各设区的市人民政府建立白洋淀流域水污染防治、防洪排涝等应急联防联控机制。在条例第六章保障与监督，第八十条规定，推进建立雄安新区及其周边区域、白洋淀流域环境资源案件集中管辖制度。落实生态环境损害赔偿和修复制度，有关机关可以依照国家规定向人民法院提起生态环境损害赔偿诉讼。对污染白洋淀流域生态环境、破坏生态损害国家利益或者社会公共利益的，法律规定的有关机关和社会组织可以依法提起生态环境公益诉讼。

（四）关于科技支撑。科学技术是第一生产力。党的十九大提出要建设科技强国，《中华人民共和国科学技术进步法》提出，发挥科学技术第一生产力、创新第一动力、人才第一资源的作用，促进科技成果向现实生产力转化，推动科技创新支撑和引领经济社会发展，全面建设社会主义现代化国家，并进一步明确科技创新在国家现代化建设全局中的核心地位。《中华人民共和国环境保护法》规定，国家支持环境保护科学技术研究、开发和应用，鼓励环境保护产业发展，促进环境保护信息化建设，提高环境保护科学技术水平。《河北省生态环境保护条例》也规定，加强生态环境保护专业技术人才培养，组织开展重大生态环境保护项目科技攻关，搭建科技成果转化平台，促进生态环境保护科学技术进步。科技创新对生态环境保护有着更加显著的促进作用，应当大力推动水环境保护大数据发展和应用，不断提升污染防治的科学化、信息化和精细化水平。河北省加快实施科技强省行动，人工智能、区块链、大数据、储能技术、5G 通信、遥感监测等新技术新业态的研发应用，将对产业结构、社会发展、环境保护等产生革命性影响，有利于促进绿色发展与节能减排，提升污染治理水平，推进形成节约资源和保护生态环境的空间格局、产业结构、生产方式、生活方式。在白洋淀生态环境治理和保护中应当进一步强化科技支撑体系和能力建设，着力提升生态环境科技创新能力、加强关键科学技术研发、推进绿色技术成果应用，加大生态环境科技成果转化力度，培育和壮大环保产业，健全生态环境技术服务体系，提高先进适用环境技术装备和环境科技咨询服务的有效供给能力，支撑生态环境精准治理和科学治理。

因此，条例规定，白洋淀流域县级以上人民政府及其有关部门应当加强白洋淀生态安全和防洪的科学研究与技术开发、成果转化与应用、人才培养与引进等工作，提高信息化、智慧化水平。鼓励和支持科研机构、高等院校、企业等开展绿色技术创新攻关和示范应用，围绕污染防治、防洪排涝、生态修复、水源涵养、资源节约和循环利用等，研发基础性、系统性的关键共性技术、现代工程技术，推广先进适用的技术、装备。对于优化产业布局，条例规定，白洋淀流域县级以上人民政府应当围绕构建新发展格局，加快优化产业布局，调整产业结构、能源结构和运输结构，推进清洁生产和资源循环利用，促进绿色低碳发展，建设绿色生态宜居的城乡人居环境，推动形成节约资源、保护生态环境的生产生活方式。

（五）关于强化规划刚性约束。白洋淀作为雄安新区蓝绿空间的重要组成部分，只有实行最严格的制度、最严密的法治，才能为白洋淀生态环境保护和雄安新区生态文明建设提供可靠保障。《雄安新区规划纲要》明确提出，本纲要与相关规划经批准后必须严格执行，任何部门和个人不得随意修改、违规变更，坚决维护规划的严肃性和权威性，确保一张蓝图干到底。因此，条例设规划与管控专章，规定白洋淀流域各级人民政府应当严格执行国家批准的白洋淀生态环境治理和保护规划以及雄安新区防洪排涝规划等相关规划，依法制定实施方案或者实施意见，完善规划实施统筹协调机制，加强实施监管和考核，保障规划有序有效实施。条例还对规划管控、专项规划的编制提出具体规范要求，规定白洋淀流域县级以上人民政府应当强化国土空间规划和用途管控，落实生态保护、永久基本农田、城镇开发等空间管控边界。区域、流域的建设、开发利用规划以及工业、农业等专项规划，应当符合生态保护和防洪要求，坚持以水定城、以水定地、以水定人、以水定产，发挥资源环境承载能力和水安全保障的约束指导作用，并依法进行水资源论证和环境影响评价。

同时，条例还对标准制定、限期达标以及流域产业转型升级进行了规定。《中华人民共和国环境保护法》规定省、自治区、直辖市人民政府对国家污染物排放标准中未作规定的项目，可以制定地方污染物排放标准；对国家污染物排放标准中已作规定的项目，可以制定严于国家污染物排放标准的地方污染物排放标准。《河北省水污染防治条例》规定各级人民政府对本行政区域的水环境质量负责，并应当及时采取措施持续改善水生态；提出严格控制工业污染，防治城镇生活污染，推进生态治理和修复，预防、控制和减少水环境污染和生态破坏等相关要求。2018 年 9 月 4 日，河北省环保厅、省质监局联合召开了《大清河流域水污染物排放标准》等三项地方标准新闻发布会，介绍了相关标准制定情况。与《国家重点流域水污染防治规划（2016—2020）》保持一致，根据流域地形、水系走向、水质断面设置等因素，以乡镇级行政区划为基本单位划分控制区域。不同区域执行不同的水污染物排放限值。大清河流域，按照生态环境部的意见，借鉴北京市的经验，从我省实际出发，将该流域划分为核心控制区、重点控制区、一般控制区三个控制区域。核心控制区就是雄安新区全域，对标北京，以最严格的环境标准限值控制区域内水污染物的排放。核心控制区范围为：雄县、容城、安新三县行政辖区（含白洋淀水域），任丘市鄚州镇、苟各庄镇、七间房乡和高阳县龙化乡。在核心控制区外，根据大清河流域水污染特点和环境保护要求，划分了重点控制区和一般控制区。重点控制区包括大清河流域内石家庄、保定市的22个县（市、区）以及定州市；一般控制区为大清河流域内除核心控制区和重点控制区以外的其他区域，具体包括张家口、保定、廊坊和沧州市的15个县（市、区）。分区域设定了化学需氧量、五日生化需氧量、氨氮、总氮、总磷等五项水污染物排放限值，大清河（白洋淀）流域核心控制区污染物排放限值与北京标准中最严的A类相当，如COD为20mg/L；重点控制区排放限值与北京标准中的B类相当，COD为30mg/L；标准增加了一般控制区的排放要求，COD为40mg/L，比国家规定的城镇污水处理厂一级A的50mg/L要严。充分体现了上位法精神和京津冀协同发展要求，建立了区域统一的能耗、水耗、污染物排放限值标准。

条例规定省人民政府根据白洋淀流域生态环境保护目标和污染防治需求，可以制定严于国家标准的白洋淀流域污染物排放地方标准，完善白洋淀流域生态环境标准体系。并按照《中华人民共和国水污染防治法》有关市、县级人民政府应当按照水污染防治规划确定的水环境质量改善目标的要求，制定限期达标规划，采取措施按期达标的规定，条例明确规定白洋淀流域各级人民政府应当根据白洋淀生态环境保护目标和治理任务，制定限期达标规划或者实施方案，采取措施按期达标。立法规定和实际措施都与落实《河北雄安新区规划纲要》等规划“实施白洋淀生态修复，实现水质达标”、“将白洋淀水质逐步恢复到Ⅲ－Ⅳ类”的要求保持了高度一致。

（六）关于落实“三线一单”制度。生态保护的红线就是生态环境保护的底线，《中共中央　国务院关于加快推进生态文明建设的意见》中提出，要严守资源环境生态红线，树立底线思维，设定并严守资源消耗上限、环境质量底线、生态保护红线，将各类开发活动限制在资源环境承载能力之内。《中华人民共和国环境保护法》规定，国家在重点生态功能区、生态环境敏感区和脆弱区等区域划定生态保护红线，实行严格保护。《河北省生态环境保护条例》规定，省人民政府应当确定生态保护红线、环境质量底线、资源利用上线，制定实施生态环境准入清单，构建生态环境分区管控体系。因此，条例规定省人民政府应当依据有关法律法规和相关规划要求，确定白洋淀流域生态保护红线、环境质量底线和资源利用上线，制定生态环境准入清单，建立生态环境分区管控体系。市、县级人民政府应当制定相关实施方案并负责组织实施。县级以上人民政府及其有关部门应当将生态保护红线、环境质量底线、资源利用上线和生态环境准入清单管控要求，作为政策制定、执法监管的依据，不得变通突破、降低标准。

为落实河北省人民政府《关于加快实施“三线一单”生态环境分区管控的意见》（冀政字〔2020〕71 号），2021 年 6 月，河北雄安新区管理委员会出台《关于雄安新区“三线一单”生态环境分区管控的实施意见》（雄安政字〔2021〕26 号），明确提出构建生态环境分区管控体系，一是划分生态环境管控单元。雄安新区共划分优先保护单元和重点管控单元两类，共计 61 个。其中：优先保护单元指以生态环境保护为主的区域，共 25 个，占新区总面积的 57.2%。主要包括生态保护红线以及各级各类自然保护地、饮用水水源保护区和生态系统敏感性、重要性较高的区域。重点管控单元指涉及水、大气、土壤及自然资源等资源环境要素重点管控的区域，共 36 个，占新区总面积的 42.8%。主要包括现有和规划城镇建设集中区及生态农业集中区等开发强度高、污染排放强度大、环境问题相对集中的区域。二是落实生态环境分区管控要求。依据相关法律法规和文件精神，衔接雄安新区发展战略和生态功能定位，坚持目标导向和问题导向，突出总体管控和差异管控要求，制定新区、四大片区（淀北、淀东、白洋淀和淀南片区）及各环境管控单元 3 个层次的生态环境准入清单。优先保护单元严格按照国家生态保护红线、饮用水水源保护区、自然保护地等相关规定进行管控；依法禁止或限制开发建设活动，确保生态环境功能不降低、面积不减少、性质不改变；优先开展生态功能受损区域生态保护修复活动，恢复和提升生态系统服务功能。重点管控单元主要以解决突出生态环境问题为导向，推进产业布局优化、转型升级，不断提高资源利用效率，加强污染物排放控制和环境风险管控，持续推进生态环境质量改善。此外，还强调加快“三线一单”成果应用，将“三线一单”生态环境分区管控要求作为区域资源开发、产业布局、结构调整、城镇建设、重大项目选址等的重要依据，推进生态环境高水平保护，促进高质量发展。

（七）关于排污管理。《中华人民共和国环境保护法》规定了重点污染物排放总量控制制度和排污许可管理制度，以上位法为依据，条例在排污管理方面作了更加细致的规定。

1. 关于排污总量和标准双控制。《中华人民共和国环境保护法》规定，国家实行重点污染物排放总量控制制度。重点污染物排放总量控制指标由国务院下达，省、自治区、直辖市人民政府分解落实。企业事业单位在执行国家和地方污染物排放标准的同时，应当遵守分解落实到本单位的重点污染物排放总量控制指标。对超过国家重点污染物排放总量控制指标或者未完成国家确定的环境质量目标的地区，省级以上人民政府环境保护主管部门应当暂停审批其新增重点污染物排放总量的建设项目环境影响评价文件。《河北省河湖保护和治理条例》规定，省人民政府应当依法适时修订水环境质量标准和水污染物排放标准。对国家水环境质量标准和水污染物排放标准中已作规定的项目，可以制定严于国家标准的地方标准。排放水污染物，不得超过国家或者本省规定的水污染物排放标准和重点水污染物排放总量控制指标。条例对白洋淀流域内排污总量和标准双控制进行了规范，加强了源头管理，规定白洋淀流域实行重点污染物排放总量控制制度，实施更严格的重点污染物排放总量控制计划。排放水污染物的企业事业单位和其他生产经营者，应当严格执行水污染物排放标准和重点污染物排放总量控制指标。

条例根据《中华人民共和国水污染防治法》，结合雄安新区实际情况，对产业的转型升级进行了从严规范，规定了白洋淀流域县级以上人民政府应当加快推进产业结构调整与转型升级，依法实施产业准入制度，严格对水资源消耗等实施总量和强度双控。依法取缔散乱污企业，禁止新建高耗水、高排放的企业和项目，对现有高耗水、高排放的企业和项目应当依照有关规定改造、转型、关停或者搬迁。雄安新区管理委员会应当加强对传统产业的管控，实施产业目录清单管理，依法淘汰不符合新区发展方向的企业和项目。

2. 关于严格禁止污染水体的十种行为。《中华人民共和国水污染防治法》对污染水体的具体行为进行了逐条规范。条例综合上位法有关规定，归纳了白洋淀流域内禁止下列污染水体的十种行为：禁止向水体排放油类、酸液、碱液或者剧毒废液；禁止在水体清洗装贮过油类或者有毒污染物的车辆和容器；禁止向水体排放、倾倒放射性固体废物或者含有高放射性和中放射性物质的废水；禁止向水体排放含有不符合国家有关规定和标准的热废水、低放射性物质的废水；禁止向水体排放未经消毒处理且不符合国家有关标准的含病原体的污水；禁止向水体倾倒、排放工业废渣、城镇垃圾和其他废弃物；禁止将含有汞、镉、砷、铬、铅、氰化物、黄磷等的可溶性剧毒废渣向水体排放、倾倒或者直接埋入地下；禁止在河流、湖泊、运河、渠道、淀库最高水位线以下的滩地和岸坡以及法律法规禁止的其他地点倾倒、堆放、贮存固体废弃物和其他污染物；禁止利用渗井、渗坑、裂隙、溶洞等，私设暗管，篡改、伪造监测数据，或者不正常运行水污染防治设施等逃避监管的方式排放水污染物以及法律法规规定的其他违法行为。

3. 关于排污许可管理。按照《中华人民共和国环境保护法》《排污许可管理条例》规定，国家依照法律规定实行排污许可管理制度。实行排污许可管理的企业事业单位和其他生产经营者应当按照排污许可证的要求排放污染物；未取得排污许可证的，不得排放污染物。条例规定，白洋淀流域依法实行排污许可管理制度，根据污染物产生量、排放量、对环境的影响程度等因素，依照国家有关规定确定的范围、实施步骤和管理类别名录，对企业事业单位和其他生产经营者实行排污许可重点管理、简化管理。依法实行排污许可重点管理和简化管理的企业事业单位和其他生产经营者应当遵守排污许可证规定，按照生态环境管理要求运行和维护污染防治设施，建立环境管理制度，不得超过许可排放浓度、许可排放量排放污染物；未取得排污许可证的，不得排放污染物。依法实行排污登记管理的污染物产生量、排放量和对环境影响程度都很小的企业事业单位和其他生产经营者，应当按照国家有关规定填报排污登记表，不需要申请取得排污许可证。同时对排污口设置进行了规范，规定白洋淀流域各级人民政府及其有关部门应当加强对入河入淀污染源和排污口的监管，限制审批新增入河排污口，逐步取缔入淀排污口，严禁污水直接入河入淀。在饮用水水源保护区内，禁止设置排污口。排放水污染物的企业事业单位和其他生产经营者，应当按照国家和本省有关规定设置、管理和使用污染物排污口及其污染物监测设施，并在排污口安装标志牌。重点排污单位应当安装水污染物排放自动监测设备，与生态环境主管部门的监控设备联网，并保证监测设备正常运行。

（八）关于综合整治措施。白洋淀生态环境是一个系统工程，除了水污染治理外，还需要有计划地采取控源截污、垃圾清理、清淤疏浚、生态修复等措施，对大气、土壤等污染进行系统整治，协同治理，全面改善白洋淀流域生态环境质量。

1. 农业面源。《中华人民共和国水污染防治法》中规定，县级以上地方人民政府农业主管部门和其他有关部门，应当采取措施，指导农业生产者科学、合理地施用化肥和农药，推广测土配方施肥技术和高效低毒低残留农药，控制化肥和农药的过量使用，防止造成水污染。《中华人民共和国土壤污染防治法》要求制定农药、兽药、肥料、饲料、农用薄膜等农业投入品及其包装物标准和农田灌溉用水水质标准，应当适应土壤污染防治的要求。《中华人民共和国固体废物污染环境防治法》规定，从事畜禽规模养殖应当及时收集、贮存、利用或者处置养殖过程中产生的畜禽粪污等固体废物，避免造成环境污染。县级以上人民政府农业农村主管部门负责指导农业固体废物回收利用体系建设，鼓励和引导有关单位和其他生产经营者依法收集、贮存、运输、利用、处置农业固体废物，加强监督管理，防止污染环境。产生秸秆、废弃农用薄膜、农药包装废弃物等农业固体废物的单位和其他生产经营者，应当采取回收利用和其他防止污染环境的措施。

承接上位法，条例要求白洋淀流域各级人民政府应当加强对农业生态环境的治理和保护，优化农业种植结构，鼓励发展绿色生态农业，组织开展农业面源污染治理。白洋淀流域县级以上人民政府农业农村主管部门和其他有关部门应当采取措施，指导农业生产者科学施用肥料和农药，控制和减少化肥和农药使用量，严控农田退水。在入淀河流干流河道管理范围外延的规定距离内禁止施用化肥、农药。农业投入品生产者、销售者和使用者，应当依法及时回收农药、肥料等农业投入品的包装废弃物和农用薄膜，并将农药包装废弃物交由专门的机构或者组织按照国家有关规定进行无害化处理。

2. 畜禽养殖。《中华人民共和国固体废物污染环境防治法》《中华人民共和国水污染防治法》《中华人民共和国渔业法》中均作出了规定。国家支持畜禽养殖场、养殖小区建设畜禽粪便、废水的综合利用或者无害化处理设施。从事畜禽规模养殖应当及时收集、贮存、利用或者处置养殖过程中产生的畜禽粪污等固体废物，避免造成环境污染。畜禽散养密集区所在地县、乡级人民政府应当组织对畜禽粪便污水进行分户收集、集中处理利用。畜禽养殖场、养殖小区应当保证其畜禽粪便、废水的综合利用或者无害化处理设施正常运转，保证污水达标排放，防止污染水环境。禁止使用炸鱼、毒鱼、电鱼等破坏渔业资源的方法进行捕捞。禁止制造、销售、使用禁用的渔具。禁止在禁渔区、禁渔期进行捕捞。因此，条例规定，白洋淀流域县级以上人民政府应当按照有关法律法规和相关规划要求划定水产、畜禽养殖禁养区，合理布局水产、畜禽养殖区域。在白洋淀淀内以及淀边、入淀河流沿岸规定范围内，禁止从事水产、畜禽等养殖活动。淀内控制捕捞行为，设定白洋淀禁渔期，非禁渔期科学合理捕捞。畜禽养殖产生的污水、粪便应当进行无害化处理和资源化利用，禁止直接排入河流、淀区。畜禽散养密集区所在县（市、区）、乡镇人民政府应当组织对畜禽粪便污水进行分户收集、集中处理。规模化畜禽养殖场、养殖小区应当建设废水、粪便的综合利用或者无害化集中处理设施，并保障其正常运行，保证污水达标排放。

3. 垃圾分类。《中华人民共和国固体废物污染环境防治法》要求县级以上地方人民政府应当加快建立分类投放、分类收集、分类运输、分类处理的生活垃圾管理系统，应当建立生活垃圾分类工作协调机制，加强和统筹生活垃圾分类管理能力建设。实现生活垃圾分类制度有效覆盖。据此，条例中明确白洋淀流域县级以上人民政府应当按照国家和本省有关规定建立生活垃圾分类制度，对生活垃圾进行分类投放、分类收集、分类运输、分类处理。加快垃圾无害化处理设施建设，推进城乡垃圾一体化处理和无废城市建设，提高生活垃圾的资源化利用率和无害化处理率。

此外，白洋淀作为5A级旅游景区，应当采取措施有效治理旅游垃圾污染，在保障其生态环境基础上发挥旅游功能。《中华人民共和国旅游法》中对景区流量控制进行了原则规定，景区接待旅游者不得超过景区主管部门核定的最大承载量。景区应当公布景区主管部门核定的最大承载量，制定和实施旅游者流量控制方案，并可以采取门票预约等方式，对景区接待旅游者的数量进行控制。因此雄安新区管理委员会应当合理布局白洋淀旅游景区、景点，任何单位和个人不得擅自在淀内建设旅游设施。旅游景区、景点应当集中收集处理污水和垃圾，禁止随意排放污水、弃置和堆放垃圾等可能造成污染的行为。

4. 危废污染。针对危险废物污染，《中华人民共和国固体废物污染环境防治法》要求产生危险废物的单位，应当按照国家有关规定和环境保护标准要求贮存、利用、处置危险废物，不得擅自倾倒、堆放。《中华人民共和国环境保护法》规定，各级人民政府应当统筹城乡建设污水处理设施及配套管网，固体废物的收集、运输和处置等环境卫生设施，危险废物集中处置设施、场所以及其他环境保护公共设施，并保障其正常运行。我省生态环境保护条例中也有相关要求，县级以上人民政府应当根据区域卫生规划，合理布局医疗废物集中处置设施，加强医疗废物集中处置设施建设，并保障其正常运行。据此，条例中规定，白洋淀流域县级以上人民政府应当根据区域卫生规划，合理布局、建设、运行、管理医疗废物集中处置设施，加强对医疗废物收集、贮存、运输、处置的监督管理，防止污染环境。白洋淀流域产生危险废物的企业事业单位和其他生产经营者，应当按照国家和本省有关规定以及生态环境保护标准要求贮存、利用、处置危险废物，不得擅自倾倒、堆放。

尤其针对重金属污染，《中华人民共和国水污染防治法》中特别规定，禁止将含有汞、镉、砷、铬、铅、氰化物、黄磷等的可溶性剧毒废渣向水体排放、倾倒或者直接埋入地下。《中华人民共和国环境保护法》施用农药、化肥等农业投入品及进行灌溉，应当采取措施，防止重金属和其他有毒有害物质污染环境。因此，条例规定白洋淀流域各级人民政府应当依法重点防控重金属污染地区、行业和企业，加强对涉铅、镉、汞、铬和类金属砷等重金属加工企业的生态环境监管，推动重金属污染防治工作。对重点防控区域内的涉重金属污染企业，依法依规取缔、关停或者有序退出。禁止在重点防控区域内新建、改建、扩建增加重金属污染物排放总量的建设项目。

5. 土壤污染。《中华人民共和国土壤污染防治法》中规定，安全利用类和严格管控类农用地地块的土壤污染影响或者可能影响地下水、饮用水水源安全的，地方人民政府生态环境主管部门应当会同农业农村、林业草原等主管部门制定防治污染的方案，并采取相应的措施。对建设用地土壤污染风险管控和修复名录中的地块，土壤污染责任人应当按照国家有关规定以及土壤污染风险评估报告的要求，采取相应的风险管控措施，并定期向地方人民政府生态环境主管部门报告。风险管控措施应当包括地下水污染防治的内容。据此，条例中规定，白洋淀流域县级以上人民政府应当依据土壤环境质量状况和环境承载能力，科学确定区域功能定位，建立土壤污染协同防治机制，严守土壤环境安全底线。对农用地实行分类管理，建立优先保护制度，严格实施风险管控措施，提升安全利用水平。禁止向农用地排放重金属或者其他有毒有害物质含量超标的污水、污泥，以及可能造成土壤污染的清淤底泥、矿渣等。严格落实建设用地土壤污染风险管控和修复名录制度，对建设用地依法开展调查评估。未按照规定开展调查评估和未达到土壤污染风险评估确定的风险管控、修复目标的建设用地地块，禁止开工建设任何与风险管控、修复无关的项目。加强河道管理范围内土壤污染治理，建立土壤污染治理评估和检查验收机制。

此外，还对底泥污染作了明确规定。要求雄安新区管理委员会应当对白洋淀底泥污染实施监测，加强底泥污染治理的科学研究和技术攻关，科学确定清淤范围、清淤方式及时序，实施分类分区分期生态清淤或者治理修复，改善底泥质量，恢复水体自净能力，提高水环境质量。

6. 船舶燃油。《中华人民共和国水污染防治法》中规定，从事海洋航运的船舶进入内河和港口的，应当遵守内河的船舶污染物排放标准。船舶的残油、废油应当回收，禁止排入水体。结合《河北省碧水保卫战三年行动计划》中关于“白洋淀流域治理专项行动”的要求，根据淀区生态环境承载能力，确定合理的旅游承载量。严禁过度旅游开发，提倡错峰旅游，采取有效措施，合理管控车船密度，严格控制淀区船舶数量。加强船舶及其作业活动监管，防止污染淀区环境。严禁新增汽、柴油动力装置船舶入淀。条例中明确，雄安新区管理委员会应当科学核定和控制白洋淀船舶数量，划定船舶禁行、限行区域。除特种作业船舶外，禁止新增燃油动力船舶，通过采取回收补偿等措施，加快淘汰、替换或者改造现有燃油动力船舶。船舶的残油、废油应当依法回收，禁止排入白洋淀以及周边水体。

7. 大气污染。《中华人民共和国环境保护法》要求，国家加强对大气、水、土壤等的保护，建立和完善相应的调查、监测、评估和修复制度。《中华人民共和国大气污染防治法》中规定，防治大气污染，应当加强对燃煤、工业、机动车船、扬尘、农业等大气污染的综合防治，推行区域大气污染联合防治，对颗粒物、二氧化硫、氮氧化物、挥发性有机物、氨等大气污染物和温室气体实施协同控制。结合上位法，条例中规定，白洋淀流域县级以上人民政府应当加强对燃煤、工业、机动车、扬尘、农业等大气污染的综合防治。

（九）关于防洪排涝。《河北雄安新区规划纲要》《河北雄安新区防洪专项规划》都对白洋淀流域防洪排涝进行了规定，以保障雄安新区水安全。条例对此予以细化落实。

一是坚持全面规划、统筹兼顾。条例明确规定，省人民政府、雄安新区管理委员会应当按照河北雄安新区总体规划、防洪专项规划等要求，坚持流域防洪体系建设与雄安新区发展布局相结合，统筹水资源利用与防灾减灾、防洪排涝工程与生态治理和城市建设。依托大清河流域防洪体系，按照上蓄、中疏、下排、适滞的方针，发挥白洋淀上游山区水库的拦蓄作用，疏通入淀河流以及白洋淀行洪通道，加大下游河道的泄洪能力，加强堤防和蓄滞洪区建设，提升流域防洪能力。条例还对政府职责进行了明确，规定白洋淀流域县级以上人民政府应当将防洪工程设施建设纳入国民经济和社会发展规划，并同蓄水、补水、抗旱和改善生态环境统筹兼顾，高标准高质量推进防洪工程建设，增强河道行洪能力和水库、洼淀、湖泊等调蓄洪水的功能，确保达到规划要求。白洋淀流域县级以上人民政府、雄安新区管理委员会应当按照统一管理与分级管理相结合的原则，对防洪排涝工程实行属地分级管理，并负责相关防洪排涝工程的日常管理和维护。

二是坚持预防为主、综合治理。条例规定白洋淀流域县级以上人民政府及其有关部门应当严格涉河项目审批。建设涉河桥梁、码头、道路、渡口、管道、缆线、取水、排水等工程设施，应当符合防洪标准、岸线规划、航运要求和其他技术要求，不得危害堤防安全、影响河势稳定、妨碍行洪畅通。穿、跨、临河湖以及穿堤的桥梁、码头、道路、渡口、管道、缆线、取水、排水、监测等工程设施的建设单位、产权单位或者使用单位，应当对设施进行日常检查和维护，保证其正常运行，发现危害堤坝安全、影响河势稳定、妨碍行洪畅通等情况的，应当及时进行整改、消除安全隐患。在白洋淀流域蓄滞洪区内新建、改建、扩建非防洪建设项目，应当依法就洪水对建设项目可能产生的影响和建设项目对防洪可能产生的影响作出评价，编制洪水影响评价报告，提出防御措施，并依法履行审批手续。未经批准，不得开工建设。防洪和河道工程等依法取得采砂许可进行采砂的，应当采治结合，兼顾防洪排涝和重要基础设施等安全，及时进行清淤疏浚，确保行洪畅通。未经许可，任何单位和个人不得从事河道采砂活动。

条例要求，加快蓄滞洪区安全建设，科学合理安排防洪蓄洪工程建设和应急避险设施建设，按照国家规定的分洪标准依法启用蓄滞洪区时，应当组织有关部门提前做好受威胁群众转移安置以及重要设施的保护工作。建立完善内涝灾害应急管理组织体系，将海绵城市、韧性城市等建设要求纳入相关规划建设管理，新建、改建、扩建市政基础设施工程应当配套建设雨水收集利用设施，增强绿地、砂石地面、可渗透路面和自然地面对雨水的滞渗能力，利用建筑物、停车场、广场、道路等建设雨水收集利用设施，削减雨水径流，提高内涝防治能力。

根据《中华人民共和国防洪法》关于河道、湖泊管理范围内的土地和岸线的利用，应当符合行洪、输水的要求的规定以及《中华人民共和国防洪法》《中华人民共和国河道管理条例》规定的具体禁止性行为，条例结合白洋淀流域实际情况，规定白洋淀流域县级以上人民政府及其有关部门应当对非法排污、设障、捕捞、养殖、采砂、采矿、围垦、侵占水域岸线等活动进行清理整治，防止水域污染、水土流失、河道淤积，维护堤防安全，保持河道通畅。在白洋淀流域内禁止在河道管理范围内建设妨碍行洪的建筑物、构筑物，从事影响河势稳定、危害河岸堤防安全和其他妨碍河道行洪活动；禁止在行洪河道内种植阻碍行洪的林木和高秆作物；禁止破坏、侵占、毁损水库大坝、堤防、水闸、护岸、抽水站、排水渠系等防洪工程和水文、通信设施以及防汛备用器材、物料等物资；禁止在水工程保护范围内从事影响水工程运行或者危害水工程安全的爆破、打井、采砂、采石、取土等活动；禁止围湖、围淀造地，擅自围垦河道或者围堰筑坝以及其他违法行为。

三是坚持完善机制，加强协同。条例明确了应急指挥调度机制，规定白洋淀流域防汛抗洪工作实行各级人民政府行政首长负责制，统一指挥、分级分部门负责；雄安新区防洪工作按照国家批准的防御洪水方案执行，服从统一调度指挥；汛期运用流域内水库、闸坝和其他水工程设施，应当服从有关防汛指挥机构的调度指挥和监督。突出加强流域协同，规定省人民政府应当加强组织协调，推进与北京市、天津市、山西省水文情报信息共享、洪水应急监测协同联动等机制，纳入海河流域防洪体系建设内容，统筹上下游防治洪水安排，共同保障雄安新区及其下游地区防洪排涝安全。省人民政府应急管理、水行政、气象等主管部门应当会同白洋淀流域各设区的市人民政府完善洪水监测、预报、调度、抢险、救灾等工作机制，加强防洪排涝信息监测和采集，提高防洪排涝安全保障水平。强调开发利用和保护水资源，应当服从防洪排涝总体安排。规定在保证安全的前提下，科学调蓄、合理利用洪水雨水资源，优化水环境；在跨行政区域的河道边界上下游规定的范围内和左右岸进行引水、蓄水、排水等工程建设的，未经有关各方达成协议和共同上一级人民政府水行政主管部门批准，不得擅自改变河道水流的自然径流现状。

（十）关于生态补水。《河北雄安新区规划纲要》提出，要践行生态文明理念，尊重自然、顺应自然、保护自然，统筹城水林田淀系统治理，做好白洋淀生态环境保护，恢复“华北之肾”功能。实施白洋淀生态修复，恢复淀泊水面；实施退耕还淀，淀区逐步恢复至360平方公里左右；建立多水源补水机制，统筹引黄入冀补淀、上游水库及本地非常规水资源，合理调控淀泊生态水文过程，使白洋淀正常水位保持在6.5—7.0米；建设水系连通工程，联合调度安格庄、西大洋、王快、龙门等上游水库水量，恢复淀泊水动力过程。白洋淀是华北地区最大的淡水湖泊，长期以来饱受缺水困扰。近年来，河北省统筹调度引黄入冀补淀、南水北调中线一期工程、上游王快水库和西大洋水库等多种水源，持续向白洋淀生态补水，确保了白洋淀的水位保持在7米左右。为做好白洋淀生态补水工作，省水利厅成立了协调小组，谋划建立了白洋淀生态补水长效机制，连续多年向白洋淀进行补水，其中2018年补水入淀3.5亿立方米，2019年补水入淀4亿立方米。为改善白洋淀的水生态水环境，2020年我省统筹利用引黄水、引江水、当地水库水及再生水，积极向白洋淀进行生态补水。截至2020年11月中旬，白洋淀入淀水量近5亿立方米，提前超额完成全年目标任务。同时，通过白洋淀控制工程向下游河道（赵王新河）放水1亿多立方米，有效增加了白洋淀的水动力和水循环，为提升白洋淀水质发挥了重要作用。围绕恢复白洋淀上游河流生态功能，2020年，我省积极争取引江引黄水量，协调调度白洋淀上游王快、西大洋、安格庄、旺隆等水库，利用多水源向白洋淀上游的府河、瀑河等7条河道实施生态补水近14亿立方米。部分断流多年的河道重新通水，不仅恢复了地表河流生机、补充了地下水，还为沿河群众增加了看水观景的好去处。

条例提出白洋淀流域各级人民政府应当坚持节约优先、保护优先、自然恢复为主，进一步对补水进行了规范，规定省人民政府水行政主管部门应当会同雄安新区管理委员会和相关设区的市人民政府，统一规划，科学调配，建立白洋淀及其上游生态补水多元保障长效机制，加强引水、调水和蓄水工程建设，统筹引黄入冀补淀、上游水库、非常规水资源以及其他外调水源，逐步恢复入淀生态水量，保持白洋淀科学合理生态水位和水域面积。条例还对有关部门提出要求，规定省人民政府水行政、住房和城乡建设、生态环境等有关主管部门应当按照职责加强入淀河流河道整治，采取河渠垃圾清理、清淤疏浚、污染源管控等有效措施，加强输水水质保护，保障生态补水水质不低于白洋淀淀区水质。此外，条例还规定白洋淀流域县级以上人民政府应当推进水系连通工程建设，综合整治入淀输水河渠，构建循环通畅、功能完善的水网。实施水体清淤疏浚应当坚持精准清淤、生态清淤和安全固淤，按照国家有关规定处理清淤疏浚过程中产生的底泥，防止污染环境，并不得破坏地下水含水层和隔水层。

（十一）关于节约用水。水是生命之源，是人类赖以生存发展的重要资源。水资源利用保护必须认真落实水资源最大刚性约束制度要求，强调节水优先，把水资源作为经济布局、产业发展、结构调整的约束性、控制性和先导性指标，严格落实区域用水总量红线控制制度，切实将以水而定、量水而行落到实处。我省还专门印发了《河北省实行最严格水资源管理制度用水总量红线控制目标分解方案（2021—2025年）》。节约用水是全社会的共同责任，要持续开展地下水超采区综合治理，大力提高用水效率，推进节水型社会建设，推动非常规水资源开发利用，保护水库等水源地水质安全。要突出节水和再生水利用，高效配置生活、生产和生态用水，将再生水纳入水资源统一配置。要加强节水教育，倡导勤俭节约、绿色低碳、文明健康的生活方式和消费模式，鼓励购买使用节水产品。

条例根据《中华人民共和国水法》对用水实行总量控制和定额管理相结合的制度的有关规定，结合《河北省实施〈中华人民共和国水法〉办法》中各级人民政府应当严格管理水资源，实行用水总量控制，提高用水效率，建立水功能区限制纳污指标体系，保障水资源的可持续利用的规定，提出白洋淀流域各级人民政府应当建立行政区域用水总量和强度控制指标体系，强化水源保障，完善供水网络，建设集约高效的供水系统，推进农业、工业、居民生活等领域节水，提高水资源利用效率。白洋淀流域各级人民政府及其有关部门应当采取严格执行取水总量控制和定额管理制度，完善居民生活用水阶梯价格制度、非居民用水超定额加价和特种用水价格制度，严格执行取水许可审批以及相关产业政策，减少流域内高耗水农作物种植，推广节水灌溉技术，建设再生水利用设施，提升再生水水质，提高再生水利用效率，全面普及节水器具、设备，加强宣传，提高全社会节约用水意识，推广节水型生产生活方式等措施，促进节约用水。新建、改建、扩建的建设项目，应当制订节水措施方案，配套建设节水设施；节水设施应当与主体工程同时设计、同时施工、同时投入使用；已建成的建设项目，用水设施、设备和器具不符合节水要求的，应当进行技术改造，逐步更换为节水型设施、设备和器具；建设项目的节水设施没有建成或者没有达到国家规定的要求，不得擅自投入使用。此外，白洋淀流域县级以上人民政府应当依法严格控制地下水开采，分区分类实施地下水超采综合治理。在地下水禁止开采区，不得开凿新的取水井；对已有的取水井，应当制定计划和采取措施，有序置换水源和逐步关闭。

（十二）其他生态修复。白洋淀流域各级人民政府应当加强生态廊道建设，在重点排水口下游、河流入淀口等区域，开展山、林、湿地、生物等综合整治，以自然恢复结合人工干预，改善流域整体生态环境。

1. 山。河北省委、省政府《关于改革和完善矿产资源管理制度加强矿山环境综合治理的意见》中要求实施矿产开发减量化管理。严格控制矿产资源开发。强化生态环境保护，全面落实禁止和限制矿产开发项目的有关规定，禁止在生态保护红线内、永久基本农田、城镇开发边界内、自然保护区、风景名胜区、饮用水水源保护区、地质遗迹保护区、文物保护单位的保护范围内和铁路高速公路国道两侧各1000米范围内新批固体矿产资源开发项目。落实矿山环境治理责任。县（市、区）政府是责任主体灭失矿山迹地的恢复治理主体，要按照专项规划和年度任务计划，加大资金投入，组织开展本行政区域内责任主体灭失矿山迹地的恢复治理工作。按照“谁破坏、谁治理”的原则，矿山企业是矿山环境保护与恢复治理的责任主体，要严格按照综合方案要求“边开采、边治理、边恢复”，并如实向县级以上国土资源、环境保护、水利部门报告。据此，条例规定，白洋淀上游流域县级以上人民政府应当严格执行禁止和限制矿山开发的规定，科学合理开发矿产资源，推进矿山生态环境治理修复。矿山企业应当对矿山治理恢复承担主体责任，依法治理因开采矿产资源造成的生态环境破坏。企业治理责任主体灭失或者不明的矿山迹地依法由属地人民政府组织开展治理恢复。鼓励企业、社会团体或者个人，对已关闭或者废弃矿山依法进行科学、市场化治理恢复。

2. 林。《中华人民共和国水污染防治法》规定，县级以上地方人民政府应当根据保护饮用水水源的实际需要，在准保护区内采取工程措施或者建造湿地、水源涵养林等生态保护措施，防止水污染物直接排入饮用水水体，确保饮用水安全。在《河北雄安新区规划纲要》中也对植树造林作了全面规定，提升区域生态安全保障。构建衔接“太行山脉—渤海湾”和

“京南生态绿楔—拒马河—白洋淀”生态廊道，形成连山通海、南北交融的区域生态安全格局。采用近自然绿化及多种混交方式，突出乡土树种和地方特色，在新区绿化带及生态廊道建设生态防护林和景观生态林，形成平原林网体系，实现生态空间的互联互通。据此，条例规定，白洋淀流域各级人民政府应当依托天然林保护、三北防护林建设、太行山绿化等重点工程，开展规模化植树造林和封山育林，发挥太行山生态安全屏障作用，有效提升生态涵养和防护功能。加强白洋淀上游水库库区绿化、重点湿地森林建设，推进太行山水土流失重点治理和生态清洁小流域建设，加强水源地保护，扩大流域林草植被，涵养水源，提高流域水生态环境承载能力。白洋淀流域县级以上人民政府应当因地制宜在主要河流、交通干线两侧、淀区周边等加强绿化带、近自然林地和生态廊道建设，增强保护生物多样性、防止水土流失、防风固沙等功能。

3. 湿地。《中华人民共和国水污染防治法》要求，县级以上地方人民政府应当根据流域生态环境功能需要，组织开展江河、湖泊、湿地保护与修复，因地制宜建设人工湿地、水源涵养林、沿河沿湖植被缓冲带和隔离带等生态环境治理与保护工程，整治黑臭水体，提高流域环境资源承载能力。《河北省湿地保护条例》中进一步明确，县级以上人民政府应当采取扶持措施，实施湿地生态保护和修复、退耕还湿和湿地水土流失综合治理工程，加强水资源保护和地下水超采治理，合理调配水资源，科学利用雨洪水，充分利用再生水，维持湿地的基本生态用水，保护和恢复湿地生态功能。紧跟国家湿地保护法立法进程，进一步研究白洋淀水资源保护利用和湿地保护中的经验做法以及生态修复工作中遇到的实际问题，认真落实全国人大的指导意见，及时吸收借鉴有关上位法最新立法精神。据此，条例规定，白洋淀流域县级以上人民政府应当加强湿地生态保护和修复，按照国家和省有关规定，实行湿地分级管理和保护名录制度，实施退耕还湿还淀和湿地水土流失综合治理等工程，保护和恢复流域湿地面积和生态功能，构建以白洋淀为主体的自然保护地体系。雄安新区管理委员会应当按照相关规划要求，对白洋淀湿地生态系统实行生态功能分区管控和保护。采取有效措施治理和修复生态功能退化、碎片化淀泊，对植被破坏、水体污染严重的，应当实行限期达标治理和修复。

4. 生物。《中华人民共和国环境保护法》要求，开发利用自然资源，应当合理开发，保护生物多样性，保障生态安全，引进外来物种以及研究、开发和利用生物技术，应当采取措施，防止对生物多样性的破坏。《中华人民共和国生物安全法》规定，国家加强对外来物种入侵的防范和应对，加强对外来入侵物种的调查、监测、预警、控制、评估、清除以及生态修复等工作。保护生物多样性。任何单位和个人未经批准，不得擅自引进、释放或者丢弃外来物种。《河北雄安新区规划纲要》中指出，实施生态过程调控，恢复退化区域的原生水生植被，促进水生动物土著种增殖和种类增加，恢复和保护鸟类栖息地，提高生物多样性，优化生态系统结构，增强白洋淀生态自我修复能力。据此，条例明确，雄安新区管理委员会应当加强对白洋淀生物资源的保护和管理，依法保护野生动植物，逐步恢复白洋淀退化区域的原生水生植被，促进土著水生动物种类和种群增加，恢复和保护鸟类栖息地，提高生物多样性。应当加强白洋淀苇田荷塘及其水生植被的管理，对芦苇蒲草科学利用、平衡收割，提高淀泊自净能力，防止污染。白洋淀流域县级以上人民政府及其有关部门应当加强对外来入侵物种的调查、监测、预警、控制、评估、清除以及生态修复等工作，建立常态化监测外来入侵物种、生态风险预警和应急响应机制，防范外来物种入侵。任何单位和个人未经批准，不得擅自引进、释放或者丢弃外来物种、其他非本地物种种质资源。

此外，为加强白洋淀生态文化、传统文化保护，条例专门作出规定，雄安新区管理委员会应当根据白洋淀生态环境承载能力、生态服务功能，组织对淀中村和淀边村进行环境治理和生态修复，依法有序做好征迁工作。加强对有历史文化价值和水乡特色村庄的保护和管理，建设生态隔离带，提升生态服务功能；保护相关的历史文物古迹、非物质文化遗产等，保护芦苇台田、荷塘生境和景观。

（十三）关于河湖长制度。《中华人民共和国水污染防治法》规定，省、市、县、乡建立河长制，分级分段组织领导本行政区域内江河、湖泊的水资源保护、水域岸线管理、水污染防治、水环境治理等工作。我省强化体制机制建设，严格责任落实和督导考核，全省河湖长制从建立到见效，从“有名”到“有实”，取得重大突破，积累了许多好的经验做法。

按照中办、国办先后印发的全面推行河长制、湖长制意见，我省建立起了由省、市、县、乡党政主要负责同志担任总河湖长、其他党政领导分级分段分片担任河湖长的组织体系，省、市、县、乡、村五级共设立河湖长4.6万余名，实现了河湖全覆盖建立和落实河长会议、河湖巡查、督查督办、考核问责等13项工作制度，压实各级河湖长责任，推动河湖长制“有名有责”。河湖长制工作机构逐步健全，2018年5月，省编办正式批复设立省河湖长制办公室。目前，省、市、县三级河长制工作机构均已设立，各级河长办在推动河湖长制落实过程中发挥了重要的组织协调、督导调度职能。根据实行河湖长制工作需要，省级明确了28个河湖长制责任部门，2020年印发《关于明确河北省省级河湖长制责任部门及职责分工的通知》，各市县也根据工作需要明确了河湖长制责任部门，建立了联席会议、集中办公等部门协同工作机制。全面建立“河湖长 + 检察长”机制，开展涉河湖管理保护公益诉讼和监督检察专项行动，解决河湖管理执法难题。以严格督查考核为抓手，强化责任落实，“落实河湖长制”作为重大专项纳入全省绩效考核和省管领导班子和领导干部考核指标体系。积极推进公众参与，省河长办印发《关于推行“民间河（湖）长”的指导意见》，开通微信“随手拍”，畅通公众监督、参与河湖保护渠道，规范社会力量参与河湖管理保护工作。

《河北省河湖保护和治理条例》规定，本省实行河（湖）长制，落实河湖管理保护属地责任，分级分段负责本行政区域内河湖的水资源保护、水域岸线管理、水污染防治、水环境治理等工作，并提出建立省、设区的市、县、乡镇、村五级河（湖）长组织体系。在此基础上，结合白洋淀流域实际，条例重点突出强化河湖长制的保障作用，规定白洋淀流域乡级以上河湖长应当按照相关规定履行河湖长职责，组织、协调、督导相关部门开展责任河湖的水资源保护、水域岸线管理、水污染防治、水环境治理、水生态修复、河湖执法监管等工作。村级河湖长应当开展日常巡查，及时发现和劝阻破坏、污染河湖的行为，并按照规定向上级河湖长报告。省河湖长制工作机构应当会同省监察、公安、司法机关建立河湖长制责任追究、河湖环境保护协作等工作机制。白洋淀流域县级以上人民政府可以通过设立公益岗位、成立专门管护队伍以及通过政府购买服务方式加强对白洋淀流域生态环境的巡查和保护工作。

（十四）关于生态补偿。《中华人民共和国环境保护法》明确规定国家建立、健全生态保护补偿制度。《中共中央 国务院关于支持河北雄安新区全面深化改革和扩大开放的指导意见》中提出建立符合雄安新区功能定位和发展实际的资源环境价格机制、多样化生态补偿制度和淀区生态搬迁补偿机制。条例结合我省实际，对生态补偿以及生态补偿金扣缴制度进行了规范，明确要求省人民政府应当建立健全市场化、多元化生态补偿制度。加快推进建立生态产品价值实现机制，鼓励受益地区与保护生态地区、流域下游与上游通过财政转移支付、资金补偿、对口协作、产业转移、人才培训、共建园区等方式进行生态补偿。省人民政府生态环境和财政部门应当完善生态补偿金扣缴制度，依据跨行政区域河流和白洋淀淀区水质控制断面重点水污染物监测情况，严格按照规定扣缴控制断面水质超标设区的市、县（市、区）生态补偿金，统筹用于奖补白洋淀流域生态环境治理和保护。据 2022 年 1 月 6 日河北新闻网河北日报讯，日前省委办公厅省人民政府办公厅印发《关于深化生态保护补偿制度改革的实施意见》，该意见要求坚持“统筹推进、协同发力，政府主导、各方参与，权责清晰、约束有力”工作原则，优化生态保护补偿政策，完善生态保护补偿机制，创新生态保护补偿方式，加快健全有效市场和有为政府更好结合、分类补偿与综合补偿统筹兼顾、纵向补偿与横向补偿协调推进、强化激励与硬化约束协同发力的生态保护补偿制度。提出到 2025 年，与经济社会发展状况相适应的生态保护补偿制度基本完备，以水流、森林、草原、湿地、耕地等生态环境要素为实施对象，以生态保护成本为主要依据的分类补偿制度日益健全；以提升公共服务保障能力为基本取向，纵向补偿和横向补偿协调推进的综合补偿制度不断完善；以受益者付费原则为基础，政府主导、各方参与的市场化、多元化补偿格局初步形成，全社会参与生态保护的积极性显著增强，生态保护者和受益者良性互动局面基本形成。到 2035 年，适应新时代生态文明建设要求的生态保护补偿制度基本定型。进一步规范了健全完善分类补偿、纵向补偿、横向补偿等制度的任务要求，对加快推进市场化多元化补偿，强化财税金融政策支持，完善相关领域配套措施，压实工作责任等方面提出了具体措施。

（十五）关于监管制度。条例专用规定了考核、约谈和信用等监管制度。

1. 考核评价。《中华人民共和国环境保护法》规定，国家实行环境保护目标责任制和考核评价制度。县级以上人民政府应当将环境保护目标完成情况纳入对本级人民政府负有环境保护监督管理职责的部门及其负责人和下级人民政府及其负责人的考核内容，作为对其考核评价的重要依据。《生态文明体制改革总体方案》中明确规定，对领导干部实行自然资源资产离任审计。据此，条例规定，白洋淀流域实行环境保护目标责任制和考核评价制度。白洋淀流域县级以上人民政府应当将白洋淀生态环境治理和保护目标完成情况，纳入对本级人民政府负有生态环境保护监督管理职责的部门及其负责人和下级人民政府及其负责人的考核内容，考核结果应当向社会公开。白洋淀流域县级以上人民政府应当依法开展领导干部自然资源资产离任（任中）审计，实行生态环境损害责任终身追究制度。

2. 约谈制度。《中华人民共和国水污染防治法》对超过重点水污染物排放总量控制指标或者未完成水环境质量改善目标的地区，规定了省级以上人民政府环境保护主管部门应当会同有关部门约谈该地区人民政府的主要负责人，并暂停审批新增重点水污染物排放总量的建设项目的环境影响评价文件。约谈情况应当向社会公开。结合白洋淀流域实际，条例规定，有下列情形之一的，省人民政府生态环境、水行政主管部门应当会同有关部门约谈该地区人民政府的主要负责人，要求其采取措施及时整改，并将约谈情况向社会公开：（一）未完成生态环境质量改善目标的；（二）超过重点污染物排放总量控制指标的；（三）发生重大、特别重大生态环境事件的；（四）入河排污口问题突出，对水环境保护目标造成严重影响的；（五）存在公众反映强烈、影响社会稳定的突出生态环境问题的；（六）未落实防洪排涝规划，推进防洪排涝工程建设不力，存在突出问题的；（七）围湖围淀造地、围垦河道或者围堰筑坝问题严重的；（八）其他依法应当约谈的情形。

3. 信用管理制度。《中华人民共和国环境保护法》要求县级以上地方人民政府环境保护主管部门和其他负有环境保护监督管理职责的部门，应当将企业事业单位和其他生产经营者的环境违法信息记入社会诚信档案，及时向社会公布违法者名单。在中共中央办公厅国务院办公厅印发的《关于构建现代环境治理体系的指导意见》中相应规定了健全企业信用建设的内容，要求完善企业环保信用评价制度，依据评价结果实施分级分类监管。建立排污企业黑名单制度，将环境违法企业依法依规纳入失信联合惩戒对象名单，将其违法信息记入信用记录，并按照国家有关规定纳入全国信用信息共享平台，依法向社会公开。据此，条例规定负有生态环境保护监督管理职责的部门应当建立健全生态环境信用管理制度，按照规定将企业事业单位和其他生产经营者等的生态环境失信违法信息纳入有关信用信息平台并向社会公布，依法依规实施联合惩戒。

第四节 贯彻执行

条例为加快推进雄安新区规划建设、加强白洋淀水资源利用保护提供了有力的法治保障，是我省深入贯彻落实习近平总书记重要指示要求和党中央决策部署的重大法治成果，得到了国家层面和社会各方面的一致肯定。国务院向十三届全国人大常委会第三十次会议作出的关于雄安新区和白洋淀生态保护工作情况的报告中，专门指出，在全国人大常委会指导支持下，国务院有关部门积极协调支持河北省等方面加强白洋淀生态保护法治保障，推动制定地方性法规并开展联合执法，形成依法协同治理的有效合力。河北省牵头，北京市、天津市、山西省密切配合，国务院有关部门积极支持，起草制定了《白洋淀生态环境治理和保护条例》，由河北省人大审议通过并于2021年4月1日颁布实施。全国人大环资委、全国人大常委会法工委相关负责同志及有关专家对这项立法给予充分肯定，认为条例作为一部创制性立法，是正确处理生态环保和经济发展、加强区域协同立法的新实践，率先为依法保障国家大事规划建设提供了省级制度样本。

一、宣传贯彻

（一）新闻发布会

1. 基本情况

《白洋淀生态环境治理和保护条例》于2021年4月1日雄安新区设立

四周年之际正式实施。为做好条例的宣传贯彻实施工作，由省人大常委会法工委牵头，城建环资工委、研究室新闻宣传处全力配合，与省生态环境厅、省水利厅等部门联合成立工作专班，进行了具体工作安排和详细分工，做了大量深入细致的准备工作。一是拟定了详细的工作方案。确定了发布会时间、地点、参加人员和具体形式。经过协商，决定发布会在 4 月 1 日条例实施当天在雄安新区发布，具体形式采用介绍情况和回答记者提问两种方式。省人大常委会法工委主任周英、城建环资工委主任杨智明介绍有关情况，省生态环境厅副厅长赵军、省水利厅副厅长李龙、雄安新区管委会副主任傅首清、保定市政府副市长曹海波回答记者提问。二是与雄安新区相关部门沟通协调。提前到举办新闻发布会的会场进行踩点，对会场布置、灯光音响、背景板设计等进行调整完善，确保发布会达到最佳效果。三是积极对接各级媒体。及早沟通联系各级媒体，确保相关报纸杂志网站留出版面和空间及时报道。四是积极准备有关材料。省人大常委会法工委、城建环资工委、农工委与参加发布会的各部门进行多次对接，对报送材料严格审核把关，确保发布会介绍材料符合要求、记者提问等各个环节衔接有序。

2. 发布内容

4 月 1 日下午，《白洋淀生态环境治理和保护条例》实施新闻发布会在雄安新区管委会新闻发布厅举行。发布会会场背景板以白洋淀和荷花进行了装饰，庄重大方，颇具特色，共有人民网、法治日报、中国环境报、中国水利报、河北日报、河北广播电视台、长城新媒体以及雄安网、雄安三县融媒体中心等二十余家媒体参加。这次发布会，一是发布内容全面。既介绍了条例主要内容，又对条例的宣传贯彻实施工作提出了要求；既有白洋淀生态环境治理保护，又有防洪排涝工作的介绍；既有白洋淀淀区水安全保障，又有流域上游污染治理情况。二是发布形式灵活。本次发布会设计了记者提问环节，人民网、法制日报、中国环境报、长城新媒体、河北广播电视台、公民与法治杂志社 6 家媒体记者就推进条例的贯彻实施、雄安新区水安全保障和防洪排涝工作、白洋淀生态治理和保护、上游生态治理等情况进行了提问，有关部门和单位负责同志分别进行了回答。三是发布现场秩序良好。与会的有关部门和单位的同志严守会风会纪，现场既气氛热烈，又井然有序，与会记者积极提问，现场组稿，当场发送，保障了新闻的实效性。

发布会上，省人大常委会法工委主任周英表示，习近平总书记高度重视白洋淀生态环境治理和保护工作，先后作出一系列重要指示批示，强调“建设雄安新区，一定要把白洋淀修复好、保护好”。《白洋淀生态环境治理和保护条例》是涉及雄安新区的第一部地方性法规，政治性强、涉及面广、关注度高。制定这部条例是贯彻落实习近平总书记重要指示批示精神的重大举措，是贯彻落实党中央和省委重大决策部署的必然要求，是推进白洋淀流域生态环境质量持续改善的现实需要。

周英表示，条例从严从重设置法律责任，对非法设置排污口、屡查屡犯、污染水体等违法行为，提高了处罚下限，使条例长出了坚硬的“牙齿”，增强了刚性约束。有关部门要严格执法监督问责，严肃查处违法行为，依法运用限期改正、罚款没收、查封扣押、停业关闭、按日计罚和依法移送司法机关、追究民事刑事责任等手段，加大对各类违法行为的惩处力度，对违法行为保持高压态势，依法推动突出问题的解决，有效保障白洋淀生态环境治理和保护。

省人大常委会环资工委主任杨智明表示，条例经四次常委会会议审议并专门开展立法协商，几十次修改完善，最终由省人民代表大会全票通过。贯彻实施好条例，责任重大、意义重大，是我们必须完成好的政治任务。各有关政府及相关部门要准确把握条例特点、主动对标条例要求，牢固树立生态优先、绿色发展理念，以贯彻实施条例为统领，把推进白洋淀生态环境特别是水资源利用和保护工作放在更加突出的位置，把各项工作抓得更紧、落得更实。同时，要抓紧完善配套制度，按照条例规定确定的任务，明确牵头部门、配合部门和完成时限，架好法律规定与工作落实之间的连接桥，保障条例规定全面落实。特别要注重系统思维，统筹推进，有效形成省政府牵头抓总、雄安新区管委会具体负责、部门协调联动、市县主抓工作落实的工作合力。

杨智明表示，各级人民政府和有关部门要落实“谁执法谁普法”责任制，深入学习宣传培训，要注重宣传立法宗旨和原则，使广大人民群众知悉条例是为了修复好、保护好白洋淀，恢复“华北之肾”生态功能，促进雄安新区规划建设乃至全省高质量发展，引导公众积极参与白洋淀生态环境治理和保护；要注重宣传主要制度和措施，使各级人民政府、排污企业、养殖农户理解和掌握对保护白洋淀生态环境的责任和义务，提高遵法守法的自觉性、主动性；要注重宣传法律责任规定，彰显条例刚性约束，增强对违法行为的威慑力。

雄安新区管委会副主任傅首清表示，将全面贯彻落实《白洋淀生态环境治理和保护条例》，依法推动白洋淀水环境改善。目前，白洋淀已从以治污为主进入治污与生态修复并重的新阶段，到 2035 年白洋淀淀区生态环境质量将根本改善，到本世纪中叶，白洋淀生态修复将全面完成。前期白洋淀生态环境治理以改善白洋淀水质为重点，围绕“控源、截污、治河、补水”的思路，统筹上下游、左右岸、淀内外，坚持精准治理、系统施策、统筹推进，既强力治本攻坚，又加快补齐短板。2017 年以来，白洋淀水质逐年改善，2018、2019、2020 年三年来一年一个台阶。2020 年，白洋淀湖心区水质为Ⅳ类，其中 2、4、11、12 四个月为Ⅲ类，定类污染物化学需氧量为 23.7mg/L，同比下降 9.54%，达到十年来最好水平。

傅首清表示，雄安新区坚持近期建设与长远规划相统筹、生态措施与工程措施相结合，按照起步区 200 年一遇、外围组团 100 年一遇、特色小城镇 50 年一遇的防洪标准分区设防，确保新区防洪排涝安全。当前，雄安新区防洪工程建设取得阶段性进展，起步区已初步具备 200 年一遇防洪能力，同步保障了安新、容城组团防洪安全；在排涝方面，正加快推进截排系统、雨水管渠、水网系统等建设，容城截洪渠二期工程将于今年汛前具备排涝功能，雄安站周边雨水管渠建设完成。到 2035 年，新区将高标准建成现代化的智慧水利系统。

省生态环境厅副厅长赵军表示，为保障《白洋淀生态环境治理和保护条例》落地落实，当前和今后一个时期将牵头重点抓好四个方面工作。

一是细分工，明晰各级工作任务。按条例条款要求，起草分工落实方案，细化具体工作任务，明确负责或者牵头的省有关部门，列明了主要配合的省有关部门，同时压实了白洋淀流域市、县政府和雄安新区管委会属地主体责任。

二是强监管，坚决打击违法排污行为。下一步，将对照条例规定，重点围绕白洋淀流域重点涉水企业、城镇污水处理厂、农村污水处理站、入河入淀排污口等重点涉水环境点位，常态化开展执法检查，对无证排污、污染防治设施缺失、污染防治设施不正常运行、超标排放，以及利用渗井、渗坑排放水污染物等违法行为，依法严处重罚。

三是严考核，推动各级履职尽责。完善并严格落实白洋淀生态环境综合治理考核评价与追责问责工作机制，对各地目标任务完成情况实行月通报排名、季分析评价、年考核问责。对考核不合格和水质严重恶化的责任地区，视情形予以通报批评、公开约谈、区域限批，充分发挥考核导向作用，激励流域各级人民政府担当尽责。

四是广宣传，营造浓厚舆论氛围。3 月 12 日，组织召开了省、白洋淀流域 7 个市和 38 个县三级生态环境部门视频培训会议。下一步，白洋淀流域各地、各有关部门也要开展专题培训，使执法人员熟练掌握条例各项规定。坚持“谁执法谁普法”，创新普法宣传方式方法，向社会公众普及条例知识，为条例贯彻实施营造良好氛围。

省水利厅副厅长李龙表示，《白洋淀生态环境治理和保护条例》正式实施，是依法治水管水的一件大事、一件盛事，必将为推进雄安新区水安全保障工作提供强有力的法律支撑。下一步，将以条例的出台实施为契机，按照职责分工，全力抓好条例的贯彻落实。

一是抓好条例宣传。将学习宣传贯彻条例作为一项重要工作抓实抓好，充分运用新媒体、多手段，营造条例贯彻实施的良好氛围，助力推动构建白洋淀生态环境治理和保护新格局。

二是强力推进新区防洪工程建设。2020 年以来，已开工建设起步区防洪工程 7 项，防洪主体工程将于 2021 年年底基本全部完成。对正在建设和今年计划开工的 14 个防洪工程项目，将会同雄安新区全力推进，强化质量监管，确保工程高标准如期完工。

三是全力抓好今年度汛工作。组织力量抓紧修订各类度汛预案、方案，加强各类防洪工程管理维护，加密重要水文站的洪水监测频次，强化会商研判、预报预警，确保雄安新区安全度汛。

四是持续开展白洋淀生态补水。2018 年以来累计补水 13.04 亿立方米，白洋淀生物多样性逐步得到恢复，水质不断得到提高，湿地生态环境得到明显改善。下一步，将统筹利用引黄水、引江、当地水库水等多种水源，充分利用现有河道和引调水工程，实行常态化补水与相机补水相结合，2021 年实现年入淀水量 3 至 4 亿立方米，使白洋淀正常水位稳定保持在 6.5 至 7.0 米，满足白洋淀生态用水需求。

保定市政府副市长曹海波表示，保定全域均属于白洋淀上游，九河入淀，水环境质量直接影响着白洋淀流域总体水质。特别是随着雄安新区进入大规模建设阶段，给保定市治理工作提出了更高、更严的要求。下一步，保定市将认真贯彻条例各项规定，把抓好白洋淀上游治理作为全市工作的重中之重，举全市之力改善水质量，保护水环境。

一是全面部署抓好落实。按照条例要求，重点打好全流域污染治理、雨污分流、农村生活污水治理、生态修复和防洪体系建设五场攻坚硬仗，从九河治理入手，一条河一个规划，一条河一个央企，坚决守住白洋淀水质安全底线，助力雄安新区生态环境持续改善。

二是对标对表抓好五项“回头看”。将条例作为生态环境保护工作的行动指南，对照解决生态环境治理和保护中存在的问题，重点对 9 条河流两侧散乱污企业整治进行“回头看”，对污水处理厂达标排放、稳定运行进行“回头看”，对河湖“清四乱”，包括矿山治理、山体修复、滥采河沙等问题进行“回头看”，对所有涉白洋淀工程进行“回头看”，对两侧畜禽养殖等面源污染进行“回头看”，确保所完成的工作符合条例要求。

三是学习宣传营造浓厚法治氛围。将组织市直部门和各级人民政府逐条研究、反复学习、深刻领会，同时将条例的贯彻实施纳入到新一阶段“走遍保定”生态文明教育实践行动之中，通过全方位、多形式的宣传教育，推进条例内容深入人心，进一步在全社会营造人人参与、人人支持白洋淀上游生态环境保护的良好氛围。

（二）全方位、多层次宣传

《白洋淀生态环境治理和保护条例》是涉及雄安新区的第一部地方性法规，政治性强、涉及面广、关注度高。条例的历次常委会审议各媒体的关注度都很高。早在 2021 年省人代会召开前的 2 月 6 日，人民日报客户端就发布了《河北：2020 年立法工作亮点纷呈》一文，对即将在人代会上审议的《白洋淀生态环境治理与保护条例》进行了介绍和展望，截至表决前的2月21日晚9点，浏览量为3.4万人次；在人代会召开期间，2月19日新华社就发布了《河北创制性立法助力高质量发展“有章可循”》，截止到2月22日，有35家媒体转载刊发，其中中央级媒体6家；2021年2月22日上午，在河北省第十三届人民代表大会第四次会议上，与会724名代表全票通过了《白洋淀生态环境治理和保护条例》，上午11：00大会闭幕后，人民日报客户端就发布了《河北：立法保护白洋淀生态环境》一文，浏览量就超过10万人次，评论点赞700余人次；下午2：30，中央广播电视总台中国之声《新闻进行时》栏目直播连线介绍立法保护白洋淀生态环境情况，时长2分钟，收听率达到2000万人次；下午3：00，新华视点发布《河北立法保护“华北明珠”白洋淀》一文，浏览量就超过51.3万人次；下午5：00，新华社发布《雄安新区首部地方法规擦亮“华北明珠”》一文；晚上6：30中央广播电视总台中国之声《全国新闻联播》栏目对条例情况再次进行介绍，时长3分钟，收听率接近1亿人次；2月23日，《中国环境保护报》刊发《河北：立法保护白洋淀生态环境》，2月24日，新华社微信公众号《早知天下事》栏目，刊发《河北通过〈白洋淀生态环境治理和保护条例〉》一文，阅读量10万余人次，点赞2540人次。4月15日，《人民代表报》发表《提高立法质量，保护白洋淀生态环境》，对出台条例、织密白洋淀生态环境法治保障作了全景式综述。4月29日，在雄安新区举办第八期“京津冀水专项、白洋淀项目智库”系列讲座与培训活动，以《白洋淀生态环境治理和保护条例》为主题进行了解读讲座。6月15日，《中国人大》2021年第八期杂志刊发《立法呵护华北之“肾”》一文对立法工作进行了介绍，对条例内容进行了解读。除了中央媒体外，河北日报、河北广播电视台、长城网、公民与法治、河北法制报等省内主要媒体给予高度关注，通过会议报道、出台侧记、立法综述、专版解读等一系列文章，进行了充分、深入、全链条报道，引起了社会各方面的强烈反响，形成了高度一致的广泛好评。

2021年4月1日，在雄安新区举办的《白洋淀生态环境治理和保护条例》实施发布会上，新华社、人民网、河北日报、长城网以及雄安当地媒体等二十余家媒体相结合，实现了通讯社、纸媒、网媒、APP、微信公众号、广电媒体全领域、全方位、全覆盖报道，为推动条例落地见效奠定了重要基础。此次新闻发布会，中央媒体与省级媒体、雄安当地媒体相结合，打出了一套“组合拳”，实现了通讯社、纸媒、网媒、APP、微信公众号、广电媒体全领域、全方位、全覆盖。发布会结束后，人民网于17：45分以《最严立法护卫“华北明珠”——白洋淀生态环境治理和保护条例今起实施》进行了报道，相关信息阅读量当天就达到1万以上；4月1日晚间，河北电视台、河北广播电台在全省新闻联播、冀时客户端都进行了报道，新华网、中国青年网以及腾讯、搜狐、新浪等国内主要网站都进行了转载，河北日报在4月2日刊发专版，对新闻发布会进行了专题报道，并对《白洋淀生态环境治理和保护条例》进行了详细解读，河北日报官方微博相关信息阅读量达到2万以上；法治日报、中国环境报、中国水利报等媒体的报道也将在今明两天陆续刊发。通过此次新闻发布会，广泛宣传了《白洋淀生态环境治理和保护条例》，形成了高度一致的正面舆情，获得了良好的社会反响，为推动条例落地见效奠定了重要基础。

二、推进落实

（一）部门任务分解

2021年4月，省白洋淀生态修复保护领导小组向白洋淀流域相关市人民政府，雄安新区管委会，省有关部门下发经省政府同意的《〈白洋淀生态环境治理和保护条例〉分工落实方案》（以下简称《方案》），并发出通知，要求认真抓好落实。

1. 强化政治站位。强调《白洋淀生态环境治理和保护条例》是深入贯彻习近平生态文明思想的具体实践，是落实中央和省委、省政府部署要求的重要举措，为深入推进白洋淀流域生态环境质量持续改善和高质量规划建设雄安新区提供了法治保障。各地各有关部门要把抓好条例贯彻落实作为重大政治任务，结合各自实际，精心研究部署，依法深入推进白洋淀生态环境治理和保护工作，确保各项措施落地落实，坚决把白洋淀修复好、保护好。

2. 强化责任落实。《方案》将《白洋淀生态环境治理和保护条例》中的一百条逐条分解为119项工作内容，细化具体工作任务明晰各级工作任务。《方案》以表格的方式，明确负责或者牵头的省有关部门，列明主要配合的省有关部门，同时压实白洋淀流域市、县政府和雄安新区管委会属地主体责任。要求白洋淀流域市、县级人民政府、雄安新区管委会和省有关部门要严格按照“谁主管谁负责”原则，强化领导责任、属地责任和监管责任，对照《方案》及相关文件，制定具体措施，细化任务清单、责任清单、效果清单，每年对重点工作进展情况进行梳理报告。同时强调，各级领导干部要亲自研究谋划，亲自推动落实，及时研究解决工作推进中遇到的困难和问题，领导小组要定期听取白洋淀生态环境治理和保护工作进展情况汇报，加强协调调度，确保各项工作任务落到实处。

3. 强化督察执法。要求省生态环境、水利、农业农村、住房城乡建设等部门，将条例贯彻落实情况作为本行业本领域年度工作重点督查内容，结合落实《关于深入贯彻落实习近平总书记重要批示精神认真做好雄安新区防洪排涝和白洋淀生态环境保护治理工作的实施意见》《白洋淀生态环境综合治理方案（2020—2022 年）》《河北雄安新区防洪专项规划》等，明察暗访、跟踪督导，及时发现问题，严格整改到位。要完善流域监管执法体系，探索跨部门跨区域综合执法、联合执法、交叉执法，严管重罚，重拳出击，依法依规打击环境违法行为。重点围绕白洋淀流域重点涉水企业、城镇污水处理厂、农村污水处理站、入河入淀排污口等重点涉水环境点位，常态化开展执法检查，对无证排污、污染防治设施缺失、污染防治设施不正常运行、超标排放，以及利用渗井、渗坑排放水污染物等违法行为，依法严处重罚，坚决打击违法排污行为。

4. 强化考核问责。各级各有关部门要完善并严格落实白洋淀生态环境综合治理考核评价与追责问责工作机制，每年明确生态环境治理和保护目标，实施跟踪评估，严格绩效考核，对各地目标任务完成情况实行月通报排名、季分析评价、年考核问责。对考核不合格和水质严重恶化的责任地区，视情形予以通报批评、公开约谈、区域限批，充分发挥考核导向作用，激励流域各级人民政府担当尽责。强调要严格落实法律责任，对违反条例规定的行为，依法追究责任，给予相应处罚；对在水资源保护利用、环境污染防治、防洪排涝、生态修复保护及其监督管理等活动中未依照条例规定履行职责，存在滥用职权、玩忽职守、徇私舞弊等违法行为的，对相关责任人员依法依规给予严肃追责问责。

5. 强化学习宣传。各级各有关部门要将宣传贯彻条例作为一项重要任务，及时开展专项学习培训，使执法人员熟练掌握条例各项规定。要引导有关单位和企业主动担当法定责任、履行法定义务，积极参与白洋淀生态修复保护、污染防治、防洪排涝等工作。要坚持“谁执法谁普法”，创新普法宣传方式方法，充分运用多种媒体和渠道，向社会公众普及条例知识，增强社会公众知晓度，凝聚社会共识，为条例贯彻实施营造良好氛围，推动构建全社会共同参与的白洋淀生态环境治理和保护新格局。

（二）加强执法监督

2021 年 9 月 7 日至 9 日，河北省人大常委会会同北京市、天津市和山西省人大常委会有关同志组成联合调研组，赴北京市房山区、天津市西青区、山西省大同市和保定市、雄安新区开展专题调研活动。联合调研组实地调研了四省市部分污水处理工程设施、跨界河流国考断面、防洪堤、生态环境监测中心和雄安新区、白洋淀，听取了四省市政府有关部门关于大清河流域水污染防治、水资源保护和利用工作情况的介绍，加强了执法监督。

1. 大清河流域及白洋淀水资源水环境水生态保护利用情况

防洪排涝体系建设有序推进。雄安新区地处大清河流域“九河下梢”区域，防洪形势与大清河防汛体系密切相关。京津冀晋四省市党委、政府高度重视大清河流域防洪体系建设，制定完善相关规划，强化工程设施建设，全面提升大清河流域防洪排涝能力。一是编制防洪规划和预案。天津市组织编制了《天津市东淀文安洼蓄滞洪区工程与安全建设可行性研究报告》并通过水利部水规总院审查，有序推进蓄滞洪区安全建设；修订城市超标准洪水防御预案，对大清河水系洪水调度、防御措施作出系统安排，有力提高了防洪应急处置能力。山西省组织编制了《山西省大清河流域（唐河、沙河）生态修复与保护规划》，以流域生态修复为抓手，完善流域防洪体系。我省细化实化防洪规划建设任务，组织编制《河北雄安新区防洪专项规划》，明确新区防洪建设标准和措施，加快推进水文监测、预测、预警一体化进程，完善安全度汛保障机制。二是加强河道综合整治。天津市全面实施独流减河达标治理，极大减轻了“西三洼”滞洪负担，全面畅通雄安新区、白洋淀等中上游标准洪水下泄通道。山西省以国家永定河综合治理三年滚动计划和全省推进“七河”生态修复为契机，实施了一批河道综合治理重点项目。我省大力开展白洋淀及上游河道“四乱”问题清理行动，加强行洪河道排查整治，通过主槽疏浚、砂坑整理等措施，提高河道行洪能力，完善新区防洪排涝体系。三是紧抓防洪工程建设。我省以雄安新区起步区防洪工程为重点，大力推进防洪工程建设，先后开工建设南拒马河、白沟引河右堤、新安北堤、萍河左堤、新盖房枢纽、新盖房分洪道左堤、白沟河等7项防洪工程，提高防灾抗灾减灾能力；有序推进雄安新区排水防涝管网建设和海绵城市建设，截污系统、雨水管渠、水网系统等设施建设稳步推进。

水污染防治水平不断提升。白洋淀是雄安新区的重要生态水体，改善白洋淀和大清河流域水质，是雄安新区建设“蓝绿交织、清新明亮、水城共融”生态城市的基础。近年来，京津冀晋四省市坚持系统治理，强化上下游协同治理，积极推动大清河流域水污染防治工作。一是持续加强上游污染管控。北京市和山西省大力实施大清河流域综合治理工程，坚持清河与治污兼顾，加强污染源管控，严把产业政策关，对重点涉水企业开展排查整治；加大农村生活污水治理，实施乡镇（村）污水处理、农村环境综合整治、农业面源污染治理、生态清洁小流域建设等重点工程；加快补齐城乡污水处理短板，实施污水处理厂提标、雨污分流改造，强化污泥处理处置，实现垃圾处理厂渗滤液无害化处理。二是深入开展白洋淀淀区及周边内源污染整治。我省制定出台《大清河流域水污染物排放标准》，提出核心、重点、一般控制区分区排放要求，高标准倒逼白洋淀流域工业、生活污水治理设施提升改造、产业转型升级；突出抓好淀区内源污染治理，科学稳妥开展生态清淤、淀中村及淀边村农业面源污染专项整治、水生植物常态化打捞、清洁动力游船替换等治理措施；严格落实上游外源输入管控，大力开展城镇雨污分流设施、规模化畜禽养殖场粪污处理设施配建及工业污染整治。三是逐步完善上下游联防联控机制。四省市加强跨界水污染联防联控沟通协作，多层次签署跨省流域上下游突发水污染事件联防联控框架协议、京津冀生态环境执法联动工作机制等系列文件，持续深化信息共享、定期会商、联动执法合作。流域水质监测预警机制初步建立，北京市先行先试建立“查、测、溯、治、管”精细化监管体系，我省成立白洋淀流域生态环境监测中心，统一行使流域水生态环境监测省级事权；组建白洋淀生态研究中心，成立环境规划、生态修复等多领域专家组成的专家咨询委员会，组建白洋淀水生态修复保护专家组，提高科技支撑能力。强化执法队伍建设，省生态环境厅生态环境执法局加挂白洋淀流域生态环境执法局牌子，统一实施流域执法，探索跨部门跨区域综合执法、联合执法，对入淀河流流经的21个县市上下游河道200余公里开展排查。在各方共同努力下，白洋淀和大清河流域生态环境治理取得明显成效，基本实现了《白洋淀生态环境治理和保护规划（2018—2035年）》明确的阶段性目标。白洋淀淀区水质由2017年—2018年的劣Ⅴ—Ⅴ类提升到2020年的Ⅲ—Ⅳ类；2021年1—7月，淀区8个国考点位均达到或优于Ⅳ类水质标准、烧车淀达到Ⅲ类；上游河流实际监测的49个有水断面，全部达到或优于Ⅳ类标准，其中44个断面水质达到或优于Ⅲ类，为近10年来最好水平。

水资源保护利用持续强化。蓝绿是雄安的底色，建城之始生态为先。提升大清河流域的水资源承载能力，是保障雄安新区未来高质量发展的必然要求。针对大清河流域水资源严重超载的现状，京津冀晋四省市多措并举，强化补水节水，有效提高了流域水资源承载能力。一是加强水生态修复。北京市将拒马河上游河道划定为饮用水水源保护区和自然保护区，拆除保护区内的违法建设，将保护区内所有种养殖业全部退出，确保了水源安全。天津市积极推进独流减河湿地生态修复与保护，净化河道来水，大清河水系、河道、湿地水生态环境显著改善。山西省积极推进流域生态修复治理工程，扎实推进湿地保护区建设，加强泉域、湿地及水源地环境保护力度，改善流域水质。我省在白洋淀严格实施“三线一单”分区管控措施，稳妥推进退耕还淀，恢复白洋淀生态功能和自然风光，大力推进“千年秀林”建设，2017年以来，已累计造林42.8万亩，有效改善水土流失。二是加大生态补水力度。天津市科学调度五种水源保障生态用水，跨河系调引雨洪水、梯级利用海河水、加大调蓄再生水、积极争取东线水和上游来水，共同保障大清河水系生态用水。我省建立常态化补水机制，持续实施生态补水，统筹引黄、引江、当地水库及再生水，保证年入淀水量3—4亿立方米。三是合理调配水源。山西省加大农灌精细管理，实行“定额配水、计量收费”用水制度，严格按照计划取水，切实保障水环境安全。我省制定实施雄安新区水系与城市生态水资源配置专项方案，切实严格取用水审批管理，加强大清河流域水资源消耗总量和强度双控，加快实施地下水超采综合治理，强化城乡生产生活水源置换，加强农业节水建设，促进流域可持续发展。

京津冀晋协同有序开展。多元善治，促进大清河流域联防联建联治，是切实增进流域的整体利益、确保大清河治理稳定与可持续的关键，也是推进流域生态环境保护的重要内容。近年来，四省市在水污染防治等领域协同治理率先取得突破，为全方位交流协作奠定了坚实基础。2019 年，北京市、河北省生态环境部门共同印发《白洋淀流域跨省（市）界河流水污染防治工作机制》，明确定期会商、信息共享、联动执法机制。2020 年，京津冀三地联合制定《京津冀河（湖）长制协调联动机制》，进一步明晰边界水域河（湖）长责任、明确部门职责、完善工作机制，推动形成河（湖）长主导、属地负责、分级管理、协同治理的河湖管理保护工作格局。在水利部海河水利委员会组织下，包括京津冀晋四省市在内的相关省区市河（湖）长制办公室共同制定印发《海河流域河长制湖长制联席会议制度》。四省市分别签订《北京市天津市河北省跨省流域上下游突发水污染事件联防联控框架协议》《山西省河北省跨省流域上下游突发水污染事件联防联控框架协议》，就跨省流域协作、流域污染研判预警、科学拦污控污等进行联合协作。2020 年以来，我省先后联合北京市、天津市的生态环境部门、水利水务部门开展京津冀突发水环境事件应急演练，邀请山西省生态环境部门到雄安新区考察调研，就建立会商机制、开展联合执法、加强应急联动和信息共享等进行对接交流。

2. 存在的问题

由于流域生态环境质量基础较薄弱、历史欠账较多，生态保护、污染治理和防洪安全还面临不少困难和问题，一些突出短板和弱项亟需研究解决。

流域生态环境治理修复难度较大。随着近年来经济的快速发展，大清河流域建设用地面积逐渐增加，太行山东麓林地、草地面积逐渐减少，水源涵养能力下降。在降雨、蒸发等自然条件和引水调水工程的综合作用下，平原水体总面积变化不大，但水面破碎度逐渐增大。流域西北部山区生态环境脆弱，土质疏松，耕作条件较差，仍有大量水土流失面积未得到治理，且大都为土壤侵蚀较为严重的远山瘦沟，水土保持治理修复任务仍然艰巨。

水污染治理形势依然严峻。虽然北京市和我省都出台了史上最严水污染排放标准，但由于污水处理厂提标、生态补水渠道连通、雨水调蓄治理设施、截污导排及应急治理设施、河道功能性湿地、河湖缓冲带等工程建设周期较长，资金和土地需求大，各地建设进度不一，有的地方工程建设相对滞后，导致我省大清河流域内仍存在污水收集配套管网建设不完善、雨污分流不彻底、农村垃圾和农业面源污染等问题。加之河流自然径流小、水环境承载能力低，流域污染问题依然突出，大清河流域特别是入淀河流水质还不能稳定达标，还存在依靠应急管控和生态补水应对水污染的现象。

水资源配置有待进一步完善。京津冀晋均属严重缺水省份，水资源供需矛盾突出。大清河流域各年代降水量和地表水资源量，随时间均呈下降趋势，与1956—1969年相比，2000—2015年降水量减少16.0%，地表水资源量减少57.5%，流域人均水资源量370m^3，低于国际公认的极度缺水标准。流域补水主要依靠引黄入冀、南水北调等外调水，水质和水量受到上游各种因素影响较大，对外依存度偏高的格局短期内不会发生根本性改变。长期稳定、可持续的跨省流域水资源分配方法和机制有待进一步完善。

流域防洪治理存在薄弱环节。大清河流域降水量年内分配极不均匀，季节变化非常明显。近年来我国北方地区极端降雨天气频现，大清河流域出现严重暴雨洪灾的可能性不断增加，雨季防洪压力日趋加大。大清河流域经过建国以来的几次治理，初步形成“上蓄、中疏、下排、适滞”的防洪体系，目前我省流域部分中下游河道治理仍存在薄弱环节，尾闾不畅、过水能力偏低的问题仍然存在。同时，随着规划蓄滞洪区的人口和经济总量不断增加，启用难度和成本越来越大。

流域依法协同治污需进一步加强。虽然四省市积极作为，在协同治污上做了大量工作，但由于大清河流域面积广、涉及地区多、协调难度大。目前，已开展的流域污染治理合作主要在执法、交流等具体工作上，污染协同治理体制机制尚需进一步完善，相关协同立法、普法、执法等工作还需要进一步深化合作。

3. 意见建议

提高政治站位。大清河流域和白洋淀水资源是重要的环境支撑，事关雄安新区发展和生态安全。要以习近平总书记关于雄安新区和白洋淀有关指示批示为遵循，认真贯彻落实党中央重大决策部署和全国人大常委会领导批示要求，把大清河流域生态环境保护作为义不容辞的政治任务和历史责任。坚持系统性、综合性、流域性治理思路，加强与北京、天津和山西的协作，共同推进大清河流域生态环境保护工作，为加强雄安新区和白洋淀水安全提供坚强保障。

推动绿色发展。按照推动雄安新区绿色发展的要求，坚持以水定城、以水定地、以水定人、以水定产，以努力建设绿色低碳新区和创新驱动发展新区为抓手，在白洋淀流域基础设施建设、生态环境治理与保护基本建设项目实施、资源环境价格改革等方面不断加压加力，倒逼产业转型升级。提高项目准入门槛，实施新区产业目录清单管理，对入区工业项目进行先进性评价，重点引进高端高新产业，力争在推动碳排放达峰行动、重点行业绿色发展等关键环节取得突破，从源头减少污染排放。

坚持“三水”共治。统筹水资源、水环境、水生态治理，推动流域生态环境不断改善。加快补齐流域城镇污水收集处理设施短板，推进城镇雨污分流改造和污水管网全覆盖。建立完善农村生活垃圾收运处置体系，加大力度清理存量垃圾，深入推进农业面源污染防治，持续削减入河入淀污染负荷。同时，持续加强生态修复工程建设，通过涵养水源、治理水土流失、恢复植被等手段，不断增加天然水量供给，实现流域可持续发展。进一步加强统筹调控，稳定实现流域生态补水，推动上下游形成常态化生态基流，实现白洋淀连山通海功能。利用有限的水资源积极重构区域水生态系统，打通水生生物洄游通道，形成生态恢复的自然生境条件。

推进防洪排涝体系建设。按照省和水利部编制“十四五”规划的要求，结合省情水情，谋划好“十四五”治水工作，编制好全省水安全保障“十四五”专项规划。从流域整体着眼，进一步优化流域防洪工程布局，在大清河流域形成水库、河道及堤防、分蓄滞洪区组成的现代化防洪工程体系。坚持上下游统筹，大力开展河道整治，提升大清河流域河道泄洪能力。推进重点水利工程建设，增强洪水调蓄能力，确保分蓄洪区分蓄洪功能。

强化区域联防联建联治。要坚持治污、补水、防洪“三位一体”，本着协同推进、系统治理、优势互补、区域一体的原则，在现有工作基础上提高合作层次、拓宽合作领域，深化京津冀晋四地协同合作机制，推动四省市政府及部门之间、跨省市相邻市县之间，在工作会商交流机制、联合监管联动执法机制、信息共享机制、上下游突发事件应急联动机制、大清河流域管控保障机制等方面，积极作为，提高四省市协作水平，努力开创大清河流域治理和保护新格局。

河北省人大常委会坚持政治站位，联合京津晋三省市人大进行的执法监督，是深入贯彻落实习近平生态文明思想和习近平总书记对雄安新区建设、白洋淀生态环境保护的重要指示批示精神，落实党中央重大决策部署和全国人大常委会领导的重要指示，促进《白洋淀生态环境治理和保护条例》的实施进行的，经过一系列综合治理措施的实施，大清河流域和白洋淀水生态保护工作取得了明显成效。

三、持续发力

（一）再乘东风，全国人大监督为推进白洋淀生态环境治理和保护进一步赋能。按照全国人大常委会监督工作计划的安排，2021 年 8 月 18 日，受国务院委托，国家发展和改革委员会主任何立峰向十三届全国人大常委会第三十次会议报告关于雄安新区和白洋淀生态保护工作情况。审议认为，国务院及相关部门、有关地方政府把雄安新区和白洋淀生态保护、防洪、治污和补水作为重点，大力加强规划建设，积极推进重点工程，通过系统治理、综合治理、源头治理，取得了阶段性成果。围绕水污染防治、强化法治保障、发展无障碍工程等方面，审议提出，一是加大水资源保护力度。在防洪工作方面，要切实处理好城市排涝、流域防洪、水系治理的关系，统筹兼顾全面考虑进行防洪工程规划，加快推进防洪工程项目建设；在水污染防治方面，要扎实做好区域流域的污染防治工作，提高污染防治水平，严防外源输入，抓好内源治理，严控内源污染，全力做好农村污水治理，提高白洋淀周边的污水垃圾处理能力；水生资源供给矛盾需要加强生态补水，保障生态用水流量，深入论证、科学调水，有序推进补水工作。同时坚持用水、节水并重，推进流域水资源节约利用，合理统筹水资源利用。要统筹协调芦苇的收割、运输、处理等问题，切实改善白洋淀区水生态和水质量。二是进一步完善配套法规。进一步强化白洋淀生态环境治理的法治保障。京津冀三省市主动对接《白洋淀生态环境治理和保护条例》区域协同治理的规定，启动本省市相关立法修法工作，织密白洋淀生态环境保护治理法规网络，并强化联合执法监管工作。三是注重无障碍环境建设。以法治的力量和法治的精神进行政府指导，从源头把住关口，综合配套，统一实施评审认证、监管评估全链条的认证管理，特别是提前置入第三方的咨询、监管与评估，建立强制性的制度，把无障碍的法规制度建立起来，并将无障碍的评价指标指数纳入雄安整体的分级和信用评价体系。

（二）不负重托，河北交出了一份沉甸甸的让党和人民满意的成绩单。《白洋淀生态环境治理和保护条例》实施以来，省委、省政府白洋淀生态修复保护领导小组坚持内外共治、标本兼治、治补并举，突出流域治理，通过种种措施，白洋淀水多了、水清了，水面变大了，水生态系统正在逐步恢复，白洋淀生态环境治理实现阶段性目标。

水量多起来。开展河湖清理，加强河湖水系连通，恢复府河、孝义河等主要入淀河流生态水量，建立多水源补水机制，统筹引黄入冀补淀、上游水库及本地非常规水资源，入淀水量累计达 26.66 亿立方米，目前白洋淀水位稳定在 7.0 米左右，水域面积 270 多平方公里。水质净起来。监测数据显示，淀区整体水质实现跨越式改善。淀区水质 2017 年—2018 年基本以劣Ⅴ类—Ⅴ类为主，2020 年流域所有断面水质全部达到Ⅳ类及以上，国省考断面优良比例 90%，淀心区化学需氧量浓度同比下降 9.05%，接近Ⅲ类水质标准。2021 年 1—7 月，淀区 8 个国考点位均达到或优于Ⅳ类水质标准、烧车淀达到Ⅲ类；上游河流实际监测的 49 个有水断面，全部达到或优于Ⅳ类标准，其中 44 个断面水质达到或优于Ⅲ类，为近 10 年来最好水平。2021 年 1—7 月，白洋淀 4 条有水入淀河流，3 条水质达到Ⅲ类以上。中国环境监测总站最新数据显示，2021 年白洋淀淀区整体水质为三类，化学需氧量、高锰酸盐指数和总磷三项主要指标同比下降 16% 以上，稳定达到三类水以上标准。至此，白洋淀水质从劣五类全面提升至三类以上标准，首次步入全国良好湖泊行列。这是 1988 年恢复蓄水有监测记录以来，白洋淀首次实现全域Ⅲ类水，达到良好湖泊水平，为雄安新区规划建设发展提供了良好生态环境支撑。水生态活起来。据新华社相关报道，根据 2002 年白洋淀湿地保护区成立时的科考报告记录显示，白洋淀有野生鸟类 192 种；到 2015 年白洋淀野生鸟类为 206 种；截至 2020 年 11 月，白洋淀野生鸟类种类记录合计达 214 种。据河北新闻网报道，截至 2022 年 1 月底，白洋淀野生鸟类数量共计 230 种，较新区设立前增加了 24 种，其中国家一级保护鸟类大鸨、白枕鹤、青头潜鸭等 10 种，国家二级保护鸟类灰鹤、水雉、黑翅鸢等 41 种，在白洋淀迁徙、越冬的鸟类数量也有较大提升。让人欣喜的是，随着水生动植物越来越多，多年未见的鲈鱼等鱼类也逐渐回归，白洋淀周边的小型沟渠里都有很多的鱼和水鸟，逐渐恢复了往日白洋淀荷塘苇海的自然景观，再现了“华北明珠”的淀泊风光与“鸟类天堂”的生态美景。环境绿起来。雄安新区蓝绿空间的重要组成，一是水，二是林。千年大计，从千年秀林开始。据 2022 年 4 月 1 日央视网消息，雄安新区“千年秀林”工程于 2017 年 11 月正式拉开大幕，到 2022 年 3 月，雄安新区累计造林 45.4 万亩，2300 多万株，森林覆盖率由最初的 11% 提高到 32%。“千年秀林”正在以绿核为心，圈层展开，成网络结构铺展开来，雄安郊野公园等绿地公共服务设施建成开放，提升了人民群众的幸福感，蓝绿交织、清新明亮、水城共融的生态画卷日益显现，呈现了人与自然和谐共生的恬静美好。

河北以绝不让一滴污水入白洋淀的决心推进治理，重点实施了芦苇平衡收割、水草打捞、生态清淤、退耕还湿、旅游污染防治等一系列工程，对推进白洋淀治理起到至关重要的作用。2018 年至 2021 年，白洋淀流域共实施生态环境治理和保护重点项目 239 个。截至 2021 年，白洋淀流域 938 公里市政排水管网雨污分流改造任务全部完成，全流域“散乱污”企业全部取缔、动态清零，非法排污口全部封堵；雄安新区水产养殖和规模畜禽养殖场全部退出，576 个村生活污水治理全覆盖，103 个淀中村、淀边村污水垃圾厕所一体化综合治理，实现全收集、全处理；大力推进退耕还淀还湿、百淀联通，增强局部水动力，提高了水体自净能力，稻田、藕田退耕还淀 15.05 万亩、旱田退耕还淀 11.9 万亩。2021 年白洋淀淀区及上游有水入淀河流水质全部达到Ⅲ类及以上标准，实现从 2017 年的劣Ⅴ类—Ⅴ类—Ⅳ类到Ⅲ类的连续跨越突破，同比好转一个类别，由轻度污染变为良好，主要污染物浓度显著下降，水环境质量改善幅度前所未有，速度之快开创全国先例。白洋淀独特的“荷塘苇海、鸟类天堂”盛景风采再现。重绽“华北明珠”光彩的白洋淀，为雄安新区规划建设发展提供了良好生态环境支撑，“千年大计”雄安新区践行“生态优先、绿色发展”理念、建设新时代生态文明典范的蓝图正在变为现实。

（三）创新制度，打造水治理的“白洋淀模式”。河北省坚持创新白洋淀流域水管理制度，打造“五个新”“白洋淀模式”，积累了具有可复制可推广价值的河北经验。

“新法规”推动依法治理。2021 年，《白洋淀生态环境治理和保护条例》公布施行，将规划管控、污染治理、防洪排涝等成功治理经验上升为地方法规，明确统筹山水林田淀草城系统治理，补水、治污、防洪一体化建设，为实现白洋淀生态环境高水平、高标准治理保护提供法律保障。

“新技术”完善监测网络。2020 年，成立白洋淀流域生态环境监测中心，实现全流域统一监测、统一考核、统一监管。2021 年，在白洋淀及上游流域 61 个考核监测断面，建成 42 座水质监测自动站，实现地表水监测覆盖淀区和全部入淀河流及主要支流。构筑天地一体化监测网络，开发白洋淀水环境监管大数据平台，率先采用在线水质分析仪器 + 污染溯源仪 + 高清视频监控 + VR 全景展示等综合技术，保障监管全方位无死角。

“新办法”构筑考核体系。省委办公厅、省政府办公厅印发了《白洋淀生态环境综合治理考核评价与追责问责工作机制》，建立日分析、旬预警、月通报、季考评、年总评工作机制，将市县和部门全纳入，对断面、排污口和重点涉水企业等要素做到全覆盖，着力打通责任落实“最后一公里”。

“新改革”强化监察执法。高擎问责“铁盾”，精准传导压力，推动落实“党政同责、一岗双责”，督促地方主体责任落实不力、部门责任未压实、乡镇压力传导不到位等问题整改。用好执法“利剑”，常态化开展异地执法、交叉执法、巡回执法专项行动，督促整改涉水问题 501 个、风险隐患 534 个，立案处罚 37 件。

“新科技”助力精细管理。成立白洋淀水生态修复保护专家组，充分发挥科学智囊专业咨询作用。探索开展白洋淀水生态环境质量综合评价，制定白洋淀流域高分辨率污染源排放清单，开展水生态监测及生物多样性评估，丰富白洋淀生态环境基础数据库，有效支撑精准、科学治理。

目前，雄安新区已转入大规模建设阶段，形成了塔吊林立、热火朝天的建设场面，随着人口和经济社会的快速增长，也必然会对给白洋淀流域整体生态环境带来压力和严峻挑战。虽然通过种种措施，“华北之肾”功能正在加快恢复，但距离建设蓝绿交织、清新明亮、水城共融的生态文明城市典范的目标任重道远，省人大常委会将开展执法检查，继续推动条例的全面实施，推动全流域、上下游、左右岸、淀内外协同治理，不断满足人民群众日益增长的优美生态环境需要，确保雄安新区水城共融、白洋淀碧波安澜，为构建蓝绿交织、清新明亮、水城共融的生态城市打好底色。

（四）接续奋斗，满怀信心开启“十四五”新征程。“十四五”时期是推进雄安新区建设、打造白洋淀优美生态环境的关键阶段。2021 年 11 月河北省人民政府办公厅关于印发《河北省建设京津冀生态环境支撑区“十四五”规划的通知》指出，坚持生态优先、绿色发展，统筹城水林田淀系统治理，深化白洋淀生态修复保护，开展大规模国土绿化，全面提升生态环境质量，加快推进雄安新区生态文明建设。通知要求，建立多水源补水机制，提升白洋淀流域生态涵养功能；统筹推进流域、淀区水生态环境整治和修复工程，持续改善白洋淀水环境质量；建立入淀河流水污染应急管理体系，杜绝污水入淀。

2022 年 1 月 12 日《河北省生态环境保护“十四五”规划》中指出，突出抓好白洋淀流域治理、工业污水达标整治、渤海综合治理等专项行动，有效控制淀区内源污染，科学稳妥实施白洋淀淀内生态清淤，修复水体生境。推动雄安新区和保定市建立健全联防联控及应急联动机制，完善白洋淀、衡水湖等重要湿地水生生物监测网络，定期开展白洋淀、衡水湖常态化水生生物监测，严防外来物种入侵。开展白洋淀流域生态环境修复与治理技术基础研究及科技攻关，强化白洋淀流域治理修复。

据雄安头条播报，河北省在白洋淀流域推行“六无标准”，加强流域污染精细化治理，即无非清洁生产企业、入淀河流河岸两侧 1 千米范围内无新建扩建规模化畜禽养殖场、无面源管控盲区、无污水直排入河、无黑臭水体、无垃圾污水入淀。2022 年新区重点工作强调，坚持以白洋淀保护带动生态建设为发展底色，找准“结合点”，坚持“补水—治污—防洪三位一体”统筹推进，同时，坚持发展和安全相统筹，坚决防范白洋淀水质和工程质量问题“两大风险”，为千年大计、国家大事筑牢行稳致远的安全保障。

踏上新征程，要深刻领会习近平生态文明思想的精神实质、核心要义和实践要求，坚决拥护“两个确立”，进一步增强“四个意识”，坚定“四个自信”，做到“两个维护”，把习近平总书记重要指示批示和党中央决策部署不折不扣贯彻落实好。下一步，要继续按照党中央、国务院决策部署和全国人大常委会要求，立足新发展阶段，全面贯彻新发展理念，融入新发展格局，坚持发挥好法治的保障、引领作用，把雄安新区和白洋淀生态保护工作放在突出位置，统筹建设防洪排涝工程，协调推进水资源配置、水生态保护和节约用水等工作，努力构建安全可靠的防洪排涝体系，打造蓝绿交织的优美生态空间，为雄安新区建设北京非首都功能疏解集中承载地创造良好环境。

第四章 《河北省机动车和非道路移动机械排放污染防治条例》协同立法

第一节 立法背景

京津冀三地地脉相连、文脉相近、人脉相通，生态保护与治理责任共担、成果共享。习近平总书记强调，“坚持绿水青山就是金山银山的理念，强化生态环境联建联防联治。要增加清洁能源供应，调整能源消费结构，持之以恒推进京津冀地区生态建设，加快形成节约资源和保护环境的空间格局、产业结构、生产方式、生活方式。”[1] 推进京津冀协同发展，落实新发展理念，必须打赢蓝天保卫战，还老百姓蓝天白云、繁星闪烁。

京津冀地区是全国大气污染治理重点区域，在大气污染防治工作中，机动车和非道路移动机械排放污染防治的重要性不断凸显。据生态环境部发布的《中国移动源环境管理年报（2020）》（以下简称《年报》）显示，移动源污染已成为我国大中城市空气污染的重要来源，是造成细颗粒物、光化学烟雾污染的重要原因，移动源污染防治的紧迫性日益凸显。根据生态环境部有关数据披露，部分城市如北京、上海、杭州、广州、深圳等机动车排放已成为 PM2.5 的首要来源，占比为 13.5% 至 41.0%。京津冀三地机动车保有量近 3000 万辆，是区域 PM2.5 污染的重要来源。河北省机动车和非道路移动机械保有量居于全国前列，其排放的污染物已经成为影响大气环境质量的重要因素，特别是重型柴油车使用强度高、排放量大，是大气污染治理的重点难点，面临的治理任务十分艰巨。

---

〔1〕《习近平在京津冀协同发展座谈会上的讲话》，《新华社》2019 年 1 月 18 日。

一、机动车和非道路移动机械对大气污染造成严重影响

2020 年，全国机动车保有量达 3.72 亿辆；汽车保有量达 2.81 亿辆，同比增长 8.1%。新能源汽车保有量达 492 万辆，占汽车总量的 1.75%，比 2019 年增加 111 万辆，增长 29.18%。其中，纯电动汽车保有量 400 万辆，占新能源汽车总量的 81.32%；全国 70 个城市汽车保有量超过百万辆，同比增加 4 个城市，31 个城市超 200 万辆，13 个城市超 300 万辆，其中，北京汽车保有量超过 600 万辆，成都、重庆超过 500 万辆，苏州、上海、郑州超过 400 万辆，西安、武汉、深圳、东莞、天津、青岛、石家庄等 7 个城市超过 300 万辆。2019 年，全国机动车四项污染物排放总量初步核算为 1603.8 万吨。其中，一氧化碳（CO）、碳氢化合物（HC）、氮氧化物（NOx）、颗粒物（PM）排放量分别为 771.6 万吨、189.2 万吨、635.6 万吨、7.4 万吨。汽车是污染物排放总量的主要贡献者，其排放的 CO、HC、NOx 和 PM 等四项主要污染物均超过 90%。柴油车 NOx 排放量超过汽车排放总量的 80%，PM 排放量超过 90%；汽油车 CO 排放量超过汽车排放总量的 80%，HC 排放量超过 70%。[1] 2020 年，全国机动车四项污染物排放总量为 1593.0 万吨。其中，一氧化碳（CO）、碳氢化合物（HC）、氮氧化物（NOx）、颗粒物（PM）排放量分别为 769.7 万吨、190.2 万吨、626.3 万吨、6.8 万吨。汽车是污染物排放总量的主要贡献者，其排放的 CO、HC、NOx 和 PM 超过 90%。柴油车 NOx 排放量超过汽车排放总量的 80%，PM 超过 90%；汽油车 CO 超过汽车排放总量的 80%，HC 超过 70%。[2] 总体数据和主要指标基本与 2019 年持平，移动源污染防治仍然十分紧迫。

非道路移动源主要包括工程机械、农业机械、小型通用机械、船舶、飞机、铁路机车等。随着产业转型升级、燃煤和机动车污染防治力度的加大，非道路移动源排放逐渐凸显，也不容忽视。2019 年，非道路移动源排放二氧化硫（SO_2）15.9 万吨，HC 43.5 万吨，NOx 493.3 万吨，PM 24.0

---

〔1〕 生态环境部，《中国移动源环境管理年报（2020）》。

〔2〕 生态环境部，《中国移动源环境管理年报（2021）》。

万吨；NOx 排放量接近于机动车。其中，工程机械、农业机械、船舶、铁路内燃机车、飞机排放的碳氢化合物（HC）分别占非道路移动源排放总量的 30.1%、47.4%、19.8%、1.6%、1.1%；排放的氮氧化物（NOx）分别占非道路移动源排放总量的 33.3%、34.3%、28.2%、2.5%、1.7%；排放的颗粒物（PM）分别占非道路移动源排放总量的 34.6%、37.9%、24.2%、2.1%、1.2%。2020 年，非道路移动源排放二氧化硫（SO_2）16.3 万吨，HC 42.5 万吨，NOx 478.2 万吨，PM 23.7 万吨。其中，工程机械、农业机械、船舶、铁路内燃机车、飞机排放的 NOx 分别占非道路移动源排放总量的 31.3%、34.9%、29.9%、2.6%、1.3%。[1] 由此可见，机动车和非道路移动机械排放污染已经成为影响大气污染的重要因素。京津冀地区更是如此。

《中国移动源环境管理年报（2020）》显示，2019 年全国机动车污染物排放量中，一氧化碳（CO）排放量前五位的省份依次为山东、广东、江苏、河北、河南。碳氢化合物（HC）排放量前五位的省份依次为山东、广东、江苏、河北、河南。氮氧化物（NOx）排放量前五位的省份依次为山东、河北、河南、江苏、广东。颗粒物（PM）排放量前五位的省份依次为山东、河北、河南、广东、江苏。河北省一氧化碳和碳氢化合物位居第四名，氮氧化物和颗粒物位居第二名。2020 年 5 月，交通运输部发布的《2019 年道路货物运输量专项调查公报》显示，2019 年全国营业性货运车辆完成货运量 343.55 亿吨，货物周转量 59636.39 亿吨公里，主要集中于河北、河南、山东等地，平均运距为 174 公里。河北治理任务之重可见一斑。

二、机动车和非道路移动机械排放污染防治的经验做法

近年来，各地按照中央决策部署落实《柴油货车污染治理攻坚战行动计划》，全面开展清洁柴油车、清洁柴油机、清洁运输、清洁油品行动，在推进运输结构调整、提升新生产机动车污染防治水平、规范在用机动车排放检验、强化非道路移动机械和船舶环保监管、开展车用油品质量专项

---

〔1〕 生态环境部，《中国移动源环境管理年报（2021）》。

检查、建立完善移动源污染治理体系等方面取得了积极成效。目前，非道路移动源环境管理制度体系初步形成，制定并实施了新生产非道路移动机械用柴油机、小型点燃式发动机、船舶发动机污染物排放标准和非道路移动柴油机械烟度排放标准，建立了非道路移动机械环保信息公开制度，划定了船舶排放控制区和禁止使用高排放非道路移动机械的区域，并严格开展监督执法。按照《中华人民共和国大气污染防治法》第六十一条的要求，城市人民政府根据当地大气环境质量状况，划定并公布禁止高排放非道路移动机械使用的区域。截至 2019 年 12 月 31 日，全国已有 178 个城市划定非道路移动机械低排放控制区，其中，重点区域及广东省全部地市均已划定。截至 2020 年 12 月 31 日，共有 311 个地级及以上城市已经划定非道路移动机械低排放控制区。全国 31 个省（自治区、直辖市）均已开展非道路移动机械编码登记工作，累计上传非道路移动机械编码登记数据 187.7 万条。[1] 京津冀三地积极贯彻习近平生态文明思想，按照党中央重大决策部署，坚决打赢蓝天保卫战，采取了许多行之有效的治理措施。

（一）北京市主要治理措施。移动源是北京市本地 PM2.5 污染的首要来源，占比 45%。北京市聚焦重型柴油车、挥发性有机物（VOCS）、扬尘等重点领域，深入实施“一微克”行动。经过全市共同努力，在气象条件整体有利的情况下，北京市空气质量改善取得标志性、历史性突破，人民群众蓝天获得感、幸福感显著增强，实现“十三五”规划目标，蓝天保卫战三年行动计划圆满收官。北京市大气污染治理经验被纳入联合国环境署“实践案例”，为全球其他城市，特别是发展中国家的城市提供借鉴。2020 年北京市大气环境中 PM2.5 等四项主要污染物同比均明显改善，其中 PM2.5 年均浓度为 38 微克/立方米，首次达到“30 +”水平，同比下降 9.5%；可吸入颗粒物（PM10）、二氧化氮（NO_2）连续两年达到国家二级标准；二氧化硫（SO_2）年均浓度稳定达到国家标准并保持个位数水平。[2] 其主要治理举措，一是依法治理移动源污染，坚持车油路一体，坚持问题导向，加大对超标车辆未复检合格又上路行驶的处罚力度，实施非

〔1〕 生态环境部，《中国移动源环境管理年报（2021）》。

〔2〕 北京市生态环境保护中心：《2020 年北京市 PM2.5 年均浓度 38 微克/立方米 为有监测记录以来最优》，《京环之声》2021 年 1 月 4 日。

道路移动机械编码登记制度；出台新一轮老旧车淘汰更新补贴、新能源货车运营激励等政策，累计淘汰 6.5 万辆国三标准汽油车，截至 2020 年 11 月底，新能源汽车保有量达 40.1 万辆，国五及以上标准车辆占比超过 60%，车辆结构全国领先；完善“生态环境部门检测、公安交管部门处罚、交通部门监督维修”模式，聚焦进京口、市内重点道路加强路检路查，实施精准“入户”执法；修订机动车排放检验机构管理规范，严厉打击检验机构违法行为；加强油品质量监管检查，严厉打击无证无照的黑加油站（点）和流动加油罐车。二是健全完善法规标准。发布实施《实验室挥发性有机物污染防治技术规范》等，在用大气类地方环境标准达到 41 项，涵盖燃烧源、移动源、工业源等多个领域，构建国内领先、世界一流的环保标准体系。三是不断完善政策体系，全面实施国六（B）机动车排放标准，出台实施了新一轮老旧机动车淘汰更新、新能源轻型货车运营激励、非道路移动机械编码登记、“绿牌”工地管理办法等政策；修订大气专项资金转移支付制度，持续加大财政资金投入力度，并向重点区域倾斜。四是强化科技手段支撑，充分发挥全国科技创新中心优势，强化科技赋能，借助大数据、互联网等，探索建立“智慧 + 环保”新模式。搭建全国首个重型车在线监控平台，实时监控重型车排放情况；安装遥感及黑烟抓拍设备，有效丰富非现场执法模式；构建全市统一的施工扬尘视频监管平台，接入各行业工地（场站）；扩大道路尘负荷走航监测范围和领域；综合采取“自动 + 手工 + 走航 + 遥感”等手段加密 VOCS 监测，探索建立“环境质量评价 + 高值区筛查 + 溯源监察”的管理机制；充分利用“热点网格”技术，实现精准识别、精准执法。

（二）天津市主要治理措施。移动源污染防治工作可概括为“一个目标，两个抓手”。“一个目标”是污染减排。移动源污染防治的目标是减少大气污染物排放。通过综合运用各类措施，全市交通领域颗粒物、氮氧化物累计排放量比 2017 年减少 30% 以上。“两个抓手”是转结构、治超标。一是转变运输结构，提高铁路运输比例。建成华电国际、忠旺铝业、南港港铁物流等铁路专用线工程，全市铁路货运量占比达到 20% 以上。调整排放结构，减少废气排放总量。推广新能源和清洁能源汽车。2020 年新增新能源汽车 2 万辆，投入运营新能源公交车 1800 辆，建成区公交车全部更换为新能源汽车。2020 年 7 月 1 日起，全市新购置的环卫、邮政车辆全部使用新能源汽车或达到国六标准。限制高排放柴油车，2020 年 6 月底前天津港停止国三标准及以下柴油车集疏港。二是强化源头治理，统筹“油、路、车”。持续黑加油站（点）整治工作，对车用汽柴油开展质量监督抽检。制定年度交通优化疏导方案，104 国道改线工程 6 月底前建成通车，津沧高速口改造工程年内主线通车。实施机动车排放标准确认工作，不符合排放要求的机动车一律不予注册登记。严格“查、治、管”，在主要国省公路和城市道路上开展路检路查，对物流园等重点场所组织入户检查，依法处罚超标车辆。建立超标车辆“黑名单”并及时向社会公布，未维修达标的不予发放通行证。天津港停止使用高排放港作机械，具备条件的开展颗粒物和氮氧化物“双降治理”。房屋建筑、市政基础设施、水务、园林绿化等工程必须使用符合要求的非道路移动机械，不得使用未进行编码登记的非道路移动机械。[1]

（三）河北省主要治理措施。一是推进建立重点用车大户管理制度，推动建立重型柴油货车污染防治责任制和环保达标保障体系，将自有或每天使用 10 辆以上中重型柴油货车的单位列为重点用车单位，按重点排污单位强化日常监管，并纳入重污染天气应急减排体系，重污染天气预警期间禁止使用国四及以下排放标准重型柴油货车（民生保障、应急抢险类除外）进行物料运输。为认真落实《河北省机动车和非道路移动机械排放污染防治条例》关于“重点用车单位重型柴油货车污染责任制和环保达标保障体系”的规定，河北省生态环境厅印发《关于加快建立重点用车单位重型柴油车污染防治责任制和环保达标保障体系的通知》（冀环办字函〔2020〕48 号），对全省重点用车单位进行全面复核，指导帮扶 2700 余家重点用车单位签订《环保达标用车公开承诺书》，自有或自用车辆使用国五及以上排放标准的重型柴油货车、重型燃气车或新能源车。二是推动部门协作制度的落实，加强部门间会商。省大气污染防治工作领导小组办公室印发《关于认真落实省人大常委会执法检查组检查〈河北省机动车和非道路移动机械排放污

〔1〕 天津市生态环境局，《决胜蓝天保卫战 移动源污染防治“1 + 2”》，https://mp.weixin.qq.com/s/Vb8JAvADzc5EMtCUeX3Zpg。

染防治条例〉实施情况有关意见的通知》，召集省有关部门召开座谈会，就审议意见和执法检查报告落实情况开展座谈讨论，进一步形成“生态环境部门实施统一监管、相关职能部门各负其责”的统一思想，推进部门密切协作制度的落实。各地各级生态环境、公安部门加强工作沟通协调，依法依规设置柴油货车黑烟检测非现场执法设备，积极推动系统平台数据对接，将黑烟抓拍数据作为处罚依据。全省通过黑烟抓拍违法证据查处超标排放车辆，石家庄、张家口、唐山、廊坊、衡水、邢台、邯郸等地市已实现数据对接、证据移交处罚。省生态环境厅、省交通运输厅联合印发《河北省加快推进机动车排放检验与维护制度实施方案》，省生态环境厅、省交通运输厅、省市场监管局联合转发《生态环境部　交通运输部　国家市场监督管理总局关于建立实施汽车排放检验和维护制度的通知》，推进汽车排放检验与维护（I/M）制度建设，加强对汽车排放性能维护（维修）站（M 站）的监督管理，实现对排放超标汽车“检验—维修—复检”闭环管理工作目标。推进非道路移动机械登记管理制度实施，省生态环境厅、省交通运输厅、省住房城乡建设厅、省水利厅通力协作，督促所监管行业严格落实《河北省非道路移动机械使用登记管理办法（试行）》，对所使用非道路移动机械开展信息编码登记。三是做好排放全链条监管，强化注册登记前远程排放管理车载终端检查。省生态环境厅印发《关于进一步做好全省重型汽车远程在线监控工作的通知》，在全省生产、销售的重型汽车（重型柴油车、重型燃气车）应当安装远程排放管理车载终端，并通过车辆生产企业建立的重型汽车远程排放服务和管理平台与生态环境部建立的重型汽车远程排放服务和管理平台联网。强化对在用车辆排放污染监管。加大对重型柴油货车污染控制装置配置情况查验力度，确保全省国四及以上车辆安装污染控制装置全覆盖。扎实开展重型柴油货车常态化路检路查、入户抽查、遥感监测等方式监督抽测，严格落实生态环境部门检测取证、公安交管部门实施处罚、交通运输部门监督维修的联合执法机制。强化超标排放重型柴油货车分类治理。对超标排放重型柴油货车科学施治，通过加强维护保养，加装或更换颗粒物捕集器（DPF）、选择性催化还原装置（SCR）等污染控制装置以实现达标排放；对经维修或者采用污染控制技术后，大气污染物排放仍不符合国家在用机动车排放标准的，依法强制报废。

三、加强机动车和非道路移动机械污染防治立法必要且紧迫

党的十八大以来，党中央把生态文明建设作为统筹推进“五位一体”总体布局和协调推进“四个全面”战略布局的重要内容，加快推进生态文明制度顶层设计和体系建设，生态环境保护领域法律制度密集出台，生态文明制度体系日臻完善，推进了生态环境治理体系和治理能力现代化。2014 年国家修订了环境保护法，此后又陆续修订、制定了大气污染防治法、水污染防治法、土壤污染防治法、环境影响评价法等法律。河北省坚决践行习近平生态文明思想，与时俱进、锐意创新，着力完善了生态环境保护地方法规体系，自 2016 年始，先后出台了大气污染防治条例、水污染防治条例、关于加强扬尘污染防治的决定、关于促进农作物秸秆综合利用和禁止露天焚烧的决定等地方性法规，生态环境保护的法治之网愈加完善。

前面已经阐述，河北省机动车和非道路移动机械保有量居于全国前列，其排放的污染物已经成为影响大气环境质量的重要因素。加强机动车和非道路移动机械排放污染防治立法，事关全省坚决打好污染防治攻坚战，事关经济高质量发展和人民群众切身利益，对于建设新时代经济强省、美丽河北意义重大。

（一）制定条例是贯彻习近平生态文明思想和习近平法治思想的重要举措。党的十八大以来，以习近平同志为核心的党中央领导全党全国人民大力推动生态文明建设的理论创新、实践创新和制度创新，开创了社会主义生态文明建设的新时代，形成了习近平生态文明思想。作为习近平新时代中国特色社会主义思想的重要内容，习近平生态文明思想指明了生态文明建设的方向、目标、途径和原则，揭示了社会主义生态文明发展的本质规律，开辟了当代中国马克思主义生态文明理论的新境界，对建设富强美丽的中国和清洁美丽的世界具有非常重要的指导作用。习近平生态文明思想贯穿着马克思主义的立场、观点、方法，是唯物辩证法和自然辩证法的统一，是科学的方法论。从唯物辩证法来看，“保护生态环境就是保护生产力、改善生态环境就是发展生产力”等科学论断，深刻揭示了自然生态作为生产力内在属性的重要地位，饱含尊重自然、谋求人与自然和谐发展的基本价值理念。从自然辩证法来看，“绿水青山就是金山银山”等科

学论断，就是生态文明建设的自然辩证法，深刻揭示了人与自然、社会与自然的辩证关系。从方法论来看，习近平生态文明思想蕴含着和谐共生的辩证思维、高瞻远瞩的战略思维、统筹协调的系统思维、防患未然的底线思维等科学思维方式，是当代中国马克思主义方法论的集中体现。

生态环境保护是功在当代、利在千秋的事业。习近平总书记强调："用最严格制度和最严密法治保护生态环境，要加快制度创新，增加制度供给，完善制度配套，强化制度执行，让制度成为刚性的约束和不可触碰的高压线。"〔1〕加强机动车和非道路移动机械排放污染防治，必须依靠制度、依靠法治。打好污染防治攻坚战，必须通过法治思维和法治方式，督促各地方、各部门落实责任，引导公民参与环保，形成齐抓共管的态势；必须要落实排污者生态环境责任，造成环境污染的企业，必须承担起污染治理的主体责任；必须加大生态环境违法犯罪的成本，重典治乱，实施"严惩重罚"。必须加强生态环境保护宣传教育，推动生态环保知识进学校、进课堂，引导群众积极参与环保公益活动和志愿服务，参与生态环保监督，形成人人参与的强大合力。这些工作，都需要通过发挥立法的引领、推动、保障和规范作用才能更好得以实现。

（二）制定条例是贯彻中央和省委关于打好污染防治攻坚战重大决策部署的迫切需要。党的十八大明确提出大力推进生态文明建设，努力建设美丽中国，实现中华民族永续发展。2015 年 5 月 5 日，中共中央、国务院印发《关于加快推进生态文明建设的意见》，这是继党的十八大和十八届三中、四中全会对生态文明建设作出顶层设计后，中央对生态文明建设的一次全面部署。2018 年，中共中央、国务院印发《关于全面加强生态环境保护坚决打好污染防治攻坚战的意见》（简称《意见》），提出深刻认识生态环境保护面临的形势，深入贯彻习近平生态文明思想，全面加强党对生态环境保护的领导，明确总体目标和基本原则，推动形成绿色发展方式和生活方式，坚决打赢蓝天保卫战。关于重点区域污染防治，《意见》专门指出，"注重依法监管。完善生态环境保护法律法规体系，健全生态环境保护行政执法和刑事司法衔接机制，依法严惩重罚生态环境违法犯罪行

---

〔1〕 习近平：《推动我国生态文明建设迈上新台阶》，《求是》2019 年第 3 期。

为”，对完善生态环境法规体系提出明确要求。《意见》还指出，“编制实施打赢蓝天保卫战三年作战计划，以京津冀及周边、长三角、汾渭平原等重点区域为主战场，调整优化产业结构、能源结构、运输结构、用地结构，强化区域联防联控和重污染天气应对，进一步明显降低 PM2.5 浓度，明显减少重污染天数，明显改善大气环境质量，明显增强人民的蓝天幸福感”，把京津冀区域协同治理大气污染作为打赢蓝天保卫战的重中之重。

在打赢蓝天保卫战主要工作中，《意见》还指出，要“打好柴油货车污染治理攻坚战。以开展柴油货车超标排放专项整治为抓手，统筹开展油、路、车治理和机动车船污染防治。严厉打击生产销售不达标车辆、排放检验机构检测弄虚作假等违法行为。加快淘汰老旧车，鼓励清洁能源车辆、船舶的推广使用。建设‘天地车人’一体化的机动车排放监控系统，完善机动车遥感监测网络。重点区域提前实施机动车国六排放标准，严格实施船舶和非道路移动机械大气排放标准。鼓励淘汰老旧船舶、工程机械和农业机械。落实珠三角、长三角、环渤海京津冀水域船舶排放控制区管理政策，全国主要港口和排放控制区内港口靠港船舶率先使用岸电”。

为推进《意见》贯彻落实，2018 年 6 月 27 日国务院印发《打赢蓝天保卫战三年行动计划》（简称《计划》），指出要“坚持新发展理念，坚持全民共治、源头防治、标本兼治，以京津冀及周边地区、长三角地区、汾渭平原等区域为重点，持续开展大气污染防治行动，综合运用经济、法律、技术和必要的行政手段，大力调整优化产业结构、能源结构、运输结构和用地结构，强化区域联防联控，狠抓秋冬季污染治理，统筹兼顾、系统谋划、精准施策，坚决打赢蓝天保卫战，实现环境效益、经济效益和社会效益多赢”。《计划》划定了京津冀重点区域范围，包含北京市，天津市，河北省石家庄、唐山、邯郸、邢台、保定、沧州、廊坊、衡水市以及雄安新区。《计划》还明确提出要强化移动源污染防治。严厉打击新生产销售机动车环保不达标等违法行为。严格新车环保装置检验，在新车销售、检验、登记等场所开展环保装置抽查，保证新车环保装置生产一致性。推进老旧柴油车深度治理，具备条件的安装污染控制装置、配备实时排放监控终端，并与生态环境等有关部门联网，协同控制颗粒物和氮氧化物排放，稳定达标的可免于上线排放检验。加强非道路移动机械和船舶污染防治。开展非道路移动机械摸底调查，划定非道路移动机械低排放控制区，严格管控高排放非道路移动机械，重点区域2019年底前完成。推进排放不达标工程机械、港作机械清洁化改造和淘汰，重点区域港口、机场新增和更换的作业机械主要采用清洁能源或新能源。2018年8月，河北省委、河北省人民政府出台了《关于全面加强生态环境保护坚决打好污染防治攻坚战的实施意见》，提出了打好机动车（船）污染治理攻坚战，加强非道路移动机械和船舶污染防治的主要目标、具体举措、完成时间等决策部署。河北的大气质量，中央关注、人民重视，坚决打赢蓝天保卫战是各方面共识。制定这部条例是促进经济高质量发展的内在要求，是践行习近平生态文明思想的政治要求，是增进民生福祉的基本要求，有利于将党中央、国务院和省委的决策部署落实为具体制度规范和措施要求。

（三）制定条例是维护法治统一，推进地方治理体系和治理能力现代化的必然要求。在此之前，国家和河北省还没有一部专门的机动车和非道路移动机械排放污染防治方面的法律法规。在法律层面，《中华人民共和国大气污染防治法》专设“机动车船等污染防治”一节共17条，对机动车、非道路移动机械等排放大气污染物防治作了统率性的规定。在地方性法规层面，《河北省大气污染防治条例》专设“机动车和非道路移动机械污染防治”一节共7条，对机动车、非道路移动机械等排放大气污染物防治进行了规范。总的来看，国家法律和河北省地方性法规都有涉及，但是都不够全面系统，不能满足机动车和非道路移动机械排放污染防治的工作需要，一些重要、突出问题，诸如部门职责分工、柴油货车深度治理、新能源车推广、用车大户管理、协同治理、奖惩机制、禁行限行等方面还缺乏有力的法治保障。

这些年，全国各地都对机动车污染问题高度关注，许多省出台了地方性法规和政府规章。结合缓解交通压力问题，机动车限行是各地普遍采取的主要措施，围绕机动车限行，呈现出几个焦点问题，一是涉及公民财产权的限制使用，必然会受到因使用车辆不便的群众的不满。二是机动车限行对于大气状况改良的作用是否突出有效，亟须更加科学的分析研判。三是有权限制机动车限行的主体范围应当明确，程序应当规范公开透明，有的地方一刀切，有的区别对待，有限行两个尾号的，有单双号限行的，有节假日也采取限行措施的。四是对于违反限行规定的车辆的处罚，有的地方侧重于罚款，特别是采取抓拍、贴罚单方式对违反禁行规定的予以罚款处罚，除造成更多的经济负担外，并没有起到减少机动车行驶的直接作用，在执法中侧重教育引导的呼声更高。五是重型柴油货车的路线问题，调研中发现在许多地方重型柴油货车禁止进入市区主要范围，但是绕行反而造成车辆行驶时间、行驶里程的增加，排放污染物的总量也相应增加，对于大气污染物排放总量控制目标适得其反。从目前来看，关于非道路移动机械排放污染的管理漏洞很多，制度、措施都不完善，许多地方的非道路移动机械登记管理工作没有开展或者开展得不理想，非道路移动机械的禁止作业区的划定范围、使用时间各地不一，有的过于严格，有的过于宽松。由此可见，在机动车和非道路移动机械排放污染治理的进程中，还有工作要做，许多习以为常的举措仍然需要不断加强科学研究、调研论证、反复研判，最终确定一套科学、规范、依法、公开的治理体系。坚持问题导向，从实际出发是地方立法工作的责任，也是立法工作的原则。制定该条例有利于全面落实国家法律精神，完善全省生态环境保护法规体系，有利于依靠法治思维和法治方式划分部门职责、明确责任义务、规范制度措施、推进协同治理、强化责任追究，有利于推动机动车和非道路移动机械排放污染防治工作迈入法治化轨道，有利于提升各地治理能力和水平，为促进河北绿色发展、高质量发展提供法治保障。

（四）制定条例是加强区域联防联治，促进京津冀协同发展的重要法治途径。京津冀协同发展，是习近平总书记亲自谋划、亲自推动的重大国家战略，是统筹推进“五位一体”总体布局、协调推进“四个全面”战略布局和贯彻落实五大发展理念的伟大实践。党的十八大以来，习近平总书记9次视察河北，对河北知之深，爱之切，擘画了河北现代化经济强省、美丽河北宏伟蓝图，为全省做好各项工作提供了根本遵循。2014年，习近平总书记在京津冀协同发展座谈会上的重要讲话指出，“要着力扩大环境容量生态空间，加强生态环境保护合作，在已经启动大气污染防治协作机制的基础上，完善防护林建设、水资源保护、水环境治理、清洁能源使用等领域合作机制”[1]。坚持绿水青山就是金山银山的理念，推进京津冀区

〔1〕 习近平：《在京津冀协调发展座谈会上的讲话》，《新华网》2014年2月27日。

域协同发展，生态环境建设是基础保障。2019 年，习近平总书记在京津冀协同发展座谈会上指出要“坚持绿水青山就是金山银山的理念，强化生态环境联建联防联治”[1]。近年来，在习近平生态文明思想的指引下，京津冀三地携手开展蓝天保卫战、净土保卫战、碧水保卫战，促进京津冀区域生态质量持续改善，但生态基础脆弱形势还未根本扭转，重度雾霾和污染天气仍时有发生。可以说，生态环境问题既是当前京津冀群众关心的焦点，也是协同发展工作的重点、难点。加强生态环境领域京津冀协同协作是贯彻习近平总书记重要指示批示精神的具体落实举措，是推进国家重大发展战略落地实施的重要支撑，是京津冀三地经济社会发展、人民幸福的共同需求，是当务之急。我们必须以更大决心加强生态环境保护，做好重大生态工程的“加法”、节能减排的“减法”、产业转型的“乘法”和污染防治的“除法”，让京津冀大地天更蓝、山更绿、水更清、生态环境更美好。[2]

2014 年以来，京津冀三地人大聚焦重点领域，围绕交通、生态环保、产业转型升级实现率先突破，推出一批协同立法成果，协同立法成效稳步提升。尤其是在生态环境领域实现深度协同，如就大气污染防治、水污染防治、湿地保护、机动车和非道路移动机械排放污染防治、白洋淀生态环境治理和保护等方面进行协同立法。可以说，生态环境协同立法工作有力推动了三地在立法领域协同工作，对于破除行政区划阻隔，打破地方保护主义，促进区域生态环境改善起到了重要的推动作用。制定这部条例是京津冀区域协同立法的标志性成果，在这方面的意义不言而喻。

第二节　立法过程

一、站位全局、强势启动

本书综述部分已经就京津冀协同立法主要历程和成果进行了阐述。在

〔1〕《习近平总书记在京津冀协同发展座谈会上的讲话》，《新华社》2019 年 1 月 18 日。

〔2〕 张国清：《在京津冀协同发展上展现新作为》，《学习时报》2019 年 3 月 22 日。

这些大量的协同立法工作实践基础上，出台一部真正意义上实质性协同法规可以说已经水到渠成、呼之欲出。

（一）选择机动车和非道路移动机械排放污染防治条例开展协同立法主要考量。协同立法项目的选择要立足三地实际，具有较强的可行性和实施性。按照《京津冀人大立法项目协同办法》的规定，从三地立法规划中选择相同或者相近的项目作为协同立法项目。之所以选择这部法规，主要是出于四个方面的考虑。

1. 三地立法规划中均有机动车条例。河北省机动车污染防治条例是2018 年纳入河北省第十三届人大常委会五年立法规划的一类项目。北京市移动源排放污染防治条例 2018 年纳入北京市十五届人大常委会立法规划。天津市机动车和非道路移动机械排气污染防治条例列入了天津市人大常委会 2019 年立法计划。

2. 调查研究和前期准备工作充分。三地人大高度重视，深入各方面开展调查，组织政府有关部门座谈论证协同焦点、难点问题，并分工协作开展机动车污染防治课题研究。在部门起草过程中，三地互相征求另外两地生态部门意见建议，做了大量沟通协调工作，达成许多共识。

3. 实现立法协同的难度适中。机动车因其区域流动性的特点，监管方式更易协调，以及监管技术日益成熟，具有较强的协同可行性，实现立法协同的目标期待值较高。

4. 具有很强的协同实施性。京津冀三地实施对新车注册销售的监督检查、开展重污染天气联合应对、加强对重点单位的监督管理、建立和使用统一的非道路移动机械使用登记管理系统、推行联合执法等都具有较强的可操作性。三地生态环境部门对机动车排放污染联合防治工作已有不少实践经验，条例一旦出台，必将促使更深层次、更广范围、更大力度的协同防治。

（二）协同项目的提出和确定过程。2018 年 3 月，京津冀三地人大常委会法制工作机构在北京市人大常委会召开会议，会上就 2018 年立法计划进行了交流，因为三地都有制定机动车污染防治领域专项法规的规划计划，所以提出把机动车污染防治的立法项目作为今后协同立法项目的建议，并决定将这一项目建议交由当年举行的京津冀协同立法联席会议讨论。同年 7 月，在北京举行的京津冀协同立法联席会议上，三地人大常委会主要领导一致同意将移动源（机动车）污染防治条例作为协同立法项目抓紧推进（这次会议是该项目协同立法第一次会议）。

（三）协同开展起草论证和专题研究工作。2018 年 8 月，在北京市人大常委会法制工作办公室倡议下，京津冀三地人大常委会法制工作机构在石家庄举行会议，会议主题是讨论研究“机动车和非道路移动机械排气污染防治”立法项目协同工作（第二次会议）。会议由河北省人大常委会法制工作委员会主任周英同志主持，北京市、天津市人大常委会法制工作机构负责人及有关同志、三地环境保护主管部门主管领导及有关同志、河北省政府法制办有关同志参加了会议。会上三地人大法制工作机构负责人介绍各自条例起草情况，并就下一步推进协同立法作了工作部署。会议还决定分工协作开展机动车污染防治专题研究。

2018 年 9 月 6 日，北京市人大常委会法制办向天津市、河北省人大常委会法制工作委员会发送关于印发《京津冀“移动源”污染防治立法项目协同实施方案》的函。该实施方案的主要内容，一是关于专题研究责任分工，本着立足起步、积极探索的思路，北京市负责研究三地机动车排放执法处罚一致性等问题，天津市负责研究油品、尿素、高排放非道路移动机械进入低排区等市场监管法律依据缺失问题，河北省负责研究新车生产环保一致性检验问题。二是关于共同研究方式和内容，拟采取签订委托课题研究协议的形式开展，主要内容涉及行政处罚的一致性、市场监管法律依据缺失、三地执法协同等共性问题。三是三级沟通协调机制要求，组建立法项目小组，成员单位包括三地人大常委会法制工作机构法规一处，每个成员单位安排一位主管领导参加，安排一位联络员负责具体事务。对研究中遇到的重点难点问题、协同研究工作进展情况和阶段性研究成果，立法项目小组应当及时向常委会领导请示汇报。四是各阶段工作进度安排，定于11 月中旬完成课题研究工作。五是研究成果及运用方式，主要用于三地移动源污染防治地方立法工作参考。

二、同心同向、全力推进

（一）基础工作扎实有效。河北省机动车和非道路移动机械排放污染防治条例因为起草工作启动较早，在确定为协同立法项目时，已经基本形成草案文本。2018 年 9 月 14 日，河北省人民政府第 24 次常务会议审议通过了《河北省机动车和非道路移动机械排气污染防治条例（草案)》（最初法规题目)。2018 年 11 月 21 日，河北省十三届人大常委会第七次会议进行了第一次审议。北京市、天津市有关工作也在抓紧进行。2018 年 12 月 17 日，河北省人大常委会法工委在石家庄市颐园宾馆五楼会议室召开条例修改座谈会，省人大常委会城建环资工委、省发改委、省工信厅、省公安厅、省司法厅、省生态环境厅、省住房和城乡建设厅、省交通运输厅、省农业农村厅、省市场监督管理局、省社会科学院、河北大学、河北经贸大学、河北地质大学等单位同志参加会议，提出了一些富有建设性的高质量修改意见。2018 年 12 月 18 日，河北省人大法制委员会、省人大常委会法工委委托省环境与资源保护法学研究会对条例（草案）体例、主要内容、主要制度和重要规范提出意见建议，并对法规出台的时机、预期效果和实施中可能出现的问题进行论证。2018 年 12 月 26 日，征求了省直有关部门、设区的市人大常委会意见建议。2018 年 12 月 27 日，赴唐山市进行了立法调研，召开了立法座谈会。2019 年 2 月 11 日，省人大常委会法工委将《河北省机动车和非道路移动机械排气污染防治条例（征求意见稿)》发北京市、天津市两地人大常委会征求意见。2019 年 3 月，省人大常委会法工委有关同志赴廊坊市、定州市开展了立法调研。

2019 年 3 月 4 日，省人大常委会副主任王会勇同志主持召开《河北省机动车和非道路移动机械排气污染防治条例（草案)》立法座谈会，省人大常委会法工委、城建环资工委以及省生态环境厅有关同志参加会议。本次座谈会就该条例建立同步立法模式，即以一个法规文本实现三地立法对接的可行性进行讨论。会议指出，各有关部门要以积极的姿态加强与京津对口部门的沟通，争取最好效果，获取最大公约数，努力使京津冀协同发展取得实质性进展。也是在这次座谈会上，王会勇副主任首次提出“一个文本、三家通过”的说法。此时的条例（草案）共 7 章 41 条，分为“总则、预防和控制、检验和治理、区域协同、监督管理、法律责任、附则”。

（二）紧密协同高效开展。为推进同步审议，省人大常委会法制工作委员会向省人大常委会党组主要领导请示，将原定于 2019 年 3 月对条例

（草案）进行第二次审议、2019 年 5 月提请表决的计划推迟，目的是利用这一时期，加强立法调研、论证，反复推敲、打磨文本，做好与北京市、天津市人大立法协同工作。

2019 年 4 月 3 日，京津冀三地人大立法工作机构工作会议在河北廊坊召开（第三次会议）。会议由河北省人大常委会法工委主办，京津冀三地人大常委会立法工作机构、三地政府司法部门、生态环境部门及科研院校机构有关负责同志及工作人员参加了会议。会议由河北省人大常委会法工委主任周英主持，与会人员分别就机动车和非道路移动机械排气污染防治协同立法、2019 年度京津冀协同立法联席会议主题、2020 年京津冀立法协同项目等议题进行交流发言。会议还就机动车和非道路移动机械排气污染防治协同立法项目在适用范围、制度设计、防治措施、联合执法、法律责任等方面的可行性展开研讨，力争达到“一个文本、三家通过”的目标，为区域协同立法树立典范，积累先行先试的经验。会上，天津市人大常委会法工委提交了《京津冀移动源污染防治协同实施项目市场监管法律缺失问题研究报告》，河北省人大常委会法工委提交了《新车环保一致性检验研究报告》，关于机动车污染防治专题研究报告完成。

2019 年 4 月 16 日至 17 日，应天津市人大常委会法制工作委员会邀请，三地人大常委会和政府部门具体承办法规起草修改的处室同志召开讨论会（第四次会议），就三地条例草案文本逐条对照进行了认真研究，开创了三地协同立法项目逐条对照研究的工作新模式。有关处室同志在这次修改会上基本达成共识，即力争条例文本实现名称一致、框架结构一致、适用范围一致、基本制度和主要监管措施一致、区域协同一章内容一致、法律责任针对同种违法行为的处罚一致。

2019 年 8 月 8 日，第六次京津冀协同立法工作联席会议在石家庄市召开（第五次会议）。时任河北省委书记、省人大常委会主任王东峰与出席会议的同志进行了座谈，全国人大常委会法工委和北京市、天津市、河北省人大常委会领导同志出席会议。中央全面依法治国委员会办公室有关同志，京津冀人大常委会法制工作机构有关同志，河北省人大常委会各部门主要负责同志，河北省委全面依法治省委员会办公室、河北省司法厅和河北大学有关同志参加会议。会议就《机动车和非道路移动机械排气污染防治条例（草案)》有关问题达成了共识。会上，三地人大常委会法制工作机构分别汇报了制定条例有关情况，并进行了深入研讨，就条例将在法规名称、立法目的、适用范围、主要制度、联合执法、同类违法行为法律责任等方面实现协同达成高度共识，就进一步推动立法进程协同、开展制度衔接研究、深入进行立法调研、广泛征求代表意见、继续加强三地沟通联系、推进共性问题联合攻关等工作形成了统一意见。三地人大常委会主要领导一致表示，要坚决贯彻落实习近平生态文明思想，以更加积极的工作态度，继续做好条例的项目协同工作，积累先行先试的经验，努力为区域协同立法树立典范。会上，三地共同研究确定，将各自条例草案分别提请人民代表大会审议通过，以期实现在通过形式上的一致。

2019 年 9 月，北京市人大常委会法制办公室在北京召开法规名称专题论证会，天津市人大常委会法制工作委员会有关同志参加会议（第六次会议)。会议围绕条例名称定为“北京市机动车和非道路移动机械排放污染防治条例”还是“北京市机动车和非道路移动机械排气污染防治条例”展开讨论。目前已经通过的各地法规不尽一致，相对来说，用排气的比较多，浙江、江苏等省，深圳、厦门经济特区以及济南、武汉、南宁、银川、兰州等设区的市立法都是用“排气”。最初，京津冀三地条例草案也是“排气”的表述。关于排放和排气的区别，主要的观点认为，排放的范围更广，不仅包括尾气排放，还包括发动机、曲轴箱自然挥发等；排气的范围较窄，主要指尾气排放。

2019 年 9 月，北京市人大常委会法制办公室再次组织召开条例协同修改碰头会，全国人大常委会法工委行政法室负责同志到会指导，天津市、河北省人大常委会法工委有关同志参加会议（第七次会议)。会议主要内容是就条例统一名称进行协商，北京市人大常委会法制办负责同志通报了条例名称专题论证会情况，以及北京市主要领导同志对条例名称修改的指示批示，与会同志作了充分交流发言，形成条例名称统一为“机动车和非道路移动机械排放污染防治条例”的共识，主要考虑是参考大气污染防治法表述和新出台的国六标准，以及全面治理机动车排放污染的实践需要。之后，三地条例名称统一修改为“机动车和非道路移动机械排放污染防治条例”。2019 年 11 月 25 日，在河北省十三届人大常委会第十三次会议上，省人大法制委副主任委员周英同志就条例名称修改情况专门作了汇报。

2019 年 11 月 9 日，河北省人大常委会法制工作委员会赴北京召开专家论证会（第八次会议），邀请全国人大常委会、交通运输部、生态环境部、机动车排污监控中心、北京理工大学、北京工业大学有关专家对条例草案进行论证。北京市、天津市人大常委会法制工作机构具体负责条例的有关同志参加论证会。与会专家对条例草案予以肯定，并就立法原则、适用范围、规范对象、制度设计、监管措施、处罚适当性等方面提出了一些建设性意见。

2019 年 11 月 10 日，由北京市人大常委会法制办召集会议，天津市、河北省人大常委会法工委负责同志率队参加（第九次会议）。会议主要内容是就三地条例草案逐条进行对照，分析文本一致可能性，提出地方特色条款保留的依据和必要性。这是三地人大常委会法制工作机构负责人第一次就条例草案文本逐条对照修改。这次会后，三地条例草案在名称、立法宗旨、适用范围、主要制度设计、监管措施、协同专章上基本实现一致。

2019 年 11 月，应北京市人大常委会法制办邀请，天津市人大常委会法工委具体承办法规起草修改的处室同志参加条例修改会（第十次会议），对条例草案文本进一步进行比对，在具体条款上的表述更加趋同。

2019 年 12 月，应天津市人大常委会法工委邀请，北京市、河北省人大常委会法制工作机构、生态环境部门参加会议（第十一次会议）。这次会议是在提请三地人代会审议前，为打造一部深度协同立法标杆性项目，进一步统一思想、统一文本、统一工作的会议。会上，三地文本逐条对照，进行充分讨论后，由三地人大常委会法工委负责同志拍板敲定，经过两天的紧张修改，三地除极个别条款外，在文本上基本实现一致，为下一步同步提请审议表决夯实基础。这次会议，对于“一个文本、三家通过”目标的实现起到了重要推动作用。

总的来说，这次关于机动车和非道路移动机械排放污染防治领域的立法协同工作，以三地人大常委会及其法制工作机构联席会议为主要工作平台，以论证会、研讨会、座谈会为载体，力争每次会议任务明确、主题突出，充分讨论发言。期间，三地具体负责条例的有关同志加强协作、密切联系，通过电话、传真、微信、电子邮件等方式征询意见建议，做了大量沟通交流工作，这些具体会议的召开和大量细致的具体协同工作，为这部区域协同立法奠定基础、开辟道路。

回顾这些协同立法工作，可以发现，协同立法联席会议在推进三地联防联治、建立协作机制、统一执法监管措施和统一处罚措施等方面发挥了重要协调作用。一些焦点问题和重要条款的起草、讨论、设定和统一，经历了多次讨论，甚至激烈争论，在反复考量，按照法定程序论证、听证，以及请示有关方面后，逐步统一思想、达成共识。如关于新车抽检抽查。新车抽检抽查直接关系地方车辆生产、销售企业的经营，有的地方汽车产业是重要支柱性产业，抽检抽查频次和执法标准，可能会对企业经营产生重要影响。另外，关于新车抽检技术、设备、能力，三地水平不一，但是出于治理大气污染、打赢蓝天保卫战的共同目的，在多次协商之后，三地达成共识，作出规定："本省与北京市、天津市探索建立新车抽检抽查协同机制，可以协同对新生产、销售的机动车和非道路移动机械大气污染物排放状况进行监督检查。"又比如关于对同一车辆多次违法的情形和同一单位所属车辆多次违法情形的加重处理。河北条例草案在省人大常委会初审和二审之时，均没有对这一情形作出规定，只是针对每次违法情形予以处罚。天津条例草案也是一样，没有作加重处罚规定。北京条例草案规定："城市公交、道路运输、环卫、邮政、快递、出租车等行业的企业事业单位和其他生产经营者有下列情形之一的，生态环境部门对其直接负责的主管人员和其他直接责任人员处一万元以上五万元以下罚款：（一）本单位注册车辆二十辆以上，在一个自然年内经排放检验不合格的车辆数量超过注册车辆数量百分之十的；（二）同一辆车因不符合排放标准在一个自然年内受到罚款处罚五次以上的。"对此，三地人大常委会法制工作机构反复研究讨论，按照中央关于加强生态环境保护的要求和国家法律的有关规定，结合治理重型柴油车污染的实践需要，以及长期以来形成的有效管理经验和做法，天津市、河北省条例对这一立法思路予以吸收。河北在条例中规定："违反本条例规定，重点用车单位有下列情形之一的，由生态环境主管部门责令改正，处一万元以上三万元以下的罚款；情节严重的，处三万元以上五万元以下的罚款：（一）本单位注册车辆二十辆以上，在一个自然年内经排放检验不合格的车辆数量超过注册车辆数量百分之十的；（二）本单位注册的同一辆车因不符合排放标准在一个自然年内受到罚款处罚五次以上的。”天津在条例中也作了类似规定。

在协同立法过程中，必须统筹考虑各地实际，认真看待三地在经济社会发展水平、治理能力建设等方面的差异，以及行政管理相对人的经济水平等，最大程度求同存异，不盲目追求完全一致，这是坚持科学立法，坚持立法从实际出发，遵守立法客观规律的基本要求。以法律责任设定的处罚金额来看，河北条例法律责任与天津条例对照基本一致。与北京条例对照，不同之处在于，有的违法行为北京设置了更高的处罚金额。如，未按照规定安装远程排放管理车载终端的，北京罚款10000元，天津、河北均规定罚款5000元。还有，与河北、天津相比，北京市在机动车和非道路移动机械排放污染防治工作上起步早、投入大、实践经验丰富，管理机制制度、应对措施手段、监管能力和技术水平均在全国领先，基于其作为首都的特殊管理需求，设置了一些责任条款，而河北、天津两地并未设置该类处罚。如北京市条例规定，在本市使用的非道路移动机械未经信息编码登记或者未如实登记信息的，由生态环境部门责令改正，处每台五千元罚款等。

（三）开门立法成效显著。河北省人大常委会及其法工委在推进机动车和非道路移动机械排放污染防治条例草案修改、审议期间，始终坚持科学立法、民主立法、依法立法，贯彻全过程人民民主理念，在提请代表大会审议表决前，做了大量征求意见建议工作。

1. 坚持党的领导贯彻全过程。党的领导是中国特色社会主义最本质的特征，是中国特色社会主义制度的最大优势。习近平总书记强调：“全面推进依法治国这件大事能不能办好，最关键的是方向是不是正确、政治保证是不是坚强有力，具体讲就是要坚持党的领导，坚持中国特色社会主义制度，贯彻中国特色社会主义法治理论。”[1] 坚持党的领导是地方立法必须遵循的根本政治原则。近年来，河北省人大常委会在加强党领导立法方面做了大量工作，报经省委依法治省委员会批准了《关于重大立法事项向省委请示报告的工作规程》，这是全国首部向党委请示报告的工作规程，既

〔1〕 习近平：《坚持走中国特色社会主义法治道路更好推进中国特色社会主义法治体系建设》，《求是》2022年第4期。

规范程序、厘清职责，又明确具体要求，确保把党的领导贯彻到立法工作全过程各方面。为发挥地方立法整体合力，省委研究批转了《河北省人大常委会关于进一步做好设区市立法工作的指导意见》，这在全国又是第一个，为提升设区的市立法工作提供了重要遵循。在具体立法项目上，特别是重点立法项目，以《河北省机动车和非道路移动机械排放污染防治条例》为例，立项时作为立法计划一类项目经省委常委会研究通过；拟开展协同立法并决定提请人代会审议表决时，及时向省委作了请示汇报；条例草案基本完善时，以省人大常委会党组名义将条例草案报省委，省委主要领导对条例草案修改提出要求和具体意见；开展条例执法检查时，及时向省委请示并报告执法检查情况。可以说这部法规的一切工作从始至终都是在省委领导下开展的。

2. 在省委主持下开展立法协商。立法协商是我国发展协商民主的重要内容。2013 年 11 月 12 日，党的十八届三中全会通过的《中共中央关于全面深化改革若干重大问题的决定》规定："构建程序合理、环节完整的协商民主体系，拓宽国家政权机关、政协组织、党派团体、基层组织、社会组织的协商渠道。深入开展立法协商、行政协商、民主协商、参政协商、社会协商。"习近平总书记指出："要拓宽中国共产党、人民代表大会、人民政府、人民政协、民主党派、人民团体、基层组织、企事业单位、社会组织、各类智库等的协商渠道，深入开展政治协商、立法协商、行政协商、民主协商、社会协商、基层协商等多种协商，建立健全提案、会议、座谈、论证、听证、公示、评估、咨询、网络等多种协商方式，不断提高协商民主的科学性和实效性。"[1] 习近平总书记强调："要完善人大的民主民意表达平台和载体，健全吸纳民意、汇集民智的工作机制，推进人大协商、立法协商，把各方面社情民意统一于最广大人民根本利益之中。"[2] 近年来，河北省人大常委会始终坚持在省委领导下，把开展立法协商工作作为推进科学立法、民主立法的重要途径，推进这一工作实现了常态化、机制化。据不完全统计，已就 10 余部法规开展了立法协商。这次围绕机动车和非道路移动机械排放污染防治立法开展立法协商，主要是考虑到机动

---

〔1〕《习近平在庆祝中国人民政治协商会议成立 65 周年大会上的讲话》，《人民日报》2014 年 9 月 22 日。

〔2〕《习近平在中央人大工作会议上的讲话》，《求是》2022 年第 5 期。

车和非道路移动机械关系千家万户，对人民群众财产使用产生重大影响，同时该条例草案拟提请河北省第十三届人大第三次会议审议，开展立法协商工作有利于凝聚共识，确保立法质量，有利于推动顺利表决通过。

2019 年 8 月 30 日，省人大常委会办公厅向省委办公厅报送了《关于开展〈河北省机动车和非道路移动机械排气污染防治条例（草案）〉立法协商的请示》。2019 年 9 月 25 日，省委办公厅向省人大常委会办公厅转来《关于反馈〈河北省机动车和非道路移动机械排气污染防治条例（草案）〉立法协商结果的函》。省政协组织各民主党派和政协委员共提出涉及 9 个条款的意见和建议，全部予以吸收。有的意见很具有建设性，比如建议增加推进智慧交通绿色交通建设、统筹本省能源发展相关政策、推进新能源和清洁能源发展、重型柴油车和非道路移动机械应当安装远程排放管理车载终端并与生态环境行政主管部门联网的意见，等等。

3. 充分发挥人大代表主体作用。习近平总书记指出："要丰富人大代表联系人民群众的内容和形式，更好接地气、察民情、聚民智、惠民生。各级人大常委会要加强代表工作能力建设，支持和保障代表更好依法履职。人大代表肩负人民赋予的光荣职责，要站稳政治立场，履行政治责任，密切同人民群众的联系，展现新时代人大代表的风采。"[1] 条例在起草调研过程中，高度重视发挥代表参与积极性，两次书面征求全体省人大代表意见。省人大法制委员会、省人大常委会法制工作委员会有关领导和同志，分赴 11 个设区的市和定州市、辛集市分别召开立法座谈会，与不少于 20% 的省人大代表面对面交流，征求对条例的意见建议。专门召开企业界省人大代表立法座谈会，9 名企业界代表对条例草案给予充分肯定，提出宝贵意见建议。委托省军区征求了解放军代表团省人大代表意见。其间，代表共提出意见和建议近 300 条，绝大部分予以吸收。

4. 征求省领导和各级有关单位意见。坚持抓住领导干部这个"关键少数"，这是习近平法治思想的核心要义之一。领导干部参与立法工作，对于提升立法质量，促进立法以更高站位、更加有效发挥治理效果具有重要推动作用。省人大常委会审议重要法规草案，在报省委后，一般还要征求

---

〔1〕《习近平在中央人大工作会议上的讲话》，《求是》2022 年第 5 期。

省委、省政府、省人大、省政协等方面省领导意见建议。机动车和非道路移动机械立法，中央关注、群众关心，又是京津冀三地协同立法首部成果，因此征求了省委、省人大、省政府、省政协、省监察委、省法院、省检察院等省领导同志的意见。结合省领导意见建议，作了认真修改完善，并及时进行了反馈。多次征求了省政府发改、工信、公安、交通运输、市场监管等有关部门意见，至少三次召开省直有关部门参加的立法座谈会。征求了设区的市人大常委会意见，并委托设区的市人大常委会征求了市县党委、政府的意见。征求全省所有县市区党委政府意见，是十二届人大常委会以来的创新做法，在十三届人大常委会组成以后仍然得到延续。《河北省安全生产条例》《河北省水污染防治条例》都曾经通过省委办公厅下发通知，通知到全省 170 余个县市区，这一举措对于宣传法规起到了重要推广作用，也从基层得到更多很有价值的修改意见建议。为此，机动车和非道路移动机械排放污染防治条例草案，也征求了全省所有市县区的意见建议，不同的是，这次采取了委托设区的市人大常委会进行征求意见的工作方式。市县区的意见建议，交由设区的市人大常委会汇总后，原汁原味报省人大常委会法工委。

5. 拓宽社会公众参与立法渠道。“党委领导、人大主导、政府依托、各方参与”是新时代立法工作格局。近年来，省人大常委会特别注重在立法中贯彻全过程人民民主理念，坚持拓宽人民群众参与立法渠道，调动群众参与立法主动性、积极性、创造性。一是借助媒体扩大征求意见接受面。将草案在《河北日报》及省人大常委会网站全文刊发。二是多次召开专家论证会，在立法座谈会、调研中邀请专家学者参与，如前面提到的在京津冀三地人大常委会多次联席会议上都邀请河北大学专家参加活动，特别是专程赴北京召开了有全国人大、生态环境部、交通运输部、首都高等院校专家参加的立法论证会。三是召开了有行业协会、重点用车单位、维修检测企业等参加的专题座谈会，特别注重听取重点用车大户对条例草案的修改意见建议。四是深入基层调研，机动车和非道路移动机械排放污染防治立法过程中，省人大常委会、省政府组织了大量实地调研活动，走遍了全省十一个设区的市和定州市、辛集市，深入近 20 个区县实地调查，掌握了第一手资料，在立法过程中实现了普法效果。

三、高质高效、三方共赢

三地条例各自提请代表大会审议通过，确保了条例在通过形式上实现统一，最大程度彰显了协同立法的政治效果、社会效果和法律效果。

2020 年 1 月 7 日，河北省十三届人大三次会议开幕。2020 年 1 月 9 日，省人大常委会副主任王会勇向大会作关于条例草案的说明。同日，各代表团对条例草案进行了认真审议。代表们认为，制定该条例对于贯彻习近平生态文明思想，落实中央和省委关于打赢蓝天保卫战的重大决策部署，改善大气环境，促进公众健康，推进新时代经济强省、美丽河北建设意义重大。条例（草案）经省人大常委会三次审议修改，吸收了社会各方面意见和建议，系统全面、重点突出，已经比较成熟，建议本次会议予以表决。12 个代表团的 87 名代表共提出 134 条意见。大会秘书处法案组对代表意见逐条作了研究，对大部分意见予以吸收，形成条例（草案建议表决稿）。2020 年 1 月 10 日上午，法制委员会对条例（草案建议表决稿）进行了统一审议，形成关于条例草案审议结果的报告，下午向主席团会议作了汇报。2020 年 1 月 11 日上午，河北省十三届人大三次会议表决通过了《河北省机动车和非道路移动机械排放污染防治条例》。

河北条例率先高票通过，北京市、天津市在最后提请各自代表大会审议之前再次就三地文本作了对照审视。2020 年 1 月 17 日，北京市第十五届人民代表大会第三次会议表决通过了《北京市机动车和非道路移动机械排放污染防治条例》。2020 年 1 月 18 日，天津市第十七届人民代表大会第三次会议表决通过了《天津市机动车和非道路移动机械排放污染防治条例》。

经过三地共同协商，确定 2020 年 5 月 1 日为条例统一实施时间。

第三节　主要内容

一、指导思想和立法思路

条例制定过程中，坚持以习近平新时代中国特色社会主义思想特别是习近平生态文明思想为指导，深入贯彻落实党的十九大和十九届历次全会精神，紧扣党中央和省委关于打好污染防治攻坚战重大决策部署，严格对照大气污染防治法各项规定，立足河北实际，运用法治力量、通过法治手段坚决打赢蓝天保卫战，满足人民群众日益增长的优美生态环境需要。具体来讲，一是深入贯彻落实习近平总书记关于京津冀协同发展重要指示批示精神，贯彻习近平生态文明思想，坚决为打赢蓝天保卫战提供法治保障。二是从河北实际出发，坚持以人民为中心的发展思想，坚持问题导向，对法规涉及的重点、难点、焦点问题加强立法调研和论证，高度重视运输企业、维修企业等管理相对人意见建议，倾听人民心声，回应人民需求，立人民群众满意的法。三是坚持协同立法方向，最大程度促进文本协同，推动京津冀区域联防联治，打造区域协同立法标杆。

在做好条例顶层设计和谋篇布局中，主要突出以下几个方面特色：

（一）提高针对性。坚持问题导向，抓住关键环节，针对重型柴油车、非道路移动机械监管难题，强化制度设计，提出解决措施，体现地方特色，解决实际问题。

（二）增强系统性。注重源头防治，加强油路车统筹治理，从机动车和非道路移动机械设计、生产、销售、注册登记、使用、转移到检验、维修等各个环节，加强全方位监管，强化执法协作，形成监管闭环。

（三）体现前瞻性。将中央和省委关于治理机动车和非道路移动机械排放污染的相关文件精神，以及最新国家标准的要求最大限度地体现到法规中，确保同新形势、新任务、新要求相适应。

（四）提升协同性。立足京津冀生态环境支撑区功能定位，加强与北京市、天津市立法协同，建立、完善协同治理工作机制，提高区域机动车和非道路移动机械排放污染防治水平。

（五）彰显权威性。适应当前大气污染防治领域“重典治乱”的实际需要，加大对违法行为的处罚力度，以更强约束、更严举措彰显法规权威性、强制性和严肃性。

二、条例规范的主要内容

《河北省机动车和非道路移动机械排放污染防治条例》共六章五十三

条，主要包括总则，预防和控制，使用、检验和维护，区域协同，法律责任、附则。北京条例共六章五十一条，天津条例共六章五十四条。本节重点就《河北省机动车和非道路移动机械排放污染防治条例》主要规范内容作简要介绍。

（一）落实大气污染防治整体工作要求。条例规定，一是明确适用范围，即本条例适用于本省行政区域内机动车和非道路移动机械排放大气污染物的防治。二是指出工作原则，机动车和非道路移动机械排放污染防治工作坚持源头防范、标本兼治、综合治理、突出重点、区域协同、共同防治的原则。三是点出重点内容，统筹油、路、车治理。推进油气质量升级，加强燃料及附属品管理，实施油气回收治理；推进智慧交通、绿色交通建设，优化道路设置和运输结构；建立健全机动车和非道路移动机械排放污染防治监管机制，推广新能源机动车和非道路移动机械应用。四是明确职责，县级以上人民政府应当加强对机动车和非道路移动机械排放污染防治工作的领导，将其纳入生态环境保护规划和大气污染防治目标考核，建立健全工作协调机制，加大财政投入，提高机动车和非道路移动机械排放污染防治监督管理能力。生态环境主管部门对本行政区域内机动车和非道路移动机械排放污染防治工作实施统一监督管理。公安、交通运输、市场监督管理、商务、住房城乡建设、水利、工业和信息化、农业农村、城市管理、发展改革等部门，应当在各自的职责范围内做好机动车和非道路移动机械排放污染防治工作。生态环境主管部门会同有关部门，依托政务数据共享平台建立包含基础数据、定期排放检验、监督抽测、超标处罚、维修治理等信息在内的机动车和非道路移动机械排放污染防治信息系统，实现资源整合、信息共享、实时更新。五是加强宣传教育，县级以上人民政府应当将机动车和非道路移动机械排放污染防治法律法规和科学知识纳入日常宣传教育；鼓励和支持新闻媒体、社会组织等单位开展相关公益宣传。倡导公众绿色、低碳出行，优先选择公共交通、自行车、步行等出行方式，鼓励使用节能环保型、新能源机动车，减少机动车排放污染。六是建立投诉举报机制，鼓励单位和个人对违反本条例的违法行为向生态环境、交通运输等有关部门进行举报。查证属实的，生态环境、交通运输等有关部门应当按照规定给予奖励，并对举报人信息予以保密。

（二）推进油路车统筹治理。条例规定，一是优惠政策支持，县级以上人民政府应当落实国家规定的税收优惠政策，采取财政、政府采购、通行便利等措施，推动新能源配套基础设施建设，推广应用节能环保型、新能源机动车和非道路移动机械。鼓励用于保障城市运行的车辆、大型场站内的非道路移动机械使用新能源，逐步淘汰高排放机动车和非道路移动机械。省发展改革部门应当树立绿色发展理念，统筹本省能源发展相关政策，推进发展清洁能源和新能源，减少化石能源的消耗。二是划定禁排区，城市人民政府根据大气环境质量状况，可以划定禁止使用高排放非道路移动机械的区域。在禁止使用高排放非道路移动机械区域内，鼓励优先使用节能环保型、新能源的非道路移动机械。三是优先发展公共交通，健全和完善公共交通系统，提高公共交通出行比例。县级以上人民政府应当优化道路规划，改善道路交通状况，减少机动车怠速和低速行驶造成的污染，可以根据大气环境质量状况，制定重型柴油车绕行方案，划定绕行路线，并向社会公布。四是调整优化交通运输结构，发展多式联运，提升高速公路使用效率，推进货运铁路建设，鼓励和支持利用铁路运输资源，推动重点工业企业、物流园区和产业园区等大宗货物运输优先采用铁路货物运输方式，鼓励海铁联运，提升港口运输服务能力。五是强化新车监督，机动车、非道路移动机械生产企业应当对新生产的机动车和非道路移动机械进行排放检验。经检验合格的，方可出厂销售。检验信息应当向社会公开。生态环境主管部门可以通过现场检查、抽样检测等方式，加强对新生产、销售的机动车和非道路移动机械大气污染物排放状况的监督检查。六是加强登记管理，公安机关交通管理部门在办理机动车注册登记和转入业务时，对不符合本省执行的国家机动车排放标准的，不予办理登记、转入手续。生态环境主管部门指导监督排放检验机构开展柴油车注册登记前的环保信息公开情况核实、排放污染物检测、环保信息随车清单核查、污染控制装置、车载诊断系统和远程排放管理车载终端检查等。七是加强燃油质量管理，在本省生产、销售的机动车和非道路移动机械用燃料应当符合相关标准，机动车和非道路移动机械所有人或者使用人应当使用符合标准的燃料。鼓励推广使用优质的机动车和非道路移动机械用燃料。市场监督管理部门负责对影响机动车和非道路移动机械气体排放的燃料、氮氧化物还原剂、油品清净剂等有关产品的质量进行监督检查，并定期公布检查结果。县级以上人民政府及其市场监督管理、发展改革、商务、生态环境、公安、交通运输等相关部门应当建立联防联控工作机制，依法取缔非法加油站（点）、非法油罐车、非法炼油厂。储油储气库、加油加气站应当按照国家有关规定安装油气回收在线监控设备并保持正常使用，向生态环境主管部门传输油气回收在线监控数据。

（三）突出重型柴油车治理。条例规定，一是安装车载终端，在本省生产、销售的重型柴油车、重型燃气车应当安装远程排放管理车载终端，并与生态环境主管部门联网。二是加装污染控制装置，在用重型柴油车、非道路移动机械未安装污染控制装置或者污染控制装置不符合要求，不能达标排放的，应当加装或者更换符合要求的污染控制装置。三是加强用车大户监管，重点用车单位应当按照规定建立重型柴油车污染防治责任制度和环保达标保障体系，确保本单位车辆符合相关排放标准，鼓励使用清洁能源和新能源车。重点用车单位主要负责人对本单位重型柴油车排放污染防治工作全面负责。重点用车单位名录由生态环境主管部门确定并向社会公布。生态环境主管部门应当将重点用车单位重型柴油车环保达标情况纳入生态环境信用管理。四是加强客运货运管理，客运经营者、货运经营者应当加强对车辆的维护和检测，不得使用报废的、擅自改装的和其他不符合国家规定的车辆从事道路运输经营。五是采取经济补偿等鼓励措施，逐步推进重型柴油车提前淘汰更新。鼓励对具备治理条件的重型柴油车加装或者更换符合要求的污染控制装置，并安装远程排放管理车载终端等。

（四）加强使用、检验和维护环节监督管理。条例规定，一是在不影响道路正常通行的情况下，生态环境主管部门可以会同公安机关交通管理等部门通过现场检测、在线监控、摄像拍照、遥感监测、车载诊断系统检查等方式对在道路上行驶的机动车大气污染物排放状况进行监督抽测。二是生态环境主管部门可以在机动车集中停放地、维修地对在用机动车的大气污染物排放状况进行监督抽测。监督抽测不合格的，当场向机动车所有人或者使用人出具维修复检催告单。机动车所有人或者使用人收到维修复检催告单十个工作日内，应当自行选择有资质的维修单位维修，直至复检合格，并将复检结果报送生态环境主管部门。三是在用机动车定期检验不合格或者监督抽测不合格应当及时维修，并按照要求进行复检。机动车排放检验机构应当对复检合格的机动车出具检验报告。在用机动车经维修或者采用污染控制技术后，大气污染物排放仍不符合国家在用机动车排放标准的，应当强制报废。外埠车辆在本省有不符合相关排放标准记录的，应当经复检合格后，方可进入本省行政区域内的道路行驶。四是机动车排放检验机构应当依法取得资质，接受生态环境、市场监督管理等部门的监督管理，并遵守有关规定，如使用经依法检定合格的排放检验设备、计量器具，配备符合国家规定要求的专业检验技术人员，公开检验程序、检验方法、排放限值、收费标准和监督投诉电话，与生态环境主管部门联网，实时上传排放检验数据、视频监控数据及其他相关管理数据和资料，建立排放检验档案等。五是机动车所有人不得以临时更换机动车污染控制装置等弄虚作假的方式通过机动车排放检验。机动车维修单位不得提供该类维修服务。禁止破坏机动车车载排放诊断系统。机动车维修单位不得使用假冒伪劣配件维修机动车，不得承修已报废的机动车，不得擅自改装机动车。六是实施非道路移动机械使用登记管理制度。交通运输、住房城乡建设、水利、城市管理等部门应当督促所有人或者使用人对使用的非道路移动机械在信息管理平台上进行信息编码登记。建设单位应当要求施工单位使用在本省进行信息编码登记且符合排放标准的非道路移动机械。非道路移动机械进出施工现场的，施工单位应当在非道路移动机械信息管理平台上进行记录。

（五）促进京津冀联防联治。设置区域协同专章是从《河北省大气污染防治条例》开始的，是协同立法实践中的经常做法，本条例作为第一部实质性协同成果，仍然延续这一做法。该章规定，一是推动与北京市、天津市建立机动车和非道路移动机械排放污染联合防治协调机制，按照统一规划、统一标准、统一监测、统一防治措施要求开展联合防治。二是与北京市、天津市共同建立机动车和非道路移动机械排放检验数据共享机制，共同实行非道路移动机械使用登记管理制度。三是与北京市、天津市相关部门加强机动车和非道路移动机械排放污染防治合作，通过区域会商、信息共享、联合执法、重污染天气应对、科研合作等方式，提高区域机动车和非道路移动机械排放污染防治水平。

（六）强化违法责任追究。法律责任一章共十三条，占到总条款数目的四分之一，从条款数量、违法行为和情形划分、罚则设定等都能看出条例在坚持用最严格制度最严密法治加强排污管理的立法初衷。一是对有关部门及其工作人员有滥用职权、玩忽职守、徇私舞弊、弄虚作假行为的，明确了处罚措施。二是对驾驶排放检验不合格的机动车上道路行驶的，擅自拆除、闲置、改装污染控制装置的，在禁止使用高排放非道路移动机械区域使用高排放非道路移动机械的违法行为细化了处罚幅度。三是对在本省生产销售的重型柴油车、重型燃气车未按照规定安装远程排放管理车载终端的，擅自干扰远程排放管理车载终端的功能或者删除、修改有关数据的违法行为设定了法律责任。四是对排放检验机构、维修单位的违法行为加大了处罚力度，并纳入社会信用信息平台，依法实施联合惩戒，进一步增强了法规刚性。由于立法法、行政处罚法规定的地方性法规设定行政处罚的权限的限制性规定，对于违反本条例的违法行为，构成依法吊销营业执照、拘留等情节的，依照有关法律、行政法规的规定追责。

三、条例规范的重点问题

（一）关于条例名称。条例名称原为“机动车和非道路移动机械‘排气’污染防治条例”，结合大气污染防治法相关表述和国家机动车排放新标准的推行，以及与北京市、天津市协同立法要求，将条例标题中的“排气”一词改为了“排放”，条例名称确定为“机动车和非道路移动机械排放污染防治条例”。这个问题前面已经阐述过。

（二）关于立法原则。条例第二条规定“机动车和非道路移动机械排放污染防治坚持源头防范、标本兼治、综合治理、突出重点、区域协同、共同防治的原则”。这一原则是结合机动车污染防治特点，按照国务院《打赢蓝天保卫战三年行动计划》和生态环境部、公安部等 11 部委关于《柴油货车污染治理攻坚战行动计划》中表述的基本原则，与北京市、天津市经多次协商后确定。结合前述文件要求，以及机动车治理实际，参考生态环境部、交通运输部专家意见，增加了“油路车统筹治理”的有关规定。

（三）关于部门职责。关于生态环境部门的表述问题，在条例草案审议过程中，一直表述为“省和设区的市生态环境部门”负责统一监督管理，没有写县级以上人民政府生态环境部门。理由是河北省推进生态环境系统体制改革，县一级生态环境部门不作为政府组成部门，而是作为市生态环境部门的分局，是派出机构性质。在代表大会审议期间，有的代表提出应当按照“县级以上人民政府生态环境主管部门”表述更为妥当，经研究予以采纳。一是因为“县级以上人民政府生态环境主管部门”与目前法律、行政法规的表述一致；二是虽然本省推进行政管理制度改革，但是“县局”作为一线执法力量的职能没有减弱，工作性质、工作内容、工作要求没有发生改变。改革的目的也是加强生态环境执法工作，如果因为法规表述问题，令人产生歧义或者错觉，认为县一级生态环境部门无权对本行政区域内机动车和非道路移动机械排放污染防治工作实施统一监督管理，那么显然不是立法本意。因此，大会法案组吸收代表意见建议，作了修改调整，这是发挥代表主体作用，坚持开门立法、贯彻全过程人民民主的具体体现。

（四）关于推广节能环保型、新能源机动车和非道路移动机械。中央有要求、国家法律有明确规定。《中共中央　国务院关于深入打好污染防治攻坚战的意见》指出，深入实施清洁柴油车（机）行动，全国基本淘汰国三及以下排放标准汽车，推动氢燃料电池汽车示范应用，有序推广清洁能源汽车。《国务院关于打赢蓝天保卫战三年行动计划》规定：“（十五）加快车船结构升级。推广使用新能源汽车。2020 年新能源汽车产销量达到 200 万辆左右。加快推进城市建成区新增和更新的公交、环卫、邮政、出租、通勤、轻型物流配送车辆使用新能源或清洁能源汽车，重点区域使用比例达到 80%；重点区域港口、机场、铁路货场等新增或更换作业车辆主要使用新能源或清洁能源汽车。2020 年底前，重点区域的直辖市、省会城市、计划单列市建成区公交车全部更换为新能源汽车。在物流园、产业园、工业园、大型商业购物中心、农贸批发市场等物流集散地建设集中式充电桩和快速充电桩。为承担物流配送的新能源车辆在城市通行提供便利。”大气污染防治法第五十条第二款规定：“国家采取财政、税收、政府采购等措施推广应用节能环保型和新能源机动车船、非道路移动机械，限制高油耗、高排放机动车船、非道路移动机械的发展，减少化石能源的消耗。”我国大气污染防治重点区域主要是京津冀及周边、长三角、汾渭平原相关省市、内蒙古中西部地区。河北省作为大气污染防治重点省份，一些城市空气质量排名长期位于全国倒数行列，严格采取各种举措，特别是推广节能环保型、新能源机动车和非道路移动机械十分必要且紧迫。为此条例规定："县级以上人民政府应当落实国家规定的税收优惠政策，采取财政、政府采购、通行便利等措施，推动新能源配套基础设施建设，推广应用节能环保型、新能源的机动车和非道路移动机械。鼓励用于保障城市运行的车辆、大型场站内的非道路移动机械使用新能源，逐步淘汰高排放机动车和非道路移动机械。"

（五）关于城市人民政府划定禁止高排放非道路移动机械使用区域以及工程机械安装精准定位系统和实时排放监控装置。《国务院关于打赢蓝天保卫战三年行动计划》规定："推进工程机械安装实时定位和排放监控装置，建设排放监控平台，重点区域 2020 年底前基本完成。"大气污染防治法第六十一条明确规定："城市人民政府可以根据大气环境质量状况，划定并公布禁止使用高排放非道路移动机械的区域。"为进一步落实法律规定和国家要求，条例第十一条规定："城市人民政府根据大气环境质量状况，可以划定禁止使用高排放非道路移动机械的区域，并及时公布。在禁止使用高排放非道路移动机械区域内，鼓励优先使用节能环保型、新能源的非道路移动机械。鼓励工程机械安装精准定位系统和实时排放监控装置，并与生态环境主管部门联网。"

（六）新登记注册的重型柴油车、重型燃气车应当安装远程排放管理车载终端并与生态环境部门联网。2018 年发布的国六标准增加了远程排放管理车载终端技术要求（OBD3），要求车辆通过车载终端和互联网进行通讯，向监管平台实时发送车辆电控单元（ECU）和 OBD 监控到的排放相关数据。按照有关数据显示，重型车单车污染排放量将比国五标准阶段大幅削减，其中氮氧化物（NOx）削减 77%，颗粒物（PM）削减 67%，碳氢化合物（HC）削减 71%。在推行安装远程排放管理车载终端方面，京津冀也基本保持同步推进。

按照北京市生态环境局 2020 年 5 月 1 日起施行的《北京市重型汽车和非道路移动机械排放远程监测管理车载终端安装管理办法（试行）》规定，"本市在用重型柴油车、重型燃气车的所有者或者使用者，应于 2020 年 5

月1日起，向重型汽车生产企业申请安装排放远程监测管理车载终端，并在2021年12月31日前完成安装工作。在本条规定的完成安装时间期限前，如果重型汽车已经达到强制报废年限，或者重型汽车强制报废年限距离规定完成安装时间期限在一年（含）以内的，可不安装排放远程监测管理车载终端。”“重型汽车所有者或者使用者按照附件的要求安装排放远程监测管理车载终端时，重型汽车生产企业应当予以配合。车载终端要与市生态环境局排放远程监测管理平台联网。国家正式出台排放远程监测标准后，重型汽车生产企业尚未完成安装工作的，应按照国家标准规定的技术要求安装排放远程监测管理车载终端，并与市生态环境局排放远程监测管理平台联网。”北京办法还提出，“对长期在北京市行政区域内行驶的外埠重型柴油车、重型燃气车（指自2021年1月1日起，连续两个自然年分别办理进京通行证次数达到12次及以上的，且符合国五及以上排放标准的外埠重型柴油车和重型燃气车），其所有者或者使用者应按照国家和注册地所在省（市）生态环境部门的要求安装远程排放管理车载终端，并与北京市生态环境局排放远程监测管理平台联网”。

河北省生态环境厅印发《关于进一步做好全省重型汽车远程在线监控工作的通知》要求，2020年11月1日起，全省全面开展重型汽车注册登记前的远程排放管理车载终端检查。省级机动车环境管理平台（以下简称“省级平台”）于2020年6月底前完成升级改造，具备接收各地机动车环境监管平台（以下简称“市级平台”）上传重型汽车远程在线监控数据的能力。在开展新车注册登记核查方面，通知要求，“在全省生产、销售的重型汽车应当安装远程排放管理车载终端，并通过车辆生产企业建立的重型汽车远程排放服务与管理平台（以下简称“企业平台”）与生态环境部建立的重型汽车远程排放服务与管理平台（以下简称“示范用国家平台”）联网，远程排放管理车载终端应满足《重型柴油车污染物排放限值及测量方法（中国第六阶段）》（GB 17691—2018）有关要求。相关数据通过示范用国家平台转发至省级平台，再由省级平台向市级平台下发。同时，市级平台进行数据申请时，应提供车辆识别代号（VIN）和相应的车辆号牌信息给省级平台，由省级平台向示范用国家平台申请数据下发。对重型燃气车和城市车辆（指主要在城市运行的公交车、邮政车和环卫车），各地应于2020年7月1日起开始核查；对其他重型柴油车于2020年10月1日起开始试行，2020年11月1日起正式核查。各地生态环境局应指导监督排放检验机构，按照规定时间开展新车注册登记前的远程排放管理车载终端检查，并通过示范用国家平台查询相关车辆的联网状态。对未装备远程排放管理车载终端或未联网车辆，检验机构不予通过排放检验。”在推进在用车安装方面，通知要求，“各地要按照《河北省2020年大气污染综合治理工作方案》有关工作安排，对加装改造污染控制装置的重型汽车、具备条件的国四及以上排放标准重型柴油货车安装远程排放管理车载终端，与市级平台联网，并将有关数据转发到省级平台。要拓展安装方式，积极争取财政资金支持，采用集中出资采购，统一免费安装远程排放管理车载终端的方式，无偿提供设备使用服务。也可以采取政府奖励补贴的方式。要加大推进力度，做好远程在线监控平台建设、应用和远程排放管理车载终端的选择指导，确保完成全年安装任务。”

《天津市重型汽车远程排放管理车载终端安装管理办法》规定，远程排放管理车载终端安装范围是自办法实施之日起，在本市注册登记和外埠转入本市的重型柴油车、重型燃气车。重型柴油车和重型燃气车，具体是指按照GB17691进行型式检验和信息公开的装用压燃式及气体点燃式发动机的汽车，一般是指最大总质量在3.5吨（含）以上的四轮柴油车和燃气车，包括混合动力柴油车、混合动力燃气车。天津市办法规定，在本市新注册登记或转入本市的重型汽车，应在注册登记或转入之日起90天内完成车载终端安装和与天津市重型车远程排放服务与管理平台联网工作。

（七）对于具备深度治理条件的重型柴油车，鼓励安装污染控制装置和远程排放车载管理终端。《国务院关于打赢蓝天保卫战三年行动计划》中规定：“（十七）强化移动源污染防治。推进老旧柴油车深度治理，具备条件的安装污染控制装置、配备实时排放监控终端，并与生态环境等有关部门联网，协同控制颗粒物和氮氧化物排放，稳定达标的可免于上线排放检验。有条件的城市定期更换出租车三元催化装置。”推进在用车安装远程排放车载管理终端，在前面已经具体阐述，这里不再重复。需要注意的是，目前河北在逐步推进在用重型柴油车安装远程排放车载管理终端，每年拿出一部分专项经费为在用重型柴油车免费安装。

（八）关于加强外地车辆监管。结合11部委有关规定和各省市现行做法规定，对外埠车辆也必须加强管理。河北省是交通运输大省，每年途经河北的重型车辆上亿次，特别是京津冀地区车辆穿插流动性很大。11部委联合印发《柴油货车污染治理攻坚战行动计划》规定，“（六）加大在用车监督执法力度。对于登记地在外省（区、市）的超标排放车辆信息，各地应及时上传到国家机动车环境监管平台，由登记地生态环境部门负责通知和督促。”“（九）推进监控体系建设和应用。加强对排放检验机构检测数据的监督抽查，对比分析过程数据、视频图像和检测报告，重点核查定期排放检验初检或日常监督抽测发现的超标车、外省（区、市）登记的车辆、运营5年以上的老旧柴油车等。”为杜绝外埠车辆排放超标带来的大气污染，条例专门规定，“外埠车辆在本省有不符合相关排放标准记录的，应当经复检合格后，方可进入本省行政区域内的道路行驶。”

（九）关于重点用车单位的监管责任。依照生态环境部办公厅印发的《关于加强重污染天气应对夯实应急减排措施的指导意见》，河北省确定日使用重型柴油车10辆次及以上的单位为重点用车单位。根据有关统计，河北全省共有重点用车单位2679家，重点用车单位日使用国三排放阶段重型柴油车约2.4万辆次，国四车约4.8万辆次，国五车约8.9万辆次。国三、国四排放标准的车辆占总使用车辆的45%。河北生态环境厅与重点用车单位签订环保达标用车公开承诺书，加强对重型柴油车的相关治理。条例规定，重点用车单位违反规定，未按照要求建立重型柴油车污染防治责任制度和环保达标保障体系的，由生态环境主管部门责令限期改正，并约谈该单位的主要负责人，约谈情况向社会公开；逾期不改正的，将该重点用车单位列入生态环境信用黑名单。

11部委联合印发《柴油货车污染治理攻坚战行动计划》规定，“对于一年内超标排放车辆占其总车辆数10%以上的运输企业，交通运输和生态环境部门将其列入黑名单或重点监管对象。加强重污染天气期间柴油货车管控。重污染天气预警期间，各地应加大部门联合综合执法检查力度，对于超标排放等违法行为，依法严格处罚。”基于此，为切实加大对重点用车单位监管力度，有效督促重点用车单位推进达标排放，条例规定，“违反本条例规定，重点用车单位有下列情形之一的，由生态环境主管部门责令改正，处一万元以上三万元以下的罚款；情节严重的，处三万元以上五万元以下的罚款：（一）本单位注册车辆二十辆以上，在一个自然年内经排放检验不合格的车辆数量超过注册车辆数量百分之十的；（二）本单位注册的同一辆车因不符合排放标准在一个自然年内受到罚款处罚五次以上的。”在这一规定起草修改阶段，三地人大法制工作机构工作人员进行了深入研讨，主要围绕这样规定是否属于违反行政处罚法一事不再罚原则。考虑到京津冀作为大气污染防治重点区域，打赢蓝天保卫战压力很大，重点用车单位在机动车尾气排放中占比较大，特别是一些大企业，处罚金额较少对其无法起到震慑和督促改正的作用，很大程度上就会存在对法规要求的义务消极应对的情形。为避免这一情形，对重点用车单位消极管理的行为进行处罚，具有正当性和合理性，也更有利于实现实质公平。这一规定在地方性法规法律责任设置中并不多见，属于本条例的创制性规定。

北京条例在第三十九条规定：“违反本条例第十七条规定，城市公交、道路运输、环卫、邮政、快递、出租车等企业事业单位和其他生产经营者有下列情形之一的，生态环境部门对其直接负责的主管人员和其他直接责任人员分别处一万元以上五万元以下罚款：（一）本单位注册车辆二十辆以上，在一个自然年内经排放检验不合格的车辆数量超过注册车辆数量百分之十的；（二）同一辆车因不符合排放标准在一个自然年内受到罚款处罚五次以上的。”与河北条例不同之处在于，北京条例列举了用车大户行业，即城市公交、道路运输、环卫、邮政、快递、出租车等企业事业单位和其他生产经营者。天津条例第四十五条规定：“违反本条例规定，重点用车单位有下列情形之一的，由生态环境主管部门责令改正，处一万元以上五万元以下的罚款，并约谈该单位的主要负责人，约谈情况向社会公开：（一）本单位注册车辆二十辆以上，在一个自然年内经排放检验不合格的车辆数量超过注册车辆数量百分之十的；（二）同一辆车因不符合排放标准在一个自然年内受到罚款处罚五次以上的。”天津条例基本与河北条例一致。

（十）关于排放检验机构和维修单位与生态环境部门、交通运输部门联网并实时上传相关数据的规定。按照生态环境部、公安部等 11 部委关于《柴油货车污染治理攻坚战行动计划》规定：“建立完善机动车排放检测与强制维护制度（I/M 制度）。各地生态环境、交通运输等部门建立排放检测和维修治理信息共享机制。排放检验机构（I 站）应出具排放检验结果书面报告，不合格车辆应到具有资质的维修单位（M 站）进行维修治理。经 M 站维修治理合格并上传信息后，再到同一家 I 站予以复检，经检验合格方可出具合格报告。I 站和 M 站数据应实时上传至当地生态环境和交通运输部门，实现数据共享和闭环管理。研究制定汽车排放及维修有关零部件标准，鼓励开展自愿认证。2019 年年底前，各地全面建立实施 I/M 制度，重点区域提前完成。监督抽测发现的超标排放车辆也应按要求及时维修。”按照条例规定，未与生态环境主管部门联网，或者未向生态环境主管部门实时上传排放检验数据、视频监控数据及其他相关管理数据和资料的，由生态环境主管部门责令改正，处二万元以上五万元以下的罚款。机动车维修单位未与交通运输主管部门联网的，或者未报送车辆排放维修治理信息的，由交通运输主管部门责令限期改正；逾期不改正的，处一万元以上五万元以下的罚款。

（十一）关于淘汰高排放车辆。《国务院关于打赢蓝天保卫战三年行动计划》规定：“（十五）加快车船结构升级。大力淘汰老旧车辆。重点区域采取经济补偿、限制使用、严格超标排放监管等方式，大力推进国三及以下排放标准营运柴油货车提前淘汰更新，加快淘汰采用稀薄燃烧技术和‘油改气’的老旧燃气车辆。各地制定营运柴油货车和燃气车辆提前淘汰更新目标及实施计划。2020 年底前，京津冀及周边地区、汾渭平原淘汰国三及以下排放标准营运中型和重型柴油货车 100 万辆以上。2019 年 7 月 1 日起，重点区域、珠三角地区、成渝地区提前实施国六排放标准。推广使用达到国六排放标准的燃气车辆。”11 部委关于《柴油货车污染治理攻坚战行动计划》要求，“（八）加快老旧车辆淘汰和深度治理。推进老旧车辆淘汰报废。各地制定老旧柴油货车和燃气车淘汰更新目标及实施计划，采取经济补偿、限制使用、加强监管执法等措施，促进加快淘汰国三及以下排放标准的柴油货车、采用稀薄燃烧技术或‘油改气’的老旧燃气车辆。对达到强制报废标准的车辆，依法实施强制报废。对于提前淘汰并购买新能源货车的，享受中央财政现行购置补贴政策。鼓励地方研究建立与柴油货车淘汰更新相挂钩的新能源车辆运营补贴机制，制定实施便利通行政策。2020年年底前，京津冀及周边地区、汾渭平原加快淘汰国三及以下排放标准营运柴油货车100万辆以上。”考虑到车辆所有人、使用人权益保护，条例采用逐步推进淘汰的方式，避免强制性淘汰引发社会矛盾。条例第九条第二款规定：“鼓励用于保障城市运行的车辆、大型场站内的非道路移动机械使用新能源，逐步淘汰高排放机动车和非道路移动机械。”条例第三十一条第一款规定：“县级以上人民政府及其有关部门应当采取经济补偿等鼓励措施，逐步推进重型柴油车提前淘汰。”

（十二）关于非道路移动机械使用登记制度和管理。11部委关于《柴油货车污染治理攻坚战行动计划》规定：“（十四）强化综合监督管理。2019年年底前，各地完成非道路移动机械摸底调查和编码登记。探索建立工程机械使用中监督抽测、超标后处罚撤场的管理制度。推进工程机械安装精准定位系统和实时排放监控装置，2020年年底前，新生产、销售的工程机械应按标准规定进行安装。施工单位应依法使用排放合格的机械设备，使用超标排放设备问题突出的纳入失信企业名单。”河北省非道路移动机械数量庞大，底数不清。设置该条款的目的，一是摸清底数，二是切实加强监管。为此条例第三十二条规定：“本省实施非道路移动机械使用登记管理制度。非道路移动机械应当检测合格后进行信息编码登记。生态环境主管部门建立非道路移动机械信息管理平台，会同有关部门制定本省非道路移动机械使用登记管理规定。交通运输、住房城乡建设、水利、城市管理等部门应当督促所有人或者使用人对使用的非道路移动机械在信息管理平台上进行信息编码登记。”条例对建设单位和施工单位提出明确要求，第三十三条规定：“建设单位应当要求施工单位使用在本省进行信息编码登记且符合排放标准的非道路移动机械。非道路移动机械进出施工现场的，施工单位应当在非道路移动机械信息管理平台上进行记录。”

北京条例对非道路移动机械未按照要求进行信息编码登记的，作出了给予处罚的规定。北京条例第四十五条规定，“违反本条例第二十五条第一款规定，在本市使用的非道路移动机械未经信息编码登记或者未如实登记信息的，由生态环境部门责令改正，处每台非道路移动机械五千元罚款。违反本条例第二十五条第三款规定，建设单位或者施工单位未落实有关规定，使用未经信息编码登记或者不符合排放标准的非道路移动机械的，由市住房和城乡建设部门记入信用信息记录。”由于非道路移动机械编码登记工作刚刚起步，且河北非道路移动机械数量庞大，对于实践经验还不多、管理经验还不成熟的新型制度，还不宜直接设定罚则。天津同样也没有就此设定罚则。

（十三）关于区域协同中“统一规划、统一标准、统一监测、统一防治措施”的规定。大气污染防治法第八十六条第二款规定：“重点区域内有关省、自治区、直辖市人民政府应当确定牵头的地方人民政府，定期召开联席会议，按照统一规划、统一标准、统一监测、统一的防治措施的要求，开展大气污染联合防治，落实大气污染防治目标责任。”《河北省大气污染防治条例》第六十一条规定：“省人民政府应当与北京市、天津市以及其他相邻省、自治区人民政府建立大气污染防治协调机制，定期协商大气污染防治重大事项，按照统一规划、统一标准、统一监测、统一防治措施的要求，开展大气污染联合防治，落实大气污染防治目标责任。”关于机动车和非道路移动机械排放污染防治，京津冀区域按照统一规划、统一标准、统一监测、统一防治措施的要求各自推进工作，是落实大气污染防治法等法律法规的具体规定。推进这“四个统一”，对于发挥三地监管合力具有重要推进作用。多年来，在协同立法项目中设置区域协同专章是京津冀三地人大采取的比较常见的内容协同方式。如《河北省水污染防治条例》《河北雄安新区条例》《河北省生态环境保护条例》等都设置了区域协同专章。

（十四）关于取缔黑加油站（点）。在研究和监督检查工作中发现，车辆排放不达标很大部分原因是油品质量问题。根据《2021 年中国移动源管理公报》显示，2020 年 11 月 18 日至 12 月 12 日，生态环境部组织在京津冀及周边地区、汾渭平原地区、苏皖鲁豫交界地区、长三角地区等区域共 7 个省、30 个城市开展柴油样品质量深入调研。共发现 42 个黑加油站点（黑加油站点 30 个、黑加油车 12 个），主要集中在安徽、江苏、河南和河北。黑加油站点柴油样品硫含量超标率达 47%，平均超标倍数为 52 倍。从合规加油站采集 2708 个柴油样品，发现硫含量超标样品 55 个。长三角地区、苏皖鲁豫交界地区、京津冀及周边地区和汾渭平原地区柴油样品超标率分别为 2.9%、2.8%、2.5% 和 0.7%。以往年份黑加油站（点）

的违法情形较2020年还要严重。可见，在京津冀地区开展打击黑加油站点和清理劣质油品活动十分必要。为此条例第十七条专门规定："在本省生产、销售的机动车和非道路移动机械用燃料应当符合相关标准，机动车和非道路移动机械所有人或者使用人应当使用符合标准的燃料。鼓励推广使用优质的机动车和非道路移动机械用燃料。市场监督管理部门负责对影响机动车和非道路移动机械气体排放的燃料、氮氧化物还原剂、油品清净剂等有关产品的质量进行监督检查，并定期公布检查结果。县级以上人民政府及其市场监督管理、发展改革、商务、生态环境、公安、交通运输等相关部门应当建立联防联控工作机制，依法取缔非法加油站（点）、非法油罐车、非法炼油厂。"

（十五）关于条例中未规定事项。一是关于机动车限行的规定。大气污染防治法、《河北省大气污染防治条例》均有相关规定，本条例不再重复规定。二是关于机动车强制报废。大气污染防治法已有明确规范，2013年5月1日起施行的商务部、发改委、公安部和环境保护部联合公布的《机动车强制报废标准规定》也有具体规定，故本条例不再规范。

第四节　贯彻实施

一、京津冀首次联合新闻发布会

实践没有止境，协同工作创新也没有止境。为了更加充分地展示京津冀立法协同工作成果，更加广泛地宣传条例内容，更加有力地推动条例贯彻实施，依据京津冀立法工作协同机制，京津冀三地人大常委会共同商定联合召开新闻发布会，重点通过中央媒体等渠道权威发声，共同营造执法守法的良好舆论氛围。2020年4月27日，京津冀三地人大常委会联合召开新闻发布会，同时发布三地机动车和非道路移动机械排放污染防治条例。发布会以"现场+视频"方式召开，三地分设视频会场，发布人在各自会场发布并回答记者提问。三省市人大常委会分管法制工作副主任、政府分管生态环境副市长（副省长）参加发布会，主要围绕三地条例制定的有关情况（立法背景、目的、过程、工作特点等）、条例的主要内容、立法工作协同的有关情况、三地推动条例贯彻实施的相关举措等进行了发布。北京市人大常委会副秘书长、研究室主任崔新建主持新闻发布会。

（一）北京会场。北京市人大常委会副主任张清同志介绍了三地条例的立法工作情况。他介绍，2015 年 4 月 30 日，中央政治局召开会议，审议通过了京津冀协同发展规划纲要，推进京津冀协同发展是以习近平同志为核心的党中央着眼于实现中华民族伟大复兴、全面建成小康社会、推进区域协调发展作出的重大国家战略。实现这个伟大目标需要推进区域内经济、社会、文化等各项事业全面进步，而法治是重要保障。京津冀人大立法协同是在实施京津冀协同发展国家战略这个大背景下形成和发展的。五年来，三地人大常委会把深入实施京津冀协同发展重大国家战略作为行动指南和根本遵循，坚决贯彻落实习近平总书记和党中央决策部署，主动联合、密切配合、通力合作、扎实推进、认真总结、深入思考，在注重制度、机制建设和理论研究的基础上，谋求在具体立法项目协同上实现突破。为此，在 2018 年 7 月召开的京津冀人大立法协同工作座谈会第五次会议上，三地人大常委会聚焦生态环境保护领域，特别是大气污染防治领域，共同决定将机动车污染防治立法作为三地人大的立法协同项目。京津冀区域是大气污染治理的重要区域，天津、河北与北京山水相连，近年来北京市空气质量得到持续改善，天津、河北给予了很多的支持和帮助。但是北京市机动车保有量和使用量居于高位，总体来看排放量仍然很大，治理减排任务艰巨。同时，机动车特别是重型柴油车和非道路移动机械存在活动区域范围广、使用强度高、单车排放大等突出问题。因此三地人大共同推进机动车和非道路移动机械排放污染防治立法，是精准治理大气污染、打赢蓝天保卫战、持续改善区域空气质量的需要，是加大污染防治力度，实现大气污染防治区域协同效应的需要，也是保障京津冀区域人民群众身体健康的需要。在 2019 年 8 月召开的京津冀立法协同工作座谈会第六次会议上，三地再次就扎实抓好机动车和非道路移动机械排放污染防治条例立法项目协同的实施工作进行了充分沟通，共同决定三地条例在法规名称、体例结构、重要内容以及重要表述上尽最大限度做到协同一致。同时约定三地同步提交今年初召开的人民代表大会进行审议。在立法项目协同工作推进过程中，北京市人大常委会开展的相关工作始终坚持在中共北京市委的领导下进行。2018 年、2019 年京津冀人大推进区域协同发展行动计划和年度工作要点，与全市其他推进区域发展的工作同研究、同部署、同督查，市委常委会会议专门听取关于机动车和非道路移动机械排放污染防治条例立法工作情况的汇报，市人大常委会党组积极贯彻落实市委五次人大工作会议精神，充分发挥人大在立法工作中的主导作用，多次召开党组会议、主任专题会议，专题研究立法项目协同中的重点难点问题，报请市委批转，在市政协开展了立法协商。积极发挥市人大代表在立法中的作用，拓宽代表参与立法的途径和渠道，在常委会分组审议、代表年度活动、会前集中活动时征求了 16 区代表团的意见，使人大代表更多地参与立法活动。在代表大会期间，代表们进行了认真审议，对修改完善法规条款、及时出台配套文件、抓好贯彻落实提出了非常好的意见建议，对条例的立法思路和主要制度设计给予了充分肯定。坚持党的领导，发挥人大主导作用，保证了人大立法工作更好地融入京津冀协同发展进程，也为京津冀协同发展提供了更加有力的民主法治保障。从 2018 年 7 月，京津冀三地人大将这个立法项目作为立法协同项目列入立法工作计划开始算起，到各自的人民代表大会顺利表决通过，历时约一年半的时间。三地的法规在核心条款、基本标准、关键举措上保持一致，在共同的领域解决共同的问题，承担共同的责任。因此这次三地的协同是立法协同，三地的条例将成为京津冀立法工作协同的标志性成果。三部地方性法规的制定是京津冀三地深入贯彻习近平生态文明思想，打好污染防治攻坚战和实施京津冀协同发展国家重大战略的重要举措。三地条例的出台将为京津冀区域协同治理大气污染、持续打赢蓝天保卫战提供坚实有力的制度保障。

张清在回答记者提问时介绍，根据北京市人大常委会 2020 年的工作安排，准备在 6 月份开始对条例的实施进行执法检查。市人大常委会在条例实施一个月以后就开展执法检查工作，目的就是要突出全面实施条例的重要意义，坚持执法检查必须严格、监督必须有力度的原则，为打赢蓝天保卫战提供法治保障。目前，北京市人大常委会的有关工作机构已经和市政府相关部门开展这项工作进行沟通协调，研究制定了执法检查工作的初步方案，随后北京市也将与天津、河北两地进行沟通磋商，准备采取京津冀三地分别自查与三地联合检查调研相结合的方式，确保在检查内容上既有三地协同共通的重点，也有各地不同的特点。执法检查工作方案准备 5 月中旬提交市人大常委会讨论通过。市人大常委会将按照执法检查工作方案成立执法检查组，在市人大常委会领导下开展执法检查工作。同时，邀请部分市人大常委会委员、城建环保委员会的委员、环保专业代表小组的成员、提出相关建议的市人大代表、关注这项监督议题的市人大代表作为成员参加执法检查工作，拓宽参与的渠道。按照初步的设想，本次执法检查的重点主要是四个方面：一是市政府及其相关部门制定配套文件的情况。二是京津冀区域统一规划、统一标准、统一监测、统一防治措施等协调机制的建立和完善情况，三地执法信息共享、执法标准统一、执法闭环管理等工作情况。三是部门协同监管和执法情况。四是非道路移动机械统一登记管理情况。执法检查组将围绕上述执法检查工作的重点，坚持问题导向，综合运用听取汇报、召开座谈会、实地检查等方式，全面准确深入了解条例实施情况。检查过程中准备请三地执法检查组组长共同带队开展京津冀三地联合实地检查调研，先后赴京津冀三地检查调研区域机动车和非道路移动机械污染排放联防联控工作，推进执法检查区域联动。检查调研活动结束以后，市人大常委会将听取和审议执法检查组关于检查北京市机动车和非道路移动机械排放污染防治条例实施情况的报告，根据市人大常委会审议情况形成审议意见书，经常委会主任会议讨论同意后，由市人大常委会办公厅交市政府研究办理。北京市人大常委会将通过此次执法检查，推进条例核心制度条款的落地落实落责，进一步强化源头防治和联防联控，深化京津冀三地监督工作协同，推动全社会自觉履行大气污染防治义务，共同改善空气质量。

北京市政府副秘书长程建华同志介绍了北京市贯彻实施条例所做的重点工作和部署安排。他介绍，根据专家对大气污染源的解析，机动车和非道路移动机械排放污染是北京市本地 PM2. 5 污染的首要来源，治理机动车和移动机械污染排放是打赢蓝天保卫战的重中之重，也是改善京津冀空气质量的关键所在。为此北京市高度重视条例的贯彻实施，将其作为践行习近平生态文明思想、实施京津冀协同发展战略的重要抓手，全力推进落实。条例发布以来，重点开展了以下六个方面的工作：一是宣传解读条例。通过电视、广播、微信、微博等渠道大力宣传条例，使广大车主知晓条例，同时聚焦运输企业、维修企业、检验检测机构，印发了8000多份条例的单行本宣传手册，开展普法服务。二是建立配套制度。根据条例的规定，和市生态环境局制定了重型汽车和非道路移动机械远程监测管理承载终端安装管理办法、非道路移动机械登记管理办法，由市市场监管局配套修订了检验检测机构计分制管理办法，做到了配套制度与条例同步实施，避免出现空档期。三是完善工作机制。条例规定了多个责任主体，为形成执法合力，由生态环境、公安交管部门健全了执法协同机制，商定机动车数据共享、超标车处罚流程以及证据认定标准、案件移送方式和频率等工作事项。生态环境、交通部门完善了机动车排放检验、排放达标、维修数据的共享机制。四是规范物流站、年检场等监管执法规程，对在用车增加了遥感监测、摄影摄像和远程排放监管等非现场执法手段，对非道路移动机械增加信息编码登记、进场登记等执法程序，对条例设定的13项处罚条款均明确行政处罚自由裁量的基准，确保处罚的额度与违法行为的情节相匹配。比如对企业没有落实污染防治责任的行为，条例第三十九条规定，对直接负责的主管人员和其他责任人员分别处罚1—5万元的罚款，根据违法行为的情节，自由裁量基准将该条款细化为四档处罚。五是及时应用实践。条例2020年1月份市人大通过，5月1号开始实施，从条例的起草、发布以来就注重在工作中及时加以贯彻，比如说在制定2020年的污染防治攻坚战的行动计划中，落实了条例的相关条款。将调整运输结构、推广新能源车、油品质量监管等内容分解到各部门，明确年度任务，发挥条例的法治保障作用。六是推动区域协作。落实条例中有关区域协同的要求，加强联防联控，在生态环境部的指导下，2020年3月底已经实现了京津冀超标排放车辆的数据共享，通过机动车超标数据的平台可互相查询信息，有利于协同监管，三地使用统一的非道路移动机械登记平台，共享信息，便于监管。在天津市、河北省的支持下，初步建立了京津冀新车抽检抽查协调机制，对三地新生产销售的机动车和非道路移动机械监督检查污染物排放情况。北京市将落实依法治国的方略，以抓铁有痕、踏雪有印的作风，贯彻实施条例，做到依法治污，严格执法，尽最大努力减少移动源污染物排放，带动车辆结构、运输结构的优化调整，提倡绿色出行，共同推进京津冀协同治污，为打赢蓝天保卫战作出积极贡献。

程建华在回答记者提问时介绍，在贯彻条例、加强执法监管方面，北京市在三个环节上开展工作。一是强化源头防控，抓新车的监管，使销售的车辆符合环保的排放标准。重点来说，车辆销售时要检查车辆污染的控制装置、车载排放的诊断系统、远程排放的管理、车载终端等设备，这样就可以检查车辆污染物排放的情况，可以追溯生产销售企业依法进行处罚。另外建立京津冀三地联防联控的执法机制，对三地生产销售的机动车和非道路移动机械进行监督检查。二是聚焦高排放车辆，抓好在用车监管，使车辆的使用符合排放的标准。目前北京市机动车保有量在 640 万辆左右，其中重型柴油车在 24 万辆，占到机动车保有量的 4%，比例不高，但是这部分柴油车的排放量很大，据测算排放的氮氧化物和颗粒物要占到机动车排放量的 70%—90% 以上。氮氧化物氧化以后是 PM2. 5 形成的主要来源，所以也是执法的重点。第一是继续执行国三标准的重型柴油车在全市域限行，依法查处违反限行规定的车辆，减少使用的强度。第二是加强达标排放的检查，特别是注重应用科技手段加强非现场执法，比如利用远程在线监控平台，对 3. 5 万辆柴油车安装了跟踪设备，这样可以实施在线监管。如北京已经安装了 67 套遥感监测设备，检测上路行驶车辆的排放情况，提高非现场的监管能力；对逾期未复检的超标车，条例还规定加大处罚的力度。第三是对机动车检验检测机构实施计分管理，通过网络监控、驻场检查、巡查抽检等方式加强监督检查，对弄虚作假的行为予以扣分处理，确保数据真实。三是统筹相关环节，抓油品监测，保证车辆使用合格的燃油。主要是抓生产销售和使用环节，重点整治无证无照经营的黑加油站点、流动加油罐车，严厉打击生产销售不合格油品行为。同时对使用不符合标准燃油的运输企业非道路移动机械的使用单位要没收燃油，同时还要根据运输货值进行处罚。通过执法的震慑使相关的主体自觉地使用合格的车用燃油和尿素添加剂。

（二）天津会场。时任天津市人大常委会副主任于世平同志介绍了三地条例的主要内容和制度设计。他介绍，三地的机动车和非道路移动机械排放污染防治条例是京津冀第一个同步立法的实质性成果，实现了京津冀地区协同立法工作的重大突破。三地条例深入贯彻落实习近平生态文明思想，立足于京津冀区域污染联防联治联控，规定了一些主要内容，这部法规大体上是六章50多条，调整的范围非常广泛，涉及到的内容也非常丰富，概括起来强化了四个治理。第一，推动综合治理，就是统筹油、路、车，推动综合治理。《中共中央　国务院关于全面加强生态环境保护、坚决打好污染防治攻坚战的意见》中明确指出，以开展柴油货车超标排放专项整治为抓手，统筹开展油、路、车治理和机动车的污染防治，为此三地的条例突出了三个重点。一是禁止生产、销售或者使用不符合国家和本省市标准的燃料。二是加强道路的规划和建设，促进交通精细化管理，调整优化交通运输的结构。三是落实国家税收优惠政策，采取财政的、政府采购的、通行便利等措施，推广应用节能环保型新能源机动车和非道路移动机械。第二，推动源头治理，就是坚持预防为主，推动源头治理。污染防治要关口前移，要从污染可能产生的源头抓起，从根本上减少污染物的排放，减少污染源。为此条例还确定了五项措施。一是根据城市规划合理控制燃油机动车保有量，采取措施优先发展城市的公共交通，健全和完善公共交通系统。二是发展多式联运，提升高速公路使用效率，鼓励海铁联运，推进货运铁路建设，提高铁路运输比例。三是对不符合本省市排放标准的机动车不予办理机动车注册登记和转入业务。四是强化技术手段，明确污染控制装置、车载诊断系统的安装及其使用的要求。五是衔接大气污染防治法的规定，明确在相关区域燃油机动车驾驶人停车三分钟以上的应当熄灭发动机。柴油机动车和非道路移动机械排放污染防治是京津冀区域大气污染防治工作的重点和难点，三地在工作中积极探索创新，形成合力，条例及时将这些经验做法上升为法律规定，突出了四点内容。一是突出重型柴油车排放污染管理，明确要求安装远程排放管理车载终端并与生态环境部门联网。二是实行重点用车单位机动车排放污染治理责任制度，要求采取措施保证本单位车辆符合排放标准。三是确立排放检验机构累计记分管理制度，加强对机动车排放检验机构的管理。四是实行非道路移动机械使用登记管理制度。明确在本地使用的非道路移动机械经检测合格后应当在信息管理平台进行信息编码登记。第三，推动协同治理，就是加强联防联治，推动协同治理。条例总结固化了近年来京津冀大气污染联防联控联治中行之有效的举措，就区域协同治理作出专项规定，促进京津冀区域机动车和非道路移动机械排放污染防治统一规划、统一标准、统一监测、统一防治措施。为此三地在建立区域协调机制、推动排放检验数据共享、探索新车协同抽检抽查等方面作出了一致规定。总之，三地条例主要制度基本实现了一致性、协同性和融合性，同时结合经济社会发展实际，三地条例也规定了具有各自特色的内容。

于世平在回答记者提问时介绍，京津冀协同立法工作座谈会在北京市、天津市、河北省三地人大常委会已经成为了一个重要的载体和工作机制，承担着沟通情况、总结工作成果、明确下一步工作重点的特殊任务。2020 年是京津冀协同立法工作的第六个年头，正值全面建成小康社会和“十三五”规划的收官之年，同时又遭遇了疫情的影响，各项工作任务非常繁重，要求也更高。在这样一个特殊的年份，由天津市人大常委会承办的第七次京津冀协同立法工作座谈会，经与北京市、河北省人大沟通，对这次会议我们主要有三个方面的重点考虑。首先，确定会议时间。经过协商，综合考虑各方面的因素，拟安排在 2020 年 9 月份，便于从现在开始做好会议的各项准备工作。第二，研究确定重点立法项目。经过初步协商确定，重点围绕公共卫生领域地方性法规开展研讨。为了贯彻党中央完善和强化公共卫生法治保障体系的部署要求，按照全国人大常委会的工作安排，三地人大结合各自疫情防控工作实际，正在研究拟定公共卫生领域地方性法规专项立法修法计划，着力于补短板、补漏洞、强弱项，在中国特色社会主义法律体系的框架下统筹推进公共卫生领域地方性法规的制定和修改工作。在即将召开的协同立法座谈会上，拟重点安排三项议题：一是通报各自公共卫生领域专项立法、修法的计划编制情况和项目安排；二是介绍保障计划落实的主要措施，选定立法项目；三是交流完成立法工作的重要举措，推动形成一批公共卫生领域的协同立法成果，为京津冀区域的公共卫生安全提供有力的法治保障。第三，拓展执法检查和监督工作。2019 年在第六次京津冀协同立法工作座谈会上提出要拓宽京津冀三地人大立法协同领域，推动开展协同执法检查监督工作。2020 年经三地人大商定，要以机动车和非道路移动机械排放污染防治条例为切入点，探索尝试协同执法检查，推动条例有效贯彻实施，从监督工作的角度进一步保障促进京津冀协同发展。目前三地人大城建环保委已着手开始准备联合执法检查的工作，将在京津冀协同立法工作座谈会上介绍联合执法检查工作情况和下一步京津冀协同工作的重点。

时任天津市副市长金湘军同志介绍了天津市政府为贯彻实施条例所做的重点工作和部署安排。他介绍，京津冀三地联合召开新闻发布会，共同解读宣传机动车和非道路移动机械排放污染条例，这充分体现了三地对加强区域污染联防联治的高度重视和坚强决心。一直以来，天津市政府深入学习贯彻习近平生态文明思想，把加强生态环境保护、打好污染防治攻坚战摆到突出位置，采取了一系列措施，抓紧抓实抓好，研究部署重要目标任务、重大决策措施，处理解决重点难点问题，强化督查考核，持续改善生态环境质量。条例即将生效，天津市将以推动条例实施为契机，要求各区域、各部门深刻认识条例的重要意义，紧密联系工作实际，及时出台配套措施，推动污染防治工作取得新成效。第一，全力抓好条例贯彻落实。条例是一部重要的环境保护立法，也是加强污染防治的一项重大措施，自条例审议通过之后，全市上下把思想统一到条例精神上，增强贯彻的自觉性和主动性。一是在统一认识上抓落实。向各级政府和各职能部门编发了条例培训材料，明确部门责任和任务要求，通过学习领会条例重要意义，深入了解条例主要内容，健全完善与天津市情相适应的污染防治体系。二是在宣传引导上抓落实。持续以新闻媒体、“两微”和报刊为载体，广泛开展宣传报道，增强公众知晓度和环保意识，营造良好的社会氛围。三是在配套政策上抓落实。针对重点用车单位管理、非年检柴油车注册登记前环保检验等创新制度，研究编制专项方案，全面提高治污监管水平。第二，持续开展区域污染协同防治，与北京市、河北省政府及其相关部门密切配合，沟通对接，推动实现京津冀区域联防联控联治。目前三地已共享柴油车异地超标信息，并启动区域新车排放监管协商工作，在此基础上继续探索推进以下三个方面的工作：一是三地协同新车抽查抽检执法工作模式，进一步加强源头防控。二是建立统一登记管理系统，对区域内非道路移动机械加强监督管理。三是通过区域会商、协作交流等合作方式，共同提高治污水平。第三，扎实推动攻坚任务落地落实。加强生态环境保护，坚决打好污染防治攻坚战，是国家和天津市的重大决策部署，天津市将不折不扣地推动落实。一是全力以赴落实国家攻坚战的任务。2018 年党中央、国务院出台了《中共中央 国务院关于全面加强生态环境保护坚决打好污染防治攻坚战的意见》《打赢蓝天保卫战三年行动计划》，专门对加强柴油货车污染治理、调整运输结构等任务提出了明确要求，我们将运用条例赋予的法律手段，推动实现中央部署和要求。二是认真抓好天津市的重点任务。天津市打赢蓝天保卫战三年作战计划将严格管控机动车污染作为当前生态环境保护的重要工作，打好污染防治攻坚战 2020 年工作计划确定了 37 项移动源污染防治具体任务，重点抓好调整运输结构，天津港建设绿色港口、非年检柴油车注册登记前环保检验、柴油车安装在线监控等多项新任务，实现污染减排目标。

金湘军在回答记者提问时介绍，今年是打好柴油货车污染治理攻坚战的收官之年，更是打赢蓝天保卫战的收官之年，按照今年的空气质量改善的要求，在完成国家规定任务的基础上柴油车污染治理工作这块还要自我加压，还要主动作为，还要采取力度更大的相关措施。一是在运输结构调整方面，除了对全市和天津港以及钢铁企业铁路运输比例提出明确的要求之外，分别要求焦化、水泥企业铁路运输比例达到 80% 和 65%，钢铁企业大宗物料铁路运输以外的部分要采用国五标准及其以上的车辆运输，年内还要建成华电国际、中旺铝业等铁路专运线。二是在柴油车和机械治理监管方面，天津港 2020 年 6 月底前要停止国三柴油货车进出港，要淘汰 600 台高排放非道路移动机械，对具备条件的开展颗粒物和氮氧化物双降治理和在线监控，还要利用已建成尾气遥感检测系统，筛查并建立高排放清单，指导公安、交管、生态环境部门入户检测，提高执法效能，清除冒黑烟的车辆。对重点用车单位，柴油车在线监控、非年检柴油车注册登记前环保检验等加强监督指导。三是在区域协同方面，对北京市、河北省实现超标车信息共享，两地的超标车也纳入我市的管理清单，通过一处超标多处受限的手段来倒逼维修治理，探索研究新车抽检抽查的协同机制，协同对新生产销售的机动车和非道路移动机械大气污染物排放状况的监督检查。经过测算，2020 年通过落实各项措施，移动源排放总量预计会比 2017 年减少 30% 以上，能够圆满完成各项工作任务。

（三）河北会场。河北省人大常委会副主任王会勇同志就京津冀协同立法的主要历程、成果作了介绍。他介绍，京津冀协同发展，是习近平总书记亲自谋划、亲自推动的重大国家战略。党的十八大以来，习近平总书记多次视察京津冀，作出了一系列重要指示批示，为我们推进京津冀协同发展提供了根本遵循和强大动力。推进京津冀协同立法是贯彻落实习近平新时代中国特色社会主义思想，推进重大国家战略落地落实的重大举措，体现了三地人大高度的思想自觉、政治自觉和行动自觉。六年来，京津冀协同立法经历了破题、拓展再到深化的发展过程，实现了由最初的松散型协同向紧密型协同转变，由机制建设协同向机制建设协同和具体项目协同并重转变，由单一的立法项目协同向全方位协同转变，取得了丰硕立法成果，已经成为京津冀协同发展的一道亮丽风景线。一是搭建协同交流平台，奠定协同立法坚实基础。2014 年 4 月，河北省人大常委会提出了开展京津冀协同立法的倡议，得到了北京市、天津市两地人大积极响应。为使三地更好地开展协同立法工作，建立了由三地人大常委会领导、法制工作机构负责人、立法项目小组参加的联席会议制度。联席会议每年至少召开一次，由三地轮流主办，迄今已举办六次，三地人大常委会主要领导均出席会议，并邀请全国人大常委会法工委领导到会指导。联席会议在研究年度立法计划、确定协同立法项目、协调立法重大利益、解决协同立法难点焦点问题等方面发挥了重要的协调、组织、推动作用。二是加强机制制度建设，构筑协同立法“四梁八柱”。三地坚持协同发展、互利共赢，求同存异、优势互补和重点突破、成果共享的原则，共同研究出台了《关于加强京津冀协同立法的若干意见》《京津冀人大立法项目协同办法》等四个协同立法制度文件，通过制度规范建立了协商沟通、立法规划计划协同、立法保障、信息共享、法规清理常态化和学习交流借鉴等 10 余项工作机制，为开展协同立法工作提供了遵循、明确了规则，形成了长效有力抓手。三是推进重点领域立法，取得更多创新性成果。三地已就五十多部法规开展了不同程度的协同立法工作，在交通一体化、生态环境保护、产业转型升级三个重点领域实现率先突破，为区域协同发展注入了强大法治动力。特别是机动车和非道路移动机械排放污染防治条例协同立法，三地同心同向，同步起草、同步修改、同步通过、同步宣传、同步实施，促成了我国首部对污染防治领域作出全面规定的区域性协同立法的诞生，打造了区域协同立法新模式、新路径、新高度，交出了一份沉甸甸的成绩单，在京津冀协同立法历史上具有标志性、里程碑意义，是协同立法发展史上浓墨重彩的一笔。

王会勇在回答记者提问时指出，河北在产业结构、交通结构、运输结构等方面确实与北京市、天津市有较大区别，大气污染防治任务十分艰巨，重型柴油车总量庞大，分布“点多面散”。据调查，河北共有重点用车单位，也叫用车大户 2679 家，其中国三、国四排放标准的车辆占总使用车辆的 45%，治理任务尤其繁重。针对这些问题，在制定条例过程中，河北立足京津冀生态环境支撑区功能定位，立足首都政治护城河的政治站位，贯彻落实中央和省委关于打赢污染防治攻坚战的决策部署，注意做好与大气污染防治法律法规衔接，突出问题导向、目标导向和结果导向，确定了既要坚持立法协同、互利共赢，又要求同存异、体现地方特色的立法思路，主要是从五个方面着手。一是“用好油”，就是要加大油品管理力度，提升油品质量。为了严厉打击劣质油，规范成品油交易市场秩序，河北条例要求加强燃料、氮氧化物还原剂、油品清净剂等有关产品质量的监督检查。由政府牵头组织市场监督管理、生态环境、商务、公安等相关部门建立联防联控工作机制，依法取缔非法加油站（点）、非法油罐车和非法炼油厂。二是“走好路”，就是要优化道路规划建设，提高运输效率。一方面改善道路交通状况，坚决打通断头路，以减少机动车怠速和低速行驶造成的污染，同时考虑到交通安全，河北条例要求各地结合实际制定重型柴油车绕行方案，特别是城市建成区要为重型柴油车划定绕行路线。另一方面促进交通、运输结构优化，大力发展多式联运，提升高速公路使用效率，推进货运铁路建设，鼓励海铁联运。三是“上等级”，就是要控制高排放车总量，加快旧车淘汰速度。针对河北国三、国四重型柴油车占比过重问题，条例规定采取经济补偿等鼓励措施，逐步推进重型柴油车提前淘汰。鼓励对高排放重型柴油车进行深度治理。经过维修或者采用污染控制技术后，排放仍不达标的，要依法强制报废。四是“压责任”，就是要严格重点单位管理，推进企业自律。为从源头减少排放污染，推进企业自觉采用达标车辆从事生产经营，河北条例对重点用车单位增加了专门规定，要求重点用车单位建立重型柴油车污染防治责任制度和环保达标保障体系。对重点用车单位违反条例规定的，在规定相应处罚之外，还设定了对其主要负责人进行约谈和纳入黑名单实施信用联合惩戒制度。五是“补短板”，就是要提高科技应用水平，填补监管空白。河北地域广阔，还有广袤的农村地区，再加上监管执法队伍力量薄弱，条例规定充分利用遥感监测、摄像拍照等方式提高监督效率。鼓励开展监管科技研发，加强机动车污染排放大数据分析应用，弥补监管能力不足的问题。

河北省人民政府副省长葛海蛟在介绍为贯彻落实条例所做的重点工作和部署安排时指出，习近平总书记对生态环境保护治理高度重视，多次发表重要讲话，作出重要指示，强调要调整运输结构，抓紧治理柴油货车污染，用最严格的制度、最严密的法治保护生态环境。京津冀三地推动机动车和非道路移动机械排放污染防治条例贯彻实施，是改善京津冀区域生态环境质量的重要举措。交通运输领域污染是河北三大结构性污染源之一，仅次于燃煤和工业。河北省条例审议通过是深入贯彻习近平生态文明思想的具体行动，是打赢蓝天保卫战的重要举措，有利于落实各级政府及相关部门的监管职责，有利于强化企业及负责人的主体责任，有利于增强驾驶人和使用人的环保意识，对于打好污染防治攻坚战、加强生态文明建设具有十分重要的意义。条例审议通过以来，坚持源头防治、精准施治、区域共治，采取有力措施，依法贯彻实施。一是提高站位，强力组织推进，各地各有关部门站在加快京津冀生态环境支撑区的高度，把贯彻实施条例摆上重要议事日程，并作为推进大气污染防治的有效手段。生态环境部门建立了工作协调机制，出台2020年机动车污染防治工作方案、柴油货车污染治理攻坚战实施方案等配套政策制度文件。二是广泛宣传，营造浓厚氛围。利用各级新闻媒体、政务平台和“两微一端”等新媒体，组织开展多层次、多形式的条例宣传活动，特别是在机动车检验抽查过程中，向重点用车单位、排放检验机构、维修单位、所有人和使用人等精准送法宣传，推动形成遵法守法的认识自觉和行动自觉。三是聚焦重点，实施精准管控，把加快重型柴油货车淘汰治理作为重中之重，全面排查重点用车单位，逐一登记造册，建立名录，采取分级分类差异化措施，对符合治理条件的安装尾气净化装置和在线监控设备，不具备治理条件的依法依规加快淘汰。四是从严执法，严格检查检验，突出问题导向，坚持人防加技防、现场执法加非现场检查相结合，采取遥感监测、黑烟抓拍、路检路查及入户抽查等手段，加大车辆检查力度和频次，依法打击超标排放行为，并倒查排放检验机构责任。五是联防联控，强化协同治理，在北京市、天津市的大力支持下，已建立京津冀超标车辆信息共享机制。目前三地正在推进建立区域新车抽检抽查协同机制，对于新生产销售的机动车和非道路移动机械污染排放统一标准、统一监测。河北省也正在制定非道路移动机械使用登记管理制度，既与京津的制度衔接，又立足河北实际，推动污染防治规范化、制度化。

葛海蛟在回答记者提问时介绍，河北省将坚持以习近平生态文明思想为指引，把贯彻落实刚刚通过的条例作为打赢蓝天保卫战的重要举措，目标就是推动机动车和非道路移动机械排放污染的排放总量持续下降，为京津冀地区生态稳定改善贡献更多河北力量。具体从以下几个方面推进条例落实。一是加快调整运输结构，着眼于发展绿色交通体系，加快推进公转铁、海铁联运，推广新能源汽车，倡导绿色物流、绿色出行。二是强化污染源头管控，特别是在排放标准、生产销售、用车管理的源头上持续加强管控，按照制度要求逐项抓好落实。三是继续开展专项整治，特别是对重型柴油货车更多地采取有效的手段查处超标排放车辆的运营，同时对不合格的油品也要持续整治。四是严格落实治污责任，各级政府对用车人、用车单位实施严格责任管控。五是区域协同，与北京市、天津市加大协同力度，实现信息共享。六是加强宣传，通过条例的贯彻实施真正落实各方责任，增强环保意识，为建设生态文明贡献河北力量。

二、条例出台引起社会热烈反响

三地条例出台后，特别是召开联合新闻发布会对外发布后得到了中央媒体高度关注，在全国范围内形成积极正面良好反响。

（一）全国人大充分肯定。2020 年 11 月 19 日，在山西太原举行的第二十六次全国地方立法工作座谈会上，中共中央政治局常委、全国人大常委会委员长栗战书指出，“区域协同立法是近年来地方立法工作的创新实践，要认真总结经验，不断推进和完善这项工作。北京、天津、河北人大同步通过机动车和非道路移动机械排放污染防治条例。江苏、浙江、上海人大常委会同步作出关于促进和保障长三角生态绿色一体化发展示范区建设若干问题的决定。云南、贵州、四川人大常委会正抓紧协同制定赤水河流域保护条例，努力实现该流域法律保护由‘三省分立’到‘三省共立’，执法检查由‘三省行动’到‘三省联动’。其他一些省（区、市）在这方面也有一些探索，大家可以相互交流借鉴”。栗战书委员长指出，“区域协同立法加快发展。今年 7 月，北京、天津、河北三地通过关于授权政府为保障冬奥会筹备和举办工作规定临时性行政措施的决定。上海、江苏、浙江、安徽‘三省一市’协同制定关于促进和保障长江流域禁捕工作若干问题的决定，体现了‘决策协同、文本协调’的特点，推进长江流域生态环境保护和修复维护。福建、江西、湖南搞好区域内协同立法，通过厦门、漳州、泉州、龙岩关于加强九龙江流域水生态环境协同保护的决定，制定萍乡、宜春和吉安武功山区域发展协同立法工作方案，长沙、株洲、湘潭城市群一体化发展协同立法也在加快推进。区域协同立法，是适应区域经济一体化发展应运而生的一种新的立法形式，解决了因为行政区划而形不成政策制度合力的问题。目前协同立法已在跨区域生态环保、大气污染防治、疫情联防联控、交通一体化等方面发挥了积极作用。其中，京津冀、长三角已形成比较固定的立法协同工作机制”〔1〕。这是全国人大常委会高度重视推进地方立法区域协同实践的体现。

近年来，全国人大常委会领导同志多次在讲话中指出区域协同立法的重大意义，支持各地方在经济发展、交通改善、生态环境保护等重点领域通过协同立法加强区域协作与交流。在 2019 年第二十五次全国地方立法工作座谈会上，中共中央政治局委员、全国人大常委会副委员长王晨同志在讲话中明确指出，要把区域协同立法作为今后地方立法工作重要方向之一。京津冀区域协同立法取得实质性成果，在 2018 年、2019 年全国地方立法工作座谈会上和 2019 年全国地方人大立法工作交流会上得到全国人大常委会领导同志充分肯定。由北京、天津、河北轮流主办的一年一度的京津冀区域协同立法联席会议，每次都邀请全国人大常委会法工委有关领导同志到会指导，给予协同立法工作极大肯定和帮助。《河北省机动车和非

〔1〕《栗战书在第二十七次全国地方立法工作座谈会上的讲话》，《中国人大》2021 年第 24 期。

道路移动机械排放污染防治条例》出台后，全国人大常委会法工委有关领导同志在接受媒体采访时指出，“这是我国首部对污染防治领域作出全面规定的区域性协同立法”。

（二）宣传报道充分高效。机动车和非道路移动机械排放污染防治条例由三地同步起草、同步修改、同步通过、同步发布、同步实施，是京津冀第一个同步立法的实质性成果，也是全国首部对污染防治领域作出全面规定的区域性协同立法，在宣传规格、宣传方式、宣传效果上都是史无前例的。河北省人大常委会高度重视条例立法宣传工作，在宣传方式上实现了通讯社、纸媒、网媒、APP、微信公众号、广电媒体全领域、全方位、全覆盖。

在宣传规格和规模上，中央电视台、新华社、人民日报、光明日报等中央媒体，对三地协同出台机动车和非道路移动机械排放污染防治条例进行宣传报道，取得全国范围内积极热烈效果。2020 年 4 月 27 日，中央电视台《东方时空》专题报道《京津冀机动车减排协同立法 5 月实施》。2020 年 4 月 28 日，中央电视台《新闻联播》报道京津冀三地协同立法。2020 年 4 月 28 日，中央电视台新闻频道新闻直播间播出节目《京津冀首个协同立法项目超排车辆复检不合格上路行驶将被重罚》。2020 年 4 月 28 日，《人民日报》客户端发布报道《京津冀机动车减排协同立法 5 月实施》。2020 年 4 月 28 日，《光明日报》第 10 版以《京津冀立法协同防治排放污染》为题对河北省机动车条例予以报道。2020 年 5 月 6 日，《经济日报》以《握指成拳打赢京津冀蓝天保卫战》为题予以报道。2020 年 4 月 28 日，中央人民广播电台中国之声《新闻纵横》栏目以《京津冀〈机动车和非道路移动机械排放污染防治条例〉5 月 1 日起将在三地同步实施》为题予以报道。2020 年 2 月 4 日，《法治日报》第 6 版以《京津冀诞生全国首部区域协同立法为省级层面区域协同立法提供制度范本》为题作了报道。2021 年 2 月 8 日中央电视台《新闻联播》在报道“【十三五成就巡礼】联防联治　京津冀大气治理成效显著”时指出：“目前，京津冀三地同步实施《机动车和非道路移动机械排放污染防治条例》，对重型柴油车超标排放进行了严格管控，24 小时不停对所有进京柴油车辆进行污染物排放检查，对于超标排放车辆的信息实现共享，联防联治。”有关报道还有许多，不再一一列举。同时依托河北日报、河北电视台、燕赵都市报、长城网等省内媒体平台，注重在实施中宣传，形成持续有力宣传势头。省人大常委会法工委有关同志多次接受河北电视台等媒体采访，充分展示了河北高质量立法成果和良好形象，并通过视频或者赴有关厅局和设区的市现场会形式宣讲解读条例，加强培训工作。这些积极报道，为条例实施创造了舆论环境，为京津冀区域协同立法推广经验打造了平台，在省内外形成积极热烈正面反响。

（三）社会各界高度认可。《河北省机动车和非道路移动机械排放污染防治条例》作为京津冀三地实现“一个文本、三家通过”的第一个实质性协同成果，被评为“2020 年河北省特别典型法治事件（成果）”，还入选了河北省生态环境厅联合驻冀中央主流媒体和省级主流媒体共同评选出的 2020 年度河北省十大生态环境新闻。条例得到了国家部委认可。生态环境部印发的《中国移动源环境管理年报（2021）》“专栏 12”专门指出：“2020 年 1 月京津冀三地分别表决通过《机动车和非道路移动机械排放污染防治条例》，5 月 1 日起同步实施。此次京津冀针对机动车和非道路移动机械进行‘小切口’专项立法，是全国首次区域协同统一对有关污染防治作出全面规定的区域性立法，率先在省级层面为全国区域协同立法提供了制度范本。三地条例创新点主要包括：一是将非道路移动机械纳入排放监管范畴，补充了非道路移动机械管理制度设计。二是凸显了‘加强区域协同’内容，通过信息共享、排放超标车辆协同监管、联合执法等措施实现联防联控。三是在尊重各地经济社会发展实际情况及机动车和非道路移动机械监管现状基础上，保持了各自的特色内容。三地条例在核心条款、基本标准、关键举措上保持一致，包括总则，预防和控制，使用、检验和维护，区域协同，法律责任和附则共六章。”

三、政府有关部门贯彻实施情况

（一）加强宣传培训，提升学法用法守法意识。《河北省机动车和非道路移动机械排放污染防治条例》第七条对法规和相关科学知识宣传教育提出了要求。为提升全社会知法守法、共同参与水平，各级人民政府积极组织条例宣传学习，强化法规对推动做好工作的支撑作用。条例颁布后，省生态环境厅印发了《〈河北省机动车和非道路移动机械排放污染防治条例〉宣传工作方案》，积极推动全社会增强法治意识、环保意识，保障条例落地实施。各级生态环境主管部门采取多种方式、创新宣传载体，将条例作为依法治污的重点学习内容，组织领导班子专项学，业务部门专题学。针对各级领导干部、有关人员，多次组织举办条例专题培训班，讲解条例内容、宣传条例规定。省生态环境厅举办全省生态环境系统条例专题培训班，在厅党组会议和理论中心组学习会议等会议上，研究解读条例。

针对广大车主、用车单位、机动车排放检验机构等单位，省生态环境厅印发万余册条例单行本，组织各地通过官方网站、“两微一端”刊发条例全文、开展条例解读等形式，高频次对条例开展宣传。各市通过在官方网站、“两微一端”推送图文并茂文章，宣传条例规定；发放宣传彩页（手册）10 万余份，条例单行本 2 万余册；部分地市还开展了专题培训，组织知识竞赛。结合路检路查、入户抽查、非道路移动机械监管、排放检验机构监管、加油站油气回收设施运行监管、重点用车单位管理等具体工作，加大对执法人员的培训力度，深入学习条例有关内容和执法要求，提高执法人员依法行政能力，以训促干。

针对重点用车单位、机动车排放检验机构和维修单位、建设项目施工现场等，通过法律法规展板展示、发放宣传手册、现场咨询等多种形式进行广泛宣传，有针对性地向重点用车单位负责人、机动车排放检验机构和维修机构工作人员、建设项目施工现场负责人、非道路移动机械使用人等开展送法帮扶活动，帮助其树立自觉守法意识。

坚持线上线下相结合，通过常态宣传与集中宣传、传统媒体与新媒体、法治宣传与法治实践相结合的方式，普及宣传条例规定，引导群众提高对机动车和非道路移动机械排放污染防治工作及法律法规的认知度和认同感。

（二）统筹推动部门协作，加速填补执法空白地带。一是加强部门间会商。省大气污染防治工作领导小组办公室印发《关于认真落实省人大常委会执法检查组检查〈河北省机动车和非道路移动机械排放污染防治条例〉实施情况有关意见的通知》，召集省有关部门召开座谈会，就审议意见和执法检查报告落实情况开展座谈讨论，进一步形成“生态环境部门实施统一监管、相关职能部门各负其责”的统一思想，推进部门密切协作制度的落实。二是建立健全部门协作监管机制。省生态环境厅、省公安厅联合印发《关于进一步做好柴油货车黑烟抓拍处罚工作的通知》，省公安厅印发《关于规范柴油货车黑烟检测等五种场景非现场执法取证相关标志标识设置式样的通知》。各地各级生态环境、公安部门加强工作沟通协调，依法依规设置柴油货车黑烟检测非现场执法设备，积极推动系统平台数据对接，将黑烟抓拍数据作为处罚依据。省生态环境厅、省交通运输厅联合印发《河北省加快推进机动车排放检验与维护制度实施方案》，省生态环境厅、省交通运输厅、省市场监管局联合转发《生态环境部　交通运输部　国家市场监督管理总局关于建立实施汽车排放检验和维护制度的通知》，推进汽车排放检验与维护（I/M）制度建设，加强对汽车排放性能维护（维修）站（M站）的监督管理，实现对排放超标汽车"检验—维修—复检"闭环管理工作目标。截至2020年底，机动车维修电子健康档案系统共上传超标排放维修数据59111条；2021年1月上传超标排放维修数据7916条。三是研究解决临近城市高速公路柴油货车排放监管空白问题。省生态环境厅积极开展调研，并落实监控设备省财政预算资金；会同省公安厅、省交通运输厅开展会商，克服疫情影响，初步筛选在G95廊涿高速廊坊西收费站、G5京昆高速井陉矿区收费站等地附近增设柴油车黑烟抓拍装置，并将根据工作实际适时调整，加强进省过境高排放车辆管控。

（三）强化全链条监管，提升排放污染防治整体水平。一是强化注册登记前远程排放管理车载终端检查。省生态环境厅印发《关于进一步做好全省重型汽车远程在线监控工作的通知》，全省生产、销售的重型汽车（重型柴油车、重型燃气车）应当安装远程排放管理车载终端，并通过车辆生产企业建立的重型汽车远程排放服务和管理平台与生态环境部建立的重型汽车远程排放服务和管理平台联网，自2020年11月1日起，全省全面开展重型汽车注册登记前的远程排放管理车载终端检查。截至2020年底，全省实现远程在线监控重型柴油车约15万辆。二是强化对在用车辆排放污染监管。加大对重型柴油货车污染控制装置配置情况查验力度，确保全省国四及以上车辆安装污染控制装置全覆盖。扎实开展重型柴油货车常态化路检路查、入户抽查、遥感监测等方式监督抽测，严格落实生态环境部门检测取证、公安交管部门实施处罚、交通运输部门监督维修的联合执法机制。截至 2020 年底，全省路检路查和入户抽查车辆 239.32 万辆次，查处超标排放车辆 3.85 万辆次；2021 年 1 月，全省路检路查和入户抽查车辆 16.3 万辆次，查处超标排放车辆 0.19 万辆次。三是强化超标排放重型柴油货车分类治理。对超标排放重型柴油货车科学施治，通过加强维护保养，加装或更换颗粒物捕集器（DPF）、选择性催化还原装置（SCR）等污染控制装置以实现达标排放；对经维修或者采用污染控制技术后，大气污染物排放仍不符合国家在用机动车排放标准的，依法强制报废。2020 年，全省对具备条件的重型汽车加装改造污染控制装置 5533 辆，淘汰和清理国三及以下排放标准营运柴油货车 20 万余辆。2018 年至 2021 年，累计淘汰国三及以下营运柴油车 27.2 万辆。推进新能源车辆普及工作，目前全省新能源汽车保有量超 28.77 万辆。

第五节　执法监督

为深入学习贯彻习近平生态文明思想，认真落实中央和省委关于打赢蓝天保卫战的重要部署，推进京津冀首部协同立法成果《河北省机动车和非道路移动机械排放污染防治条例》的深入宣传和全面贯彻实施，省人大常委会党组副书记、副主任王晓东任组长的执法检查组，采取省内自查和与北京市、天津市联合检查调研相结合的方式，对条例实施情况进行了全面检查。2020 年 6 月 11 日召开了执法检查动员会；6 月中下旬至 8 月中旬开展前期调研并委托部分市开展自查；8 月下旬到张家口、保定、廊坊市实地检查 13 个单位，抽查 17 个项目点位；9 月 3 日与北京市、天津市开展联合检查调研。这是京津冀人大首次联合开展监督工作，是三地构建相对统一的区域法治环境，实现法治协作的有益探索，有力推动了京津冀地区重点工作的协同联合。

一、执法检查工作重点和主要特点

执法检查的重点，一是条例学习宣传情况。学习宣传《河北省机动车和非道路移动机械排放污染防治条例》及相关法律法规情况。推动公众绿色低碳出行，鼓励使用新能源机动车工作情况。二是政府责任落实情况。县级以上人民政府及其有关部门落实法定责任情况。生态环境、交通运输、市场监管、公安交管等有关部门协同监管和执法情况。三是重要法规制度落实情况。建立机动车和非道路移动机械排放污染防治信息系统，并实现资源整合、信息共享、实时更新等有关工作进展情况。非道路移动机械使用登记管理制度落实情况。监管重点用车单位按照规定建立重型柴油车污染防治责任制度和环保达标保障体系情况。四是区域协同防治情况。京津冀区域联合防治协同机制运行情况。统一规划、统一标准、统一监测、统一防治措施落实情况，三地执法信息共享、闭环管理等工作情况。五是存在问题和建议。法规实施过程中存在的问题，对法规贯彻实施的意见建议。执法检查采取本省执法检查和京津冀三地协同调研相结合的形式进行，通过听取汇报、座谈交流、实地查看、随机抽查等方式进行。

这次执法检查有以下六个特点：

（一）坚持政治站位。执法检查组按照省委、省人大常委会党组要求，自觉增强“四个意识”、坚定“四个自信”、做到“两个维护”，充分认识这次执法检查对京津冀地区大气污染治理的重要意义，将检查活动作为落实党中央和省委关于打赢蓝天保卫战、污染防治攻坚标志性战役重要部署的具体行动，作为当好首都政治生态“护城河”的现实检验，认真开展自查和联合检查。

（二）引领各地深入贯彻习近平生态文明思想。每到一地，检查组都结合现阶段全省经济社会发展和生态环境保护形势，指导各地认真学习领会习近平生态文明思想深刻内涵，贯彻落实习近平总书记关于河北工作的重要指示批示，以监督条例实施推动深化思想认识、转变发展理念。

（三）积极探索京津冀三地联动监督。检查组始终保持与北京市、天津市人大常委会的密切联系，克服疫情带来的不利影响，做到了三地同一天启动检查活动，同时开展自查，联合开展检查调研，实现了协调联动、步调一致、效果叠加的良好效果，开创了三地人大联动监督的先河。

（四）牢牢把握依法监督、有效监督。这次执法检查注重结合法规特点，通过检查条例学习宣传情况，推动全社会共同参与机动车和非道路移动机械污染治理；通过检查政府责任落实情况，推动各部门合力治理机动车和非道路移动机械排放污染；通过检查区域协同防治情况，推动京津冀区域联防联控机制发挥应有作用。

（五）运用多种形式深入开展检查。检查组将执法检查与学法宣法普法相结合，开展条例知识调查问卷，了解各方面人员对法规的真学熟知程度；派出抽查小组，以问题为导向，不打招呼，直赴现场，随机对重点用车单位、施工工地、检验机构、维修站进行检查，掌握第一手情况。

（六）充分听取人大代表、专家学者、相关企业和执法人员意见。为细致了解条例实施情况，检查组在张家口、保定、廊坊市组织召开座谈交流会，参加座谈会的代表提出意见建议 30 余条，很多都是治理机动车和非道路移动机械污染面临的共性问题，为执法检查取得实效提供了有力支持。

二、条例贯彻实施的主要成效

（一）政府监管责任逐步落实。各级政府及其有关部门高度重视，认真落实条例规定的有关责任，紧跟条例起草、颁布、实施步伐，大力推动机动车和非道路移动机械排放污染防治工作。省人民政府自 2018 年条例起草阶段，就将其作为打赢蓝天保卫战的重要工作，着力调整运输结构，在《河北省打赢蓝天保卫战三年行动计划》中，设专章对机动车和非道路移动机械排放污染防治提出具体任务目标，并专门印发《河北省柴油货车污染治理攻坚战实施方案》。条例经 2020 年全省人代会通过颁布后，各级政府加强对工作的领导，积极筹备条例实施相关工作，压实责任，按照条例第三条规定，坚持源头防范、标本兼治、综合治理、突出重点、区域协同、共同防治的原则，在统筹油、路、车治理上，依法谋划了大量具体有力的措施，印发了《河北省 2020 年机动车污染防治工作方案》《关于加快建立重点用车单位重型柴油车污染防治责任制和环保达标保障体系的通知》等文件。条例自 2020 年 5 月 1 日起实施后，针对薄弱环节，又连续制定了《关于进一步规范机动车排放检验机构环境管理工作的通知》等法规配套性文件。

（二）依法强化监督管理，重要制度规定开始实施。省人民政府及其有关部门以条例实施为契机，运用法律武器，夯实关键环节，解决突出问题，依法推动全省机动车和非道路移动机械排放污染防治工作。一是强化重点用车单位管控。条例第二十二条规定，生态环境主管部门应当确定重点用车单位名录并向社会公布。重点用车单位应当按照规定建立重型柴油车污染防治责任制度和环保达标保障体系，确保本单位车辆符合相关排放标准。全省各级生态环境部门积极建立重点用车单位管理制度，实施清单管理，将自有或每天使用 10 辆以上中重型柴油货车的 2700 余家单位列为重点用车单位，强化日常监管，并纳入重污染天气应急减排体系。印发《关于加快建立重点用车单位重型柴油车污染防治责任制和环保达标保障体系的通知》，指导重点用车单位全面建立重型柴油车污染防治责任制和环保达标保障体系，引导重点用车单位使用国五及以上排放重型柴油车、燃气车或新能源车，签订环保达标排放承诺书并向社会公布。二是推进非道路移动机械监管。条例第三十二条规定，本省实施非道路移动机械使用登记管理制度，非道路移动机械应当检测合格后进行信息编码登记，生态环境主管部门建立非道路移动机械信息管理平台，会同有关部门制定本省非道路移动机械使用登记管理规定。省生态环境厅、住房和城乡建设厅、交通运输厅、水利厅联合印发《河北省非道路移动机械使用登记管理办法（试行）》，强化非道路移动机械登记使用监管。截至 2020 年 8 月底，全省共编码登记非道路移动机械 6.63 万台，严查问题机械 462 台次，处罚金额 145 万元。三是推进排放检验与维护制度建设。条例以机动车排放检验与维护修理闭环管理为目标，在第二十五条中规定，在用机动车定期检验不合格或者监督抽测不合格应当及时维修，并按照要求进行复检，机动车排放检验机构应当对复检合格的机动车出具检验报告。同时，第二十七条、第二十九条分别明确了检验机构和维修单位应当遵守的规定。条例实施后，省生态环境厅、省交通运输厅为细化制度落实，联合出台《河北省加快推进机动车排放检验与维护制度实施方案》，完成了省级生态环境部门机动车排放检验管理系统与交通运输部门汽车维修电子健康档案系统联网运行，要求自 8 月 15 日开始，排放超标机动车定期检验、专站维修信息共享，定期检验不合格车辆需专站维修后才能进行复检，逐步实现对超标车辆的闭环管理。

（三）执法力度不断加大，重点管控措施明显加强。省人民政府及其有关部门着力从机动车和非道路移动机械达标排放监管入手，推动条例落实。一是提升机动车排放监测能力。建立机动车污染排放遥感监测体系，依托遥感监测等技术手段，开展道路行驶车辆的非现场检查。截至2020年8月底，全省共建成固定式遥感监测设备174套、移动式遥感监测设备51套、黑烟抓拍设备222套，利用黑烟抓拍技术手段发现并处罚超标柴油车1235辆。同时，印发《关于进一步做好全省重型汽车远程在线监控工作的通知》，安排部署重型汽车实施远程在线监控工作，进一步规范远程在线监控的安装和联网。截至2020年8月底，已安装并与生态环境部门实现联网7.6万余辆。二是强化常态执法检查。按照条例规定，实行“生态环境部门检测取证、公安交管部门实施处罚、交通运输部门监督维修”机制，依托公安执法点、交通治超站或综合服务区等地设置尾气排放抽测点，依法依规对上路行驶的超标排放柴油货车进行处罚并责令整改；以重型柴油货车为重点，深入开展入户抽查，对超标车辆集中的单位依法进行处罚。截至2020年8月底，全省共检查车辆114.14万辆次，查处超标排放车辆1.94万辆次，处罚金额387.64余万元。三是加强排放检验机构日常监管。对排放检验机构实施清单式管理，督促排放检验机构在企业官方网站或办事业务大厅显示屏实时公布柴油货车排放检验全过程和检验结果。开展排放检验机构专项检查，截至2020年8月底，全省共检查排放检验机构3113家次，处罚24家次，罚款206.6万元。同时，结合遥感监测、黑烟抓拍、路检路查等方式发现的超标排放车辆，溯源倒查排放检验机构责任，对发现问题的14家排放检验机构采取暂停网络、限期整改、依法处罚等措施。四是加强油气回收装置运行监管。条例第十八条规定，储油储气库、加油加气站应当按照国家有关规定安装油气回收在线监控设备并保持正常使用，向生态环境主管部门传输油气回收在线监控数据。条例实施后，省生态环境厅为督促企业确保油气回收设施正常运行，组织开展全省油气回收装置运行情况省级专项抽查，共抽检加油站230家、储油库6座、油罐车20辆，发现不合格加油站39家并予以公开曝光。同时印发《关于进一步加强加油站挥发性有机物排放管控工作的通知》，推动实施年销售汽油量大于5000吨加油站自动监控设备安装联网。

（四）积极开展京津冀联建联防联治，区域协同治理取得新进展。条例第四章专门就区域协同作出五个方面规定，也是京津冀三地协同立法的重要亮点。条例颁布以来，省人民政府及其有关部门主动作为，取得了初步成果：一是实现超标车辆信息共享。积极协调北京市、天津市，在生态环境部支持下，2020 年 3 月底前实现京津冀三地机动车超标排放信息共享，通过机动车超标数据平台可互相查询信息。二是实现非道路移动机械使用信息共享。三地使用统一的登记平台进行非道路移动机械使用登记，共享信息；向北京市、天津市生态环境局发《关于商请做好非道路移动机械排放区域协同监管的函》，协同做好非道路移动机械监管。三是建立三地新车抽检协同机制。4 月 13 日、6 月 2 日，京津冀三地生态环境局（厅）先后两次召开联席会商工作会议，确定建立京津冀三地新车抽检抽查协调机制，明确抽检新车的车型范围等。8 月 6 日，京津冀三地生态环境局（厅）在北京召开 2020 年京津冀三地新车抽检工作交流会，交流新车抽检情况和工作流程，共同组织参与销售环节抽检现场执法。

2020 年北京地区全年空气质量优良天数为 276 天，优良率达到 75.4%。PM2.5 年均浓度为 38 微克/立方米，为 2013 年有监测记录以来的历史最低值，实现了 7 连降。天津市 2020 年的优良天数达到了 245 天，比 2019 年增加了 26 天。[1] 2020 年，河北全省空气质量综合指数平均为 5.03，同比下降 11.8%；PM2.5 平均浓度为 44.8 微克/立方米，同比下降 10.8%；优良天数达到 256 天，同比增加 30 天，优良天数比率 69.9%，优于年度目标 1.8 个百分点，为近三年来首次完成该项目标任务。全省 PM10 平均浓度为 79 微克/立方米，同比下降 15.1%；二氧化硫平均浓度为 13 微克/立方米，同比下降 13.3%；二氧化氮平均浓度为 34 微克/立方米，同比下降 12.8%；一氧化碳平均浓度为 1.8 毫克/立方米，同比下降 14.3%；臭氧平均浓度为 174 微克/立方米，同比下降 8.4%；全省重度及以上污染天数平均为 11 天，同比减少 6 天。

2021 年，河北全省空气质量综合指数平均为 4.43，PM2.5 平均浓度为 38.8 微克/立方米，实现了有监测记录以来的最好水平；全省 PM10 平均浓度为 70 微克/立方米，平均优良天数为 269 天，比上年增加 13 天。邢台、邯郸、石家庄、唐山空气质量综合指数分别为 4.73、4.81、4.89、

[1] 中央电视台《新闻联播》，《联防联治，京津冀大气治理成效显著》，2021 年 2 月 8 日。

5.00，同比分别下降 18.4%、19.8%、18.2%、16.4%。在全国 168 个重点城市空气质量综合指数排名中，邢台排名倒 23 位，退出全国“后二十”；邯郸、石家庄分别排名倒 15 位、并列倒 12 位，退出全国“后十”；唐山排名倒 8 位，同比提升 4 个位次。这些成绩的取得，离不开机动车和非道路移动机械排放污染防治工作的贡献。

三、条例实施中存在的主要问题

（一）宣传普及广度和深度有待加强。尽管全省各级针对条例宣传普及做了大量工作，但依然存在宣传面还不够广泛，对条例解读不深的现象。一是“内热外冷”“上热下冷”。生态环境系统内部学习宣传比较活跃，而企业、公众及其他负有环境保护监督管理职责的部门学习宣传还不够。问卷调查中，满分人数不足六成，抽查发现，检测机构人员、非道路移动机械驾驶人熟知程度不够。二是学用脱节。有的满足于学过了，读过了，没有结合实际工作理解使用条例规定，有的未全面学习条例规定，仅仅满足于学习污染责任和违法处罚部分，缺乏系统完整的把握。

（二）部门合作推动制度落实还不到位。一是检查中发现，条例第六条规定的机动车和非道路移动机械排放污染防治信息系统仍未健全，还需要各部门加强法治意识、合作意识，积极推动实现资源整合、信息共享、实时更新等。二是条例第二十一条规定，在不影响道路正常通行的情况下，生态环境主管部门可以会同公安机关交通管理等部门通过现场检测、在线监控、摄像拍照、遥感监测、车载诊断系统检查等方式对在道路上行驶的机动车大气污染物排放状况进行监督抽测。检查中了解到，公安部门将黑烟抓拍数据作为处罚依据，但系统平台数据未对接，证据移交时间较长，处罚效率比较低。由于多种原因，遥感监测数据未作为处罚依据，只作为初步筛查依据，遥感监测的优势未得到有效发挥。三是检查中发现，对主城区周边环城高速公路上的重型柴油货车排放监管存在空白，有的未安装自动监测设备，部门之间协调配合机制尚未有效建立。

（三）执法力量不能满足实际需要。检查中发现，全省各级针对机动车和非道路移动机械排放污染防治工作的力量仍显不足。一是人员配备严重不足。在京津冀联合检查调研中了解到，北京市专设机动车排放管理中心，市县两级专门人员过千；天津市专门人员约四百人；河北全省专门从事此项工作的人员仅百余人，与防治任务量大、检查频次高的现实不匹配，影响工作推进。二是设备能力有待提升。虽然全省已建成固定式遥感监测设备 174 套，移动式遥感监测设备 51 套，建成黑烟抓拍设备 222 套，但相对于全省面积和机动车使用分布情况，仍不能满足常态化、自动化监管需要。

（四）非道路移动机械排放监管有待提高。检查中发现，由于非道路移动机械流动性大、较为分散，相关排放监管还有待提高。一是条例第三十三条规定，建设单位应当要求施工单位使用在本省进行信息编码登记且符合排放标准的非道路移动机械。抽查中发现，有的施工工地存在使用未编码登记的非道路移动机械现象，个别机械还存在冒黑烟现象，整体管控有待加强。二是条例规定实施非道路移动机械使用登记管理制度，但由于非道路移动机械之前无统一报备，有的使用地点不固定，有的长期流动省内外作业，有的机械是临时使用等原因，部分车主不按要求进行编码登记，非道路移动机械底数不清，相关政策要求未及时宣传到位、执行到位。三是有的机械存在保养维护差，排放污染重的问题；有的机械故意逃避监管，昼夜分别使用不同质量的油品以降低成本等，治理非道路移动机械排放污染还需加大力度。

（五）机动车维修单位监管亟需加强。检查中发现，条例规定的检测和维修闭环管理机制还不完善，尤其是维修单位能力建设不足。一是虽然公布了维修单位名单，但未对建设标准和建成期限作约束性要求，检查和抽查中都发现部分维修单位在名单中，却没有维修检测设备；有的维修单位有设备，但未使用过。二是截止到 2020 年 8 月底，机动车排放检验管理系统推送初检不合格信息 13083 条，而汽车维修电子健康档案系统返回维修信息 2745 条，检查中了解到，造成两者差距较大的原因是有的初检不合格车辆为逃避监管，转而到外省市检测；有的车辆维修复检不及时，有的维修信息未及时上网等。三是对维修单位价格、项目、收费的执法监管和社会监督需要加强，防止欺诈消费者。

四、实施条例的意见建议

（一）进一步提高思想认识，增强贯彻实施条例的紧迫感责任感。机动车和非道路移动机械排放污染防治是治理大气污染的重要内容，是全省打赢蓝天保卫战的重要一环，要充分认识和理解贯彻实施条例和做好污染防治的必要性和重要意义。一是从区域协同发展的大局上来认识，把这项工作作为当好首都政治“护城河”的具体行动。河北省环绕京津，区域面积最大、机动车保有量最多，治理任务也最重、情况也最复杂，机动车和非道路移动机械污染治理尤其是柴油货车污染治理，很大程度上决定着京津冀地区移动污染源治理工作的整体成效，要充分认识做好这项工作重要意义。二是从突出重点、精准治污的工作谋划上来认识，这是全省大气污染防治工作绕不开，必须下大力度解决的难题。随着全省大气污染治理的深入推进，燃煤、工业两大领域污染治理从顶层设计到末端治理越来越深入、充分，减排空间不断缩小。相比之下，交通运输领域污染作为结构性污染源之一，其污染排放的复杂性、复合性，日益显示出在科学治污、精准治污过程中的重要性和紧迫性。要坚持政治站位，坚持精准施策，以条例实施为契机，推动法规中各项责任和制度的落实，完善机动车和非道路移动机械污染治理的长效机制，加快移动源污染防治体系和治理能力现代化建设，促进全省污染治理水平提档升级。

（二）进一步加强学习宣传，努力营造全社会依法治污的浓厚氛围。条例第七条规定，县级以上人民政府应当将有关法律法规和科学知识纳入日常宣传教育，鼓励和支持有关单位开展公益宣传。要分类施教，有重点有针对性地安排学习培训，特别是要加强对基层执法人员的培训，丰富深化学习内容，把确保基层执法人员懂法、用法作为宣传贯彻条例的重点，要系统解读条例及配套文件，全面提高执法人员的政治素质、法律素养和执法能力。要扩大普及范围，各有关工作部门应当根据本部门业务特点和实际，围绕条例的新制度、新规定，开展全面、系统的学习培训，切实提高广大干部群众特别是领导干部对贯彻实施条例重要性的认识。要加大对执法对象和公众的宣传力度，充分利用微信公众号、现场发放、深入企业讲解等方式宣传条例；利用路检路查点、遥感监测点、检验机构和维修单位办事大厅、加油站、停车场等执法地点，进行有效宣传工作，让驾驶人、所有人充分认识到法律不可变通、违者必惩的权威性。

（三）进一步统筹各部门力量，推动条例重要制度有效落实。机动车和非道路移动机械排放污染防治是一项涉及多部门、多行业的系统工程。条例第五条规定，生态环境部门实施统一监督管理，公安、交通运输、市场监督管理等部门在各自职责范围内做好相关工作。要加强顶层调度和协调力度，进一步健全和完善工作机制，重点推进条例中涉及多部门密切协作制度的落实。一是要逐步健全机动车和非道路移动机械排放污染防治信息系统。这项制度是坚持源头防治、综合治理原则，统筹油、路、车治理的基础，涉及10个部门，5项基础信息。工作中既有需要打破的保守思想，又有需要打通的局部利益；既有需要协调的行政工作，又有需要突破的技术壁垒，难点多、难度大，要充分利用条例这个法律武器，站在全省打赢蓝天保卫战的政治高度，创新工作模式，提高工作效率，推动信息系统完善。二是要强力推动非道路移动机械使用登记管理制度实施。健全非道路移动机械登记管理是用好、管好非道路移动机械的关键，是实施条例规定的高排放禁区、电子围栏、实时排放监控等管理措施的支撑。四部门出台的试行办法实施一段时间后，要根据实施效果，结合工作需要，适时修改制定更加严格、有效的管理办法，推动省内非道路移动机械排放监管。三是省生态环境厅与省交通运输厅、省公安厅要加快研究解决在临近城市主城区的高速公路上、进省公安检查站或交通治超站前安装固定式遥感监测装置问题，消除高速公路柴油货车排放监管空白，加强进省过境高排放车辆管控。

（四）进一步加强重点工作，实施柴油货车排放全链条监管。打好柴油货车污染治理攻坚战是中央确定的污染防治七大标志性战役之一。要按照条例第十四条、第十五条、第十六条、第三十一条对重型柴油车的规定，实施全链条监管。一是要建立健全综合监管机制，依托“网格化”管理体系，协调联动，齐抓共管，形成省市县三级生态环境部门为监管主体，各级相关部门参与的柴油货车管理长效机制。同时，要协调周边省市，加强对注册地在河北，转而到外地检测的超标车辆监管。二是要在全省开展重型汽车注册登记前的远程排放管理车载终端检查，建设形成国家、省、市三级远程在线监管平台互联互通，具备接受传送数据能力的有效监管网络。三是要加强超标排放重型柴油货车分类治理，对超标排放车辆进行科学研判，制定合理可行的达标治理方案，推动实施“加装更换一批、维护保养一批、淘汰报废一批”，实现超标排放重型柴油货车尾气治理全覆盖，对未按规定加装、更换污染控制装置的，严格依据条例第四十二条予以处罚。同时，要加强维修专站能力建设的执法监管，制定建成标准，明确时间要求，确保满足超标车维修需要。

（五）进一步推动京津冀区域协同防治，促进联防联控机制发挥应有作用。河北省人大常委会与北京市、天津市联合开展检查调研是三地人大协同立法之后，在协同监督工作的创新探索，对京津冀三地政府协同防治具有重要的推动作用。省人民政府及其有关部门、环绕京津的设区市要以这次执法检查为契机，按照条例第四章规定，巩固区域会商的成果，主动采取有效联防联控措施，研究破解工作中存在的困难和问题，提出进一步实现三地联合防治的意见建议，推动京津冀区域大气污染治理合作机制发挥更大作用。要深化与北京市、天津市合作，共同研究适合京津冀地区的、切实可行的管控措施，落实京津冀地区大气污染防治目标责任。要在与国家机动车排污监控平台联网基础上，推动实现三地机动车排放检验、遥感监测、违法处罚等信息及时共享互认，减少对守法正常车辆的干扰，加大对违法超标车辆的查处力度，提高执法监管效能和工作效率。要推动建立和使用三地统一的非道路移动机械登记平台，统一监管规则，加强跨区使用管理，实现三地互认登记信息、号码标识、信息采集卡等。

三地同时出台机动车和非道路移动机械排放污染防治条例，在京津冀协同立法历史上具有标志性、里程碑意义，为国家推进区域协同立法提供了丰富创新实践经验，是地方立法史上浓墨重彩的一笔，必将产生深刻影响。从机动车和非道路移动机械排放污染防治条例开始，三省市人大开启了同步起草、同步修改、同步通过、同步宣传、同步实施的新模式，打造了区域协同立法的新路径、新高度。一是统一立法思路。在条例协同立法过程中，三地人大常委会法制工作机构充分坚持思想引领、目标一致、问题导向、求同存异的工作思路，以习近平生态文明思想为引领，以共同打赢蓝天保卫战为目标，以解决机动车排放污染监管突出问题为导向，以求大同存小异为协同努力方向，以此工作原则指导具体制定工作，确保了协同立法思想统一、方向明确、路径清晰。二是协调立法节奏。步调一致才能形成声势合力，确定了目标就要同步推进落实。河北省条例在 2018 年 11 月提请常委会初审，北京市、天津市定于 2019 年 7 月提请初审，为同两地保持同步，经省人大常委会领导同意，河北省条例定于 7 月提请二审。2019 年 11 月三地同步提请人大常委会三审，并于 2020 年 1 月同步出台，定于 2020 年 5 月 1 日同步实施。三是强化沟通质效。过程决定结果，协同立法不能各自埋头单干，面对面沟通交流十分关键。一年多时间里，三地人大常委会法制工作机构先后十一次面对面座谈交流论证，推进协同立法取得更深共识，取得更多收获。其中，第五次、第六次京津冀协同立法工作联席会议上，三地人大常委会主要领导确定工作方向、原则，拍板关键问题，鼓舞信心，起了定海神针作用；五次法制工作机构联席会议上就落实条例主题框架、主要制度设计、照顾彼此关切、协调部门意见等重要问题作出了决定安排；两次承办处室面对面修改，就推进文本趋同作了卓有成效的具体工作；两次专家论证会，发挥外脑作用，进一步解决了重大疑难问题。可以说，正是高频次、多方式的沟通交流，确保了条例取得真正协同质效。四是照顾彼此关切。从本地实际出发，解决自身存在问题，体现地方特色，是地方立法的生命力。照搬照抄来的雷同法，盲目的、不切实际的追求文本完全一样，是形式主义的表现，是违背协同立法初衷的。因此，在每一次具体沟通协商中，三地有一个共识、明确一个原则，就是最大程度推进文本趋同，并不意味着完全雷同，绝不能脱离本地实际。从北京条例文本 51 条、天津条例文本 54 条、河北条例文本 53 条这个细节来看，三地并没有盲目追求文本绝对一致。

这些协同立法工作为国家推进区域协同立法提供了先行先试经验，为其他省市开展区域协同立法提供了可供复制的路径方法。三省市出台条例后，多个省市就京津冀协同立法到河北进行了考察调研。

第五章　冬奥会法治保障协同立法

第一节　立法背景

非常之时，立非常之法。第二十四届冬季奥林匹克运动会、第十三届冬季残疾人奥林匹克运动会（以下简称冬奥会、冬残奥会）分别于 2022 年 2 月 4 日至 20 日、3 月 4 日至 13 日在北京市、河北省张家口市举办。为确保冬奥会筹办工作的顺利进行，京津冀三地主动回应冬奥会筹办工作中急需的法治需求，三地人大常委会共同研究、同步出台授权立法，依法保障冬奥会筹办，为奥运盛事的成功举办提供了法治保障。

一、协同立法是贯彻党中央重大决策部署的必然要求

北京 2022 年冬奥会和冬残奥会的筹备和举办，正值“十四五”开局之年和建党百年之际，意义重大、影响深远。习近平总书记高度重视冬奥会、冬残奥会筹办工作，多次发表重要讲话，强调“办好北京冬奥会、冬残奥会是党和国家的一件大事，是我们对国际社会的庄严承诺，做好北京冬奥会、冬残奥会筹办工作使命光荣、意义重大〔1〕”，“要办成一届简约、安全、精彩的奥运盛会〔2〕”，“要把筹办冬奥会、冬残奥会作为推动京津冀协同发展的重要抓手〔3〕”，“为全面实施京津冀协同发展战略起到引领

---

〔1〕 2021 年 1 月 20 日，习近平总书记在北京、河北考察并主持召开北京 2022 年冬奥会和冬残奥会筹办工作汇报会时强调。

〔2〕 2021 年 4 月 14 日下午，习近平总书记在人民大会堂接受 29 国新任驻华大使递交国书发表讲话。

〔3〕 2016 年 3 月 18 日，习近平总书记在听取北京冬奥会、冬残奥会筹办工作情况汇报时指出。

作用[1]”。

河北省与北京市、天津市人大常委会共同出台决定，协同推进冬奥会、冬残奥会法治保障工作，尤为必要并十分迫切。这是深入学习贯彻习近平总书记重要讲话精神、落实党中央决策部署的重要举措，是防范、应对可能出现的各种风险，保障冬奥会圆满顺利进行的客观需要，是实施京津冀协同发展战略、深化协同立法实践的重要举措，要通过三地立法协同，在法治轨道上大力推进冬奥会、冬残奥会筹备和举办工作，用坚实严密的顶层设计和制度安排，为办好奥运盛会提供法治保障。

二、协同立法是保障京津冀联合办奥的必然要求

北京市是第一个既举办过夏奥会又举办冬奥会的城市。2015 年 7 月 31 日，在马来西亚吉隆坡举行的国际奥委会第 128 次全会上，国际奥委会主席巴赫宣布：中国北京获得 2022 年第二十四届冬季奥林匹克运动会举办权。北京赛区承办所有的冰上项目；延庆赛区承办雪车、雪橇及高山滑雪项目。

河北省的张家口市与北京市携手举办北京 2022 年冬奥会，张家口赛区的全部雪上项目集中在崇礼区，这里承担了北京冬奥会的重要比赛任务，在此举办 51 个冬奥会小项比赛和 46 个冬残奥会小项比赛。为筹办好本次冬奥会，河北省委确定了“三六八九”的工作思路及重点任务，把筹办冬奥会作为“三件大事”之一牢牢抓在手上，持续发力、稳步推进。省委省政府出台《关于贯彻落实习近平总书记重要批示精神，高标准高质量做好冬奥会和冬残奥会筹办工作的意见》，各项筹备和举办工作高效率推进，高质量完成。

天津蓟州国家冰上项目训练基地，用于短道速滑、速度滑冰、花样滑冰、冰壶、冰球等几乎所有冰上项目的训练和比赛，200 多名国家队队员在这个训练基地做了积极的冬奥备战，训练基地为国家队的训练和冬奥会前期筹备工作发挥重要作用。天津港是北京的“海上门户”，冬奥会海运进境物资数量大、种类多，天津港建立冬奥会物资运输保障机制，与海

[1] 2016 年 3 月 18 日，习近平总书记在听取北京冬奥会、冬残奥会筹办工作情况汇报时指出。

事、海关、边检等港航管理部门及有关单位协同作战，开通冬奥会物资“绿色通道”，提供通关、监管、咨询等“一站式”服务，按照“优先进出船舶、优先安排泊位、优先配备机力、优先分配场地、优先保障疏运”五优先原则，实施全天候通关，高效提供港口作业资源，充分保障物资快速周转，最大限度压缩物流时间和成本，集装箱提箱时间压缩到最短 2 小时，为冬奥会筹办提供高效优质服务保障。

京津冀三地在冬奥会筹备特别是举办过程中分工不同，但各自担当非常重要的职责和任务，为确保各项筹备和举办工作的顺利高效进行，迫切需要三地发挥法治保障的合力，以法治方式确保冬奥会的成功举办。

三、协同立法是共同应对风险挑战的必然要求

在环境保护方面。北京 2022 年冬奥会和冬残奥会举办期间，处于我国北方地区冬春季节，又恰逢新春佳节，正是空气重污染天气频发的时候，保障赛会期间空气质量的难度较大。共同授权省市政府规定环境保护方面的临时性行政措施，有利于政府在冬奥会赛前攻坚和赛时管控中全面落实绿色办奥理念，以空气质量保障为核心，着力推进工业污染治理、清洁能源替代、过剩产能淘汰、扬尘污染管控等重点任务，必要时依照授权决定采取工业企业排放管控、移动污染源管控、面源污染管控、烟花爆竹禁燃禁放等临时性行政措施，有力有序依法推进冬奥会各项筹办工作，以良好的空气质量全力保障冬奥会成功举办。

公共安全方面。应对可能存在的安全风险挑战，针对河北环京津的特殊区位特点，发挥好首都政治护城河的作用，授权省政府出台规章或决定，在公共安全方面采取安全检查、信息监管、封路断交、人员疏散、停产停业等应急措施，依法维护京津及赛区周边的安全稳定，有利于为冬奥会的举办营造安全的社会环境。

公共卫生方面。应对全球疫情防控的严峻形势，冬奥会期间参赛和服务的国内外人员较多，给疫情防控带来较大压力，授权省市政府出台规章或决定，在冬奥会举办期间采取必要的隔离管控和闭环管理措施，依法严防疫情输入和传播，有利于确保冬奥会举办期间的疫情防控安全。

道路交通方面。冬奥交通基础设施建设规模大、工期紧、标准高，相

继建成投用延崇高速、宁远机场、张家口南综合客运枢纽以及赛区核心区“6+1”普通干线、农村公路、崇礼南客运枢纽项目，实现对外“大通道”四通八达、内部“微循环”互联互通。冬奥赛时运输任务繁重，抵离时间集中、人员众多，依托智慧高速，实现日常运行智能监测、综合智能诱导、应急指挥救援、行车实时追踪的同时，迫切需要与京津建立互联互通机制，确保冬奥会期间的道路交通安全顺畅。协同立法有利于河北与京津道路交通的衔接配合，依法为冬奥会的筹备和举办提供道路交通运输安全保障。

第二节　立法过程

京津冀三省市人大常委会共同制定冬奥会授权决定的过程，是京津冀协同立法工作的又一次深层次协同，再次实现了区域协同立法的实质性突破，为继续深化区域协同立法机制制度建设，争取更多协同立法成果奠定了坚实基础。

一、协同立法项目高位启动

一是北京市率先提出冬奥授权协同立法建议。2021 年 4 月，北京市人大常委会法制工作机构在充分调研并征求北京冬奥组委意见的基础上，率先向津冀两地提出协同立法建议。天津市和河北省人大常委会法制工作机构积极响应。

二是三地共同研究制定授权决定。2021 年 4 月 19 日，京津冀人大法制工作机构联席会在京召开，三地就协同推进冬奥会法治保障工作进行了沟通交流，初步确定采取授权决定的方式，并分别向三地人大常委会领导作了汇报。在此基础上，三地共同研究起草了决定（草案），北京市人大常委会征求了北京冬奥会城市运行和环境建设管理指挥部办公室等部门意见。6 月 18 日，京津冀人大立法协同工作机制第八次会议在北京召开，三地人大常委会负责同志和法制工作机构有关同志围绕决定（草案）进行了认真研讨。

三是及时向党委请示报告。6 月 23 日，省人大常委会党组向省委进行了报告。时任省委书记王东峰批示要求抓好落实，时任省长许勤、时任常务副省长袁桐利以及分管省领导分别提出了落实意见。省人大常委会法制工作委员会贯彻省委省政府要求，对决定（草案）作了进一步完善。

二、协同立法工作高效推进

一是广泛征求各方意见。考虑到冬奥会筹备和举办工作涉及领域广、事务多、要求高，且时间紧迫，我们把精准确定迫切需要授权的领域作为工作重点，分别征求了省政府办公厅、省公安厅、省司法厅、省交通厅、省卫建委、省应急管理厅、省体育局、省冬奥办和张家口市人大常委会、市政府以及崇礼区人大常委会、政府的意见建议。

二是深入开展实地调研。7 月 14 日、15 日，河北省和北京市人大常委会组成联合调研组，赴北京市延庆区、张家口市崇礼区进行实地调研，考察了比赛场馆、奥运村等设施建设和工作筹备情况，围绕授权决定内容与冬奥办、北京市延庆区、张家口市人大常委会、政府以及崇礼区相关负责同志交流，听取了关于赛事、赛程和环境保护、公共安全、公共卫生、道路交通、安全生产、城市市容管理等方面的情况介绍，进一步征求关于冬奥会筹办的法治需求。

三是京津冀三地反复沟通。为确保京津冀三地在授权决定的规范内容、审议时间、新闻发布等方面实现“一个文本、三家通过”的深层次协同，省人大常委会法制工作委员会将河北新增加的安全生产、城市市容管理两个方面授权，与北京市、天津市人大常委会法制工作机构联系沟通，得到肯定性答复。三地人大常委会法制工作机构随时保持沟通，互相通报各自工作进展，实现了步调一致、内容趋同。

三、协同立法任务高质量完成

一是人大法制委员会进行统一审议。7 月 13 日下午，法制委员会召开会议，对决定（草案）进行了统一审议。法制委委员一致赞成制定该决定，认为京津冀三地人大常委会共同出台冬奥会授权决定，有利于省市政府在冬奥会筹备和举办过程中，采取临时性行政措施，依法应对突发事件和可能发生的风险挑战，对于保障冬奥会顺利举办具有重要意义。有的委员提出，在授权决定中应当增加“在采取常规管理措施尚不能满足要求时”的限定条件，防止政府权力过度使用。

二是常委会进行认真审议。7 月 27 日在河北省第十三届人民代表大会常务委员会第二十四次会议上，常委会组成人员对决定（草案）进行了分组审议，一致赞成出台该决定。7 月 29 日，会议全票通过该决定，自公布之日起施行。7 月 30 日，北京市第十五届人民代表大会常务委员会第三十二次会议和天津市第十七届人民代表大会常务委员会第二十八次会议分别通过决定并公布实施。

三是京津冀三地联合新闻发布。8 月 3 日，京津冀三地人大常委会以网络视频会议方式联合召开新闻发布会，北京市人大常委会副主任张清、天津市人大常委会副主任陈浙闽、河北省人大常委会副主任王会勇依次发布关于授权人民政府为保障冬奥会筹备和举办工作规定临时性行政措施的决定。中央电视台、人民日报、新华社等中央媒体和各省市主流媒体到会或在线上报道，三地人大常委会法制工作机构负责同志回答了记者提问。联合新闻发布会的成功举办，标志着本次协同立法工作圆满完成。

第三节　主要内容

《河北省人民代表大会常务委员会关于授权省人民政府为保障冬奥会筹备和举办工作规定临时性行政措施的决定》共三条。

一、明确授权范围

决定规定，在冬奥会筹备和举办及延后期限内，省人民政府针对可能存在的风险和影响，在不与法律、行政法规相抵触，不与省地方性法规基本原则相违背的前提下，按照必要、适度、精准的原则，通过制定政府规章或者发布决定的形式，在环境保护、公共安全、公共卫生、道路交通、安全生产、城市市容管理等方面规定临时性行政措施并组织实施。河北的授权决定与京津两市相比，除了环境保护、公共安全、公共卫生和道路交通四个方面外，根据河北省环京津的特殊区位、产业特点和张家口赛区及周边地区的实际需要，增加了安全生产和城市市容管理两个方面授权，以保障在冬奥会筹备和举办过程中，持续保持安全稳定、秩序井然的社会环境。

安全生产方面。为冬奥会提供高水平、全方位的安全保障，是党和人民赋予的神圣使命。深入学习贯彻习近平总书记关于冬奥会、冬残奥会筹办工作的重要指示精神，按照“简约、安全、精彩”的办奥要求，充分考虑冬奥会举办与春节假期、两会召开重合的叠加因素，强化安全防范工作，做好复工复产隐患排查，防范安全事故发生尤为重要。协同立法授权省政府制定临时性行政措施，以防范遏制重特大生产安全事故为重点，树立安全第一、预防为主、综合治理的理念，以严密的责任体系、严格的法治措施、有效的体制机制、有力的基础保障和完善的系统治理，提升安全生产总体水平，对确保冬奥会举办期间生产安全具有重要意义。

城市市容管理方面。城市市容环境卫生、管理秩序、整体风貌是一个城市的脸面、名片，向国内外参赛和服务人员展示冬奥之城冰清玉洁之美、人民群众喜迎宾朋之情，也是服务和保障冬奥会筹备和举办的重要内容之一。为此，应对冬奥会期间国内外参赛和服务人员在赛区及周边的观光需求，授权省政府出台规章或决定，采取环境清理、违建拆除等行政措施，依法加强城市市容管理，积极打造整洁、有序、美观的城乡环境，对于树立良好的城市形象具有重要意义。

二、明确备案要求

决定规定，省人民政府根据需要以政府规章或者发布决定的形式制定的临时性行政措施，在不与法律、行政法规相抵触，不与我省地方性法规基本原则相违背的前提下，应当依法按程序报省人民代表大会常务委员会备案，以维护法制统一。

三、明确施行日期

决定规定，本决定自公布之日起施行，有效期限至冬奥会闭幕之日后十五日。鉴于冬奥会筹备和举办工作实际需要，并充分考虑为最大限度减少对群众生产生活的影响，临时措施期限不宜过长。为此，作出了授权的有效期限至冬奥会、冬残奥会闭幕之日后十五日的规定。

第四节　贯彻执行

决定自2021年7月29日施行以来，省人大常委会不断加大宣传贯彻力度，在京津冀联合新闻发布会的基础上，通过河北日报、长城网等省内主流媒体宣传决定，确保决定贯彻落实。省政府有关部门根据授权决定，在环境保护、公共安全、公共卫生、道路交通、安全生产、城市市容管理等方面采取必要临时性行政措施，为冬奥会的筹备和举办提供了有力法治保障，与北京市、天津市以及周边其他省市通力协作，确保并实现了冬奥会的圆满成功。

一、环境保护方面

北京携手张家口成功申办北京冬奥会以来，编制完成《2022年北京冬奥会及冬残奥会张家口赛区生态环境可持续管理方案》《崇礼区空气重污染应急预案》，聘请清华大学环境学院编制完成了《崇礼区赛时空气质量保障方案》《北京2022年冬奥会、冬残奥会空气质量保障区域联防联控方案》。决定实施之后，各类预案方案中的具体行政措施真正实现了有法可依，真正得到了法治保障。生态环保部门通过赛前和赛时实施排放管控、烟花爆竹禁燃等一系列举措和不断强化执法检查，打出了一组大气污染防治“组合拳”：取缔了污染排放量较大的工业企业；对标北京餐饮油烟排放标准，为崇礼区45家大中型酒店及餐饮服务单位安装了油烟净化设施，并实施在线监控；加强施工单位扬尘作业管控等，实现了冬奥会举办期间赛区及周边地区空气质量的持续优良，以良好的空气质量全力保障了冬奥会的圆满成功。

二、公共安全方面

公安机关等部门认真做好安全保卫和交通管控工作，与京津加强协作配合，加大对风险隐患的排查力度和违法犯罪的打击力度，突出重要卡口、关键区域，加强安保人员力量，全面配备智能化视频安保系统，依法依规做好交通管控工作，统筹推进信访维稳，实现了冬奥会举办期间赛区及周边社会安全稳定。建立了应急、林草、公安等部门组成的张家口赛区前方指挥部森林草原分指挥部，细化并落实森林草原防火方案，突出运行有序、健全机制制度，突出源头防范、制定专项措施，突出高效响应、强化训练演练，突出力量到位、布防专业队伍，对张家口赛区及周边进行深入细致的隐患排查整治，持续开展可燃物“六清”活动，全力维护了冬奥会张家口赛区公共安全和生态安全。

三、公共卫生方面

卫生健康部门科学精准全力做好疫情防控和医疗救援工作，区分不同人群，如运动员、志愿者、赞助商、新闻媒体、官员、工作人员等不同群体，分别制定详细的疫情防控措施，聚焦冬奥村和居住地，实行分区分类闭环管理，按照空间分区、人员分类、互不交叉原则，切实加强对涉奥人员居住场所的管理，加强核酸采样、核酸检测、消毒消杀、流调溯源等人员力量，以严密措施筑牢外防输入、内防反弹坚固防线，确保了冬奥会期间零感染。优化医疗保障方案和医疗救援流程，充分配备医护人员和设施设备，定点医疗、血液保障、急症转运等医疗业务保障措施有力，保障了冬奥会的公共卫生安全。

四、道路交通方面

公安机关开展“迎冬奥保安全保畅通”道路交通安全百日行动，实施十项交管举措，全面提升了全省交警系统交通安全治理能力、道路交通管控能力、规范执勤执法能力，交通事故率明显下降，安全隐患明显减少，交通秩序明显好转。在京津冀交通一体化不断取得新突破的前提下，交通运输部门开展保运保通保畅活动，以铁路公路为主、航空为辅，建立冬奥交通指挥调度系统，健全应急预案体系和应急处置机制，对涉奥高速公路、普通公路全方位实现实时监控，采取有力措施保障京津冀区域道路运输安全，圆满完成了赛前筹办和赛事期间交通保障任务，为冬奥会取得圆满成功营造了安全顺畅的道路交通环境。

五、安全生产方面

应急管理部门紧紧围绕服务保障冬奥会，应对复工复产各类事故隐患和安全风险交织叠加、易发多发的问题，编制煤矿、非煤矿山、危险化学品、工商贸行业、地震和地震灾害等 9 个冬奥专项应急预案，实施重点企业“一企一策”，督导指导企业深入排查各类事故隐患和安全风险，严格落实安全防范措施，杜绝了重特大安全生产事故的发生，营造了冬奥会期间全省良好的生产安全局面。

六、城市市容管理方面

张家口市开展了城乡环境清理行动，以奥运廊道、迎宾线路、城乡结合部、城中村为重点，进行集中整治，对机场、火车站、汽车站、高速公路服务区等重要交通站点进行全面清理，整治广告牌匾、规范占道经营、规范城市停车、完善道路设施、加强夜景建设、推进园林绿化，打造了整洁、有序、美观的城乡环境，为冬奥会的成功举办增光添彩。

第六章　京津冀生态环境支撑区建设协同立法

京津冀协同发展，是以习近平同志为核心的党中央作出的重大决策部署，是习近平总书记亲自谋划、亲自部署、亲自推动的重大国家战略。生态环境保护是推进京津冀协同发展战略三大率先突破领域之一。河北省人大常委会高度重视，深入贯彻习近平总书记重要指示和党中央决策部署，坚决落实《京津冀协同发展规划纲要》关于河北的定位要求，立足京津冀生态环境支撑区和首都水源涵养功能区建设，坚持生态优先、绿色发展，立法先行、协同推进，率先突破、先行先试，出台了生态环境保护协同法规十余部，在协同方式、协同内容、协同效果等方面取得了显著成效，为协同推进京津冀天蓝地绿水清的生态环境奠定坚实法治基础。

第一节　立法背景

立法是政策制度化、法律化的基本途径和保障方式。当前京津冀协同发展日益深入，加强京津冀生态环境支撑区建设协同立法，对于贯彻落实习近平生态文明思想、推动京津冀生态环境支撑区建设、推进京津冀区域深度协同立法，具有重要意义。

一、贯彻落实习近平生态文明思想的必然要求

党的十八大以来，以习近平同志为核心的党中央把生态文明建设摆在改革发展和现代化建设全局位置，坚定贯彻新发展理念，不断深化生态文明体制改革，推进生态文明建设的决心之大、力度之大、成效之大前所未有，生态文明战略地位显著提升，绿色发展成效不断显现，生态环境质量

明显改善，生态文明制度体系更加健全，全球环境治理贡献日益凸显，美丽中国建设迈出坚实步伐，我国生态环境保护发生历史性、转折性、全局性变化。这些成就的取得，根本在于以习近平同志为核心的党中央坚强领导，在于习近平新时代中国特色社会主义思想尤其是习近平生态文明思想的科学指引。习近平生态文明思想，是习近平新时代中国特色社会主义思想的有机组成部分，深刻回答了为什么建设生态文明、建设什么样的生态文明、怎样建设生态文明的重大理论和实践问题，进一步丰富和发展了马克思主义关于人和自然关系的思想，深化了我们党对社会主义建设规律的认识，集中体现了我们党的历史使命、执政理念、责任担当，为推动京津冀生态环境支撑区建设各项工作，指明了发展方向、提供了根本遵循。

开展京津冀生态环境支撑区建设协同立法，是贯彻落实习近平生态文明思想的重要举措，是坚持立法先行，发挥立法的引领、推动和保障作用的重要体现。习近平总书记指出，“我国生态环境质量持续好转，出现了稳中向好趋势，但成效并不稳固。生态文明建设正处于压力叠加、负重前行的关键期，已进入提供更多优质生态产品以满足人民日益增长的优美生态环境需要的攻坚期，也到了有条件有能力解决生态环境突出问题的窗口期。”[1] 中央政治局审议通过的《京津冀协同发展规划纲要》明确提出，要做好立法、修法工作，用法治手段保障京津冀协同发展的顶层设计和重大决策的落实。在全面依法治国的今天，贯彻落实习近平生态文明思想，推动京津冀生态环境支撑区建设，必须在法治框架内推进。

协同立法必须深入贯彻落实总书记关于生态文明建设的指示精神，坚持人与自然和谐共生，遵循节约优先、保护优先、自然恢复为主的原则，协同立法要多谋打基础、利长远的善事，多干保护自然、修复生态的实事，多做治山理水、显山露水的好事。坚持绿水青山就是金山银山，贯彻创新、协调、绿色、开放、共享的发展理念，通过协同立法推动形成节约资源和保护环境的空间格局、产业结构、生产方式、生活方式，把经济活动、人的行为限制在自然资源和生态环境能够承受的限度内，给自然生态留下休养生息的时间和空间。坚持重在保护要在治理，三地要坚持生态优

〔1〕《习近平在全国生态环境保护大会上的讲话》，《新华社》2018 年 5 月 19 日。

先、绿色发展，因地制宜、分类施策，共同抓好大保护、协同推进大治理，牢固树立"一盘棋"思想，更加注重保护和治理的系统性、整体性、协同性，着力加强三地生态保护治理，促进区域高质量发展。坚持良好生态环境是最普惠的民生福祉，协同立法要以生态惠民、生态利民、生态为民为出发点，重点解决损害群众健康的突出环境问题，加快改善生态环境质量，提供更多优质生态产品，努力实现社会公平正义，不断满足人民日益增长的优美生态环境需要。坚持山水林田湖草是生命共同体，从系统工程和全局角度寻求新的治理之道，统筹兼顾、整体施策、多措并举，全方位、全地域、全过程开展协同立法。坚持用最严格制度最严密法治保护生态环境，加快协同立法制度创新，增加立法供给，完善相关配套，强化法规执行，让制度成为京津冀生态环境支撑区建设的刚性约束和不可触碰的高压线。

二、推动京津冀生态环境支撑区建设的题中之义

协同立法是京津冀生态环境支撑区建设实践发展的重要保障。推动京津冀协同发展，是我省当前面临的重大历史机遇。《京津冀协同发展规划纲要》明确河北省功能定位的"三区"之一，就是生态环境支撑区。《京津冀协同发展规划纲要》实施几年来，河北省对生态建设重视程度之高、污染治理推进力度之大、环境质量改善速度之快前所未有。这几年，是京津冀协同发展、雄安新区规划建设、冬奥会筹办等重大国家战略和国家大事加快落地实施，河北历史上战略机遇最集中、发展势能最强的几年；是生态环境质量大幅好转，人民群众蓝天幸福感明显增强的几年；是首都政治"护城河"作用充分发挥，以京津冀生态环境支撑区建设拱卫首都生态安全的几年。可以说，河北作出了巨大牺牲，取得了巨大成效。同时，也要清醒地认识到，京津冀协同发展已经进入了滚石上山、爬坡过坎、攻坚克难的关键阶段，生态环境保护的矛盾和问题层次更深、领域更宽。我们必须紧紧围绕京津冀生态环境支撑区功能定位，保持力度、延伸深度、拓宽广度，统筹污染治理、生态保护、应对气候变化，深入打好污染防治攻坚战，加快生态建设，实现环境质量持续改善，厚植高质量发展绿色底色，推动河北绿色崛起。而这一系列工作的开展，都离不开协同立法的保障。

协同立法是京津冀生态环境支撑区建设定位的必然要求。京津冀生态环境支撑区建设是一项浩大工程，涉及山水林田湖草沙系统治理，涉及大气、水、土壤等多个方面，涉及环京津生态过渡带、坝上高原生态防护区、燕山—太行山生态涵养区、低平原生态修复区、沿海生态防护区多个区域，制度机制建设带有根本性、全局性和长期性，法治是区域环境保护和治理的基本方式和重要依托，法治建设本身就是区域协同发展的重要方面，依法治理更是其深厚支撑。京津冀生态环境支撑区建设离不开和谐统一的区域法治环境，不能缺少法治的一体化。这就要求加强三地的立法协同和法规协调，加快形成一批与协同共治相衔接、有利于制度定型完善的区域性法规体系。

协同立法是京津冀生态环境支撑区建设经验提炼的必然结果。法以建构和维护社会秩序为直接目的，但法又是以社会为基础的，法以区域为载体塑造并巩固协同发展新机制，又对区域系统化建设进行引导和规范。京津冀协同发展国家战略实施以来，在生态环境保护领域一体化治理和保护方面持续深化、取得新进展，京冀、津冀跨界河流横向生态保护补偿协议签署实施，生态环境联合监测和常态化联合执法、应急联动机制日益健全，联防联治、共建共享体系不断完善，为深入推进京津冀生态环境支撑区建设提供了实践经验和制度保障。其中一些行之有效的制度亟待上升为刚性约束，一些实践经验也有待转化为法规规范。对推进过程中出现的一些矛盾和问题，更需要立法作出价值判断、平衡利益关系。只有通过协同立法，才能为京津冀生态环境支撑区建设提供总体框架和规范指引，才能为区域分工协作提供可以预期的制度效力和强制执行力。因此，京津冀生态环境支撑区建设必须做到政策导向与立法决策统一协同，加强体制机制创新，确保重大改革于法有据。

三、推进京津冀协同立法深度拓展的重要抓手

2014 年以来京津冀协同立法多年的实践经验表明，京津冀生态环境治理和保护是京津冀协同立法的重点。只有在生态环保重点领域率先取得突破，才能推动京津冀协同立法大步前进。生态环保协同立法的不断推进、深入发展，为京津冀协同立法打造了生态环保样本，推动协同立法持续拓

展和深化。

2014 年 2 月，习近平总书记就推进协同发展提出了包括加强生态环境保护合作在内的七点要求。为落实习近平总书记关于实现京津冀协同发展这一重大国家战略的指示要求，由河北省人大常委会提出倡议，开展京津冀协同立法，得到了北京、天津两地的一致赞同，三地迅速形成了立法协同和对接的初步意向，京津冀生态环境协同立法作为率先突破的领域，由此正式提出。2015 年 3 月，首次京津冀协同立法工作会议在天津召开，会议一致通过了由天津市人大法制机构起草的《关于加强京津冀人大协同立法的若干意见》，搭建了协同立法的基本框架，明确了京津冀协同立法应当以区域基础设施一体化和大气、水污染联防联控作为优先领域。2016 年 2 月，第二次京津冀协同立法工作会议在北京召开，对包括生态环境保护在内的立法规划协同事项进行研究。同年，我省启动了对京津冀生态环境治理协同立法项目的实践探索，《河北省大气污染防治条例》以专章形式对区域大气污染防治协作进行了规范。2017 年 2 月，第三次京津冀协同立法工作会议在河北召开，会议通过了《京津冀人大立法项目协同办法》，对立法项目协同方式、协同原则、选定要求、协同机制、起草方式、联合攻关等进行了全面规定。会议委托高校完成的《京津冀协同立法研究报告》明确了生态环境治理协同的立法建议项目，包括京津冀水污染防治、区际生态补偿、水土保持等。同年 9 月，第四次京津冀协同立法工作会议在天津召开，会议通过了《京津冀人大法制工作机构联系办法》，确立了三地常态化的法制工作机构联系机制。会议委托高校完成的《京津冀协同发展立法引领与保障研究报告》提出了国家层面生态环保协同立法项目建议，包括京津冀区域大气污染防治特别应对法、京津冀区域生态补偿法、京津冀区域环境保护条例、京津冀区域土壤污染防治条例等。2018 年 7 月，第五次京津冀协同立法工作会议在北京召开，就立法规划、立法计划进行了充分沟通，讨论通过了《京津冀人大立法项目协同实施细则》，对环境保护、机动车污染防治等协同立法项目及工作方案进行了深入研究。同年，我省修订了《河北省水污染防治条例》，以专章形式对区域水污染防治协作进行了全面规定。2019 年 8 月，第六次京津冀协同立法工作会议在河北召开，全面总结了协同立法五年的成果，对机动车和非道路移动机械排放污染防治协同立法进行研究协调。2020 年，机动车和非道路移动机械排放污染防治条例实现了三地同步起草、同步修改、同步通过、同步宣传、同步实施。

通过几年来的不懈努力，京津冀三地以生态环保领域为突破口和重要抓手，打造了区域协同立法的新模式、新路径、新高度，开创了京津冀协同立法的新纪元。我们必须一以贯之、持之以恒地坚持开展生态环保领域协同立法，以期取得更大成效。

第二节　存在问题

京津冀协同发展重大战略实施以来，三地在生态环保领域率先突破，发展成效显著，生态环境质量大幅改善，生态系统服务功能有效提升，资源节约和综合利用成效显著，区域生态环境支撑能力明显增强。三地协同立法从制度层面协同到具体立法项目协同，取得了实质性突破。但也要看到，京津冀地区大气污染、水污染情况仍然严重，水资源短缺、地下水漏斗情况依然严峻，资源环境与发展矛盾仍然十分尖锐，协同立法的质量还有待提高，协同立法的水平仍有待提升，制约协同立法的障碍依然存在。这些问题是当前及未来京津冀环境支撑区建设协同立法面临的最大挑战。

一、区域性能源消耗与大气污染问题

京津冀是典型的以煤炭为主的能源结构。据国家统计局数据显示，2019 年京津冀地区煤炭消费总量占全国的 8.13%，其中河北占 7.15%；单位 GDP 能耗高，河北单位 GDP 煤耗高于北京、天津及全国平均水平[1]。由于煤炭消费强度高，单位国土面积承载了较多污染物排放，空气污染形势严峻。据《2020 年中国生态环境状况公报》统计，2020 年京津冀及周边地区“2 +26”城市优良天数比例范围为 49%—75.4%，平均为 63.5%，

〔1〕 张伟等编著：《京津冀区域环境保护战略研究》，中国环境出版社 2017 年 6 月第 1 版，第 5 页。

比 2019 年上升 10.4 个百分点。平均超标天数比例为 36.5%。其中，轻度污染为 26.7%，中度污染为 6.3%，重度污染为 3.3%，严重污染为 0.2%，重度及以上污染天数比例比 2019 年下降 2 个百分点。虽然与上年相比，京津冀地区各项指标都有所下降，但横向相比，长三角地区 41 个城市优良天数比例平均为 85.2%，平均超标天数比例为 14.8%。其中，轻度污染为 12.3%，中度污染为 2%，重度污染为 0.5%，京津冀地区各项污染指标均高于长三角地区。2020 年全国 168 个城市环境空气质量排名后 20 位城市中，有 5 个城市在京津冀地区；前 20 位中，仅有 1 个城市在京津冀地区。且京津冀地区大气污染物来源复杂，二次颗粒物在 PM2.5 中的比例较高[1]。2020 年，以 PM2.5、O_3、PM10、NO_2 为首要污染物的超标天数分别占总超标天数的 48%、46.6%、5.3% 和 0.2%。这些都给大气污染治理带来了严峻挑战。

二、区域水资源短缺与水污染问题

京津冀地区水安全问题形势紧迫。据国家统计局数据显示，2020 年，京津冀地区水资源总量仅占全国的 0.59%，化学需氧量（COD）排放量却占全国的 5.79%，氨氮排放量占全国的 3.82%，国家地表水考核断面水环境质量排名前 30 位中京津冀无一城市在列，而后 30 位城市中有 4 个城市来自京津冀地区。水资源短缺问题严重。2019 年，京津冀地区人均水资源量仅为 146.9 立方米，是全国平均水平的 7.12%。地下水资源短缺问题尤为突出，2020 年，京津冀地下水资源量为 158.4 亿立方米，仅占全国的 1.85%。地区流域范围内平原区普遍地表断流，生态常年用水不足[2]。当地表水不足以支撑生产和生活用水，开始采取大量开采地下水的方式，使地下水位大幅度下降，目前京津冀年均超采 34.7 亿立方米，已形成 20 多个下降漏斗区，超采的面积达到了 5 万平方公里[3]。水质状况同样不容乐

---

〔1〕 张伟等编著：《京津冀区域环境保护战略研究》，中国环境出版社 2017 年 6 月第 1 版，第 7 页。

〔2〕 张伟等编著：《京津冀区域环境保护战略研究》，中国环境出版社 2017 年 6 月第 1 版，第 9 页。

〔3〕《京津冀位于海河流域，为什么还极度缺乏水资源呢?》，《中国水利报》2019 年 5 月 22 日。

观。《2020 年中国生态环境状况公报》显示，2020 年海河流域为轻度污染，Ⅲ类及以上断面占 64%，比全国平均水平低 19.4 个百分点；劣Ⅴ类占 0.6%，与全国持平。水质状况整体不如长江、黄河、珠江等重点流域，水环境形势同样严峻。以河北省为例，截至 2017 年 11 月底，全省七大水系水质总体呈中度污染，北三河水系、漳卫南运河水系和黑龙港运东水系仍为重度污染，三成以上河流水质仍为劣Ⅴ类[1]。长期积累的问题尚未根本解决，新的问题又不断出现，水环境污染呈现结构型、压缩型、复合型相互叠加趋势。

三、区域土壤环境问题

京津冀地区土壤环境问题较为突出。在水土流失方面，据《2020 年中国水土保持公报》显示，京津冀水土流失面积 4.32 万平方公里，占土地总面积的 20.06%。其中，水力侵蚀面积 3.87 万平方公里，风力侵蚀面积 0.45 万平方公里。在土地荒漠化方面，虽然京津冀沙漠化和荒漠化已初步得到遏制，沙漠化和荒漠化面积不断减少，但由于工业污染和水土流失问题依然存在，土地荒漠化仍在局部扩展。河北近年来受荒漠化危害的土地面积已达约 260 万公顷，占总面积的 13.8%[2]。在土壤污染方面，京津冀近年来区域化的土壤污染现象比较突出，多地土壤环境综合质量达到污染级别。据统计，京津冀区域土壤铅含量是全国平均值的 8 倍，汞含量超标更近 40 倍[3]。

四、区域自然生态问题

森林、草原、湿地是构成区域自然生态的重要因素。从森林覆盖面积来看，据国家统计局资料显示，2020 年，京津冀森林面积共 588.15 万公

〔1〕《在河北省第十二届人民代表大会常务委员会第三十三次会议上关于对〈河北省水污染防治条例（修订草案）〉的情况说明》，2017 年 11 月 30 日。

〔2〕 李惠茹等著：《京津冀生态环境协同保护研究》，人民出版社，2018 年 9 月第 1 版，第 36 页。

〔3〕 姜玉、杨予宁、李瑞等：《京津冀农产品产地土壤污染防治战略及典型工程案例》，载于《中国工程科学》2018 年第 20 卷第 5 期，第 49 页。

顷，仅占全国森林面积的 2.67%；森林覆盖率情况较好，除天津森林覆盖率 12.1%，低于全国平均水平外，北京、河北森林覆盖率分别为 43.8%、26.8%，均高于全国平均水平。但随着基础条件相对较好区域绿化工作基本完成，剩下的都是立地条件差、造林难度大、开发成本高的区域，京津冀区域绿化工作面临较大挑战。从草原情况来看，据国家统计局资料显示，2017 年，京津冀草原面积共 525.35 万公顷，仅占全国草原面积的 1.34%。同时，草原生态建设和保护仍存在不少问题，草原生态系统整体仍较脆弱，"三化"草原面积较多，部分草原仍存在退化的风险，且由于草原畜牧业生产方式粗放落后，草原禁牧、休牧制度难以全面落实，草原生产、修复、保护、鼠害防治等技术支撑能力相对落后，这些均不利于草原保护。从湿地情况来看，据国家统计局资料显示，2019 年，京津冀湿地面积共计 17.85 万公顷，仅占全国湿地面积的 0.76%。与 2013 年我国第二次湿地调查数据相比，京津冀三地湿地面积减少了 86.12%，远高于全国 56.22% 的减少速度，湿地保护形势同样严峻。

五、区域生态环境协同治理问题

一是生态环境治理存在行政壁垒。由于三地属于不同行政区划，在开展区域生态环境协同治理过程中存在一定掣肘，加大了协同治理的难度。同时，由于河北与北京、天津在经济发展上的不均衡性，一定程度上加剧了京津冀三地行政管辖壁垒的坚固度。二是生态环境治理能力不均衡。根据人民论坛测评中心"环境治理能力测评"数据显示，北京、天津的综合环境治理能力较强，可以综合运用经济、政策、社会号召、文化推广等手段推进环境质量改善，具备较高的环境支持能力[1]。京津冀区域各城市间综合环境治理能力总体上不平衡，城市之间治理能力差距较大，势必会增加京津冀区域生态环境协同治理的难度。三是协同立法亟需国家层面建立协调机制。虽然自 2014 年京津冀生态环境治理协同立法提出以来，三地人大积极搭建协同立法平台、着力建设协同立法制度、深入推进协同立法项

〔1〕孟庆瑜等著：《京津冀区域生态环境协同治理政策法律问题研究》，人民出版社，2019 年 12 月第 1 版，第 57—58 页。

目，实现了协同立法较大飞跃。但京津冀三省市均是独立的立法主体，在涉及重大而复杂的利益冲突时，容易出现三省市自身无法协调的情况，需要国家层面进行立法协调。目前，包括立法法在内，国家法律均未对京津冀协同发展等区域发展中的重大利益冲突问题予以立法规范，国家立法层面尚属空白。

第三节　主要做法

京津冀生态环境协同治理面临的问题，对于京津冀三地特别是河北而言，既是挑战，更是机遇。如何在国家层面的主导下，更好地承担国家战略，把三地的立法资源有效整合，通过顶层设计、制度安排和体制机制创新，引领和推动三地生态环境协同治理，是三地人大面临的重要理论和实践课题。近年来，三地人大常委会紧紧围绕京津冀协同发展重大国家战略，瞄准生态环保关键领域，不断创新方式方法，努力实现重点领域和重要项目协同、立法起草协同、立法过程协同、立法内容协同，为协同立法开辟了新路径、指明了新方向。

一、有的放矢，明确协同立法重点领域、重要项目

对于协同立法而言，立法领域的准确界定至关重要，直接关系协同立法效果，而立法项目的落地是推进京津冀协同立法的直接目标所在。《京津冀人大立法项目协同办法》明确规定，“京津冀三方应当按照《京津冀协同发展规划纲要》的要求，围绕有序疏解北京非首都功能这一核心，在交通一体化、生态环保、产业升级转移等重点领域，选择关联度高的重要立法项目进行协同”。并对立法项目的协同方式、协同原则、协同要求、协同程序、协同机制等问题进行了全面规定，推进立法项目协同工作取得实效。三地认真贯彻落实《京津冀人大立法项目协同办法》规定，精准聚焦生态环保领域的焦点堵点问题，精心选题，针对国土保护和治理、大气污染防治、水污染防治、土壤污染防治、湿地保护、森林草原保护等领域进行协同立法，带动其他领域协同立法稳步推进，充分发挥立法的引领和推动作用。

二、步调一致，在立法起草上实现协同

立法起草是将协同立法项目落地的关键环节，直接影响协同立法效果。京津冀三省市人大高度重视立法起草的协同，在《京津冀人大立法项目协同办法》中对立法起草进行了重点规定：关于起草方式。协同立法项目的起草可以采取多种方式进行，一是一方起草，其他两方密切配合，二是联合起草、协同修改，三是三方商定基本原则，分别起草。关于起草过程。拟定协同立法项目草案，三方可以同步调研、同步论证、同步修改，对涉及的难点、重点、焦点问题进行联合攻关。关于草案调整。协同立法项目草案涉及重大体制和重大政策调整的，京津冀三方分别报同级党委决策，需要相互协调的，在报同级党委之前可以进行立法协调。几年来，京津冀在生态环保领域立法起草环节的协同效果十分明显，《河北省水污染防治条例》《天津市水污染防治条例》《河北省大气污染防治条例》《天津市大气污染防治条例》《河北省湿地保护条例》《天津市湿地保护条例》等协同立法项目正是立法起草有效协同的结果。

三、加强沟通，在立法过程中开展协同

深入的沟通交流是实现高效协同立法的前提和基础。京津冀协同立法启动以来，京津冀三地人大常委会及其法制工作机构高度重视协同立法工作的沟通交流，从制度层面对沟通交流制度进行了重点规定。《京津冀人大法制工作机构联系办法》明确规定：对确定协同立法项目，京津冀人大法制工作机构要推动本地在调研、论证、修改等环节与其他两方协调推进工作；在人大常委会审议过程中，常委会组成人员有重大修改意见的，也要及时通报其他方有关意见和修改情况，必要时可以进行三方会商。可以将本地立法项目法规草案，发送其他方征求意见。接受征求意见方要认真研究，及时回复意见。三地人大在开展生态环保协同立法过程中，积极贯彻落实《京津冀人大法制工作机构联系办法》有关规定，制定《河北省湿地保护条例》时，河北省与天津市人大保持密切沟通，互相征求意见；制定《河北省水污染防治条例》时，河北省人大常委会法制工作委员会专程

赴天津市进行水污染防治立法考察、征求意见，并书面征求了北京市人大常委会意见；制定《河北省绿化条例》时，河北省人大常委会法制工作委员会在学习考察基础上，吸收了天津在绿化方面重视城乡统筹、强化建设项目绿地管理等先进做法和有益经验，收到良好效果。除对法规进行学习交流、征求意见之外，还对立法工作程序、立法工作方面的一些有益经验积极学习借鉴。例如在制定《河北省大气污染防治条例》时，河北省人大常委会法制工作委员会专程到北京市就立法协商情况进行了座谈，北京市人大常委会法制办公室主要负责同志就立法协商的启动、工作情况、取得的效果进行详细介绍。通过学习借鉴，河北省于 2015 年首次开展了立法协商。

四、协同规范，在立法内容上体现协同

在立法起草、立法过程协同的基础上，京津冀三省市人大常委会积极推动立法内容的协同。从已经开展协同立法的生态环保法规内容可以看出，协同条款主要涉及加强区域协作、构建联合执法机制、加强数据共享和平台建设、加强科技合作等方面。有的是设置专章，有的是设置专门条款，均不同程度体现协同要求。如《河北省大气污染防治条例》设立重点区域联合防治专章，规定了建立大气污染防治协调机制、建立大气污染预警联动应急响应和跨界污染处置机制、推进大气污染防治科研合作、强化重点区域大气污染协同防治等。《河北省水污染防治条例》设立区域水污染防治协作专章，规定省人民政府应当推动与北京市、天津市和周边地区建立水污染防治上下游联动协作机制和统一协同的流域水环境管理机制，推进水污染防治规划、防治政策措施和技术标准、重点工程、监督防控的协调工作，共同预防和治理水污染、保护水环境。

第四节　构建京津冀生态环境保护法治体系

京津冀协同立法实施以来，三地人大常委会强化系统思维，初步形成了涉及大气、水、土壤、自然生态等各方面的生态环境领域法规体系，不

断织密生态环境法规网络，为三地以更高标准打好蓝天、碧水、净土保卫战提供坚强的法治支撑。

一、坚持系统治理，山水林田湖草沙海生命共同体保护有法可依

京津冀三地山水相依、土地相连，其自然资源和生态环境同属于一个整体，必须共同保护、共同治理，相互衔接、相互补益。河北省加强国土资源环境的系统保护和治理，率先于2015 年1 月出台《河北省国土保护和治理条例》，将国土保护和治理作为一个统一的有机整体，致力于解决突出矛盾和共性问题，对共同保护、综合治理进行规范。以针对问题立法、立法解决问题为导向，对山水林田湖草沙海等生命共同体的各个主要要素的突出问题、薄弱环节和主要矛盾作出规范。以“下重拳，出硬招，重刚性”为原则，针对“违法成本低，守法成本高”的问题设置法律责任，把刚性、力度和可操作性落到实处。该部条例的出台，既是从根本上维护和提升国家形象的重要举措，也是积极回应广大人民群众期盼的有效途径，更是用地方性法规保障京津冀协同发展的必然要求，为山水林田湖草沙海生命共同体保护和治理提供了坚实法治保障。

二、坚持联防联治，打好蓝天保卫战有法可依

京津冀三地同呼吸、共命运，严重的大气环境污染问题已成为制约三地经济社会可持续发展的瓶颈。《京津冀协同发展规划纲要》、国家《大气污染防治行动计划》《京津冀及周边地区落实大气污染防治行动计划实施细则》等均对加强区域协作、联防联控环境污染问题作出了明确规定。而北京奥运会、上海世博会以及广州亚运会等空气质量保障实践亦表明，坚持区域联防联控，实行省际联合、部门联动、上下齐动，是解决区域环境问题、确保目标城市空气质量的行之有效措施。

为加强区域大气污染联防联控联治，增强防治效果，我省于2016 年1 月出台了《河北省大气污染防治条例》。在立法过程中，首次开展京津冀立法工作深度协同，与北京、天津两地的人大立法机构沟通对接，对草案

逐条进行研讨，互相取长补短、形成高度共识。在立法内容上，紧紧围绕京津冀协同发展国家战略，结合河北特殊区位，在全国率先开创性地设立“重点区域联合防治”专章，对大气污染重点区域联合防治予以系统性规范。主要体现在以下方面：一是建立大气污染防治协调机制。条例规定，“省人民政府应当与北京市、天津市以及其他相邻省、自治区人民政府建立大气污染防治协调机制，定期协商大气污染防治重大事项，按照统一规划、统一标准、统一监测、统一防治措施的要求，开展大气污染联合防治，落实大气污染防治目标责任”。同时，还进一步规定，“省人民政府有关部门在实施产业转移的承接与合作时，应当严格执行国家和本省有关产业结构调整规定和准入标准，统筹考虑与北京市、天津市以及其他相邻省、自治区大气污染防治的协调”。二是建立大气污染预警联动应急响应和跨界污染处置机制。条例规定，“省人民政府环境保护主管部门应当与北京市、天津市以及其他相邻省、自治区人民政府环境保护主管部门建立大气污染预警联动应急响应机制，统一重污染天气预警分级标准，加强区域预警联动和监测信息共享，开展联合执法、环评会商，促进大气污染防治联防联控，通报可能造成跨界大气影响的重大污染事故，协调跨界大气污染纠纷”。三是推进大气污染防治科研合作。条例规定，“省人民政府有关部门应当加强与北京市、天津市以及其他相邻省、自治区人民政府有关部门的大气污染防治科研合作，组织开展区域大气污染成因、溯源和防治政策、标准、措施等重大问题的联合科研，提高区域大气污染防治水平”。四是强化重点区域大气污染协同防治。条例规定，“省人民政府环境保护主管部门会同有关设区的市人民政府，制定重点区域大气污染防治规划，明确协同控制目标，提出重点防治任务和措施，促进区域大气环境质量改善”。

为贯彻落实京津冀协同发展重大国家战略和绿色发展理念，保护京津冀及周边地区生态环境，防治大气污染，促进农作物秸秆综合利用和农业增效、农民增收，我省于2015年5月率先出台了《河北省人民代表大会常务委员会关于促进农作物秸秆综合利用和禁止露天焚烧的决定》，并两次进行修订完善。天津市也于2017年1月出台了《天津市人民代表大会关于农作物秸秆综合利用和露天禁烧的决定》。在立法过程中，两地加强联系沟通，互相征求意见，确保在重要问题上保持协同。在立法内容上，两地决定对促进秸秆综合利用和禁止露天焚烧工作原则、责任主体、资金保障、扶持政策、秸秆“五化”利用、秸秆禁烧监管体系建设的规范基本一致，尤其是在对部分违法行为行政处罚的设定上，两地保持高度协同一致，避免“同行为不同罚”，为区域联防联治提供法治准绳。

按照全国人大常委会统一安排部署，除张家口、承德、秦皇岛外，我省处于京津冀大气污染传输通道上的设区的市均出台了关于大气污染防治的地方性法规。

另外，张家口、沧州、衡水、邢台还出台了关于禁止燃放烟花爆竹的地方性法规。这些地方性法规为促进京津冀蓝天保卫战取得重大成效发挥了重要作用。

三、坚持多管齐下，首都水源涵养功能区建设有法可依

加强生态建设，树立生态优先意识，倾力建设首都水源涵养功能区，是高质量推动京津冀协同发展的重要举措。近年来，河北省紧紧围绕“首都水源涵养功能区”定位，坚持全流域治理与重要生态区域治理相结合，地表水保护与地下水保护相结合，保水量与提水质相结合，省、市两级共同发力，积极开展相关立法协同，为首都上游水生态环境持续改善作出了积极贡献。

为打好水污染防治攻坚战，保护水生态，保障饮用水安全，维护公众健康，河北于 2018 年 5 月率先修订了《河北省水污染防治条例》，这是国家水污染防治法实施后，全国首部进行修订的水污染防治地方性法规，也是河北史上最严水污染防治法规。条例专设区域水污染防治协作一章，规定我省应当推动与北京市、天津市和周边地区建立水污染防治上下游联动协作机制和统一协同的流域水环境管理机制；推进与北京市、天津市和周边地区跨界水质断面监测，定期通报监测数据，开展监测信息共享、联合执法和水污染事故应急处理工作；统筹建设水环境监测网，在饮用水水源地、国省控河流断面、跨行政区域河流断面、入海河流控制断面统一规划设置水质监测断面，实现水质实时监控，并将监测结果统一发布；建立联席会商和联防治污机制，协同日常监测、预警、检查，统筹协调跨行政区域水污染防治工作；通过资金补偿、产业转移、对口协作等方式，建立健

全对位于饮用水水源保护区区域和河流、湖泊、水库上游地区的生态补偿机制，为共同做好流域水污染治理和水环境保护提供了法治保障。

随着京津冀一体化发展，水资源短缺矛盾日益突出，地下水问题不断凸显。我省是典型的资源型缺水省份，也是全国地下水超采最严重的省份之一。长期以来，由于我省入境水量大幅衰减，只能依靠超采地下水维系经济社会发展，造成地下水位持续下降，地下水漏斗不断扩大，地面沉降日趋严重，河湖生态加剧恶化。为了加强地下水管理和保护，修复地下水生态，促进地下水可持续利用，我省于2018 年9 月修订了《河北省地下水管理条例》，明确实行最严格水资源管理制度，划定地下水开发利用红线，明确规定地下水取水许可由省人民政府统一审批，完善了不予批准取用地下水的情形，强化了地下水考核评价制度；强化机井关停严控地下水开采，规定县级以上人民政府应当对城镇公共供水管网覆盖范围内的自备井予以关停，在农业休耕区域对农业灌溉井实施封存备用，在深层地下水漏斗区对取用深层地下水的农业灌溉井按照计划予以关停；统筹深层地下水保护，明确深层地下水战略储备和应急水源的地位和作用，加强华北地区深层地下水保护，为京津冀协同发展提供生态支撑；构建多种水源联合调度机制，加快建设南水北调工程和引黄工程，多渠道多举措增加替代水源，扩大地表水供水范围；严格法律责任，加大处罚力度，提高违法成本，确保条例的刚性和约束力，为落实最严格水资源管理制度，建设首都生态环境支撑区奠定法治基础。

湿地资源作为生态系统重要组成部分，在涵养水资源、维护生态平衡方面发挥着重大作用。京津冀地区湿地资源相对较少，保护现状也不容乐观。加强湿地保护和建设，对于建设好京津冀生态环境支撑区，建设生态屏障具有重要意义。为此，我省于2016 年9 月出台了《河北省湿地保护条例》。鉴于河北是北京、天津重要水源涵养地，加强湿地保护对于北京、天津生态系统起到重要支撑作用，在立法过程中我们与北京市、天津市人大保持密切沟通，互相征求意见，推动立法进程协同。在立法内容上，条例充分总结我省湿地保护管理的先进经验，重点规范了湿地保护体系不完善、开发利用和生态保护矛盾突出、执法机制不协调、破坏湿地行为处罚力度不够等问题。同时，京津冀三地贯彻中央出台的《关于加快建立生态补偿机制的意见》，均在条例中规定了生态补偿制度，对于开展三地之间横向生态补偿合作具有重要指引和推动作用。

河湖作为一种重要的自然资源，具有蓄洪、供水、维护生态多样性等功能，在水源涵养功能区建设中起到重要作用。我省流域面积50平方公里以上的河流1386条，然而长期以来，由于地下水长期严重超采、管理无序、保护不力等原因，河湖断流、数量锐减、水质恶化、面积萎缩，曾经的"千河之省碧波万顷"已然名不副实，立法护水、铁腕治理已经刻不容缓。为此，我省于2020年1月出台了《河北省河湖保护和治理条例》，实现由单一河道治理观念向流域之治、生态之治转变，明确了跨区域统筹、全流域治理，采取违建治理、河湖清障、截污控污、水环境治理等一系列措施，用最严格制度、最严密法治保护河湖生态环境。在立法过程中，先后赴北京、天津实地调研，深入了解意见建议，作为修改完善草案的重要参考。在立法内容上，条例规定，省人民政府应当按照国家统一部署与北京市、天津市以及周边其他省、自治区建立联席会商、信息共享和联防共治机制，加强区域联动，协商河湖保护和治理重大事项，共同做好省际河湖保护和治理工作。条例在严格饮用水源保护、加强生态修复的基础上，专门作出规定，承德、张家口应当按照要求采取水土保持、地下水超采综合治理、多源引水、保护湿地等措施，进而提升水源涵养功能，改善生态环境。条例规定大运河沿线设区的市、县级人民政府应当做好大运河文化保护传承利用、河道水系治理管护、生态保护修复等工作，为构建"多水统筹、库河相连、丰枯相济、排灌结合、城乡一体"的现代水网体系提供法治支撑。

滦河流域是推进京津冀协同发展和"两区"建设的前沿阵地，发挥着为京津冀地区防风固沙、涵养水源等重要功能。其上中游是京津冀水源涵养区和生态环境支撑区，是京津冀地区重要的生态屏障和生态廊道；中下游分布着潘家口、大黑汀、桃林口水库等大型蓄水工程，为流域内的重点城市提供生产生活生态用水，并跨流域向天津市供水。近年来，流域内水资源供需矛盾凸显、空间分布不均、生态水量不足、农业面源污染、水土流失严重等问题突出，流域内管理体制不顺、职能交叉，流域管理职能相对弱化。加强滦河流域水资源保护和管理，对推进京津冀协同发展、助力

“两区”建设至关重要。为此，我省于2020年9月出台了《河北省人大常委会关于加强滦河流域水资源保护和管理的决定》，从滦河流域的管理体制、资金保障、各方监督、分区保护、生态补偿、水资源管理、水污染防治和水生态保护等方面发力，强化措施，作出规定。实化了流域管理职能，规定省政府应当建立健全省际协同机制，协调解决流域内水资源保护管理重大事项。细化分区施治直奔突出问题，对滦河源头区、中上游、中下游、滨海区域进行分类规范。创新生态补偿机制实现共建共治共享，明确规定建立多层次、多元化的生态补偿体系，建立保护责任共担、流域环境共治、生态效益共享机制。决定的出台为充分发挥滦河流域在京津冀协同发展中水源涵养功能和生态支撑作用提供强有力法治依据。

衡水湖是华北平原单体面积最大的淡水湖泊，位于京津冀重要生态腹地，享有“京津冀最美湿地”“华北绿明珠”等诸多佳誉，不仅是衡水市的“母亲湖”，还是京津冀区域生态系统的重要支撑，在涵养水源、净化空气、调节气候、维护生物多样性等方面具有重要作用，对京津冀地区和整个华北平原的气候及生态质量具有直接影响。为充分发挥衡水湖对于京津冀生态支撑的作用，我省于2021年11月出台了《衡水湖保护和治理条例》，瞄准衡水湖保护和治理的重点与目标，围绕保护衡水湖湿地生态系统和国家重点保护鸟类，确保衡水湖水质水量，进行制度设计，明确监督管理措施。体现系统保护，考虑到衡水湖属于封闭性内陆湖泊，水体自净能力差，条例内容主要聚焦于衡水湖自身开展全方位保护和治理。同时，为确保入湖水质达标，专章规范入湖河道监管，实现协同治理、系统保护。强化刚性约束，根据条例规定的禁止行为，严格设置相应法律责任，加大法律责任覆盖面和处罚力度，提高法规的权威性和震慑力。条例的出台为保障京津冀区域生态安全，推进绿色可持续发展提供坚实的法治保障。

此外，设区的市积极开展生态环保领域相关立法，为推进首都水源涵养功能区建设增添法治力量。例如，张家口市、承德市根据习近平总书记关于“张承地区要定位于建设京津冀水源涵养功能区，同步考虑解决京津周边贫困问题”[1] 的重要指示精神，出台了一系列推动“首都两区”建

---

〔1〕《习近平在专题听取京津冀协同发展工作汇报时的讲话》，《人民网》2014年2月26日。

设的地方性法规。

张家口市于 2019 年 11 月出台了《张家口市地下水管理条例》，针对不同区域实施有针对性的管理手段和措施，进行超采区分类管理和坝上地区综合治理；在地下水饮用水水源保护区内，禁止设置渗水坑、垃圾场，填埋垃圾和有毒有害物质，排放工业废水等违法行为，为推进地下水管理工作有效开展奠定基础。出台了《张家口市河道和水库管理条例》，明确了河道和水库管理名录制度，划定管理范围，列明禁止事项，加强监督检查，发挥河（湖）长制作用，特别是对"流域生态环境的跨行政区域协同保护和共同治理"进行了规范，对改善水生态环境、推进"首都两区"建设具有重要意义。出台了《张家口市官厅水库湿地保护条例》，明确实行分区管理，划定保育区、恢复重建区和合理利用区，列明禁止擅自占用、围垦、填埋或者排干湿地等十项禁止行为，并设置了相关法律责任，特别是对建立跨区域协调机制进行了规定，有力维护生态功能和生物多样性，促进湿地资源可持续利用。

承德市于 2018 年 7 月出台了《承德市水源涵养功能区保护条例》，对承德市水源涵养功能区的涵养保护、综合治理、监督管理、法律责任等作出了明确规定，特别是规定了"推动建立本市与北京、天津等生态受益区域公平、有效的地区间横向生态补偿制度，实现生态共建共享、共同发展"有关内容，为推进水源涵养功能区建设、实现京津冀协同发展提供法治支撑。于 2021 年 11 月出台了《承德市滦河潮河保护条例》，对资源保护、污染防治、河道监管等作出明确规定，为保障滦河、潮河流域内生态安全，推进京津冀水源涵养功能区建设提供制度保障。

四、坚持协调联动，打好净土保卫战有法可依

土壤是构成生态系统的基本要素之一，是人类赖以生存的物质基础，是人类生存发展不可或缺的宝贵资源。土好才能粮好，土安才能居安。土壤污染种类多样，成因复杂，以及其本身的隐蔽性、滞后性、难修复性、间接危害性和区域性等特点，决定了传统的以行政区为单位的土壤污染治理方式已经不能有效解决当前的问题，所以京津冀区域土壤污染的协同治理势在必行。我省人大常委会积极主动作为，于 2021 年 11 月出台《河北

省土壤污染防治条例》，紧紧围绕我省土壤污染防治实际，明确土壤污染防治的规划和调查、预防和保护、风险管理和修复、保障和监督等内容。针对区域土壤污染防治协作工作情况，对我省与京津等地建立健全定期会商、联动执法、信息共享等机制，联合查处跨区域土壤污染违法案件等工作作出了规范，明确规定，“县级以上人民政府及其有关部门应当加强与北京市、天津市以及周边省、自治区的接壤地区人民政府及其有关部门土壤污染防治协作，建立健全定期会商、联动执法、信息共享等机制，联合查处跨区域土壤污染违法案件。”通过织密法治网络加强土壤污染防治，用最严格制度最严密法治推进土壤污染治理，为深入打好京津冀区域净土保卫战提供法治支撑。

五、坚持全方位发力，自然生态治理有法可依

近年来，河北省秉承绿色发展理念，坚持“以人为本、生态优先”，紧紧围绕构建京津冀生态环境支撑区，大力弘扬塞罕坝精神，统筹山水林田湖草沙海系统治理，全面加强生态系统保护修复，全方位推进全域国土绿化、太行山燕山重点区域绿化、草原生态建设、塞罕坝森林草原防火立法，为京津冀区域自然生态治理筑牢法治屏障。

为适应京津冀协同发展对城乡绿化事业的需要，着力解决绿化工作条块分割、权责不清的突出问题，我省于2017年5月出台了《河北省绿化条例》，明确了加快建设美丽河北的新标准、新要求，重点对构建城乡一体的大绿化格局、农村绿化、城市绿地保护、养护管理制度、全社会参与绿化、绿化监督和管理、增强执法刚性等方面进行了规范。在立法过程中，我省注重加强与京津的协同对接，专程赴天津市进行了学习考察，吸收了天津在绿化方面的先进做法和有益经验。《天津市绿化条例》重视城乡统筹，将条例适用范围扩大到全部行政区域，成为适用全市的大绿化条例，立足促进城乡统筹发展，既提高了城市绿化的标准，又对乡村绿化提出了要求；重视建设项目绿地管理，明确规定因建设用地条件限制导致绿地面积达不到规定绿化建设指标的，规划行政主管部门办理建设工程规划许可，应当征得市容园林行政主管部门同意，由建设单位按照所缺绿地面积和地级差价缴纳异地补建绿地代建费。这些规定在我省条例中均有吸收和

体现。两地协同出台绿化条例，对于贯彻落实党中央和国务院关于加快推进生态文明建设的决策部署，全面提升京津冀区域城乡绿化美化水平，打造生态宜居环境具有重要意义。

太行山、燕山分布在我省境内 8 个设区市的 64 个县（市、区），总面积 10 万平方公里，占全省土地总面积的 58%。作为我省国土生态安全的主体，太行山、燕山既是京津冀区域的生态屏障和重要水源涵养区，也是我省重要的林果产区和生态旅游区。为进一步加强太行山、燕山绿化建设，全力推进太行山绿化造林攻坚，全面促进燕山绿化提质增效，我省于 2019 年 11 月出台了《河北省人民代表大会常务委员会关于加强太行山燕山绿化建设的决定》，重点从政府职责、规划引领、资金保障、富民产业、机制创新、林地流转、矿山复绿、林木管护、考核奖惩等方面进行了规范，以法治力量践行绿水青山就是金山银山的理念，推动构筑京津冀生态安全屏障。

张家口、承德地区草原处于内蒙古高原向华北平原过渡地带，既是京津冀地区多条内流河的发源地及上游地段，也是北部风沙南侵的必经之地。特殊的地理位置和资源禀赋，决定了张家口、承德地区草原在京津冀地区担负着防风固沙、保持水土、涵养水源、调节气候、维护生物多样性、发展草原畜牧业等多方面的重要责任。依法建设、保护和合理利用草原，是建设首都水源涵养功能区和京津冀生态环境支撑区的迫切需要。为此，我省于 2019 年 7 月出台了全省第一部草原地方性法规《河北省人民代表大会常务委员会关于加强张家口承德地区草原生态建设和保护的决定》，重点对草原规划、政府职责、资金保障、兼顾农牧民收入、充实监管力量以及草原建设、保护、利用、法律责任等方面进行了规范，对加强张承地区草原生态建设和保护、改善京津冀生态环境具有重要现实意义。张家口市于 2017 年 9 月出台了《张家口市禁牧条例》，明确了禁牧规划、禁止行为、管理职责、法律责任等内容，对通过法治手段保护林草资源、推进京津冀生态建设协同发展、实现“绿色办奥”起到积极促进作用。

塞罕坝机械林场是世界上面积最大的人工林场，是滦河和辽河两大河流的重要水源涵养区和京津冀生态防护的重要屏障。2017 年 8 月，习近平总书记作出重要批示，“塞罕坝林场用实际行动诠释了绿水青山就是金山银山的理念，铸就了牢记使命、艰苦创业、绿色发展的塞罕坝精神，是推进生态文明建设的一个生动范例。”[1] 2021 年 8 月 23 日，习近平总书记亲临塞罕坝机械林场视察，再三叮嘱“防火责任重于泰山，要处理好防火和旅游的关系，坚持安全第一，切实把半个多世纪接续奋斗的重要成果抚育好、管理好、保障好。”[2] 为深入贯彻落实习近平总书记重要指示批示精神，做好塞罕坝森林草原防火工作，我省于 2021 年 11 月出台了《塞罕坝森林草原防火条例》，这是一部森林草原防火方面的“小切口、大部头”的专项法规，以提升塞罕坝森林草原防火整体能力为方向，以确保防火工作万无一失为目标，坚持构建职责清晰、权责一致的防火责任体系，全面贯彻“预防为主、安全第一”的方针，强化“打早、打小、打了”全链条管理，加强构建人防、物防、技防、全员、全时、全域，天空地一体化的监测预警体系，用最严格制度最严密法治确保防火安全，提升法规刚性约束力。条例的出台，对于守护好塞罕坝生态安全和人民生命财产安全，筑牢首都生态屏障具有重要意义。

此外，作为京津风沙源治理重点区域的承德地区，通过自治县立法，为省本级立法进行了有益补充。2019 年 1 月通过的《围场满族蒙古族自治县自治条例》，明确规定“大力实施野生动植物保护、退耕还林、公益林保护、天然林保护、京津风沙源治理、山水林田湖草综合治理、自然保护区建设、防治水污染等生态环境保护工程”，为筑牢京津冀风沙防护墙奠定坚实基础。

第五节　法规实施成效显著

法规的生命在于执行，法规的权威也在于执行。推动京津冀生态环境支撑区建设，离不开法规体系的健全，更离不开法规制度的执行。京津冀协同立法实施以来，河北加大各项生态环保领域法规的贯彻执行力度，让

---

〔1〕《习近平对河北塞罕坝林场建设者感人事迹作出重要指示》，《新华社》2017 年 8 月 28 日。

〔2〕《习近平在塞罕坝机械林场考察时的讲话》，《新华社》2021 年 8 月 23 日。

铁规发力、让禁令生威，让法规“长出牙齿”，确保各项法规落地生根，切实筑牢京津冀生态环境保护和治理的法治屏障。

主要做法体现在：

一是加强宣传。所有生态环保领域法规都在表决通过当天召开了新闻发布会，对条例进行权威发布和重点解读。利用广播、电视、报纸等传统媒体和网络、微信、微博等新媒体，全方位地宣传普及条例，扩大宣教广度，强化宣教深度。利用活动抓宣传，如张家口、承德两市利用每年6月18日“草原保护日”，积极开展形式多样、丰富多彩的草原普法宣传；衡水湖结合“世界野生动植物日”“湿地日”“爱鸟周”等主题宣传活动，开展衡水湖保护和治理条例宣传。

二是搞好配套。全面落实法规规定，统筹谋划，突出重点，抓好规划编制和配套制度建设。如为落实《河北省水污染防治条例》，开展“十四五”全省水生态环境保护规划编制，同步开展重点河流湖库生态环境保护规划编制。为落实《河北省绿化条例》，编制了《河北省国土绿化规划（2018—2035年）》《国土绿化三年行动实施方案（2018—2020年）》《加快推进廊道绿化和环城林建设的意见》《关于科学绿化的实施意见》等一系列绿化规划。为落实《河北省人民代表大会常务委员会关于促进农作物秸秆综合利用和禁止露天焚烧的决定》，将秸秆综合利用工作纳入绿色发展、农业农村污染攻坚战等相关考核指标，建立完备考核体系，研究制定《河北省秸秆综合利用和禁止露天焚烧监督管理与问责办法》，压紧压实各级主体责任。

三是严格执法。严格落实法规规定，强化监管执法，保持高压态势。如为贯彻落实《河北省人民代表大会常务委员会关于加强张家口承德地区草原生态建设和保护的决定》，于2019年和2021年，分别在全省范围内组织开展“绿卫2019”森林草原执法专项行动和2021年草原执法监管专项检查督查，严厉打击2013年以来非法开垦林地草原、非法占用使用林地草原、非法采集草原野生植物和滥砍盗伐林木等违法破坏森林草原资源行为。为贯彻落实《河北省水污染防治条例》，组织开展大运河专项执法检查、入海河流上游涉水企业执法检查等行动，组织各地生态环境部门对重点区域、重点企业、重点问题开展排查整治工作。

四是强化协同。为贯彻落实《河北省水污染防治条例》，强化环境应急管理和风险防控，加强上下游沟通协作，与北京、天津、山西签订《跨省流域上下游突发水污染事件联防联控框架协议》，与京津联合编制流域应急预案，定期开展污染隐患排查、应急演练，积极防范和处置跨区域水污染突发事件。积极推动跨省流域补偿，持续推进与京、津两市潮白河、滦河流域上下游联防联控机制建设，协商密云水库上游潮白河流域水源涵养区横向生态保护第二期补偿协议。开展跨界联合执法检查，组织了京津冀生态环境保护联合执法，建立完善工作协调、现场执法、信息互通、经验交流等机制，联合打击跨界环境违法行为，共同维护交界区域环境安全。

主要成效体现在：

一、蓝天保卫战取得新成效

《河北省大气污染防治条例》施行以来，全省空气质量显著改善，人民群众蓝天幸福感和获得感明显增强。2021 年全省 PM2.5 平均浓度 38.8 微克/立方米，同比下降 15.3%；优良天数平均 270 天以上，同比增加 15 天，优良天数比例 73.8%；重度及以上污染天数平均 9 天，同比减少 2 天，年度目标任务均超额完成。石家庄、邢台、邯郸成功实现“退后十”目标，空气质量综合指数在全国 168 个重点城市中分别排并列倒 12、倒 23、倒 15；唐山排倒 8，比 2020 年提升 4 个位次，均取得了历史最好成绩。

《河北省人民代表大会常务委员会关于促进农作物秸秆综合利用和禁止露天焚烧的决定》施行以来，秸秆综合利用率保持在 97% 以上，名列全国前茅，全省秸秆综合利用水平继续保持高位运行。秸秆综合利用格局初步形成，以环京津食用菌优势产区、邯郸冀中南食用菌核心产区为重点，发展秸秆基料化利用；以牛羊等草食动物养殖量较大的地区为重点，推进秸秆饲料化利用；以环京津设施蔬菜、冀中南棚室蔬菜、冀北露地错季菜产区等蔬菜生产区为主，发展秸秆肥料化利用。秸秆综合利用能力逐步提升，全省农机合作社达到 2899 个，秸秆还田机具保有量达到 13.11 万台，全省大型和特大型沼气工程池容达 61.37 万立方米，年产沼气 1 亿立方米以上，处于全国领先水平。

二、碧水保卫战取得新突破

《河北省水污染防治条例》修订施行以来，全省水生态环境保护工作取得了积极进展，水环境质量显著改善。在国家“水十条”考核中，从2016年合格、2017年良好到2018年—2020年连续三年获得优秀等次，实现了跨越式提升。2020年，全省纳入国家“水十条”考核的74个国考断面实现全面达标，达到或优于Ⅲ类（优良）的断面比例达到66.2%，优于年度目标17.5个百分点，“十三五”累计提高27个百分点；劣Ⅴ类断面实现全消除，优于年度目标25.7个百分点，“十三五”累计下降43.2个百分点，为全国劣Ⅴ类断面累计消除最多的省份。48条地级以上城市建成区黑臭水体全部完成整治。近岸海域水质优良（一、二类）比例达到100%。2021年，全省纳入国家“十四五”考核的地表水断面中，达到或优于Ⅲ类（优良）的断面比例为73.0%，优于国家年度目标9.9个百分点，劣Ⅴ类断面全部消除，优于国家年度目标8.2个百分点；白洋淀淀区及上游有水入淀河流水质全部达到Ⅲ类及以上标准。

《河北省地下水管理条例》施行以来，全省地下水保护和治理工作取得了显著成效。地下水管理能力稳步提升，建立了覆盖省市县三级的地下水开采量控制指标体系，定期开展超采区范围复核评价。水资源论证和取水许可审批更加严格，对25个取用水总量达到或超过控制红线的县（市、区），暂停审批新增取水；在超采区严格控制地下水开采，压减地下水超采量7.4亿立方米，提前13年完成国家下达的地下水采补平衡任务。2019年至2021年，共注销取水许可证13990件，注销水量27.03亿立方米。取水井清理规范稳步开展，全面实现取水井“身份证式”精准管理。结合取水井摸底排查，统筹开展取水许可清理规范工作。水资源动态监测不断加强，累计建设非农取水在线计量监控站点11600处，全省年取水量1万立方米以上非农取水户基本实现在线计量监控。农业节水力度加大，全省高效节水灌溉面积累计达到3300多万亩，其中喷灌、滴灌面积达到670多万亩。地下水污染得到有效遏制，城市排污管网规范化建设、乡村污水处理设施建设、海绵城市建设不断推进，农业面源污染防治得到全面加强。

《河北省湿地保护条例》施行以来，全省湿地保护工作迈上新台阶。

开展了退耕还湿、退化湿地恢复、湿地补水、湿地植被与鸟类栖息地恢复等综合治理工程，湿地公园数量有了跨越式发展。落实面积总量控制，确保湿地面积不减少。按照全国第二次湿地调查数据标准，全省湿地面积94.19万公顷（1413万亩），占国土面积的5.02%。其中，自然湿地69.46万公顷，人工湿地24.73万公顷，分别占湿地总面积的74%和26%。自然湿地中近海与海岸湿地23.19万公顷，河流湿地21.25万公顷，湖泊湿地2.66万公顷，沼泽湿地22.36万公顷。建立起以湿地保护区、湿地公园为主体的湿地保护管理体系。截至2021年底共建立湿地公园58处，其中国家湿地公园（含试点）22处，省级湿地公园36处。探索建立湿地生态效益补偿制度，2017年以来申请资金6300万元，生态效益补偿涉及5个乡镇、50个村庄，补偿面积超过5万亩，补偿户数超过7千户。开展湿地保护修复工程，规范湿地用途管理，有效维护了湿地生态系统健康。

《河北省河湖保护和治理条例》施行以来，河湖保护和治理工作取得明显进展。河湖治理不断强化，组织水利、公安、自然资源等多部门联合行动，持续排查整治河湖乱占、乱采、乱堆、乱建“四乱”问题，列入台账的历史遗留问题全部动态清零。河道得到集中整治，组织开展大规模集中清理整治河道，清淤疏浚河槽2000多公里，全省流域面积50平方公里以上1386条河道实现应清尽清、行水通畅。采砂受到严格管控，2018年至2021年，共查处非法采砂案件1059起，处罚1136人，非法采砂乱象得到有效遏制。统筹实施补水，从2018年开始，分年度制定河湖生态补水实施方案，统筹调度引江、引黄和水库水实施生态补水130亿立方米。水土流失治理能力不断增强，“十三五”期间新增治理水土流失面积1.07万平方公里，年均减少土壤流失量343万吨，拦沙效益达到70%以上，涵养水源能力有效提高。全省河湖长制从建立到见效，从“有名”到“有实”，省、市、县、乡、村共设立河湖长约4.6万余名，实现了河湖全覆盖。

《河北省人民代表大会常务委员会关于加强滦河流域水资源保护和管理的决定》施行以来，滦河流域水资源保护和管理工作取得突破。滦河流域跨市河流水量分配工作进展顺利，青龙河、瀑河、长河、清河等4个跨市河流水量分配方案已印发实施。重点河流生态水量保障工作成效明显，建立了用水总量控制指标体系，对各市（含定州、辛集市）及雄安新区

“十四五”及分年度用水总量和地下水开采总量指标进行了分解，建立了覆盖滦河流域省、市、县三级的用水总量和地下水开采量控制指标体系。强化河湖监管，重点对唐山市流域面积超过 50 平方公里的 128 条河道疏浚清淤和整治情况进行暗访抽查，督促整改，流域河湖面貌逐步发生根本性好转。取用水监管力度加强，对流域各地自备井关停、地下水取用以及地下水超采综合治理等情况定期进行督导检查并通报检查结果。实行水位水量双控制，将地下水开采量作为流域水利改革发展考核的重要指标纳入考核，将地下水位纳入地下水超采综合治理考核内容。

《衡水湖保护和治理条例》施行以来，衡水湖湿地的保护修复工作稳步开展。坚持政府主导，落实监管责任，围绕衡水湖国家级自然保护区和衡水湖入湖河道沿线保护区域的保护和治理，充分发挥政府在规划、建设、管理、监督、保护和投入等方面的主体作用，落实行业部门监管责任，建立健全政府、企业、社会组织和公众参与的长效机制。坚持将衡水湖湿地保护区作为湿地效益补偿试点，积极争取中央林业改革发展资金，对衡水湖保护区范围内因保护鸟类等野生动物受损的农户进行补偿，同时实施湿地保护与修复项目，缓解了生态保护和农民经济利益之间的矛盾，提高广大群众保护衡水湖野生动植物的积极性和自觉性，为湿地和生物多样性保护营造良好的外部环境和社会氛围。湿地修复方面开展了衡水湖湿地生态监测、生态效益研究与评价、增殖放流、湿地草本植物生态修复、西湖湿地生态修复等工程，使湿地生态功能不断提升。

三、净土保卫战取得新进展

《河北省土壤污染防治条例》施行以来，土壤污染防治得到全面加强。截至 2021 年 12 月底，受污染耕地全部落实风险管控措施，2236 个建设用地地块纳入重点监管，在全国率先开展典型行业企业及周边土壤污染状况调查试点。受污染耕地安全利用成效巩固提升，管控措施实现全覆盖，建立省市县三级工作台账，对任务较重县（市、区）开展专项督导，对进度滞后的地区及时预警。在全国率先启动耕地土壤环境质量类别动态调整工作。建设用地土壤风险有效管控，严格联动监管程序，精准界定纳入联动监管地块范围，细化联动监管程序，坚决防止污染地块违规开发利用。严格专家审核把关，严格落实“净地”供应制度，严格从业单位管理。强化农业面源污染治理，持续推动化肥农药减量增效行动，化肥农药使用量持续保持负增长。强化重点行业企业监管，1151 家企业纳入土壤污染重点监管单位名录，较 2020 年增加 330 家。强化固体废物环境整治，召开京津冀工业固废产业对接洽谈会，我省 5 家企业评为国家大宗固体废弃物综合利用骨干企业，数量居全国第一位。

四、生态文明建设取得新成果

《河北省国土保护和治理条例》施行以来，国土保护和治理工作取得显著成效，山水林田湖草沙海系统治理实现重大突破。国土空间规划更加科学有效，明确资源环境承载能力监测预警，严格划定生态保护红线。自然资源用途管制得到加强，严格执行自然资源用途管制制度，凡不符合规划、没有新增建设用地计划的，一律不予批准。农用地转为建设用地规模得到控制，坚决遏制耕地“非农化”。国土绿化不断推进，以“两山、两翼、三环、四沿”为主攻方向，大力实施国土绿化行动。湿地保护全面加强，湿地生态功能有效提升。矿山修复整治力度加大，积极开展矿山综合治理行动，截至 2020 年底，共修复责任主体灭失矿山 3705 处，共计 24.89 万亩。耕地资源得到保护，对补充耕地项目管理、永久基本农田保护、农田建设后期管护、耕地保护激励补偿等方面进行改革创新。耕地质量得到提升，截至 2020 年底，新建高标准农田 4462 万亩，投入省以上资金 2.2 亿元，实施农机深松耕作业 735.7 万亩。耕地保护提升项目有效实施，投入资金 6800 万元，测土配方施肥技术覆盖率达 92.8%。矿产资源管控不断加强，禁止在生态保护红线和各类保护地范围内新上露天矿山项目。海域保护不断强化，全面暂停受理、审核围填海项目，深化海域有偿使用。

《河北省绿化条例》施行以来，全省国土绿化可持续发展不断加强。国土绿化快速推进，“十三五”期间，全省累计完成营造林 3954 万亩，全省森林覆盖率由 31% 提高到 35%，森林蓄积量由 1.44 亿立方米增加到 1.75 亿立方米。2021 年，全省完成营造林 630 万亩，是年度任务的 105%。修复退化草原 42.37 万亩。2017 年以来，张家口市新建营造林

1317.28 万亩，森林覆盖率达到 50%，其中崇礼区全域森林覆盖率达到 70%，冬奥核心区超过 80%。坝上地区实施休耕种草 12.08 万公顷，建成国家示范牧场 30 个、草原公园 10 处，坝下地区创建农业公园 30 个。古树名木保护管理建档工作、智慧化管理工作有序推进。资源管护全面加强，在全国率先建成森林草原防火视频监控系统，“十三五”时期全省累计发生森林火灾 155 起，受害面积 644.48 公顷，比“十二五”时期分别下降 61.2% 和 21.95%，没有发生“进京火”和重特大以上森林草原火灾。生态富民协同发展，林地综合利用率成效显著，累计安排贫困县林业草原资金 132.9 亿元，5.1 万建档立卡贫困人口聘为生态护林员。城市绿量不断增加，绿地品质持续提升，截至 2022 年 1 月，全省累计建成各类公园绿地 6000 余个，创建省级园林式单位、小区、街道 4906 个（条），建成四星级以上精品公园 234 个。

《河北省人民代表大会常务委员会关于加强太行山燕山绿化建设的决定》施行以来，太行山燕山绿化快速推进。在太行山燕山完成营造林 1100 多万亩，森林资源成倍增长，生态功能逐步增强，太行山燕山已经成为京津冀区域的重要生态屏障和水源地，发挥着水源涵养、水库调蓄、水土保持、森林生物多样性保护等重要生态功能。生态富民协同发展，森林资源的增加，促进了农业、畜牧业、旅游业等相关产业的发展。太行山区形成了红枣、核桃和苹果等一批规模大、效益高、品牌亮的特色果品产业带和产业集群。部分经济林品种每亩增加收入约 3000 元，乡村振兴目标正在逐步实现。同时，燕山也成为河北省重要的林果产区和生态旅游地，京东板栗、兴隆山楂、昌黎葡萄等驰名中外，林果产业已成为农民增收致富的主导产业。

《河北省人民代表大会常务委员会关于加强张家口承德地区草原生态建设和保护的决定》施行以来，张承地区乃至全省的草原生态建设和保护工作取得新进展。执法监督力度不断加强，草原执法专项行动效果明显，全省发生的 14 起破坏草原刑事案件全部办结，破坏草原资源的违法行为得到有力遏制，草原资源得到有效保护。常态化开展“双随机一公开”检查，强化草原禁牧休牧管理。生态修复深入开展，印发了《关于推进张家口市退耕还草及草原科学利用的意见》《关于推进草原生态保护修复的实施意见》，促进坝上地区草原建设、保护、利用。重点草原生态修复项目有序推进，科技支撑能力不断加强，对重度退化草原采用免耕机补播等方式改良草原，并已大面积推广应用。推进张、承两市基本草原划定工作。稳步开展张家口坝上地区 180 万亩休耕种草。生物灾害得到有效控制，2019 年至 2021 年共计完成鼠虫害防治 1325. 5 万亩，实现了草原鼠害不暴发成灾、不发生害鼠严重破坏草原事件、飞蝗不起飞成灾、土蝗不扩散危害、入境蝗虫不迁移越境进京的目标，保障了草原生态安全。

《塞罕坝森林草原防火条例》施行以来，塞罕坝森林草原防火工作取得实质性进展。针对条例内容要求，塞罕坝机械林场等部门分解任务目标 50 项 71 条，逐项逐条列出清单，细化落实到单位和责任人。开展《塞罕坝森林防火规划（2022—2026 年）》编制工作，大力提升塞罕坝森林草原防火综合防控能力，确保森林资源安全。科学划定了塞罕坝机械林场及周边区域禁止旅游区，实行全年封闭管理，禁止游客进入该区域。进一步健全了河北省与内蒙古自治区、塞罕坝机械林场及周边区域森林草原火灾联防联控机制，完善联席会议、信息共享、通讯联络、力量调动、预警和信息报告等制度，统一森林草原火灾监测预警标准，按照火灾等级统一协调各级森林草原防灭火指挥机构，落实分级响应机制，协调做好森林草原火灾预防和扑救工作。进一步强化了科学技术在塞罕坝森林草原防火中的应用，加强“天、空、地”一体化监测指挥体系建设，提升以水灭火和航空护林能力。通过法治力量切实把半个多世纪接续奋斗的重要成果抚育好、管理好、保障好。

第七章 经济和社会领域协同立法

推动京津冀协同发展，是以习近平同志为核心的党中央在新的历史条件下作出的重大决策部署，是一篇有着重要现实意义和深远历史意义的大文章，而经济和社会领域的协同推进、高质量发展，则是这篇文章的核心要义之一。2014 年 2 月 26 日，习近平总书记在北京主持召开座谈会，专题听取京津冀协同发展工作汇报，强调实现京津冀协同发展，是面向未来打造新的首都经济圈、推进区域发展体制机制创新的需要，是探索完善城市群布局和形态、为优化开发区域发展提供示范和样板的需要，是探索生态文明建设有效路径、促进人口经济资源环境相协调的需要，是实现京津冀优势互补、促进环渤海经济区发展、带动北方腹地发展的需要，是一个重大国家战略，要坚持优势互补、互利共赢、扎实推进，加快走出一条科学持续的协同发展路子来。[1] 总书记的讲话，全面深刻阐述了京津冀协同发展的推进思路和重点任务，为京津冀协同发展指明了方向。以此为标志，京津冀协同发展正式上升为重大国家战略。2015 年 6 月，中共中央、国务院印发《京津冀协同发展规划纲要》，从战略意义、总体要求、定位布局、有序疏解北京非首都功能、推动重点领域率先突破、促进创新驱动发展、统筹协同发展相关任务、深化体制机制改革等方面描绘了京津冀协同发展的宏伟蓝图。《京津冀协同发展规划纲要》中明确提出“要做好立法、修法工作，用法治手段保障京津冀协同发展的顶层设计和重大决策的落实”。在推进全面依法治国背景下，贯彻落实京津冀协同发展这一重大国家战略，应当在法治理念指引下实施，在法律制度框架内推进，河北、北京、天津三省市充分发挥立法对改革的引领和推动作用，积极推进京津

〔1〕《习近平在京主持召开座谈会专题听取京津冀协同发展工作汇报》，《新华网》2014 年 2 月 27 日。

冀协同立法，在推进产业升级转移、推动交通一体化建设、促进公共服务共建共享领域开展了一系列立法实践探索，取得了明显成效。

第一节　产业升级转移领域协同立法实践

深入推进京津冀协同发展过程中，产业升级转移和协同发展对于推动区域经济转型和高质量发展、促进其他领域协同发展、支撑京津冀世界级城市群建设等方面具有重大意义。2014 年 2 月，习近平总书记在北京考察工作时指出，推进京津冀协同发展，要立足各自比较优势、立足现代产业分工要求、立足区域优势互补原则、立足合作共赢理念，以京津冀城市群建设为载体、以优化区域分工和产业布局为重点、以资源要素空间统筹规划利用为主线、以构建长效体制机制为抓手，从广度和深度上加快发展。[1] 河北省人大常委会深入研究京津冀协同发展中的法治需求，在多个领域开展了立法理论研究和实践探索，特别是在助推产业升级转移方面先后出台了《河北省优化营商环境条例》《河北省促进科技成果转化条例》《河北省促进企业技术创新条例》《河北省科学技术进步条例》《河北省数字经济促进条例》《河北省人民代表大会常务委员会关于落实纾困惠企政策、保护和激发市场主体活力的决定》等多部地方性法规，为京津冀产业升级转移和协同发展提供了坚实法治保障。

一、立法背景

（一）产业升级转移对于推动京津冀协同发展的重要意义

产业升级转移和协同发展是有序疏解北京非首都功能、推动京津冀协同发展的重点领域和关键支撑，对于推动京津冀协同发展具有重要意义。第一，京津冀产业升级转移有利于打造新的区域增长极。在京津冀协同发展战略提出之前，京津冀三地产业发展关联度较低，产业互补性

〔1〕《习近平在京主持召开座谈会专题听取京津冀协同发展工作汇报》，《新华网》2014 年 2 月 27 日。

不强，对环渤海乃至华北地区未能形成有效的辐射带动作用。从三地的发展特点来说，北京科技人才资源丰富，技术研发水平高；天津制造业基础雄厚，研发转化能力强；河北产业基础好，发展空间大。京津冀区域具有比较好的产业协同发展条件，通过产业升级转移，不仅可以构建分工协作、协同创新、优势互补的区域产业体系，有效促进要素资源高效配置，还可以推动区域潜在的互补优势、集聚优势和协同优势转化为竞争优势，打造新的增长极。第二，京津冀产业升级转移有利于缩小地区差距。京津冀区域内部发展差距较大，而区域产业发展不平衡是造成这种差距的重要原因之一。因此，引导京津冀三地产业合理转移与集聚发展，能够有效减小三地发展落差，增强北京、天津外围地区的产业支撑能力，切实发挥京津现代产业和先进要素对河北经济发展的带动作用，并最终实现缩小地区差距的目标。第三，京津冀产业升级转移有利于疏解北京非首都功能。目前北京市产业和人口过度集聚，已超过城市功能负荷和资源环境承载能力，“大城市病”问题日趋凸显。通过京津冀产业升级转移，将北京非首都功能向外疏解转移，同时带动人口迁移，能够有效缓解北京“大城市病”。

（二）推进产业升级转移取得的实质性进展

几年来，京津冀三地聚焦推动产业升级转移，加快破除各种体制机制障碍，构建协同创新体系，积极转方式、优结构、换动力，重点领域协同发展不断取得新突破。工业和信息化部与京津冀三省市人民政府联合编制了《京津冀产业转移指南》，引导京津冀区域内产业合理有序转移和承接，优化产业布局。在此指导下，北京市累计疏解一般制造业企业近 3000 家，疏解提升区域性批发市场和物流中心约 1000 个，北京大数据产业链部分环节加快向张北云计算产业基地集聚。中关村围绕新一代信息技术、智能制造和新材料等产业，支持企业在津冀地区开展示范应用，技术辐射作用不断增强。截至 2020 年底，河北省累计承接京津转入法人单位 24771 个，产业活动单位 9045 个；中关村企业已在天津、河北设立 8800 余家分支机构，达成技术合同成交额 1410 亿元，年技术合同成交额由 2014 年的 83.1 亿元增长至 2020 年的 347 亿元，促进更多优质科技成果有效转化，科技创新链加快形成，为产业升级提供创新动力。

（三）存在问题

京津冀三地在产业协同发展中聚焦推动区域全产业链布局，力求实现产业融合发展和转型升级，三地产业联系日益紧密，产业协作日益加深，产业链分工态势开始凸显，但仍存在诸多难题亟待解决。一是三地发展阶段及发展定位导致产业协同发展难度较大，京津与河北存在产业断层，区域内部部分产业关联度较低。二是创新能力、科技成果转化能力不均衡、不适应产业升级转移需要，导致产业链条各环节发展不均衡，难以形成稳定体系。三是制度体系不完善，存在产业政策不衔接、营商环境有差异、资质标准互认困难等问题，给产业升级、企业转移带来一定不利影响。

产业升级转移是京津冀协同发展率先突破的重点领域，更是深入推进京津冀协同发展的关键支撑，破解三地在产业升级转移领域面临的现实问题需要三地在中央统筹下协调配合，也需要通过法治力量来规范、引领和保障，根据现实情况作出制度设计。京津冀三省市人大常委会聚焦助推区域产业升级转移，促进京津冀区域协同创新发展，共同在优化营商环境、科技成果转化、信用体系建设等领域开展协同立法探索。

二、主要内容

（一）聚焦打造良好企业发展外部环境开展立法实践

京津冀协同发展不断向广度深度拓展，雄安新区规划建设迈出新步伐，河北省迎来了千载难逢的历史机遇，打造良好的企业发展外部环境，补齐制度短板，让市场主体来得了、留得住、发展好，对于落实京津冀协同发展重大战略，充分利用重要战略机遇期，推动河北加快转型、绿色发展、跨越提升意义重大。

营商环境是一个地区软实力的集中体现，是提升地区核心竞争力的关键因素，好的营商环境就是生产力、竞争力。为进一步推进简政放权，提升行政审批和服务效能，打造公平公正透明、可预期的营商环境，2017 年 12 月，我省出台了《河北省优化营商环境条例》。条例共 7 章 65 条，围绕优化政务环境、市场环境和法治环境三个主要方面作了规范，着重规范了以下事项：一是聚焦提升政务服务效能，条例规定，县级以上人民政府应当推进行政审批事项集中统一办理，确保“两集中、两到位”。同时条例还规定，推进“互联网 + 政务服务”，政务服务事项应当实现网上受理、办理、反馈、查询，加强政务资源信息共享平台建设，能够通过信息共享获取的信息材料，不得要求群众重复提交。不需要现场勘察、专业技术审查、集体讨论、专家论证、听证、考试的事项，应当当场受理、当场办理，如有违反，应当承担相应的法律责任，坚决对拒绝、推诿、拖延履行法定职责等“事难办”现象亮红灯。二是聚焦加强政务诚信建设，条例规定，对招商引资过程中承诺的投资政策和优惠条件，应当以书面的形式作出。招商引资等书面承诺，未经法定程序不得改变。为敦促落实政务诚信建设，条例还规定了将政务诚信纳入考核，考核结果作为对有关部门和下一级政府负责人综合考核评价的重要依据。三是聚焦降低企业制度性成本，激励先进企业落户河北，推进和保障大众创业、万众创新，条例规定，建立项目落地保障机制和承诺办结制度，实行项目跟踪服务责任制，压缩审批时限，及时协调解决项目审批、要素保障、建设和生产经营中的相关问题。同时条例还规定，建立创业创新政策集中发布平台，统筹安排各类支持创业创新的资金，发展创业孵化服务等。四是聚焦规范行政执法，减少对企业干扰，条例规定了，实施监督检查采取检查对象随机抽取、检查人员随机选派的方式，并及时公布检查、处理结果，积极推进合并和联合检查，不得妨碍企业正常生产经营活动，不得索取或者收受财物，不得牟取非法利益。五是聚焦建设公平竞争的营商环境，条例规定，制定地方性法规和制定市场准入、产业发展、招商引资、招标投标、政府采购、经营行为规范、资质标准等涉及市场主体经济活动的规章、规范性文件以及其他政策措施，都应当进行公平竞争审查；同时还规定，要平等对待不同所有制企业，不得歧视非公有制企业，平等保护外地市场主体，不得以任何形式禁止、限制外地市场主体到本地从事生产经营活动或者参与招标投标、政府采购活动等。

社会信用体系建设是优化营商环境、营造良好社会生态、实现市场经济良性发展的内在需要。为加快解决我省社会信用体系建设工作重点、难点问题，构建现代化的社会信用体系，为市场提供一种可信赖的“软环境”，2017 年 9 月，我省出台了《河北省社会信用信息条例》。条例共 8 章 54 条，主要规定了信用信息的含义及范围，明确了信用信息归集、披露、使用有关要求，规定了实现公共信用信息与市场信用信息合作共享以及信用主体权益保障等事项。围绕规范政府、企业、个人的信用行为，加强政务诚信建设，推进社会信用体系建设，构建以信用为核心的市场监管体系，突出了以下几方面：一是健全管理体制，构建平台体系。为明晰职权、界定责任，条例规定，省人民政府发展改革部门是本省社会信用信息工作主管部门，负责本行政区域社会信用信息综合协调和监督管理工作。同时，条例还规定省人民政府应当建设全省统一的社会信用信息平台，汇集有关部门、组织和地方建立的信用信息服务系统，对接国家信用信息平台和其他省（市、自治区）信用信息平台。实现社会信用信息跨部门、跨领域、跨地区互联互通、共享使用。二是规范信用信息的归集行为，确保信用信息真实有效。为了规范公共信用信息的归集，条例规定，公共信用信息实行目录管理制度，明确目录的制定主体、制定和变更的程序，列举了应当纳入公共信用信息目录的信息类别。同时，为了拓宽市场信用信息的来源，进而实现市场信用信息的共享利用，条例规定，社会信用信息平台可以按照约定归集信用服务机构、行业协会和平台企业采集的市场信用信息。企业事业单位等可以记录自身经营管理活动中产生的市场信用信息；行业协会和平台企业可以根据管理和服务需要，依法记录会员企业、入驻商户等的市场信用信息。此外，条例还规定信息提供单位、信用服务机构、行业协会和平台企业应当对其提供的信用信息的真实性、准确性负责，不得篡改、虚构信用信息。三是明确激励惩戒，促进信息使用。为真正做到“让失信者寸步难行，让守信者一路畅通”，条例规范了失信名单和守信名单制定、公布的标准及程序，明确了对守信主体的激励奖励措施和对失信主体的惩戒措施。规定县级以上人民政府及其有关部门应当在行政许可、行政检查、行政处罚、资质认定、政府采购、评先评优、公共资源交易、国有土地使用权出让、政府性资金安排等行政管理工作中使用信用信息。鼓励行业协会、金融机构和其他市场主体在社会生产活动中利用社会信用信息，采取相应措施，防范交易风险。

2017 年 12 月 1 日，河北省出台了《河北省地方金融监督管理条例》，为防范和化解金融风险、维护金融稳定、促进地方金融健康发展，服务实体经济提供重要法治支撑。2020 年 7 月 30 日，河北省出台《河北省人民代表大会关于落实纾困惠企政策、保护和激发市场主体活力的决定》，深入落实“六稳”“六保”决策部署，加快疫情常态化防控形势下经济恢复回升，推动经济高质量发展。

（二）聚焦加强创新驱动开展立法实践

创新驱动是京津冀协同发展的根本动力，对于推进结构性改革尤其是供给侧结构性改革、支撑经济转型升级和产业结构调整，促进大众创业、万众创新，打造经济发展新引擎具有重要意义。通过地方立法的形式加强顶层制度设计，为推动京津冀三地在多层面、多领域、多渠道开展创新协作，提升创新能力，促进创新要素流动提供了重要制度支撑。

促进科技成果转移转化是实施创新驱动发展战略的重要任务，是加强科技与经济紧密结合的关键环节。2016 年 9 月，我省出台了《河北省促进科技成果转化条例》。条例共 6 章 56 条，分别从科技成果转化的基本原则、主要目标、组织实施、保障措施、技术权益等方面作出规范，剑指科技成果向现实生产力转化不力、不顺、不畅的痼疾，遵循从科学到技术、从技术到市场的创新规律，提出了 10 个方面 43 项重点举措，特别是围绕京津冀协同发展国家战略，对区域协同创新作出了规范。一是明确提出建立创新机构协同机制。条例规定，支持京津等省外创新主体在我省设立分支机构、孵化机构、中介机构、研发机构、科技园区和产业基地以及转化重大科技成果，享受省内各项支持政策。二是推动构建京津冀协同创新共同体。条例进一步体现京津冀协同发展战略的要求，适应深化科技体制改革的需要，规定了推进构建京津冀协同创新共同体，加强我省与京津科技创新资源的开放共享，建设科技成果转移转化战略性平台，共建科技园区、技术交易市场、产业技术创新联盟、成果转化基金。还规定了鼓励企业、高等院校和研究开发机构与京津等省外创新主体联合开展关键技术研究和技术标准创制，联合申请国家重大科技计划和产业化项目，联合建设重点实验室、工程（技术）研究中心、中试基地和博士后科研工作站等。三是强化科技成果转化活动的政策支持。条例规定了对科技成果转化活动的财政资金支持、基金支持、金融支持、保险支持等相关内容。特别是考虑到我省科技成果转化率相对较低的现状，为了促进企业和高等院校加强科技成果的转化工作，在税收优惠政策方面按照国家法律和有关政策作出了规范。

加强知识产权保护、提高自主创新能力，是加快转变经济发展方式、实施创新驱动发展战略的内在要求。为进一步激发全省发明创造热情，切实保障专利权人权利，提高专利技术转化运用效率，2017 年 9 月，我省对《河北省专利条例》进行了全面修订。修订后的条例共 6 章 56 条，立足河北省情，对促进专利创造与运用、专利保护、专利服务与管理等方面作出了规范，贯穿专利工作全过程，同时围绕京津冀协同发展国家战略，对专利工作的区域协同配合作出了相应规范。一是完善知识产权区域合作会商机制。条例规定，对于涉外专利侵权纠纷、假冒专利案件以及行为发生地涉及两个以上设区的市的跨区域专利侵权纠纷、假冒专利案件，设区的市人民政府管理专利工作的部门可以报请省人民政府管理专利工作的部门协调处理、查处。对群体侵权、重复侵权以及其他有重大影响的专利侵权纠纷、假冒专利案件，省人民政府管理专利工作的部门可以组织有关设区的市、县（市、区）人民政府管理专利工作的部门处理、查处。条例还规定，省人民政府应当完善知识产权合作会商机制。省人民政府管理专利工作的部门应当加强与国务院专利行政部门侵权、确权咨询的联动，与北京、天津管理专利工作的部门加强对京津冀跨区域专利侵权纠纷、假冒专利案件的行政执法协作，推动建立立案协作、委托取证、案件协办、联合执法、案件移送、结果互认等制度，处理京津冀重点行业的专利侵权纠纷、假冒专利案件。二是健全区域专利市场和维权援助机制。条例规定，县级以上人民政府有关部门应当发展和规范专利交易市场，鼓励企业、机构及社会资金参与专利交易平台建设，支持专利交易机构发展，提高专利交易服务水平，推进专利技术商品化。条例还规定，县级以上人民政府应当采取措施，引导符合条件的单位和个人建立专利代理机构，积极引进省外优质代理机构在我省设立分支机构。鼓励专利代理机构以多种形式和渠道培养和引进专利代理人才，完善专利代理师资格考试的组织和培训，鼓励符合条件的社会各界人士参加专利代理师资格考试。县级以上人民政府有关部门应当建立健全专利维权援助机制，鼓励、支持知识产权维权援助机构、法律服务机构、专利中介服务机构、行业协会等通过多种方式，依法开展专利维权服务。鼓励企业、行业协会建立区域性、专业性专利保护联盟和协作机制，组织企业在国内外贸易和投资中开展集体维权。三是建立京津冀专利诚信服务系统。条例规定，省人民政府管理专利工作的部门应当与北京市、天津市管理专利工作的部门合作建立京津冀专利诚信服务系统，推动京津冀区域内的专利侵权纠纷、假冒专利案件以及执行失信、专利代理失信等信息纳入服务系统，并将该服务系统纳入社会信用体系。

企业作为技术创新的重要载体，在推进产学研合作、促进科技与经济结合中处于关键环节和核心地位。为进一步提升企业发展动力，激发企业创新活力，2018 年 7 月，我省出台了《河北省促进企业技术创新条例》。条例共 5 章 44 条，立足“促进”，扣准企业技术创新的重点和难点，从产业政策的高度和理顺政府与市场关系的角度进行制度设计，强化政府应当发挥的引导、激励、服务、保障作用，同时紧紧围绕京津冀协同发展国家战略，对企业技术创新工作区域协同配合作出了规范。一是完善京津冀企业技术创新交流长效机制。条例规定，县级以上人民政府应当完善京津冀企业技术创新交流长效机制，推动京津冀协同创新，鼓励本地企业与京津高等院校、科研机构、科技社会团体、企业等联合开展技术攻关、共建技术创新平台等合作，推动京津科技资源与本地应用研发和产业、企业相结合，吸引京津创新成果向本地聚集，促进京津科技成果向本地转移转化。二是健全区域人才引进机制。条例规定，县级以上人民政府应当完善引进省外高层次人才的政策措施，支持企业建立高层次人才创新创业基地。对带技术、带成果、带项目、带资金在本地创办、合办企业的省外高层次技术创新团队和产业创新团队，应当按照国家和本省有关规定给予支持。

科技创新是提高社会生产力和综合国力的战略支撑。为了深入实施创新驱动发展战略，深化科技体制改革，促进科学技术进步，进一步推动我省高质量发展，2020 年 6 月，我省对《河北省科学技术进步条例》进行全面修订。修订后的条例共 11 章 88 条，立足经济建设和社会发展重大需求，推进以科学技术创新为核心的全面创新，完善科技创新体制，从创新要求、要素培育、管理服务等各个方面落实促进科技进步的一系列激励政策，并加强了京津冀协同发展的相关内容。一是围绕建设京津冀生态环境支撑区加强技术支持。条例规定，县级以上人民政府及其有关部门应当组织和支持大气、水、土壤、固体废物、辐射等污染防治与森林、草原、河湖生态保护及资源循环利用等领域关键技术研究，加强技术集成利用，为建设京津冀生态环境支撑区、首都水源涵养功能区提供技术支持。二是完善区域协同创新机制。条例规定，省人民政府及其有关部门应当完善京津冀协同创新机制，加强协同创新战略规划、重大创新政策统筹衔接，引入京津优质创新要素，共建新型研发机构、科技园区、产业技术创新战略联盟，构建京津冀协同创新共同体。三是对接京津冀协同发展加强科技研究。条例规定，省级科技计划应当对接国家科技创新及京津冀协同发展重大战略，根据全省经济社会发展需求，优化整合、合理配置、统筹使用科技资金，强化基础研究和应用基础研究、重大专项、重点研发、技术创新引导、创新能力提升等计划支撑，实施分类管理。

（三）聚焦构建区域开放新格局开展立法实践

高质量发展是高水平开放的重要基础和条件，二者相辅相成。自由贸易试验区在推进供给侧结构性改革、推动创新驱动发展和高质量发展等方面具有重要作用。高质量建设自贸区是党的十八大以来以习近平同志为核心的党中央推出的一项重大开放举措。在京津冀协同发展中需要充分发挥自贸区的开创性功能，促进产业转型升级，利用自贸区在研发新技术、开发新产品、培育新产业新业态等方面先行一步、先着一棋的优势，推进科技创新，引领区域产业结构转型升级，不断培育新产业新业态，增强区域产业竞争力。为加快培育市场化、法治化、国际化营商环境，激发市场主体创新创业活力，助推自贸试验区在我省高质量发展，2019 年 9 月，我省出台了《中国（河北）自由贸易试验区条例》。条例共 8 章 65 条，紧紧围绕我省自贸试验区发展实际，提出自贸区战略定位、功能定位，明确管理体制，规范投资开放、贸易便利、金融创新、产业开放、雄安新区高质量发展、京津冀协同发展、营商环境与人才保障等内容，为推动自贸区发展提供法治支撑。服务京津冀协同发展和雄安新区高质量发展两大国家战略，是中央赋予河北自由贸易试验区的历史使命，也是河北自由贸易试验区的鲜明特色。条例将“引领雄安新区高质量发展”“推动京津冀协同发展”列为独立章节，并针对性提出相关促进发展的政策措施。主要体现在以下方面：一是引领雄安新区高质量发展。条例规定，自由贸易试验区雄安片区应当采取创新本外币账户管理模式、推动投融资汇兑便利化、探索金融创新监管沙盒机制、推进绿色金融第三方认证计划、建设专业化科技成果转化服务平台等十项具体措施，推动建设金融创新先行区；同时规定，雄安片区应当采取建立数字化贸易综合服务平台、推进公共数据利用改革试点、推进建立数据资产交易市场、推动发展数据服务外包业务和各类数字内容加工与运营中心等具体措施，推动数字商务发展示范区建设；还规定雄安片区应当采取措施，推进生命科学和生物技术创新发展。二是全面落实京津冀协同发展重大国家战略。条例规定，自贸区应当全面落实京津冀协同发展战略和高标准高质量建设雄安新区要求，积极承接北京非首都功能疏解和京津科技成果转化，建设国际商贸物流重要枢纽、新型工业化基地、全球创新高地和开放发展先行区；自贸试验区可以根据国际国内产业发展趋势及京津冀协同发展战略要求，对产业发展重点领域进行调整；自贸试验区应当建立健全京津冀协作机制，在政府职能转变、投资领域改革、贸易便利化、金融服务、产业开放等领域加强合作交流；自贸试验区应当积极承接北京非首都功能疏解转移，与北京中关村、天津滨海新区等各类开发园区深度合作，加快建设京津冀产业合作新平台，共同打造高端产业链和世界级产业集群；自贸试验区应当加强与北京、天津自贸试验区的政务服务合作，推动实现政务服务区域通办、标准互认和采信、检验检测结果互认和采信；各片区管理机构和省人民政府有关部门应当在通关审批、检验检疫、物流服务等方面加强与北京市、天津市有关部门的合作，实现信息共享、监管互认、执法互助。三是加强区域联动。条例规定，自贸试验区应当加强与本省重点发展区域、周边经济区域的改革联动、开放联动、发展联动，积极复制推广各类改革创新成果，促进自贸试验区高水平开放，引领全省高质量发展，推动京津冀城市群建设。

数字经济是当今世界发展最快、最具创新性、辐射最广泛的经济活动。为了贯彻落实党中央和省委关于发展数字经济的重大决策部署，规范有关部门管理职能，加快推进数字产业化、产业数字化，打造我省数字经济新优势，推动建设京津冀数字经济发展新高地，2022 年 5 月，我省出台了《河北省数字经济促进条例》。《条例》共 9 章 81 条，对数字基础设施建设、数据资源开发利用、数字产业化、产业数字化、数字化治理、京津冀数字经济协同发展、保障和监督等进行了规范。《条例》首次在数字经济地方性法规中专设京津冀数字经济协同发展一章，立足河北“三区一基地”建设功能定位，一是推动新型基础设施建设协同、数据协同。明确推进新型基础设施建设标准、布局和应用协同；推进与京津执行统一的数据技术规范，实现公共数据信息系统兼容；支撑京津冀政务服务协同、监管协同和有关场景应用建设，推进京津冀区域信用合作工作机制，在信用制度规范、信用信息共享、信用服务市场、奖惩机制等方面开展创新示范。二是推动产业协同。对接京津数字经济相关产业发展、承接产业转移成果；构建与京津在要素、网络、标准等方面一体化的现代物流体系，推动多式联运电子化统一单证京津冀区域共认，推进生产性物流设施京津冀共建共享共用，提升京津冀海关通关一体化效率。三是推动科技、公共服务、生态环保等领域协同。推进京津冀协同创新共同体建设，承接京津科技创新资源，推动建设河北京津冀国家技术创新中心，建设环京津科技园区、协同创新重要节点区、国家科技成果转移转化示范区，打造京津科技成果转移转化承载高地；推动京津优质医疗、公共卫生、健康、教育、文化、体育等资源通过数字手段、数字渠道在本省广泛应用；深化大数据在京津冀生态环境监测、监管等领域的应用，推进生态环境治理与北京市、天津市标准统一、监管协同。四是推动雄安先行。推动雄安新区在智慧城市建设、数字要素流通、体制机制创新等方面先行先试；及时总结推广雄安新区制度创新成果，为本省其他区域对接雄安新区产业及要素溢出提供必要条件，推动雄安新区辐射带动本省数字经济高质量发展。

三、实施成效

上述法规通过后，河北省人民政府及其有关部门围绕贯彻实施出台了一系列配套政策文件，严格履行法定职责，坚决贯彻法规规定，在打造优质营商环境、推进创新驱动、深化对外开放方面取得了明显成效，为推动京津冀协同发展作出了重要贡献。

（一）优化营商环境方面

以最大程度满足市场主体需求为根本导向，结合营商环境评价、国务院大督查发现问题，我省先后制定了《关于复制借鉴北京上海优化营商环境改革举措实施方案》《关于进一步优化营商环境更好服务市场主体的若干措施》《2021 年优化营商环境工作要点》等一系列政策文件，共推出 308 项具体工作举措，其中135项处于国内先进水平，打造了企业开办全流程网上办、政策集中兑现等一批改革亮点，实现了与先进地区政策水平接轨。

深化简政放权，“放”的含金量进一步提高。2018年以来，衔接落实国务院取消下放行政审批事项48项，省级自行取消下放88项。向雄安新区下放339项，除涉及国家安全、中央垂管等事项外，做到应放尽放。深入推进行政审批制度改革，成为首个市县行政审批局全覆盖的省份，实现“一枚印章管审批”。持续深化工程建设项目审批改革，政府投资类、社会投资核准类和备案类项目从立项到取得施工许可平均审批时限分别由2019年的65、53、50个工作日压减至39、33、31个工作日，社会投资简易低风险项目审批时限压缩至20个工作日以内。着力破除“准入不准营”问题，“证照分离”改革实现全覆盖，成为全国第5个全域覆盖省份，并在此基础上将中央层面设定的523项、我省自设的5项涉企经营许可事项全部纳入改革范围。推进企业开办便利化，实现“一网通办、一窗受理、一日办结”。

加强公正监管，“管”的实效性进一步增强。在全国率先全面推行企业信用风险分类管理与双随机抽查相结合，提升随机抽查的精准性和震慑力。全面落实市场准入负面清单制度，坚决破除各类隐性壁垒，2020年以来共修改、废止妨碍统一市场和公平竞争的政策措施194件。建立省、市、县、乡、村一体化信用平台体系，信用信息归集由2018年的2000万条升至2021年6月底的20.7亿条，进入全国前列。推动联合奖惩落地，梳理实施102条失信被执行人联合惩戒措施，得到最高人民法院高度肯定。围绕支持“三新经济”发展，坚持处罚与教育相结合，建立监管规则，实行柔性执法，探索一业一策监管举措，综合运用培训、约谈、提醒等非强制性方式，引导市场主体自觉纠正轻微违规行为。

优化政府服务，“服”的满意度进一步提升。实施“百事通”改革，整合6类106项高频审批事项，形成定制服务套餐，实行“一次告知、一次提交、一门受理、一次办好”。推进跨区域服务协同，截至2021年8月底已实现217个事项省内通办、108个事项京津冀通办、103个事项跨省通办。开展“互联网+政务服务”优化提升集中攻坚，推进政务服务事项“应上尽上”，省、市、县三级政务服务事项网上可办率均达95%以上。打造“冀时办”APP升级版，2265项便民应用实现“指尖办”。

（二）加强创新驱动方面

近年来，围绕加快打造京津冀协同创新共同体，河北省主动与国家有关部委和京津对接合作，在建立协同机制、搭建创新平台、扩大开放共享、提升成果转化能力等方面取得明显成效，创新协同机制基本完善，京津冀区域内的创新资源开放共享力度持续增强，成功在高新技术企业整体搬迁、大型仪器互联互通等诸多领域取得突破性进展。

加强政策法规支撑，先后出台《河北省技术转移体系建设实施方案》《关于落实以增加知识价值为导向分配政策的实施意见》《关于深化科技改革创新推动高质量发展的意见》等一批政策文件，有力营造了良好的科技创新环境，为吸引承接更多京津优质创新资源提供了坚实的政策保障。

探索创新领域协同合作模式，推动共建科技园区、共建创新基地、共建转化基金、共建创新联盟和共建技术市场“五个共建”模式，并取得明显成效。支持我省企业与京津高校、科研单位及企业围绕产业发展需求，与京津共建省级以上研发平台达到165家。围绕我省优势主导产业、战略性新兴产业以及有影响的区域特色产业发展需求，与京津两地高校、科研院所、科技服务机构，通过市场化机制共建了各类产业技术创新联盟105家，有效提升了我省企业的关键核心技术攻关能力。

健全科技服务体系，加快推动“京津研发、河北转化”的创新协作新模式，成果转化能力大幅提升。已建成包括科技成果展示交易中心在内的各类专业化技术转移服务机构百余家，所有地市均建设了常设技术市场，技术合同登记站点数量实现翻倍，并延伸扩展到县、高新区。技术合同成交额大幅攀升，“十三五”期间，全省累计吸纳京津技术合同成交额超过900亿元，是“十二五”时期的3倍。2021年，全省吸纳京津技术合同成交额首次突破300亿元，增速超过50%。

探索省级制造业创新中心建设，深化我省企业与京津高校、院所、企业的合作。在已有产学研合作基础上，支持我省行业骨干企业联合京津高校、科研院所、企业组建省级制造业创新中心建设，支撑行业创新发展。目前16家省级制造业创新中心（试点）中有9家中心在组建中引入了京津高校、科研院所、企业资源。

（三）扩大对内对外开放方面

《中国（河北）自由贸易试验区总体方案》提出了 98 项改革试点任务，目前河北自贸试验区已经实施 89 项，有效实施率达 90.8%，形成了一批国家级制度创新成果。

在开放型经济建设方面，河北自贸试验区实现了新突破。2020 年，河北自贸试验区以占我省万分之六的国土面积，吸引了全省 22.1% 的新设外资企业、19.1% 的合同外资和 9.6% 的实际利用外资，创造了 10.6% 的外贸进出口。

在服务京津冀协同发展方面，河北自贸试验区也取得了诸多新成效。三地自贸试验区管理机构签署三方战略合作框架协议，明确了制度创新、产业对接、金融创新、数据互联互通等多领域的合作方向。三地海关签署全面深化改革和扩大开放合作备忘录，提出推进京津冀物流监管一体化等 10 方面政策措施。三地政务服务部门印发了推动自贸试验区政务服务“同事同标”工作方案，推出两批共 57 项“同事同标”事项，曹妃甸片区在全省率先实现 179 项北京政务服务事项异地办理。三地人力资源社会保障部门签署专业技术人员职称资格互认协议，建立区域人才资质互认、双向聘任等制度。

第二节　交通一体化建设领域协同立法实践

交通是京津冀协同发展过程中率先突破的三个重点领域之一。2014 年 2 月 26 日，习近平总书记就京津冀协同发展发表重要讲话时强调，“要着力构建现代化交通网络系统，把交通一体化作为先行领域，加快构建快速、便捷、高效、安全、大容量、低成本的互联互通综合交通网络”。[1]《京津冀协同发展规划纲要》中明确提出，着力构建现代化交通网络系统，在符合协同发展目标且现实急需、具备条件、取得共识的交通一体化、生态环境保护、产业升级转移等重点领域率先取得突破。河北省人大常委会

---

〔1〕《习近平在京主持召开座谈会专题听取京津冀协同发展工作汇报》，《新华网》2014 年 2 月 27 日。

坚决贯彻党中央决策部署，聚焦推进京津冀交通一体化建设，积极谋划有关立法项目，特别是在道路运输、公路交通等领域开展协同立法实践，制定出台了《河北省道路运输条例》《河北省公路条例》等地方性法规，为交通领域协同发展提供了有效法律供给。

一、立法背景

（一）交通一体化建设对于推动京津冀协同发展的重要意义

把交通一体化作为率先突破领域，加快构建快速、便捷、高效、安全、大容量、低成本的现代化交通网络，是京津冀协同发展的坚实基础和重要保障，对推动京津冀协同发展具有重要意义。第一，交通一体化建设是确保其他领域协同发展的先行举措。在京津冀协同发展率先突破的几个重点领域当中，高效便捷、互联互通的交通网络是三地产业协同发展的坚实基础，是创新扩散的重要渠道，是京津优质公共服务资源以及资本向外辐射扩散的重要路径。区域综合交通协调发展是区域经济整体协调发展和区域经济潜力充分发挥的前提和基础。第二，交通一体化建设有利于城市群内关系的重构。从世界级城市群的发展演化规律来看，多是从初始的“单核单中心”空间结构逐步演化成“多核多圈层”的空间结构，演化过程的实质是城市群内部自身功能的“重置”，最终使各种资源得到合理配置，促进区域整体协同发展。大都市发展的中后期往往会面临多功能集聚、发展空间不足带来的“大城市病”，在功能疏解的过程中，脱离交通导向的疏解往往难以为继。京津冀城市群范围内的交通一体化是保障北京非首都功能疏解的一项必要举措。同时，建立完善综合交通运输协调发展体系也必将推动城市间关系重构，增强区域聚合力，营造良好投资环境，增强对外吸引力。第三，交通一体化建设是保障要素自由高效流通的必然要求。高效便捷的交通互联网络是城市群范围内各类要素低成本快速配置的重要前提，是形成区域竞争比较优势的关键条件之一。推进交通一体化建设能够有效缩短京津冀城市群范围内各地通勤的时间成本，增加各领域科技型人才的交流研讨频次，为京津冀协同创新提供便捷的人才交流保障。同时还能够有效降低京津冀城市群内各产业发展各环节要素流通的时间及货币成本，通过城市间的联合与协作，推动生产要素流动更加合理，整体优势进一步凸显。

（二）推进京津冀交通一体化建设取得的实质性进展

京津冀协同发展战略提出以来，河北、北京、天津围绕战略重点和主要任务加速推进交通一体化建设，各项工作取得实质性突破。交通基础设施建设不断完善，在铁路运输、公路运输、港口群建设和航空枢纽建设方面都取得了较大进展，交通互联互通水平和通行效率大大提高。铁路、公路多条线路修建完成或者正在建设，天津市和河北省港口相互协作联手打造世界级港口群，北京大兴国际机场、秦皇岛北戴河国际机场、承德普宁机场投入运营。三省市相互协作进入新的发展阶段，交通一体化加速推进，区域综合交通网络基本形成，已经成为我国交通基础设施较为齐全、运输能力较强的综合枢纽区域之一。

（三）存在问题

京津冀区域交通运输网络建设虽然取得了显著成效，但在发展的同时，运输结构、能力和效率还不能满足区域协同发展及打造世界级城市群的要求。区域综合交通网络布局尚不完善，区域交通运输结构仍需优化，三省市交通发展不够平衡，以北京市为中心的放射状交通网络布局制约了区域协同发展的深入推进。此外，京津冀三地在交通规划、建设、运营等方面的统筹协调机制也有待完善。

鉴于交通一体化建设在推进京津冀协同发展中的重要基础性作用，围绕完善相关制度机制，总结固化实践经验，加强京津冀交通一体化地方立法，推进我省与北京市、天津市在交通领域立法协同，显得尤为重要和紧迫。2017 年 2 月，京津冀三地商定将《河北省道路运输条例》《天津市公路管理条例》作为立法协同项目，在法规立项、法规内容等方面开展了协同立法探索。2021 年，再次将《河北省公路条例》作为立法协同项目，就法规中具体内容开展了协同立法实践。

二、主要内容

（一）围绕道路运输持续健康发展加强立法协同

道路运输是国民经济的基础性行业，不论是客运、货运，还是相关业务，既关乎经济发展，又关乎民生改善，同时畅通高效的道路运输也是京津冀协同发展的重要基础。随着京津冀协同发展的不断推进和我省道路运输产业格局的不断变化以及新业态的蓬勃发展，我省道路运输业发展中面临着货物运输超限超载、危货运输安全隐患突出、道路运输新兴业态监管乏力等新问题和三地道路运输统筹发展、协作执法等新情况。为促进我省道路运输行业持续健康发展，深入推进京津冀交通一体化建设，2017 年 7 月，我省出台了《河北省道路运输条例》。条例共 7 章 72 条，分别对道路运输经营行为包括城市公共交通、出租车、货运等，道路运输相关业务、京津冀区域协作、监督管理等方面作了规定。聚焦建立京津冀交通运输区域协作机制，条例专门设置了京津冀区域协作一章，一是规定了省人民政府应当积极推进道路运输区域一体化发展，与北京市、天津市建立道路运输协调机制，定期协商道路运输重大事项；二是规定了省人民政府交通运输主管部门制定道路运输相关政策，应当统筹考虑与北京市、天津市道路运输的协调，按照统一规划、统一标准、统一管理的要求，促进道路运输区域协作和发展；三是规定了省人民政府交通运输主管部门应当与北京市、天津市人民政府交通运输主管部门建立区域联合执法机制，加强区域道路运输管理信息共享和预警联动，解决跨区域道路运输纠纷，促进区域道路运输工作联防联治；四是规定了省人民政府有关部门应当加强与北京市、天津市人民政府有关部门的道路运输科研合作，组织开展区域道路运输重大问题的联合科研，提高区域道路运输科技水平。此外，还对安全驾驶、危险货物运输、超限超载监督管理、科技信息手段在道路运输领域应用等方面作了规定。

（二）聚焦区域间公路建设管理开展立法协同

道路通、百业兴，公路是交通的重要承载平台。京津冀协同发展战略实施以来，三省市加速推进公路建设，京台、京昆、京礼、津石、大兴国际机场高速等一大批高速公路建成通车，我省公路通车里程大幅增加，多条“待贯通路”、“瓶颈路”被打通，有效缩短了区域各城市间的互通时间，公路服务保障水平得到明显提升。随着《京津冀协同发展交通一体化规划》对公路交通发展提出了新的更高要求，我省在公路建设、管理等方面也遇到了一些新情况、新问题。为落实京津冀协同发展、中原经济区建设等国家战略，加快京津冀及周边省（区）交通一体化发展，推动区域间公路建设管理服务高效衔接、深度融合，2021 年 11 月，我省出台了《河北省公路条例》。条例共10章70条，分别对公路发展规划与建设、公路养护、公路保护、农村公路特别规定、收费公路特别规定、保障与监督等方面作出规范。同时，条例还设专章对公路区域协同发展有关事项作出规范。一是规定省人民政府交通运输主管部门应当加强与北京市、天津市以及周边地区人民政府交通运输主管部门的沟通协调，提高省际公路通达能力，推进形成便捷高效的区域公路网络。二是规定县级以上人民政府交通运输主管部门编制的本行政区域内的公路发展规划，应当符合京津冀协同发展、中原经济区建设等国家战略要求，与周边地区公路网协调一致、统筹衔接。三是规定需要对接的新建公路项目，有关交通运输主管部门应当协商一致，按照标准统一、建设同步的原则实施，促进公路区域协同发展。协商不成的，由上一级交通运输主管部门协调解决。四是规定在省际交界区域实施公路改建、扩建和养护作业的，省人民政府交通运输主管部门应当商周边地区人民政府交通运输主管部门统筹安排作业计划。公路作业可能影响道路通行的，省人民政府交通运输主管部门、公安机关交通管理部门应当共同确定分流路线，制定疏导预案，并协调对接周边地区有关部门。五是规定省人民政府交通运输主管部门应当与北京市、天津市及周边地区人民政府交通运输主管部门建立区域联合执法机制，加强区域公路执法信息共享和预警联动，促进区域公路管理工作联防联治。

三、实施成效

推进京津冀交通一体化建设以来，特别是有关法规颁布实施后，我省交通运输部门坚持大联合，强化大协作，着力补齐设施短板、完善服务功能、提升质量效益，京津冀交通一体化实现了率先突破，并不断向广度深度拓展。

“四纵四横一环”综合运输大通道基本形成，交通网络化格局持续优化。一是廊坊北三县与北京市通州区互联互通取得新突破。京秦高速京冀、冀津接线段贯通，密涿高速万庄连接线、燕郊潮白河大桥通车，北三县与通州区交通瓶颈得到较大缓解；北运河廊坊段与北京段实现同步通航；4条跨界骨干道路签署接线协议。二是“轨道上的京津冀”初步形成。河北与京津连通铁路达到23条，“轨道上的京津冀”主骨架基本成型。随着京张高铁、津秦高铁、京沈高铁、京雄城际、津保城际等线路的建成通车，我省实现市市通高铁。三是互联互通的公路网络全面构筑。我省与京津打通拓宽“对接路”34 条段、2089 公里，与京津连通干线公路达到 47 条、74 个接口。首都地区环线高速、太行山高速等重点项目建成通车。全省高速公路通车里程达到 8087 公里，实现县县通高速；普通干线 2 万公里，全省网格化布局基本成型。四是津冀港口群协作成效日益凸显。全省沿海港口生产性泊位 242 个，港口设计通过能力达 11.3 亿吨，年吞吐量突破 12 亿吨。河北港口集团与天津港集团签署战略合作协议，冀津港口间集装箱外贸内支线统筹调度，形成干支联动、相互支撑的有力格局。五是京津冀机场群布局加速完善。全省机场总数达到 16 个，一枢多支多点机场布局体系初步形成。2015 年，河北机场集团以委托管理形式加入首都机场集团，京津冀主要机场实现统一管理，三省市主要机场协作机制基本形成。

同时，我省交通运输部门与北京市、天津市交通运输部门充分发挥协调对接机制作用，畅通对接渠道，强化沟通协调，建立京津冀交通一体化法制与执法协作联席会议机制，通过开展联合整治活动，充分发挥职能互补优势，形成执法合力，共同整治区域道路运输和公路建设管理方面的违法行为，确保法规落地落实、取得实效。三地交通领域有关规范性文件交叉备案 67 件，联合组织应急演练、联合治超、劳动竞赛、养护作业、除雪保畅、联网收费等专项行动 60 余次，形成“通武廊”等京津冀毗邻区域联合治超长效工作机制。

此外，推进雄安新区建设向纵深推进，构建“海陆空”立体交通显得尤为迫切，聚焦交通领域法治需求，河北还将在京津冀机场群建设等方面开展立法探索，持续为京津冀交通一体化建设提供法治保障。

第三节 公共服务共建共享领域协同立法实践

一、立法背景

《京津冀协同发展规划纲要》中明确提出，把实现公共服务均等化作为京津冀协同发展的目标之一，要求力争到2020年，河北与京津的公共服务差距明显缩小，区域基本公共服务均等化水平明显提高，公共服务共建共享体制机制初步形成；到2030年，公共服务水平区域均衡。促进基本公共服务均等化是推动京津冀协同发展不可或缺的重要内容，补齐三地公共服务落差，提高公共服务均等化水平，一方面是京津冀协同发展的基础所在；另一方面更是满足人民美好生活需要的必要之举。

自京津冀协同发展上升为国家战略以来，京津冀三地在交通一体化、产业协同发展、生态环境保护、公共服务一体化等诸多层面取得长足进展，而公共服务一体化是京津冀协同发展的基础所在，提供良好的医疗、教育、养老等公共服务对更好地吸引人才、发展产业具有十分重要的作用。实现基本公共服务共建共享，是探索完善城市群布局和空间产业格局，为优化开发整体性区域发展提供示范和样板的需要；是探索生态文明建设有效路径，促进人口、经济、资源环境相协调的需要；是实现京津冀三地优势互补，促进环渤海经济区发展，同时带动北方腹地发展的迫切需要。提升区域公共服务水平，这既是“人随产业走”的基本要求，更是京津冀协同发展的重要保障。

随着经济社会的不断发展进步，人民对公共服务的需求也在不断增长。党的十九大报告指出我国社会主要矛盾已经转化为人民日益增长的美好生活需要和不平衡不充分的发展之间的矛盾。人民不仅对物质和文化有了更高要求，对美好生活的需要日益广泛，而且对公共服务均等化的要求也在不断增长。党的十九大提到我国未来一个阶段的发展目标是解决发展不平衡不充分问题，即缩小城乡发展差距和居民生活水平差距，实现基本公共服务均等化。因此，完善公共服务体系，缩小地区间公共服务水平的差距是满足人民美好生活需要的根本保障。

河北省在社会发展、公共服务水平和质量层次上差异明显，有些方面甚至呈现“断崖式”的差距。受经济发展水平和行政区划壁垒等方面的制约，三地在公共教育资源、医疗保障、文化服务、社会保障方面均存在较大差异。推进京津冀协同发展以来，有关部门采取了一系列举措，推动提升河北公共服务能力，三地在推进基本公共服务共建共享方面已取得初步成效，但受发展水平和政府财力不足的制约，短期内还难以有效消除。这一方面需要中央持续加大对河北省的财政、政策支持力度；另一方面也亟需通过立法手段，从制度层加以引导和保障。落实国家重大战略部署，同时回应人民享受优质公共服务期盼，京津冀三省市人大常委会在提升公共服务质量，推进三地公共服务共建共享领域开展了一些立法实践探索。

二、主要内容

（一）开展养老服务领域立法实践

为积极应对我省人口老龄化，适应我国老年人养老需求，推动居家养老配套服务建设，真正为老有所养提供法治保障，2016 年 12 月，我省出台了《河北省居家养老服务条例》。条例共 30 条，作为一项创制性立法，立足我省实际需求，借鉴吸收了省内外的先进经验和成熟做法，围绕居家养老服务中存在的突出问题，从政府职责、组织实施、服务内容、政策扶持、人才培养、监督管理等方面，作出了比较细化、具体化的规定，突出了河北特色。重点规范了以下内容：一是明确了居家养老服务中家庭、政府等主体的责任。条例规定，居家养老以家庭为基础，老年人的子女及其他依法负有赡养、抚养义务的人，应当履行对老年人经济上供养、生活上照料和精神上慰藉的义务。需要由社会提供服务的，老年人家庭应当承担相应费用。政府在居家养老服务中起主导作用，在制定规划、资金保障、土地供应、完善制度、政策支持以及统筹协调等方面负有主要责任。街道办事处和乡（镇）人民政府应当承担起落实政府购买服务、经费补贴以及组织、指导基层群众性自治组织和社会力量参与居家养老服务的职责。二是明确了居家养老服务设施建设的标准。居家养老服务设施是加快发展养老服务业的重要基础和保障，条例规定，新建住宅小区同步配置居家养老服务设施，老旧小区没有养老服务设施或者现有设施未达到配套建设指标的，由所在地人民政府通过购置、置换、租赁等方式逐步配置。同时，为了保障老年人在社区和家庭生活的无障碍环境，条例规定，住房城乡建设等部门应当制定计划，推进老旧小区的坡道、楼梯扶手、电梯等适老生活服务设施的改造和安装。三是明确了社会力量参与居家养老服务的优惠政策。为了引导和鼓励社会力量参与居家养老服务，条例规定，居家养老服务机构从事居家养老服务可以低价或者无偿使用政府提供的场所、设施。

居家养老机构用水、电、暖、燃气执行居民生活用户价格。居家养老服务机构依法享受税费优惠政策。鼓励居家养老服务机构投保养老机构综合责任保险，由县级以上人民政府给予适当保费补贴。四是明确了医养融合发展的机制。社区医疗卫生服务是当前居家老年人最为迫切需要的服务之一，也是整个居家养老服务体系建设的重点环节。条例提出了医养融合的创新机制，明确规定，鼓励居家养老服务机构与周边的医疗卫生机构开展多种形式的合作，为老年人提供一体化的健康和养老服务；鼓励社会力量按照医养结合的原则兴办护理机构，支持居家养老服务机构设置医务室、护理站，开展医疗服务，提高其提供基本医疗服务的能力。

（二）开展全民健身立法实践

全民健身运动的普及和参与国际体育合作的程度，是一个国家现代化程度的重要标志。党的十八大以来，全民健身国家战略深入实施，全民健身场地设施明显改善，全民健身参与程度不断提高，全民健身公共服务体系基本建立。在全省上下迎接北京冬奥会这一重大国际赛事之际，为更好实施健康中国战略，推进全民健身事业，让全民健身成为社会新风尚，2020 年 3 月 27 日，河北省第十三届人民代表大会常务委员会第十六次会议通过了《河北省全民健身条例》。条例共 7 章 55 条，主要有总则、全民健身设施、全民健身活动、青少年体育活动、服务与保障、法律责任、附则等内容。条例以提高全民健身素质和健康水平为目的；以人民健康为中心，坚持政府主导、部门协同、社会参与，科学文明、共建共享、方便群众为原则；细化政府及相关部门职责，强调完善全民健身公共服务体系，推动基本公共体育服务均等化。

坚持全民健身与冬奥会同行，大力推广群众冰雪运动。条例以北京冬奥会筹办为契机，大力发展群众冰雪运动，推动全民健身广泛开展。规定政府及有关部门应当普及奥运知识，加大政策扶持力度、引导支持公众参与，因地制宜加强冰雪场馆设施建设，培育群众性冰雪运动品牌赛事活动，推广普及滑冰、冰球、滑雪等冰雪健身项目，促进冰雪产业发展。

鼓励社会参与，以京津冀协同促进产业发展。条例鼓励社会力量投资建设全民健身设施，依法参与全民健身设施的管理运营；举办或者参与全民健身赛事活动，提供全民健身服务和产品。强调推动京津冀全民健身活动协同发展，引入市场多元化参与机制，推动京津冀体育产业融合发展和全民健身公共服务资源均衡配置。明确加强体育产业对接合作，共同组织开展大型全民健身活动，协力推进京津冀体育健身休闲圈建设，满足人民群众健身的多元化需求。

（三）开展志愿服务领域立法实践

志愿服务是践行社会主义核心价值观的重要载体，同时也是公共服务的重要补充，对创新社会治理，构建社会主义和谐社会具有重要意义。为有效规范志愿服务行为，推进志愿服务事业健康发展，2016 年 12 月，我省出台了《河北省志愿服务条例》，并于 2021 年作了个别修正。条例共 7 章 50 条，结合我省实际，以鼓励和引导志愿服务为立法理念，对志愿服务的范围、统筹协调机制、志愿服务活动的激励措施、志愿者和志愿服务组织的权利义务、志愿服务活动的规范等方面作出规定。重点规范了以下内容：一是加强了对志愿者的保护力度。条例规定了志愿者的权利、义务和志愿服务组织的职责，并进一步加强了对志愿者参加志愿服务活动的保护，规定志愿服务组织可以根据自身条件和实际需要，为志愿者办理相应的保险。志愿服务组织在开展应急救援、大型公益活动、境外志愿服务等具有较大人身伤害风险的志愿服务活动中，应当为志愿者购买相应的人身保险。二是规范了志愿服务活动的开展。条例规定了志愿服务的范围，并提出鼓励开展专业志愿服务。为保障大型公益活动和突发事件的志愿服务，条例还规定，为大型公益活动提供志愿服务的志愿服务组织，应当制定志愿服务应急预案，并对志愿者身份进行核实；自发开展突发事件志愿服务的志愿者或者志愿服务组织，应当及时与突发事件发生地人民政府或者其委托的志愿服务组织联系，并接受突发事件发生地人民政府的统一指挥、安排和管理。三是强化了志愿服务的激励机制。条例以鼓励支持、激励引导志愿服务事业发展为立法的基本出发点，在第五章以专章形式从政府支持、宣传引导、平台建设、教育保障、志愿服务回馈、表彰奖励、经费资助等方面，全面规定了社会各方面应对志愿服务的保障与激励，体现了引导和支持发展志愿服务事业。

（四）开展旅游发展立法实践

京津冀地缘相接、人缘相亲、文化一脉，我省旅游资源丰富，具有对接京津旅游市场的天然互补优势，随着京津冀居民出游意愿和旅游消费能力的不断增强，河北旅游产业迎来新的发展机遇，同时通过发展旅游可以有效加快三地交通、人流、物流的协调配置，进而促进区域经济整体发展。为促进我省旅游业优化升级，加强对旅游经营行为的规范和对旅游者合法权益的保护，2016 年 3 月，我省出台了《河北省旅游条例》。条例共 8 章 56 条，针对于近年来旅游发展中出现的新现象新问题，以及河北旅游业发展实际，对旅游规划和发展、旅游资源保护和开发利用、旅游者的权利义务、旅游经营活动等方面进行了规范。重点规定了以下内容：一是聚焦京津冀合作旅游，助力三地旅游融合。条例规定，编制本省旅游发展规划，应当发挥环渤海地区旅游资源的综合优势，加强与邻近省份区域旅游合作，构建环首都旅游圈和燕山至太行山旅游带、滨海旅游带。为河北旅游的未来和三地旅游合作的前景勾勒出了清晰蓝图，对于京津冀地区旅游发展一体化，具有重要意义。二是聚焦旅游基础设施建设，营造“快旅慢游”服务体系。随着大众旅游的发展，高速增长的旅游需求对于旅游交通、景区基础设施建设等提出了更高要求。而旅游交通建设滞后，景区服务设施缺失、陈旧、破败，成为影响游客旅游体验，制约我省旅游发展的重要因素。为此，条例规定，县级以上人民政府根据需要建立旅游集散中心、客运专线或者游客中转站为旅游者在城市及周边旅游提供服务；交通运输主管部门应当结合旅游业发展需要，合理布局交通线路和公共交通服务设施，把重点旅游景区线路纳入公共交通系统；县级以上人民政府及其有关部门应当加强旅游基础设施建设，完善全省旅游景区、旅游线路沿线、乡村旅游点、旅游集散地、休闲步行街区等区域的公共卫生服务设施；完善老年旅游服务设施，逐步实现老年人、残疾人旅游无障碍。三是规范旅游经营行为，保护游客合法权益。条例规定，导游和领队应当按照旅行社确定的行程安排旅游者的旅行活动，不得擅自增加、减少旅游项目或者中止服务活动；为旅游者提供住宿、餐饮、购物、娱乐等服务的旅游经营者，应当在经营场所的显著位置明示消费价格，遵循公平交易原则，不得欺客、宰客。旅游经营者不得诱导、欺骗、纠缠、强迫或者变相强迫旅游者购买商品、接受服务。条例还规定，景区票价应当与其规模、等级相适应，并保持合理、稳定；景区应当按照相关规定对所有收费项目实行明码标价；景区内有多处景观或者游览项目的，应当分别设置单一门票和联票、套票，由旅游者自主选择购买。禁止向旅游者强行出售联票、套票，或者以有偿搭配其他产品、服务的方式售票。

（五）开展大运河文化遗产保护利用立法实践

大运河流经北京、天津、河北、山东、河南、安徽、江苏、浙江 8 个省市，已有 2500 多年历史，全长近 3200 公里，是中国古代创造的一项伟大工程，是世界上距离最长、规模最大的运河，传承着中华民族的悠久历史和文明，是活着的、流动的重要人类遗产。大运河贯通南北、联通古今，打造大运河文化带，对于衔接“一带一路”建设、京津冀协同发展、长三角一体化等重大国家战略，促进区域创新融合协调发展具有重大意义和时代价值。党的十八大以来，习近平总书记多次作出重要指示批示，要求我们要保护好、传承好、利用好大运河这一祖先留给我们的宝贵遗产，要古为今用，深入挖掘以大运河为核心的历史文化资源。2019 年中办、国办印发《大运河文化保护传承利用规划纲要》《长城、大运河、长征国家文化公园建设方案》，2021 年国家文化公园建设工作领导小组印发《大运河国家文化公园建设保护规划》，对加强大运河文化遗产保护利用工作提出了指导方针要求。

大运河河北段，总长 530 余公里，流经廊坊、沧州、衡水、邢台、邯郸五市 17 个县（市、区），与北京市、天津市、山东省、河南省四个大运河沿线省市相邻，共同加强大运河文化保护，既是党中央、国务院要求，也是现实工作需要。大运河沿线省市高度重视加强大运河文化法治保护，浙江省人大常委会出台了《大运河世界文化遗产保护条例》，江苏省人大常委会出台了《关于促进大运河文化带建设的决定》，山东省人民政府出台了《大运河遗产山东段保护管理办法》。另外，浙江、江苏、安徽的一些设区的市也出台有关地方性法规。河北省人大常委会于 2022 年 3 月 30 日通过了《河北省大运河文化遗产保护利用条例》。条例制定期间，专门征求了北京市、天津市人大常委会意见，邀请全国人大常委会、文旅部、国家文物局权威专家对条例草案进行了论证把关。为深化大运河文化遗产保护利用区域协作，条例第七条规定：“省人民政府及其有关部门应当加强与大运河沿线相邻的北京市、天津市、山东省、河南省等省级人民政府及其有关部门的沟通协调，协商解决大运河文化遗产保护利用重大事项。”

该条例共 8 章 65 条，一是明确保护范围和保护要求。规定本条例所称大运河，是指中国大运河河北段，包括北运河、南运河、卫运河、卫河、永济渠遗址和河北雄安新区白洋淀与大运河连通部分；大运河文化遗产，包括列入大运河文化遗产名录的大运河水工遗存、各类伴生历史遗存等物质文化遗产和与大运河相关联的非物质文化遗产。坚持保护优先、科学规划、活态传承、合理利用、分级管理的原则，维护大运河文化遗产的真实性、完整性和延续性；实行名录管理。二是将大运河文化遗产保护利用纳入国民经济和社会发展规划，纳入政府绩效考核评价体系；建立省大运河文化遗产保护利用工作协调机制，建立健全预警处置机制和约谈机制。三是制定大运河文化保护传承利用实施规划及其专项规划，根据遗产资源分布，合理划分大运河文化带的核心区、拓展区和辐射区；建设大运河国家文化公园。四是划定保护范围和建设控制地带，将北运河、南运河、卫运河、卫河河道两岸各两千米范围划定为管控区。实行考古前置，沿线的土地可能存在历史文化遗存的，应当在划拨、出让土地使用权前依法完成考古调查、勘探、发掘。已划拨、出让的土地，在施工过程中发现历史文化遗存的，应当立即停止施工并报告文物主管部门。五是加强大运河沿线历史文化名城、名镇、名村（传统村落、街区）的整体保护；对大运河进行生态补水；严格禁止损毁、破坏、危害大运河物质文化遗产的行为。六是推进非物质文化遗产保护传承；支持非遗代表性传承人开展传承、传播活动；实施大运河传统工艺振兴计划，开展生产性保护。七是加强文化遗产科学利用，以不破坏大运河文化遗产及其环境风貌为前提，与大运河文化遗产的文化属性和承载力相适应；鼓励大运河适宜河段发展旅游通航，打造大运河璀璨文化带、绿色生态带、缤纷旅游带；推动工业遗产活化利用；发展大运河沿线休闲农业和乡村旅游。八是强化细化法律责任，逐条对照条例禁止性、义务性规定，细化了违法情形，增加了相应罚则，实现了法律责任全覆盖。

同时，我省长城保护条例、衡水湖保护和治理条例、关于加强革命文物保护利用的决定等法规中也都对保护利用好相关旅游资源，服务京津冀旅游事业发展作出相应规定。

此外，秦皇岛、唐山、保定等地将当地旅游资源保护和利用融合于京津冀协同发展大格局中，积极探索旅游领域地方法治实践，先后制定了《秦皇岛市旅游市场条例》《秦皇岛市海水浴场管理条例》《唐山市全域旅游促进条例》《保定市白石山景区管理条例》等多部市级地方性法规，为京津冀旅游领域协同发展提供了有益法治补充。

三、实施成效

（一）养老服务领域

围绕推进京津冀养老服务协同发展，满足三地老年人养老服务需求，近年来，三地在养老服务协同发展的体制机制创新方面积极探索，相继出台了一系列政策和措施。京津冀三地政府有关部门签署了《共同推动京津冀民政事业协同发展合作框架协议（2015—2020）》《京津冀养老工作协同发展合作协议》《医疗保险合作备忘录》《医疗卫生计生事业协同发展合作框架协议》等一系列文件，旨在打破京津冀区域的户籍限制、行政阻力和“地方保护主义”，提出要统筹建设特色养老服务片区，重点加强由基本养老功能衍生出的养老产业协同和相互输出，引导京津社会资本向河北养老服务领域流动，并设立京津冀养老服务协同发展试点机构，按照“养老扶持政策跟着户籍老人走”原则，逐步实现三地老人异地养老无障碍。

（二）志愿服务领域

近年来，河北省各级民政部门深入贯彻习近平总书记关于志愿服务重要指示精神，严格落实《河北省志愿服务条例》规定，聚焦提升志愿服务水平，取得明显效果。先后制定了《关于切实保障志愿者合法权益的通知》《开展志愿服务促进中小企业发展的实施方案》《关于实施青年志愿者助力脱贫攻坚行动的通知》等配套文件；积极引导志愿者实名注册，全省实名注册志愿者人数实现较大增长，截至 2020 年底，达到 1094.4 万人，较 2020 年初增长 474 万人，占常住人口的 14.4%；推进“五社联动”、“社工＋志愿者”联动发展，对社区志愿者开展社会工作专业知识与技能培训，逐步提升志愿服务专业化、规范化水平，提高志愿服务力量参与基层社会治理的能力；加强对志愿者好故事、志愿服务组织好做法、志愿服务项目好效果、志愿服务对象好声音、志愿服务推进好经验的宣传报道；

积极发动志愿服务组织（团队）等公益组织，以举办北京冬奥会为契机，创新志愿服务活动，加强宣传培训，培育发展了一批以冬奥会志愿服务为主旨的志愿服务组织（团体）。

（三）旅游发展领域

围绕加强文化和旅游产业领域合作，深化拓展文旅交流，提升产业发展水平和公共服务水平，我省文旅业在京津冀协同发展中实现新突破。加强政策支持引导，先后与京津共同编制《京津冀旅游协同发展规划》《京津冀文化产业协同发展规划纲要》，明确加快空间布局、市场推介、行业管理、产业要素等方面的协同发展，实施规划布局、协调机制、品牌形象、产品开发、市场营销、旅游交通、公共服务和旅游监管八个“一体化”，共同构建世界级文化旅游目的地。签署《京津冀三地长城保护工作框架协议》《长城保护维修山海关共识》《京津冀长城执法联合巡查协议书》等制度文件，加强文物保护、提升执法效能。挖掘环京津旅游资源，加快打造集生态休闲、微度假、高端产业融合创新等功能于一体的环京津休闲旅游产业带，在环京津地区已创建5A级景区3家、国家级旅游度假区1家、国家级乡村旅游重点镇3个，国家级乡村旅游重点村20个。加快完善区域旅游基础设施，完善旅游交通标识系统，三地高速公路交界处相互设置对方的景区交通标志牌；依托风景道、旅游公路沿途旅游特色村镇、加油站，建设以汽车营地和房车小镇为主要载体的自驾车营地；增设旅游集散中心和游客咨询服务中心。积极推动长城、大运河国家文化公园建设，扎实推动山海关长城文化博物馆标志性项目和沧州市中国大运河非物质文化遗产展示馆项目的建设，谋划推动建设运河沿线各市文化和旅游融合重点项目26个，全省长城国家文化公园已开工项目35个。

附　　录

附录一　京津冀协同立法制度性文件

河北省人大常委会
关于加强京津冀人大协同立法的若干意见

（2015 年 4 月 13 日河北省十二届人大常委会第 56 次主任会议通过）

为了贯彻落实京津冀协同发展重大国家战略，京津冀人大常委会领导同志和有关部门同志就加强京津冀人大协同立法的若干问题进行了深入研究，形成以下意见。

一、加强协同立法是推动京津冀协同发展的迫切要求

京津冀协同发展，是面向未来的重大国家战略。京津冀地缘相接、人缘相亲，地域一体、文化一脉，历史渊源深厚、交往半径相宜，完全能够相互融合、协同发展。加强京津冀协同立法，是整合区域立法资源优势、增强地方立法总体实效、推动区域协同发展的迫切要求。京津冀地方立法工作，要认真落实中央要求，按照优势互补、互利共赢、区域一体的原则，以区域基础设施一体化和大气、水污染联防联控作为优先领域，以产业结构优化升级和实现创新驱动发展作为重点，把协同立法的功夫主要下在联动上，努力实现良性互动、协同发展。

二、加强立法沟通协商和信息共享

加强人大立法规划和年度计划的沟通协调，是京津冀协同立法的重要基础。三地制定立法规划和年度计划要充分考虑京津冀协同发展的需要，注意吸收彼此意见，使立法规划和年度计划既能满足本地立法实际需求，也能照顾到其他省市的关切，最大限度地发挥京津冀在立法资源和制度规范方面的协同推进优势。三地人大常委会法制工作部门在开始拟订立法规划和年度计划时，要将总体思路向其他省市及时通报。在立法规划和年度计划征求意见过程中，要同时征求其他省市意见。对三地共同关注的重点立法项目、关联度高并需要协调推动的立法项目，要尽可能同步安排在立法计划的同一档次。

加强人大立法项目的协商沟通，是京津冀协同立法的重要载体。对年度立法计划中相同主题的立法项目，在工作进度上要尽可能同步推进，在制度规范上尽可能增强一致性、协同性和融合性。一方先行启动的，应当及时向其他省市通报项目进展情况和立法研究成果，并就有关问题征求意见和建议。对在单一区域内施行而又需要其他省市予以配合对接的立法项目，要主动向其他省市提出意见建议，其他方要积极予以协助。对由于立法进度不同，需要相互学习借鉴的立法项目，要采取互送工作简报、走访座谈、实地考察等多种方式，共享有关参考资料、主要制度安排等重要立法信息。三地人大在制定相关法规时既要注意区域内权利义务一致性、协调性问题，也要注意清理与京津冀协同发展不相适应的地方性法规，及时作出修改或者废止决定。

三、构建与协同发展相互适应、相互支撑、相互促进的协同立法机制

着力建立区域立法协同机制和制度平台，形成相对统一的区域制度框架和实施细则，实现区域内制度融合、利益整合和整体利益最大化。一是在维护法制统一的前提下，整合地方立法资源，发挥地方立法组织协调的能动作用，破除狭隘的行政划界和地方保护主义，促进和确保京津冀地方性法规和谐一致。二是着眼于三地之间在产业转移、区域治理、区域公共产品供给等方面诸多利益的协调，以及中央与地方、经济发展与环境保护、当前利益与长远利益等关系的协调，对区域内不同主体利益作出权衡，坚持公平正义、积极作为，主动融入、求同存异。三是就三地立法在现有内容设置和制度构建上所涉及的普遍问题与重点领域，坚持从实际出发，深入实践、加强探讨，有序规制、择优选定，高度融合、谋求一致，在相互协同中谋求共赢。

四、加强重大立法项目联合攻关

京津冀人大协同立法，要认真贯彻落实中央要求，紧紧围绕交通一体化、生态环保、产业升级转移等重要方面率先取得实质性突破，谋划和推进重大立法项目联合攻关。在大气污染防治领域，要继续深化对已经制定地方性法规的实践效果研究，不断强化协同防治实效。要在水污染防治、基础设施建设管理、促进人才和其他市场要素自由流动、扩大中关村国家自主创新示范区和中国（天津）自由贸易试验区改革创新成果、重点生态功能区生态补偿机制以及推动地区间建立横向生态补偿等方面，加强重大立法项目联合攻关，为京津冀协同制定相关地方性法规提供支撑。其中涉及国家专属立法权范围的事项，三地可以联合向国家提出立法建议。

五、加强地方立法理论研究协作

加强地方立法理论研究协作，是京津冀协同立法、提高立法工作水平的重要基础。京津冀人大法制工作机构要集中优势力量，开展有关地方立法重大课题的理论研究协作，要选择一批基础性、综合性的地方立法课题，可以通过分别研究、定期通报、阶段汇总方式，也可以通过课题组联合研究等方式，取得一批理论研究成果，用以指导京津冀地方立法工作。

六、加强立法工作经验和立法成果的交流与共享

紧紧围绕提高立法质量和效率，加强人大立法工作经验和立法成果的交流与共享，是京津冀相互学习借鉴、协同立法的重要方面。建立京津冀立法工作经验和立法理论研究交流机制，每年至少召开一次京津冀地方立法工作研讨会，交流立法工作经验和立法成果，深入进行立法理论研讨交流。三地人大常委会法制工作机构要将工作简报、工作参考等立法信息资料以及新通过的地方性法规，及时发送其他省市法制工作机构，实现立法工作经验和立法成果的交流与共享。

七、建立立法干部学习培训交流机制

建立健全立法干部队伍的学习交流机制，增强政治业务素质，是提高京津冀协同立法质量和水平的关键。要把加强三地人大立法干部学习培训交流作为重点，共同培养造就一支适应新时期地方立法要求的立法干部队伍。建立京津冀人大立法干部学习培训交流互动机制，三地间要主动相互提供立法干部学习培训年度计划安排，可以联合举办专题培训，也可以采取网上直播等方式相互开放培训内容。建立青年立法干部定期互访互学交流机制，就共同关心的问题进行交流研讨。利用移动互联网手段，建立京津冀立法微信群，及时交流各地立法信息，分享地方立法的智慧和成果。

八、建立健全京津冀协同立法保障机制

北京市、天津市、河北省人大常委会领导同志表示，三地人大法制工作机构建立的协同立法工作机制，是促进京津冀协同立法的重要平台，三地人大常委会要在人力、物力、财力等方面予以保障。为使京津冀人大协同立法机制长期坚持下去，三地各指定一位人大常委会主任会议成员负责此项工作，法制工作机构负责具体承办落实，采取三方轮流负责的方式，2015 年首先由天津市负责牵头组织，以后由各地轮流牵头组织。与此同时，三地人大常委会均可以根据实际需要，单独发起，或者临时召集相关方参会，就有关具体问题进行研讨交流。

京津冀人大立法项目协同办法

（2017 年 3 月 16 日河北省十二届人大常委会第 106 次主任会议通过）

第一条 为了贯彻京津冀协同发展重大国家战略，深入推进京津冀立法工作协同，为京津冀协同发展提供法制保障，根据《关于加强京津冀人大协同立法的若干意见》的规定，制定本办法。

第二条 本办法适用于京津冀协同立法项目的立项、起草、调研、修改、审议、实施、清理等工作。

第三条 立法项目协同采取紧密型协作方式，坚持协同发展、互利共赢，求同存异、优势互补，重点突破、成果共享的原则。

第四条 京津冀三方应当按照《京津冀协同发展规划纲要》的要求，围绕有序疏解北京非首都功能这一核心，在交通一体化、生态环保、产业升级转移等重点领域，选择关联度高的重要立法项目进行协同。

第五条 京津冀三方在拟定五年立法规划或者年度立法计划时，应当将涉及京津冀协同发展重点领域的立法项目优先安排，并且分别提出需要三方协同的立法建议项目。三方应当相互通报立法规划或者计划内容。

第六条 在立法项目协同工作中，应当进一步深化和完善京津冀协同立法会商机制和信息共享机制，加强立法项目的协商沟通，共享有关参考资料、主要制度安排等重要立法信息。

第七条 协同立法项目应当在深入调查研究、广泛征求各方意见的基础上，由京津冀三方共同商定。

三方通过京津冀人大立法工作联席会议商定协同立法项目。任何一方均可以在本地的立法计划项目中提出立法项目协同建议，供立法工作联席会议研究。

研究确定京津冀协同立法项目，应当围绕完善中国特色社会主义法律体系，注意与国家有关法律、行政法规相衔接。

第八条 协同立法项目经京津冀人大立法工作联席会议商定后，由各自的法制工作机构向人大常委会主任会议报告。

第九条 协同立法项目的起草可以采取下列方式：

（一）一方起草，其他两方密切配合；

（二）联合起草、协同修改；

（三）三方商定基本原则，分别起草。

第十条 拟定协同立法项目草案，三方可以同步调研、同步论证、同步修改，对涉及的难点、重点、焦点问题进行联合攻关。

协同立法项目草案中有关规范京津冀三方区域合作、联防联控、联合执法等内容，确需统一标准的，三方应当趋同。

协同立法项目草案涉及因功能定位不同或者本地特色的内容，可以充分体现各自的功能定位和地方特色。

第十一条 协同立法项目草案涉及重大体制和重大政策调整的，京津冀三方分别报同级党委决策。需要相互协调的，在报同级党委之前可以进行立法协商。

第十二条 协同立法项目在各自的人大常委会审议过程中，常委会组成人员有重大修改意见的，应当以简报等形式通报其他两方。确需共同会商修改的，牵头方要及时启动会商机制。

第十三条 协同立法项目在人大常委会审议通过确定施行日期时，应当同时考虑其他两方的施行日期。

第十四条 京津冀三方应当加强在宣传法规、解释法规方面的协作，实现资源共享，扩大协同立法项目实施效果。

第十五条　协同立法项目施行一段时间后，京津冀三方各自组织立法后评估的，评估结果应当通报其他两方；确需废止或者修改的，三方可以共同会商研究。

第十六条　京津冀三方的法制工作机构分别负责协同立法项目在本地的组织协调工作，推动有关部门从立法项目的起草、审议、修改的各个环节，加强与其他两方相关部门的协同、协商和协作。

第十七条　本办法经京津冀人大立法工作联席会议研究后，由各自法制工作机构提请人大常委会主任会议审议通过后施行。

京津冀人大法制工作机构联系办法

（2017 年在天津市召开的第四次京津冀协同立法工作联席会议上讨论通过）

第一条　为了加强京津冀人大法制工作机构工作联系，深入推进京津冀立法工作协同，落实京津冀协同发展重大国家战略，根据《关于加强京津冀人大协同立法的若干意见》《京津冀人大立法项目协同办法》的规定，制定本办法。

第二条　京津冀人大法制委员会和常委会法制工作机构（以下统称京津冀人大法制工作机构）是推进京津冀人大立法工作协同的综合部门，在本省市人大常委会主任会议领导下，协调人大各专门委员会和常委会工作机构共同做好京津冀立法协同各项工作。

第三条　京津冀人大法制工作机构及其负责人，要密切联系、主动协调、积极作为、抓好落实，共同推进京津冀人大立法工作协同取得更多实质性成效。

第四条　京津冀人大法制工作机构围绕立法工作协同中的具体问题，可以通过召开联席会议、信息通报、走访学习等多种方式，加强立法工作联系与沟通。

第五条　京津冀人大法制工作机构一般每年召开两次联席会议，由三方轮流负责召集和组织。

任何一方可以根据实际需要或者有关方面的建议，临时邀请其他方召开京津冀人大法制工作机构联席会议，研究立法工作协同中的重点、难点问题。

第六条 京津冀人大法制工作机构联席会议主要讨论下列议题：

（一）沟通三省市立法工作的情况，提出需要提交京津冀协同立法工作座谈会讨论的重点议题；

（二）总结三省市本年度立法工作协同的实施情况和协同立法项目落实情况，拟定提交京津冀协同立法工作座谈会讨论的立法协同工作报告；

（三）交流下一年度立法计划的总体思路，相互通报立法计划项目的初步考虑，研究提交京津冀协同立法工作座谈会讨论的协同立法项目建议；

（四）沟通交流三省市法制工作机构的立法、规范性文件审查监督等工作的经验和体会；

（五）交流探讨三省市地方立法干部培训等队伍建设的经验和共同关心的有关问题；

（六）其他需要共同协商的议题。

第七条 对确定的协同立法项目，京津冀人大法制工作机构要推动本地政府有关部门、人大有关专门委员会在调研、论证、修改等环节，与其他两方协调推进工作；在人大常委会审议过程中，常委会组成人员有重大修改意见的，也要及时通报其他方有关意见和修改情况，必要时可以进行三方会商。

第八条 任何一方可以将本地立法项目法规草案，发送其他方征求意见。接受征求意见方要认真研究，及时回复意见。

对于本地正在审议的法规草案中的重要制度与其他方存在明显差异的，法制工作机构要及时向对方通报情况、征求意见，必要时可以进行三方会商。

第九条 京津冀人大法制工作机构要将工作简报、工作参考等立法信息资料及新通过的地方性法规，及时发送其他方，共享立法工作信息、经验和成果。

第十条 京津冀人大法制工作机构要通过电子邮件、微信群等现代通讯方式，及时交流与沟通立法工作信息。

第十一条 京津冀人大法制工作机构要积极开展地方立法课题的理论

研究协作，可以组成联合课题组，也可以通过分别研究、定期通报、阶段汇总等方式，共享理论研究成果。

第十二条　京津冀人大法制工作机构要加强立法干部学习培训方面的交流互动，通过相互提供立法干部学习培训年度计划安排、联合举办专题培训、视频直播培训、青年立法干部定期互访互学等方式，进行交流研讨。

第十三条　本办法自通过之日起施行。

京津冀人大立法项目协同实施细则

（2018 年 9 月 5 日河北省十三届人大常委会第 16 次主任会议通过）

第一条　为了加强京津冀人大立法项目协同实施工作，提高三地人大立法工作协同实效，根据《关于加强京津冀人大立法工作协同的若干意见》和《京津冀人大立法项目协同办法》的规定，制定本细则。

第二条　三地人大每年从推动京津冀协同发展大局需要出发，结合立法规划、年度立法计划，认真选取主题相同或相近、进度安排基本一致的立法项目，进行立法项目协同，共同开展立法共性问题研究，共同形成解决方案。

第三条　立法项目协同实施工作，根据三地人大立法规划、年度立法计划项目安排的实际情况，可以三地协同，也可以两地协同。两地协同的，第三方可以利用自身资源优势，支持立法项目协同工作。

第四条　立法项目协同相关方可以建立常委会主管领导、法制工作机构负责人、立法项目小组三级沟通协调机制，加强立法项目协同实施工作。

第五条　立法规划、年度立法计划编制过程中，三地人大法制工作机构应当加强沟通协调，将主题相同或相近的立法项目，作为立法协同备选项目。

三地人大法制工作机构结合年度立法计划编制工作，对立法协同项目进行商议。立法协同项目商定后，应当提交各自的人大常委会主任会议研究决定。

第六条　三地人大法制工作机构联席会议，就立法协同项目面临的主要问题进行交流，明确需要立法项目协同相关方共同研究解决的共性问题，确定立法项目协同实施方案。

立法协同项目共性问题可以优先从执法体制机制、社会参与、重点难点问题治理、京津冀区域协作等方面选取。

立法项目协同实施方案应当包括责任分工、共同研究方式和内容、三级沟通协调机制沟通要求、各阶段工作进度安排、研究成果及运用方式等内容。

第七条 立法协同项目一经确定，三地人大常委会及其法制工作机构应当从组织领导、工作安排、工作力量等方面优先予以保障，有序、有效、高质量地推进立法项目协同工作取得实效。

第八条 立法项目协同相关方进行立法共性问题研究，应当提出研究报告，在京津冀人大立法工作协同座谈会上进行研讨。

第九条 立法项目协同相关方应当推进研究成果落实工作，在立法协同项目法规草案中体现研究成果内容，落实情况向其他两方法制工作机构通报。

第十条 除从立法规划、年度立法计划中选取项目开展立法项目协同外，三地人大可以根据全国人大统一要求、京津冀协同发展现实需要，协同开展法规清理工作，并就法规清理主题、标准、实施进度、重点问题处理等工作，加强沟通协调。

第十一条 本细则由三地人大法制工作机构向各自的人大常委会主任会议汇报，经主任会议讨论通过后施行。

附录二　京津冀协同立法调研报告（河北）

有效实现三地协同立法　深入推进京津冀协同发展

——京津冀协同立法研究报告

一、京津冀协同立法的意义阐释

（一）立法引领：京津冀协同发展的有力保障

1. 发挥立法引领作用是全面推进依法治国的应有之意

“法律是治国之重器，良法是善治之前提”。全面推进依法治国，是解决党和国家事业发展面临的一系列重大问题，解放和增强社会活力、促进社会公平正义、维护社会和谐稳定、确保党和国家长治久安的根本要求。要推动我国经济社会持续健康发展，不断开拓中国特色社会主义事业更加广阔的发展前景，就必须要全面推进社会主义法治国家建设，从法治上为有关问题的解决提供制度化的方案。全面推进依法治国是一个系统性工程，其关键就是“必须坚持立法先行，发挥立法的引领和推动作用”。《中共中央关于全面推进依法治国若干重大问题的决定》明确指出，要“实现立法和改革决策相衔接，做到重大改革于法有据、立法主动适应改革和经济社会发展需要”。京津冀协同发展这一重大国家战略的落实亦应如此，其应在法治理念指引之下实施、应在法制框架内推进，这是全面推进依法治国的应有之意，而其前提就是要有效发挥立法的引领和推动作用。

2. 发挥立法引领作用是推进京津冀协同发展的必然之需

自 2014 年 2 月 26 日习近平总书记就京津冀协同发展发表重要讲话并将之明确为重大国家战略以来，尤其是自 2015 年 4 月 30 日中共中央政治局审议通过《京津冀协同发展规划纲要》以来，京津冀协同发展得以不断持续深化，但不可否认的是，京津冀协同发展战略的实现还面临一系列亟待解决的障碍，主要包括京津冀产业同构与恶性竞争问题、省际市场分割与地方保护问题、省际公共产品供给不足问题、贫富分化与生态恶化问题、政绩竞争与重复建设问题等，其涉及市场要素整合、行政壁垒消除、社会事务统筹等多个领域，其关乎经济发展、行政改革、社会治理等多个重大命题。而这些问题的解决既有赖于政策的必要创新，更离不开法律的应有保障，且关键是要以法治的方式优化制度设计，构建法治化的协作机制和利益协调机制，以实现制度改革，从而突破行政边界刚性约束的分割、冲破地方政府利益固化的藩篱，并最终推进京津冀协同的纵深发展。由此来看，充分发挥立法引领作用亦是深入推进京津冀协同发展的必然之需。

此外，京津冀三地的功能定位、职责厘定、权益配置也需要以法律的形式加以明确，唯有如此，方能保证京津冀三地功能定位科学、职责厘定清晰、权益配置合理，从而确保京津冀协同发展这一重大国家战略的有效落实。

（二）三地协同：于京津冀协同发展意义重大

1. 地方立法在京津冀协同发展中有其重要意义

地方立法虽然在整个立法体系中所处的层次不高，但却在我国的法制建设以及整个国家、社会和公民生活中发挥着重大作用，对于进一步完善中国特色社会主义法治体系、对于加快社会主义法治国家建设，不可或缺。地方立法是宪法、法律、行政法规和国家大政方针得以有效实施的有力保障，是解决中央立法不能独立解决或暂时不宜由中央立法解决问题的重要途径所在。地方立法对中国经济、政治、法制、文化和其他事业的发展切实发挥着不可或缺的积极作用。就京津冀协同发展而言，其虽定位于重大国家战略，但从本质上讲是以京津冀三地区域社会经济发展为核心内容的，因此，其绝离不开京津冀三省市地方立法的引领与推动作用，同时也是京津冀三省市地方立法的时代使命所在。

2. 三地协同立法在京津冀协同发展中有其特殊意义

一方面，当前，京津冀三省市在政策和法规层面还未实现同步协调，甚至存在冲突之处，其明显不利于区域法治作用的发挥，在一定程度上阻碍了市场要素的自由流动、加深了行政壁垒的形成与固化、迟滞了区域社会事业的统筹发展，进而减弱了京津冀三地协同发展的社会经济效果。另一方面，依据现行立法法的规定，京津冀区域的地方立法主体数量众多，各自立法不可避免地会导致重复立法、造成立法冲突。因此，当前迫切需要京津冀三地强化区域立法合作、实现协同立法，以降低立法成本、减少立法冲突、理顺区域法律体系，进而形成相对统一和谐的区域法治环境，并最终助推京津冀协同发展这一重大国家战略的有效落实。

二、京津冀协同立法进展及评价

（一）大胆创新：京津冀协同立法工作已然破题

1. 京津冀三地已就协同立法达成共识

京津冀协同发展重大国家战略确立之后，京津冀三省市在科技、人才、规划、物流、旅游、建筑市场、教育、绿化等领域进一步深化协作，不仅签署了《北京市人民政府　河北省人民政府关于加强经济与社会发展合作备忘录》《京津冀人才交流合作协议书》《京津冀物流合作协议》《京津冀旅游合作协议》《京津冀及周边地区重点工业企业清洁生产水平提升计划》等系列协议，而且就京津冀协同立法问题达成共识，并积极探索协同立法工作机制。2014 年 5 月至 8 月，京津冀三地人大常委会和法制工作机构分别就河北省起草的《关于加强京津冀人大协同立法的若干意见（征求意见稿）》进行交流和磋商；2015 年 3 月，三地在天津市召开京津冀协同立法工作座谈会，并在此次座谈会上形成了《关于加强京津冀人大协同立法的若干意见（意见草案）》；同年 5 月京津冀三地人大常委会联合出台了《关于加强京津冀人大协同立法的若干意见》。意见明确，三地将加强立法沟通协商和信息共享，要结合京津冀协同发展需要来制定立法规划和年度计划，在立法时要注意吸收彼此意见，要加强重大立法项目联合攻关，要加强地方立法理论研究协作，要加强立法工作经验和立法成果的交流互鉴。

2. 京津冀三地协同立法实践已“在路上”

目前，京津冀三省市在达成协同立法共识的基础上，已经着手进行了立法实践方面的探索。其中，大气污染防治立法就是一个典型例证。2015 年 1 月 30 日天津市第十六届人民代表大会第三次会议所通过的《天津市大气污染防治条例》就是京津冀协同立法实践的成果之一，该条例第九章“区域大气污染防治协作”就是在征求京冀两地人大意见的基础上修改完成的；而 2016 年 1 月 13 日河北省第十二届人民代表大会第四次会议所通过的《河北省大气污染防治条例》，其协同立法的色彩则更为浓厚，该条例不仅在制定过程中充分征求了京津两地人大的意见，而且在内容上进行了专门性规定，条例第五章“重点区域联合防治”通篇都是对大气污染京津冀协同防治问题的规定。除此之外，京津冀三地人大在地下水管理、水土保持、国土保护与治理等重点立法项目上也进行积极沟通和良好协调。另外，京津冀三省市也开始了冲突、不合拍法规的协同清理工作。例如，河北省人大常委会就专门制定了《关于围绕京津冀协同发展做好有关地方性法规清理工作的实施方案》，拟订了清理方案和标准，专项开展“不合拍法规”清理行动，连续两次打包修改《河北省水污染防治条例》《河北省科学技术进步条例》《河北省基本农田条例》等 11 部法规，废止《河北省个体工商户条例》《河北省乡镇财政管理条例》等 7 部法规。

（二）有益探索：京津冀协同立法进展评价

就区域协同立法问题而言，从理论上看，对此还是形成了一定的研究成果，且主要集中于区域协同立法的必要性、可行性、模式、机制等问题的探讨；从实践来看，则进展缓慢，主要成果为2006年《东北三省政府立法协作框架协议》的缔结。2006年1月14日到15日，辽宁、黑龙江、吉林三省召开了东北三省政府立法工作协作座谈会，会议形成了《东北三省政府立法协作框架协议》（以下简称《框架协议》），《框架协议》根据立法项目的不同，确立了紧密型、半紧密型和分散型三种协作方式：对于政府关注、群众关心的难点、热点、重点立法项目，三省将成立联合工作组；对于共性的立法项目，由一省牵头组织起草，其他两省予以配合；对于形成共识的其他项目，由各省独立立法，而结果由三省共享——这被分别概括为紧密型、半紧密型和分散型的立法协作方式。而从当时确定的9个合作项目来看，都是属于半紧密型的，即主要是实现资源共享，降低立法成本。《框架协议》还确立了立法通报、联席会议（每年一次）以及立法草案共享等制度，其实质为一种立法上的交流、互鉴。但多数研究者认为，这种立法上的信息交流和互鉴，只能算是地方立法协作的初级形式。此外，长三角、泛珠三角也在区域协作方面进行了一定探索，但更多的还是停留在政府协调层面，在区域协同立法并未取得实质性突破。

就京津冀区域协同立法而言，不仅社会各界高度关注，学界也给予了较高评价。例如，就《关于加强京津冀人大协同立法的若干意见》的制定和通过而言，多数研究者认为，这是我国区域协同立法的一个重要成就。可以大胆断言，京津冀协同立法工作的每一步进展都将是对区域协同立法实践探索和理论研究的一个重大创新。

三、京津冀协同立法的全面认知

（一）京津冀协同立法的应用态度

1. 高度重视、积极推进

正如上文所述，作为我国立法体系的重要组成部分，地方立法对于国家政策的转化、国家法律的落实，对于地方社会经济发展的推动与促进，具有十分重要的意义。就京津冀协同发展这一重大国家战略的落实而言，当前亟需充分发挥地方立法的引领作用，尤其是要实现京津冀三地的协同立法，进而为京津冀协同发展提供有力的法治保障。此外，京津冀协同立法的推进于区域立法的发展具有重大创新价值，其必将成为我国区域法治发展过程中的一个里程碑。因此，对于京津冀协同立法问题一定要格外重视，并积极推进，力争取得更具开创性的立法成果，进而推动京津冀协同发展重大国家战略的不断深入，并最终促进京津冀区域社会经济的持续、健康、可持续发展。

2. 科学论证、稳步实施

要真正实现京津冀协同立法的创新，除需对其予以高度重视并积极推进外，还必须要做到科学论证、稳步实施。所谓科学论证，主要是指在确定京津冀协同立法具体项目时，要在继续强化开门立法的基础上，积极引入社会力量参与到京津冀协同立法过程，通过对于协同立法项目必要性、可行性、具体路径等关键问题予以深入论证以确保协同立法项目的科学合理；所谓稳步实施，就是指要清楚认识到京津冀协同立法所存在的现实障碍和困难，以国家立法成果为指引、以协同发展战略推进为抓手、以京津冀社会经济实践为基础，在立法基础具备、立法条件完善的情况下适时推进协同立法。

（二）京津冀协同立法的注意事项

1. 合理处置政策与法律关系

理论和实践均证明，作为两大社会规范力量，政策和法律各有其优势，对于社会经济的发展都具有重要的推动作用，在过去特定时段，政策作用的发挥甚至大过法律。在依法治国方略不断推进、社会主义法治进程日渐深化的今天，法律的作用注定会也必须要极大强化，但这并不意味政策的作用不再重要，恰恰相反的是在改革进入深水区的当下，在某些领域内，改革的推进仍需仰赖政策的作用，京津冀协同发展就是如此，政策注定会成为京津冀协同发展这一重大国家战略实现的重要助推剂。因此，在推进京津冀协同发展这一问题上，必须合理处置政策和法律的关系，要实现政策制定与法律颁布的良性互动、有机协调，这是京津冀协同立法所必须遵循的重要原则之一。哪些问题需要通过制定政策予以解决，哪些问题又需要通过颁布法律加以规范，这需要科学论证、妥适分析。但从既有实践来看，也有一些基本规律可以遵循。例如，对于最终解决方案尚未完全清晰、相关改革仍在逐步深化的问题和领域宜由政策加以解决。同时需要指出的是，因政策具有向法律转化的特点，所以应重视引导京津冀协同发展相关政策向京津冀协同立法转化，即对于通过政策引导已取得突破且立法条件已经成就、立法时机已然成熟的问题和领域，应适时制定相应法律以巩固已有改革成果。

2. 有效理顺地方人大立法与地方政府立法关系

作为地方立法的两大基石，地方人大立法和地方政府立法均十分重要。就京津冀协同立法而言，没有地方政府立法的参与将是不完美的，无疑会影响地方立法作用的发挥及协同立法的有效开展。因此，应在京津冀三地人大达成协同立法共识、形成立法纲领的基础上，进一步提高协同立法共识的层次和立法纲领的权威，最终的目标应是京津冀三地党委、人大和政府均对协同立法共识的形成，并以党委的名义缔结京津冀协同立法纲领。在此目标达成之前，京津冀三地人大应与京津冀三地政府保持充分沟通，共商协同立法项目，合理确定协同立法形式。

四、京津冀协同立法领域廓清及项目厘定

（一）京津冀协同立法领域廓清

1. 交通、环保、产业等率先突破领域应成为协同立法重点

2014 年 2 月 26 日，习近平总书记在北京主持召开京津冀协同发展专题座谈会，就京津冀协同发展问题作重要讲话，将京津冀协同发展明确为重大国家战略，并提出包括加快推进产业对接协作、扩大环境容量生态空间、构建现代交通网络等在内的七点具体要求。2015 年 4 月 30 日，中共中央政治局审议通过《京津冀协同发展规划纲要》（以下简称《纲要》），《纲要》提出，在京津冀协同发展中，要“推进交通、生态环保、产业三个重点领域率先突破”。之所以要选择交通、生态环保、产业三个重点领域率先突破，其原因在于，该三大领域不仅符合协同发展总体目标的要求，而且是当前促进京津冀协同发展急需解决、具备一定条件且取得共识的领域。交通一体化是京津冀协同发展的基础和条件；生态环境保护既是重要的民生问题，也是京津冀可持续发展的重要保障；产业协同发展则是京津冀协同发展的实体内容和关键支撑。同时，交通、环保、产业三大领域突破也面临严峻挑战：管理体制机制和法规、规范、标准不协调以及资金需求量大是交通一体化的主要障碍所在，责任和义务缺乏明确划分、联防联控的协同机制尚未完全建立则是生态环境保护所面临的主要困难，而产业协同发展则受行政分割的管理体制及三地之间在发展水平、基础设

施、公共服务和商业环境等方面的较大差距所羁绊。基于此，交通、环保、产业这三大率先突破领域应成为京津冀协同立法的重点所在。

其中，环保领域应该是京津冀协同立法的“富矿”所在，这主要是由以下方面所决定的：第一，环境保护是京津冀协同发展所面临的最大压力所在，也是京津冀协同发展这一重大国家战略得以提出的重要始因之一，因此，生态环境的治理与改善应该且已经成为了京津冀协同发展最为重要的领域；第二，较之于产业转移，京津冀在环境保护领域虽也存在一定利益纠葛与矛盾，但相对而言，易达成共识；第三，相对于交通及产业转移，环境保护领域所涉的法律问题更多，也更易取得成果。

此外，环保领域不仅是京津冀协同立法的“富矿”所在，也是京津冀协同立法的“创新”之地。例如，在环保领域某些协同立法项目的落实上，完全可参照大气污染防治法的规定，进行以联合、跨区域、交叉为显著特征的执法方式创新，以强化环保执法，进而促进生态环境保护工作的开展。此外，在环保领域，还可依据《中共中央关于全面推进依法治国若干重大问题的决定》的规定，在“健全行政执法和刑事司法衔接机制”问题上进行相应创新，通过完善环境污染案件移送标准和程序，建立行政执法机关、公安机关、检察机关、审判机关信息共享、案情通报、案件移送制度，以克服有案不移、有案难移、以罚代刑等现象，实现行政处罚和刑事处罚无缝对接，进而更好地打击环境违法犯罪行为。

2. 教育、医疗、社保、文化、体育等亦应纳入协同立法范畴

京津冀协同发展是一个系统性工程，其绝不限于交通、环保、产业这三大率先突破领域，而且率先突破领域协同发展的推进需以其他方面的改革为基础，其关键就是要提升京津冀区域公共服务整体水平、缩小京津冀区域公共服务现存巨大差距，具体包括推进京津冀教育合作、加强京津冀医疗卫生联动协作、促进京津冀社会保障衔接、提升京津冀文化体育交流合作水平等方面，而这些领域都应纳入到京津冀协同立法范围，以确保相关改革深入推进，并最终助推京津冀协同发展这一重大国家战略的真正落实。

（二）京津冀协同立法项目厘定

1. 京津冀协同立法项目厘定的基本考量

相对于协同立法领域的确定而言，京津冀协同立法项目厘定所面临的

困难更大，需反复推敲、深入论证。就京津冀协同立法项目的厘定而言，其或应考虑以下几个因素：（1）关注国家最新立法和政策成果。地方立法的重要作用之一，就是促进国家法律的更好落实、国家政策的及时转化，即在立基于本地区实际情况的基础上，通过地方性法规规章的制定，使相关法律、政策得以进一步细化、具体化，进而促进国家法律和国家政策的更好落实。因此，在确定京津冀协同立法项目时，必须要关注国家最新立法和政策成果。（2）关注京津冀协同发展的进展情况。京津冀协同立法的提出与开展得益于京津冀协同发展这一重大国家战略的提出与推进，因此，在确定京津冀协同立法项目时，必须要关注京津冀协同发展的进展情况，关键是要将京津冀协同发展的最新成果通过立法的形式予以巩固。（3）关注京津冀社会经济发展实践。作为上层建筑之一，法律的制定需以经济社会发展实践为基础。因此，在确定京津冀协同立法具体项目时，一定要关注京津冀经济社会发展实践，要回应京津冀经济社会发展的实践需求，及时制定相关法律。

2. 京津冀协同立法项目厘定

（1）京津冀野生动物保护协同立法（项目级别优先，项目难度适中）；

（2）京津冀区际生态补偿协同立法（项目级别优先，项目难度较大）；

（3）京津冀水污染防治协同立法（项目级别优先，项目难度适中）；

（4）京津冀食品安全协同立法（项目级别一般，项目难度适中）；

（5）京津冀安全生产协同立法（项目级别一般，项目难度适中）；

（6）京津冀小流域管理协同立法（项目级别一般，项目难度适中）；

（7）京津冀自然保护区协同立法（项目级别一般，项目难度适中）；

（8）京津冀清洁能源生产利用协同立法（项目级别一般，项目难度适中）；

（9）京津冀水土保持协同立法（项目级别一般，项目难度适中）；

（10）京津冀旅游促进协同立法（项目级别一般，项目难度适中）。

五、京津冀协同立法路径探析

（一）明确京津冀协同立法基本原则

立法原则是立法主体据以进行立法活动的重要准绳，是立法的内在精神品格之所在，其不仅关系到立法实践能否顺利开展，也关系到立法成果品质的优劣。立法原则的一致性，可确保在深层次上保持法律的统一性、连续性和稳定性。就京津冀协同立法而言，其应遵循以下基本原则：

1．法制统一原则

我国是一个统一的单一制国家，必须维护社会主义法制的统一和尊严。法制统一原则是法治建设基本规律的要求，也是我国全面推进依法治国必须坚持的重要原则。京津冀协同立法应贯彻法制统一原则。首先，三地协同立法要做到在宪法和法律框架内进行探索与创新。目前我国尚未制定有关区域立法方面的法律规范，京津冀三地在立法协作过程中应充分遵循宪法、立法法、地方各级人民代表大会和地方各级人民政府组织法中确立的立法精神，以地方立法权限为依托，在不与宪法、法律、行政法规相抵触的情况下，根据区域协调发展的实际需要，充分实现协同立法，以确保三地协同立法的有效性。第二，京津冀区域协同立法要以全国性立法为基础和指导，坚持不抵触原则，做到在坚持法制统一的前提下，充分体现本区域特色，防止出现借助区域立法协作，实施本区域的地方保护而导致的与全国范围内其他地区的立法相冲突的情况。第三，京津冀协同立法过程中要努力实现本区域各地方立法的协调统一，既立足于不同地区的地方特色优势，又充分体现京津冀地区整体法治协调，各地方立法主体在平等协商的基础上，加强沟通与协作，实现立法信息共享，及时对区域内已有的冲突法规展开系统清理，同时避免出现新的地方立法冲突。

2．平衡协调原则

区域协调发展的实质目的就是要缩小地区间发展差距，促进基本公共服务均等，实现各地利益的平衡协调以及区域经济、社会、生态的整体协调。因此，平衡协调系区域协调发展的精神内涵所在，同时也是区域立法所必须秉持的基本原则。京津冀协同立法亦应遵循平衡协调原则，并应重点做到以下几点：首先，要确保京津冀三地在产业转移对接、资源开发利用、生态环境保护等方面权利与义务的对等；其次，要在充分发挥各自区位优势的同时，依法建立健全区域利益分享、协调及补偿制度；最后，要结合三地的功能定位，建立科学有效的利益关系调节制度和程序，以确保区域发展不平衡问题得以有效改善，为京津冀三地实现优势互补、合作共赢筑牢法治基础。

（二）确定京津冀协同立法模式

作为对立法行为和立法活动的模式化设置，科学合理的立法模式选择对于法律制度的创建和法治系统的运行具有不可忽视的重要作用。就京津冀协同立法而言，其应探索建立中央专门立法、地方协作立法和地方单行立法相结合的“三位一体”立法模式。所谓中央专门立法，是指由中央立法机关针对事关京津冀协同发展全局的战略性、结构性、宏观性和原则性的问题作出规定；所谓地方协作立法，是指由京津冀三地的地方立法机关针对它们之间带有区域性、关联性和共同性的问题作出规定；而所谓地方单行立法，则是指由京津冀三地立法机构针对自身在区域协同发展过程中所面临的特殊问题作出规定。三者之间，中央立法是基础，地方协作立法是深化，地方单行立法是细化。“三位一体”立法模式要求在京津冀区域立法中，既要有面对京津冀协同发展全局的综合立法，又要有针对某个具体方面的个别单项立法，从而形成点面相结合、一般原则和具体步骤相结合、宏观调控和微观调节相结合、法律制度的灵活性与可操作性相统一的适应京津冀协同发展需要的区域法律制度体系。

（三）构建京津冀协同立法保障机制

1. 建立京津冀区域立法协调机构

理论研究和相关实践表明，要确保京津冀协同立法长期有序开展，首先需要建立一个具有权威性和代表性的、能够有效运作的常设性立法协调机构——京津冀协同立法工作委员会。该工作委员会由京津冀三地分别选派的代表组成，在代表人员构成中至少应包括相关数量三地省级权力机关与政府机构法制工作部门的工作人员，以便于有效协调不同立法事项适宜采取的立法形式，从而有助于三地人大、政府在具体立法工作中的协调和沟通。

2. 搭建区域立法信息交流共享平台

良好的信息交流是地方协同立法有效开展的前提和基础。为有效促进京津冀协同立法的开展，当前亟需搭建便捷、高效的立法信息交流共享平台，并建立京津冀三地立法信息库，使其成为区域内立法信息的交换中心。京津冀三地立法信息库所收入的内容应至少包括京津冀三地的五年立法规划和年度立法计划、相同主题立法项目的立法进展及法规、规章文本制定情况、关联度高的区域重大立法项目联合攻关的动态进展情况、三地立法工作经验和立法成果等信息。

3. 确立京津冀协同立法工作机制

行之有效的协同立法工作机制对于京津冀协同立法的开展十分必要，其有助于相关工作的有序、高效开展。京津冀应当在省级人大立法机构与政府法制机构之间分别确立相应的协同立法工作机制，具体包括立法动态通报工作机制、立法规划协调对接机制、重大项目联合攻关立法机制、立法协调例会工作机制、公众参与立法协调机制、法规规章清理协同机制等方面。

4. 创新京津冀协同立法备案制度

备案审查是对立法情况进行全面了解，进而加强立法监督、发现立法冲突、维护法治统一的重要制度安排。在区域立法工作中尤其是要做好备案审查工作，以确保区域立法的有效性。就京津冀协同立法而言，应该至少从以下两个层面创新京津冀协同立法备案制度：首先，要依法将协同立法成果报送国家有关机关备案，便于全国人大常委会和国务院加强对区域立法的事后监督，以确保协同立法成果的有效性；其次，应建立京津冀三省市间的立法备案制度，实行立法成果交叉备案。（2017 年 2 月）

京津冀协同立法：回顾与展望

——京津冀三省市人大推进协同立法的阶段性总结

引　言

京津冀协同发展，是习近平总书记亲自谋划、亲自推动的重大国家战略，是以习近平同志为核心的党中央在新时代作出的具有全局性和战略性的重大改革决策和战略部署，是统筹推进“五位一体”总体布局、协调推进“四个全面”战略布局和贯彻落实五大发展理念的伟大实践。推动京津冀协同发展，对解决区域发展不平衡、不协调问题，具有重要的实践价值和示范意义；对实现“两个一百年”奋斗目标和中华民族伟大复兴的中国梦，具有重大现实意义和深远历史意义。

“凡属重大改革都要于法有据”。2014 年 2 月，习近平总书记在中央全面深化改革领导小组第二次会议上强调指出，“在整个改革过程中，都要高度重视运用法治思维和法治方式，发挥法治的引领和推动作用，加强对相关立法工作的协调，确保在法治轨道上推进改革”。2014 年 10 月，党的十八届四中全会通过的《中共中央关于全面推进依法治国若干重大问题的决定》明确规定，要“实现立法和改革决策相衔接，做到重大改革于法有据、立法主动适应改革和经济社会发展需要”，要“坚持立法先行，发挥立法的引领和推动作用”。2015 年 4 月，中共中央政治局审议通过的《京津冀协同发展规划纲要》明确提出，“要做好立法、修法工作，用法治手段保障京津冀协同发展的顶层设计和重大决策的落实”。在全面依法治国的今天，贯彻落实京津冀协同发展这一重大国家战略，应当在法治理念指引之下实施，应当在法制框架内推进，而前提就是要有效发挥立法的引领和推动作用，积极推进京津冀协同立法，让法律为京津冀协同发展保驾护航。

由京津冀三省市人大及其常委会所推动实施的协同立法工作始于京津冀协同发展重大国家战略确立伊始，到 2019 年，已经走过五个年头。五年来，京津冀协同立法经历了由提出、破题到推进、拓展、深化的发展过程；五年来，京津冀协同立法成果斐然，不仅建立了合作平台为协同立法奠定坚实基础，而且通过强化制度建设搭建了京津冀协同立法的“四梁八柱”，更是不断创新协同模式进而推动京津冀协同立法走向深入，实现了由立法领域、立法规（计）划、立法项目到立法起草、立法内容、立法进度的全面协同；五年来，京津冀协同立法积累了许多宝贵经验，主要归结为六点，即深入学习贯彻习近平新时代中国特色社会主义思想、紧密跟随京津冀协同发展重大国家战略实施进程、积极争取全国人大常委会法工委对协同立法的指导支持、始终坚持三省市党委对协同立法工作的坚强领导、充分发挥三省市人大在协同立法领域的主导作用、探索引入三省市科研机构于协同立法的智力支持。五年是一个重要的时间节点，回顾过往是为了更好的规划未来，对京津冀协同立法而言，应当在坚持宝贵经验的基础上，着力做好以下工作：一是推进协同立法模式创新以完善协同立法体系；二是拓展协同立法领域以强化协同立法保障；三是扩大协同立法公众参与以提升协同立法水平；四是加强协同立法效果评估以提高协同立法质量。

一、京津冀协同立法历程回顾

（一）京津冀协同立法之提出

2014 年 2 月 26 日，习近平总书记在北京主持召开座谈会，专题听取京津冀协同发展工作汇报，发表重要讲话，就推进京津冀协同发展提出七点要求，将京津冀协同发展正式明确为重大国家战略。为落实习近平总书记关于实现京津冀协同发展这一重大国家战略的指示与要求，2014 年 3 月 27 日，河北省委、省政府召开了京津冀协同发展工作会议，会议对河北省推进京津冀协同发展工作做了全面安排和部署。根据这次会议上河北省委关于推进京津冀协同发展的精神，河北省人大常委会提出要做好京津冀协同发展进程中的法制协调和对接工作，为加快推动京津冀一体化协同发展提供有力的法律支持和法治保障。会后，河北省人大常委会立即启动了支撑和保障京津冀协同发展的协同立法工作，率先与北京市、天津市人大常委会沟通、谋划京津冀协同立法问题。河北省人大常委会关于开展京津冀协同立法的倡议得到了北京市和天津市人大常委会的热烈回应和一致赞同，三方很快形成了立法协调和对接模式的初步意向，并对开展京津冀协同立法的重要性与必要性取得了高度一致，京津冀协同立法由此得以正式提出。

2014 年 5 月至 8 月，京津冀三省市人大常委会和法制工作机构继续协商协同立法事宜，并在制定调整年度立法计划、制定地方性法规过程中，尝试开展立法协同实践。2014 年 9 月下旬，京津冀三省市人大常委会有关负责同志，在赴上海市参加第二十次全国地方立法研讨会期间，再次就协同立法问题开展深层磋商和研讨。同年，河北省人大常委会法工委还在坚持问题导向、改革引领、创新驱动原则的基础上起草了《关于围绕京津冀协同发展做好区域立法的实施方案》，分别征求北京市、天津市人大常委会的意见，得到两市积极响应。经多次磋商和深入交流，京津冀三省市人大常委会和法制工作机构达成共识，商定采取三方轮流主办的方式，建立京津冀协同立法工作联席会议制度。

（二）京津冀协同立法之破题

2015 年 3 月，首次京津冀协同立法工作会议在天津市召开，三省市人大常委会和法制工作机构的有关负责人参会，在此次会议上一致通过了由天津市人大法制工作部门起草并与京冀两省市人大法制工作部门共同修改完成的《关于加强京津冀人大协同立法的若干意见》（以下简称《若干意见》），之后，京津冀三省市人大常委会陆续依法审议通过了该《若干意见》。《若干意见》的通过统一了京津冀三省市协同立法的目标愿景并初步搭建起了协同立法的基本框架，标志着京津冀协同立法的正式破题，京津冀协同立法由此实现了从理论设想到落地实施的华丽转身。

《若干意见》共包括三方面内容：（1）对京津冀协同立法的迫切性和基本要求进行了规定。《若干意见》不仅指出，“加强京津冀协同立法，是整合区域立法资源优势、增强地方立法总体实效、推动区域协同发展的迫切要求”，而且要求，“京津冀地方立法工作，要认真落实中央要求，按照优势互补、互利共赢、区域一体的原则，以区域基础设施一体化和大气、水污染联防联控作为优先领域，以产业结构优化升级和实现创新驱动发展作为重点，把协同立法的功夫主要下在联动上，努力实现良性互动、协同发展”。（2）对京津冀协同立法需要共同推进的几项工作进行了明确规定，包括加强立法沟通协商和信息共享、构建协同立法机制、加强重大立法项目联合攻关、加强地方立法理论研究协作、加强立法工作经验和立法成果的交流与共享等。（3）对京津冀协同立法保障机制构建进行了规定，一是建立立法干部学习培训交流机制，二是建立健全京津冀协同立法保障机制。《若干意见》的制定与通过，标志着系好了推进京津冀协同立法的“第一颗纽扣”，意义重大。

（三）京津冀协同立法之推进

2016 年 2 月，第二次京津冀协同立法工作会议在北京市召开，除对包括交通一体化、生态环境保护、产业转型升级等领域在内的立法规划协同事项进行研究外，还对北京市人大常委会委托中国城市规划设计研究院规划研究中心所完成的《推进京津冀协同发展首都城市立法问题研究》这一研究报告进行了研讨。这是探索引入第三方科研机构提供智力支持以更好推动协同立法工作的首次尝试，意义重大。该研究报告主要包括三个部分：第一部分是对《京津冀协同发展规划纲要》等文件精神的解读和北京市突出问题的梳理，第二部分是对国际首都治理案例的比较分析，第三部分是立法项目建议，从四个方面，提出了 46 项立法项目建议。

在2016年，协同立法项目的成功落地是京津冀协同立法工作所取得的另一项重要成果，以《河北省大气污染防治条例》和《天津市水污染防治条例》的制定为典型代表。2016年1月13日河北省第十二届人民代表大会第四次会议所通过的《河北省大气污染防治条例》，协同立法的色彩浓厚，该条例不仅在制定过程中充分征求了京津两市人大常委会的意见，而且在内容上进行了专门性规定，条例第五章“重点区域联合防治”对大气污染京津冀协同防治问题进行了全面规定。2016年1月29日天津市第十六届人民代表大会第四次会议所通过的《天津市水污染防治条例》在制定过程中，也通过征求意见的方式实现了协同立法，京冀两省市人大常委会共提出了五十余项完善建议，且条例第八章以专章形式对“区域水污染防治协作”进行了全面规定。

（四）京津冀协同立法之拓展

2017年2月，第三次京津冀协同立法工作会议在石家庄市召开，在此次会议上不仅讨论通过了《京津冀人大立法项目协同办法》（以下简称《项目协同办法》），还对2017年度三省市协同立法项目进行了选定。《项目协同办法》适用于京津冀协同立法项目的立项、起草、调研、修改、审议、实施、清理等工作，对立法项目协同方式、协同原则、选定要求、协同机制、起草方式、联合攻关、立法协商、通报会商、施行日期、宣传解释、立法后评估、组织协调等问题进行了全面规定，对协同立法项目的实施提出了更为明确、更为具体、更具可操作性的规定，初步搭建起了协同立法的基本制度框架。《项目协同办法》的通过标志着京津冀人大立法项目协同机制的正式确立，协同立法工作因此获得实质性突破，进入拓展实施阶段，实现了从松散到紧密、从单一到统筹、从口头到制度的巨大转变。此外，此次会议还对河北省人大常委会委托河北大学完成的《京津冀协同立法研究报告》进行了研讨，该报告对京津冀协同立法的意义进行了全面阐释，对京津冀协同立法进展予以系统梳理并进行客观评价，对京津冀协同立法领域确定与项目厘定进行了深入探讨。

同年9月，第四次京津冀协同立法工作会议在天津市召开，会议讨论通过了《京津冀人大法制工作机构联系办法》（以下简称《机构联系办法》），并听取了天津市人大常委会委托南开大学完成的《京津冀协同发展立法引领与保障研究报告》。《机构联系办法》对协同立法工作联系主体及职责、联系沟通方式、机构联席会议及议题、协同立法项目协调推进、立法草案意见征求、立法信息经验成果共享、立法工作信息交流沟通、理论研究协作及成果共享、干部培训学习交流等问题进行了明确规定，以制度形式确立了三地常态化的法制工作机构联系机制，为协同立法的顺利实施提供了有力制度支持，标志着人大法制工作机构间的工作协同机制的正式确立，对于建立健全长效化、制度化的京津冀人大法制工作机构联系机制、进一步加强京津冀人大协同立法工作具有重要意义。该办法与此前通过的《京津冀人大立法工作协同若干意见》《京津冀人大立法项目协同办法》共同构成了系统的京津冀人大协同立法工作制度。

（五）京津冀协同立法之深化

2018 年 7 月，第五次京津冀协同立法工作会议在北京市召开，会议就京津冀三省市人大立法规划和年度立法计划编制情况进行了充分沟通，讨论通过了《京津冀人大立法项目协同实施细则》（以下简称《实施细则》）。《实施细则》对协同立法项目选取、项目协同方式、项目沟通协调、协同立法项目确定、项目协同实施方案、项目协同保障、共性问题研究、法规清理协同等问题进行了全面规定。《实施细则》的通过对加强京津冀人大立法项目协同实施工作、提高京津冀三地人大立法项目协同实效具有重要意义，进一步推动了京津冀协同立法制度体系的完善，标志着京津冀协同立法走向深入。此外，会议还对环境保护、机动车污染防治等协同立法项目及其工作方案进行了深入研讨。

同年 8 月，京津冀三地人大法制工作机构联席会议在石家庄市召开，这次会议由北京市人大常委会法制办公室提议，河北省人大常委会法制工作委员会承办，会议主题是讨论研究“机动车和非道路移动机械排气污染防治”立法项目协同工作。会议对标准统一、“同车不同罚”、部门职责划分、违法成本、数据采集和共享、车油路统筹等关涉机动车污染防治的重点、难点和焦点问题深入交换了意见，并就下一步协同工作安排进行了有效沟通。此次联席会议是京津冀协同立法工作四年多来，首次专门就具体立法项目协同召开会议以推进全面协同立法工作，并且邀请了政府有关部门参加会议，具有开创性的意义，是京津冀立法项目协同新的里程碑，标志着京津冀协同立法迈出了由机制制度建设向具体立法项目协同的实质性步伐。

二、京津冀协同立法成果梳理

（一）建立合作平台，奠定京津冀协同立法坚实基础

理论和实践均证明，实现协同发展是京津冀区域合作的未来方向和必然要求，而平台建设则是协同发展中的前提基础，京津冀协同立法亦是如此。五年来，京津冀三省市人大和法制工作机构在三省市党委的领导下勇于实践、积极探索，建立起了京津冀协同立法工作会议这一重要合作平台。自2015年在天津市召开第一次京津冀协同立法工作会议以来，五年来已经连续召开五次会议。京津冀协同立法工作会议议题广泛，涉及京津冀协同立法制度建设、立法规划计划协同、协同立法项目选定及推进等重大事项，而京津冀三省市人大常委会领导的直接参与、充分沟通则有效确保了所议决定的高效落实和所涉问题的妥适解决。除协同立法工作会议外，在协同立法实践中，还建立起了由京津冀三省市人大法制工作机构参加的联席会议制度。2017年第四次京津冀协同立法工作会议所通过的《京津冀人大法制工作机构联系办法》明确规定，京津冀三省市人大法制工作机构（包括法制委员会和常委会法制工作机构）“是推进京津冀人大立法工作协同的综合部门，在本省市人大常委会主任会议领导下，协调人大各专门委员会和常委会工作机构共同做好京津冀立法协同各项工作”，所涉议题包括：（1）沟通三省市立法工作的情况，提出需要提交京津冀协同立法工作座谈会讨论的重点议题；（2）总结三省市本年度立法工作协同的实施情况和协同立法项目落实情况，拟定提交京津冀协同立法工作座谈会讨论的立法协同工作报告；（3）交流下一年度立法计划的总体思路，相互通报立法计划项目的初步考虑，研究提交京津冀协同立法工作座谈会讨论的协同立法项目建议；（4）沟通交流三省市法制工作机构的立法、规范性文件审查监督等工作的经验和体会；（5）交流探讨三省市地方立法干部培训等队伍建设的经验和共同关心的有关问题；（6）其他需要共同协商的议题。

作为京津冀三省市人大常委会和法制工作机构所积极推动和不断完善的京津冀协同立法工作会议、京津冀人大法制机构联席会议已步入正轨运

行阶段，取得了丰硕成果，成为京津冀协同立法的重要合作平台，为京津冀协同立法的顺利开展奠定了坚实基础，推动京津冀协同立法朝着更加成熟和完善的方向不断发展。相关理论研究认为，京津冀协同立法的显著特点就在于，以京津冀协同立法工作会议为纽带，技术性地解决了三省市立法权“并行”的难题，同时又以分别提请批准的方式赋予协同立法规范的法律效果，借此共同制定了多个立法协同文件，探索确立了顺畅有效的协同立法机制。这既是京津冀协同立法的重要创新点，也是促成立法协同的重要原因。[1]

（二）强化制度建设，搭建京津冀协同立法“四梁八柱”

制度于行为具有重要意义，其对行为具有指引、规范、保障、强制等重要功能，因此，制度建设至关重要，是确保相关工作得以顺利开展的关键所在。对京津冀协同立法而言，由其创新性所决定，制度建设更是尤为关键。京津冀三省市人大常委会对此有着清楚认识并予以高度重视。从京津冀协同立法伊始，就致力于推动京津冀协同立法制度建设。在第一次京津冀协同立法工作会议上，就讨论通过了《关于加强京津冀人大协同立法的若干意见》。该若干意见从多个方面对京津冀协同立法制度建设进行了规定，包括：（1）构建与协同发展相互适应、相互支撑、相互促进的协同立法机制。通过“着力建立区域立法协同机制和制度平台，形成相对统一的区域制度框架和实施细则”，以“实现区域内制度融合、利益整合和整体利益最大化”。主要内容如下：一是在维护法制统一的前提下，整合地方立法资源，发挥地方立法组织协调的能动作用，破除狭隘的行政划界和地方保护主义，促进和确保京津冀地方性法规和谐一致。二是着眼于三地之间在产业转移、区域治理、区域公共产品供给等方面诸多利益的协调，以及中央与地方、经济发展与环境保护、当前利益与长远利益等关系的协调，对区域内不同主体利益作出权衡，坚持公平正义、积极作为，主动融入、求同存异。三是就三地立法在现有内容设置和制度构建上所涉及的普遍问题与重点领域，坚持从实际出发，深入实践、加强探讨，有序规制、

---

〔1〕 梁平、律磊：《京津冀协同立法：立法技术、机制构建与模式创新》，《河北大学学报（哲学社会科学版）》2019 年第 2 期。

择优选定，高度融合、谋求一致，在相互协同中谋求共赢。(2) 建立立法干部学习培训交流机制。增强立法干部的政治业务素质“是提高京津冀协同立法质量和水平的关键”，因此，“要把加强三地人大立法干部学习培训交流作为重点，共同培养造就一支适应新时期地方立法要求的立法干部队伍”。具体来说，一是要“建立京津冀人大立法干部学习培训交流互动机制，三地间要主动相互提供立法干部学习培训年度计划安排，可以联合举办专题培训，也可以采取网上直播等方式相互开放培训内容”；二是要“建立青年立法干部定期互访互学交流机制，就共同关心的问题进行交流研讨”；三是要“利用移动互联网手段，建立京津冀立法微信群，及时交流各地立法信息，分享地方立法的智慧和成果”。(3) 建立健全京津冀协同立法保障机制。一方面，三省市人大常委会要在人力、物力、财力等方面对协同立法工作予以保障；另一方面，三省市人大应当各自指定一位人大常委会主任会议成员负责协同立法工作，人大法制工作机构负责具体承办落实，采取三方轮流负责的方式予以落实。

第三次京津冀协同立法工作会议上所讨论通过的《京津冀人大立法项目协同办法》对京津冀协同立法制度建设作了进一步规定，提出要“进一步深化和完善京津冀协同立法会商机制和信息共享机制”，以“加强立法项目的协商沟通，共享有关参考资料、主要制度安排等重要立法信息”。第四次京津冀协同立法工作会议上所通过的《京津冀人大法制工作机构联系办法》则通过对京津冀三省市人大法制工作机构职责的明确对京津冀协同立法沟通协商机制进行了全面系统规定。

（三）创新协同模式，推动京津冀协同立法走向深入

协同立法的关键和目标在于推动立法、落实项目，五年来，京津冀三省市人大及其常委会勇于担当、积极作为，坚持把协同立法落在项目上，谋划和推出了一批协同立法项目，推动京津冀协同立法结出累累硕果，以《河北省大气污染防治条例》《天津市生态环境保护条例》《北京市城乡规划条例》等为代表的多项协同立法项目获得高票通过并已产生良好经济社会效果。更为重要的是，京津冀三省市人大积极探索、大胆实践，取得了协同立法模式的成功创新，实现了由立法领域、立法规（计）划、立法项目到立法起草、立法内容、立法进度的全面协同：

1. 立法领域协同

于协同立法而言，立法领域的准确界定至关重要，其直接关系协同立法效果，甚至直接影响协同立法能否实现。2015 年 4 月 30 日中共中央政治局审议通过的《京津冀协同发展规划纲要》明确指出，“推动京津冀协同发展是一个重大国家战略，核心是有序疏解北京非首都功能，要在京津冀交通一体化、生态环境保护、产业升级转移等重点领域率先取得突破”。这一论断为京津冀协同立法领域的准确界定提供了关键指引和根本遵循。第三次京津冀协同立法工作会议所通过的《京津冀人大立法项目协同办法》明确规定，“京津冀三方应当按照《京津冀协同发展规划纲要》的要求，围绕有序疏解北京非首都功能这一核心，在交通一体化、生态环保、产业升级转移等重点领域，选择关联度高的重要立法项目进行协同”。由此实现了京津冀立法领域的有效协同，进而为京津冀协同立法的顺利推进奠定了坚实基础。

2. 立法规（计）划协同

所谓立法规划，是指立法主体根据立法预期的指向和结果，在法定权限内依照一定的原则和程序所编制的关于立法目标、措施和步骤的部署与安排；所谓立法计划，又称立法年度计划，是指立法主体在立法规划的基础上依据法定权限与程序所制定的一个年度内关于立法项目的选取与安排，是立法规划的年度任务分解和进一步落实。从性质上讲，立法规（计）划是立法主体对经过预测与研究的立法项目进行的通盘考虑、总体设计，是通过一定的程序和形式对一定时间内的立法工作所作出的统筹安排。立法规（计）划的主要任务和目的在于使立法工作有计划、有步骤、有目的地进行，从而实现立法工作的有序化、科学化、系统化，其意义重大。立法规（计）划的功能突出体现为：一方面，有助于确保立法工作有条不紊地进行，做到统筹安排、明确重点、集中力量，充分提高立法机关的工作效率，实现有计划有步骤地推进立改废释工作；另一方面，有助于确保法律体系的和谐一致，避免互相矛盾、互不衔接和盲目立法等现象。立法规（计）划的编制是立法工作有序进行的前提，立法规（计）划的实施对于加强立法计划性、提高立法质量有着十分重要的意义和十分明显的作用。编制和实施立法规（计）划是党领导立法工作的重要形式，也是人大发挥立法主导作用的重要抓手，有利于增强立法工作的统筹性、协调性、科学性，是建设中国特色社会主义法律体系的重要经验。鉴于立法规（计）划的重要性，2015 年修改后的《中华人民共和国立法法》，不仅进一步健全了人大主导立法工作的体制机制，而且专门增加了立法规（计）划的内容以加强对立法工作的统筹安排，[1] 将立法规（计）划作为保障和促进立法质量提升、以立法引领改革的重要环节和实现方式。

对京津冀协同立法而言，立法规（计）划协同至关重要，是京津冀协同立法的重要前提和基础，直接关系京津冀协同立法的发展方向和总体部署，只有从规（计）划上统一起来，才能保证京津冀协同立法的有序推进。京津冀三省市人大高度重视立法规（计）划的协同。2017 年通过的《京津冀人大立法项目协同办法》第五条明确规定，“京津冀三方在拟定五年立法规划或者年度立法计划时，应当将涉及京津冀协同发展重点领域的立法项目优先安排，并且分别提出需要三方协同的立法建议项目”“三方应当相互通报立法规划或者计划内容”。此外，五年来，立法规（计）划沟通与协调也是历年来京津冀协同立法工作会议的重要议题。

3. 立法项目协同

立法项目的落地是推进京津冀协同立法的直接目标所在。京津冀三省市人大对此高度重视，五年来已经确立了以《河北省道路运输条例》《天津市公路管理条例》等为代表的多个协同立法项目并成功落地，取得了良好的经济社会效果。为确保立法项目的有效协同，京津冀三省市人大在制度保障层面做了大量工作和有益探索，突出表现为《京津冀人大立法项目协同办法》和《京津冀人大立法项目协同实施细则》的制定与通过。2017 年通过的《京津冀人大立法项目协同办法》对立法项目的协同方式、协同原则、协同要求、协同程序、协同机制等问题进行了全面规定。例如，《京津冀人大立法项目协同办法》第三条明确规定，“立法项目协同采取紧密型协作方式”，同时应当“坚持协同发展、互利共赢，求同存异、优势互补，重点突破、成果共享的原则”。2018 年通过的《京津冀人大立法项目协同实施细则》则对立法项目协同作了进一步规范，主要体现在以下方

[1] 《中华人民共和国立法法》第五十二条规定，全国人民代表大会常务委员会通过立法规划、年度立法计划等形式，加强对立法工作的统筹安排。

面：(1) 明确了协同立法项目选取规则，即“三地人大每年从推动京津冀协同发展大局需要出发，结合立法规划、年度立法计划，认真选取主题相同或相近、进度安排基本一致的立法项目，进行立法项目协同，共同开展立法共性问题研究，共同形成解决方案”。(2) 完善了立法项目协同模式，即“立法项目实施工作，根据三地人大立法规划、年度立法计划项目安排的实际情况，可以三地协同，也可以两地协同”“两地协同的，第三方可以利用自身资源优势，支持立法项目协同工作”。(3) 健全了立法项目协同机制，即“立法项目协同相关方可以建立常委会主管领导、法制工作机构负责人、立法项目小组三级沟通协调机制，加强立法项目协同实施工作”。(4) 强化了立法项目协同保障，即“立法协同项目一经确定，三地人大常委会及其法制工作机构应当从组织领导、工作安排、工作力量等方面优先予以保障，有序、高效、高质量地推进立法项目协同工作取得实效”。

4. 立法起草协同

作为立法程序的重要步骤，立法起草于京津冀协同立法的推进亦十分重要，是将协同立法项目转换为真实协同法规的关键环节，直接影响京津冀协同立法效果。京津冀三省市人大高度重视立法起草的协同。《京津冀人大立法项目协同办法》对此予以了重点规定：(1) 关于起草方式。协同立法项目的起草可以采取多种方式进行，一是一方起草，其他两方密切配合，二是联合起草、协同修改，三是三方商定基本原则，分别起草。(2) 关于起草过程。“拟定协同立法项目草案，三方可以同步调研、同步论证、同步修改，对涉及的难点、重点、焦点问题进行联合攻关”。(3) 关于草案调整。“协同立法项目草案涉及重大体制和重大政策调整的，京津冀三方分别报同级党委决策”“需要相互协调的，在报同级党委之前可以进行立法协商”。五年来，京津冀在立法起草环节的协同效果十分明显，《天津市水污染防治条例》《河北省水污染防治条例》等协同立法项目正是得益于立法起草的有效协同而获高票通过并取得良好经济社会效果。

5. 立法内容协同

在立法起草协同的基础上，京津冀三省市人大积极探索、勇于实践，进一步推动协同模式的创新——立法内容协同的实现。京津冀协同立法内容的协同体现在章节设置、主体制度设计、法律责任设定等很多方面。以机动车和非道路移动机械排放污染防治协同立法为例，目前已取得如下阶段性成果：（1）法规草案名称相同，均为“机动车和非道路移动机械排放污染防治条例”。（2）法规草案体例结构相同、章名相同，均为六章，分别是：第一章总则，第二章预防和控制，第三章使用、检验和维护，第四章区域协同，第五章法律责任，第六章附则。（3）法规草案对立法目的、适用范围的规定一致。（4）法规草案对部分基本概念、基本原则、法律责任的规定趋同。（5）法规草案关于信息共享、征信制度、能源结构调整、燃料要求、记分制管理、维修企业管理和规范、共同搭建京津冀超标车辆数据平台等规范和制度的规定，也将尽可能一致或趋同。在立法内容协同问题上，京津冀三省市人大在找准区域立法关键问题的基础上，在协同中区分三省市特有问题，在区分中体现立法内容的一致性与协同性，有效促进了优势互补、互利共赢、区域一体目标的实现。立法内容的协同极大推动了京津冀协同立法进程，使京津冀协同立法水平得到了显著提升。

6. 立法进度协同

进入 2018 年后，京津冀协同立法再进一步，目前正朝着立法进度协同的方向深化，以机动车和非道路移动机械排放污染防治立法为显著代表。自 2018 年 7 月第五次京津冀协同立法工作会议将机动车和非道路移动机械排放污染防治立法确定为协同立法项目以后，京津冀三省市人大常委会和法制工作机构密切合作、深入交流，多次召开会议就机动车和非道路移动机械排放污染防治立法所涉问题进行研讨，对重点难点问题联合攻关，对法规草案内容共同修改。更具创新意义的是，在京津冀三省市人大常委会领导的支持下，三省市就该条例的审议节奏、出台时间已经形成共识，全力推动立法进度协同的实现。这必将极大提高机动车和非道路移动机械排放污染防治这一协同立法项目的社会影响力和经济社会效果，同时也意味着京津冀协同立法又进入了一个新的发展阶段。

此外，京津冀三省市人大还推动了法规清理的协同。为顺应京津冀协同发展要求，三省市人大着手对不适应、不合拍、相冲突的现行有效法规开展清理工作，并不断推进清理工作常态化。一方面，建立动态监督长效机制，对不符合京津冀协同发展要求的、阻碍京津冀协同发展进程的法规做到及时发现，并进行信息交流共享，推动共同研究；另一方面，建立动态清理长效机制，针对发现的问题，三地统一进行修改，对三地都涉及的问题条款进行协同清理，做到步调一致，尽最大可能确保三地法规的一致性、协同性和可操作性。

三、京津冀协同立法经验总结

（一）深入学习贯彻习近平新时代中国特色社会主义思想

习近平新时代中国特色社会主义思想内涵十分丰富，涵盖了经济、政治、法治、科技、文化、教育、民生、民族、宗教、社会、生态文明、国家安全、国防和军队、"一国两制"和祖国统一、统一战线、外交、党的建设等各方面，是全党全国人民的思想旗帜、精神灵魂、行动纲领。深入学习贯彻习近平新时代中国特色社会主义思想，对于凝聚全党全国各族人民的思想共识和智慧力量，决胜全面建成小康社会，夺取新时代中国特色社会主义伟大胜利，实现中华民族伟大复兴的中国梦，具有重大现实意义和深远历史意义。[1]

京津冀三省市人大及其常委会坚持习近平新时代中国特色社会主义思想伟大旗帜，把学习贯彻习近平新时代中国特色社会主义思想作为首要政治任务，深刻领会这一思想的科学体系、精神实质、实践要求，特别是深入学习贯彻习近平总书记关于坚持和完善人民代表大会制度的重要思想、习近平生态文明思想和全面依法治国新理念新思想新战略，并用以指导京津冀协同立法工作、推进京津冀协同立法实践。这是京津冀协同立法五年实践最可宝贵的经验，也是协同立法得以不断深入、实现持续创新的关键所在。

（二）紧密跟随京津冀协同发展重大国家战略实施进程

推进京津冀协同发展是以习近平总书记为核心的党中央着眼于实现中华民族伟大复兴、全面建成小康社会、推进区域协调发展，作出的重大国家战略，对于实现"两个一百年"奋斗目标和中华民族伟大复兴的中国梦具有重大意义。习近平总书记就推进京津冀协同发展重大国家战略实施，提出了加强顶层设计、加大协同推动、加快产业对接协作、优化城市布局

---

〔1〕 刘云山：《深入学习贯彻习近平新时代中国特色社会主义思想》，《人民日报》2017年11月6日2版。

和空间结构、扩大环境容量和生态空间、构建现代化交通网络系统、加快推进市场一体化进程等“七个着力”明确要求，作出一系列重要指示，为京津冀协同发展指明了前进方向、提供了根本遵循。2015 年中共中央政治局审议通过的《京津冀协同发展规划纲要》为这一重大国家战略的实施提供了行动纲领。《京津冀协同发展规划纲要》还明确提出，要全面推进依法行政、做好立法、修法工作，用法治手段保障京津冀协同发展的顶层设计和重大决策的落实。

实现京津冀协同发展这个伟大目标，需要推进区域内经济、社会、文化等各项事业全面进步，而法治是重要保障。五年来，京津冀三省市人大及其常委会讲政治、促大局，深入学习贯彻习近平总书记关于京津冀协同发展重要批示指示精神，紧密跟随京津冀协同发展重大国家战略实施进程，始终坚持把推动京津冀协同发展作为各项工作重中之重，坚定不移地推进京津冀人大立法协同各项工作，主动对接国家目标，及时回应协同发展实践需求，积极开展协同立法工作，不断推出协同立法精品、持续创新协同立法模式，助力京津冀协同发展重大国家战略落地实施。

（三）积极争取全国人大常委会法工委对协同立法的指导支持

作为一项极具创新性和挑战性的工作，京津冀协同立法之所以能够取得今天的成绩离不开全国人大常委会法工委的理论指导和大力支持。2017 年 9 月第四次京津冀协同立法工作会议在天津市召开，会议得到了全国人大的高度重视。会前，天津市人大常委会专程派员到全国人大汇报会议准备情况，全国人大常委会法工委主任沈春耀同志对会议内容给予充分肯定，并派张勇副主任出席会议。张勇同志在会上高度评价了京津冀协同立法工作，认为京津冀三省市人大常委会自觉坚持党的领导，主动增强协同意识，大力推动立法工作协同，制定了加强协同立法的制度办法，定期召开立法工作会议，完善法制工作机构合作、重要立法项目工作协同、立法信息通报交流、立法干部合作培训等机制，从立法层面保障京津冀协同发展重大国家战略贯彻实施，探索区域性立法工作新模式，符合我国国情和立法体制；希望在新的起点上，坚持理念先行、创新先行、项目先行，进一步深化区域协同立法，更好发挥立法的引领推动作用；全国人大常委会法工委要认真研究涉及全国人大立法的项目建议，与三省市共同做好京津冀协同发展的立法引领与保障工作。2018 年 9 月第二十四次全国地方立法工作座谈会上，沈春耀主任在讲话中对京津冀三省市加强区域协同立法，建立完善区域协同立法工作机制的做法，给予了充分肯定。京津冀协同立法现有成绩的取得离不开全国人大常委会法工委对协同立法工作的肯定、指导和支持，这是推动协同立法不断走向深入的重要经验。

（四）始终坚持三省市党委对协同立法工作的坚强领导

2014 年 10 月，党的十八届四中全会所通过的《中共中央关于全面推进依法治国若干重大问题的决定》强调指出，“党的领导是全面推进依法治国、加快建设社会主义法治国家最根本的保证”，“必须加强和改进党对法治工作的领导，把党的领导贯彻到全面推进依法治国全过程”。习近平总书记在《关于〈中共中央关于全面推进依法治国若干重大问题的决定〉的说明》中进一步指出，“党和法治的关系是法治建设的核心问题”“全面推进依法治国这件大事能不能办好，最关键的是方向是不是正确、政治保证是不是坚强有力，具体讲就是要坚持党的领导，坚持中国特色社会主义制度，贯彻中国特色社会主义法治理论”“党的领导是中国特色社会主义最本质的特征，是社会主义法治最根本的保证”。

沧海横流显砥柱，万山磅礴看主峰。坚持党的领导，是社会主义法治的根本要求，是党和国家的根本所在、命脉所在，是全国各族人民的利益所系、幸福所系，是全面推进依法治国的题中应有之义；党的领导和社会主义法治是一致的，社会主义法治必须坚持党的领导，党的领导必须依靠社会主义法治。把坚持党的领导、人民当家作主、依法治国有机统一起来是我国社会主义法治建设的一条基本经验。2016 年，党中央出台的《关于加强党领导立法工作的意见》明确提出，“对于有立法权地方的党委，要把领导立法工作摆在更加突出的位置抓紧抓好，要建立健全领导立法工作责任制，做到重点立法工作亲自过问、重要立法项目亲自推进、重大立法问题亲自协商。”五年来，京津冀协同立法始终坚持党委对协同立法工作的坚强领导，夯实协同立法的政治基础，加强协同立法的组织保障；三省市党委对协同立法工作给予高度重视和全力支持，谋划确定协同立法总体思路和重点任务，支持推动协同立法制度创新，统筹协调协同立法工作安排。始终坚持三省市党委的坚强领导是开展协同立法所须遵循的重大政治原则，同时也是推动协同立法不断取得新成绩的根本保证。

（五）充分发挥三省市人大在协同立法领域的主导作用

党的十九大报告再次强调，“人民代表大会制度是坚持党的领导、人民当家作主、依法治国有机统一的根本政治制度安排，必须长期坚持、不断完善”，要“发挥人大及其常委会在立法工作中的主导作用”。五年来，京津冀三省市人大及其常委会主动作为、精诚协作和开拓创新，准确厘定协同立法领域、充分沟通立法规划计划、科学选定立法项目、全面推进立法起草协同、深入论证协同立法内容、努力实现立法进度协同，严格遵循立法规律，着力提高立法质量，努力使每一项协同立法项目都体现客观规律，适应社会发展，反映人民意志，得到人民拥护。协同立法工作的持续推进和成绩的不断取得体现了京津冀三省市人大高度的政治自觉，彰显了更大的政治担当，是京津冀三省市人大适应时代形势的要求而展现的新姿态、实施的新作为。充分发挥三省市人大在协同立法领域的主导作用是确保京津冀协同立法不断深入的重要经验。

（六）探索引入三省市科研机构于协同立法的智力支持

党的十八届四中全会指出，“健全立法机关主导、社会各方有序参与立法的途径和方式”是“深入推进科学立法、民主立法”的关键环节所在。其中，引入科研机构于立法的智力支持，包括“探索委托第三方起草法律法规草案”等方式，是实现科学立法、提高立法水平的重要途径。在京津冀协同立法实践中，三省市人大及其常委会充分认识到协同立法的创新性以及借助“外脑”的必要性，积极引入包括南开大学、河北大学以及中国城市规划设计研究院等在内的科研机构为协同立法提供必要智力支持。这一积极探索不仅为京津冀协同立法提供了强大的理论支撑，有效助推了协同立法进程、显著提高了协同立法水平，而且极大地促进了理论与实务的深入交流，推动协同立法理论研究走向深入，取得了以《京津冀协同立法研究报告》《推进京津冀协同发展首都城市立法问题研究》《京津冀协同发展立法引领与保障研究报告》等为代表的系列理论研究成果。

四、京津冀协同立法进路探讨

（一）推进模式创新，完善立法体制机制

立法模式的合理选取对法律制度的科学创建和法治系统的良好运行具

有重要意义。理论研究认为，对京津冀协同发展立法引领而言，应当确立由国家专门立法、地方协同立法和地方单行立法相结合的“三位一体”立法模式，该模式能够很好地协调综合立法与单项立法的关系，有助于建立适应京津冀协同发展需要的区域法律制度体系。但实践与理论往往并不能同步而是保持一定距离，京津冀协同立法亦是如此。五年来，京津冀三省市间的地方协同立法取得了重大突破，三省市地方单行立法也是成果喜人，但关于京津冀协同发展的国家专门立法尚未破题，京津冀三省市立法机关和研究机构所提出的包括首都法、京津冀协同发展促进法、京津冀区域规划法、京津冀区域大气污染防治特别应对法、京津冀区域生态补偿法、京津冀促进产业集群发展法、京津冀区域环境保护条例等立法建议虽获得国家立法机关的关注但并未进入国家立法程序。其原因不难理解，对于国家立法机关而言，针对于促进区域协同发展而实施的专项立法尚属新生事物，唯有具备成熟的经济社会条件及理论方案，方可能启动正式立法程序。从过往经验来看，亦能得到印证。西部大开发和东北振兴两大国家区域发展重大战略早在上世纪末和本世纪初就已确立，多年以来，制定西部开发促进法和东北振兴（促进）法的呼声也一直不断，但时至今日，也并未进入国家立法程序。

可以预见的是，在未来很长一段时间内，国家层面很可能不会出台以京津冀协同发展促进法为代表的京津冀协同发展基本法，但在个别领域制定关涉京津冀协同发展的专项立法还是有可能的。其中，最有可能进入国家立法程序的是海河保护法。2016 年，习近平总书记在重庆主持召开推动长江经济带发展座谈会，在会上强调指出，推动长江经济带发展是一项国家级重大区域发展战略；2018 年 4 月 26 日，习近平总书记在武汉主持召开深入推动长江经济带发展座谈会并发表重要讲话，强调指出，推动长江经济带发展是党中央作出的重大决策，是关系国家发展全局的重大战略。2019 年，长江保护法被纳入全国人大常委会立法工作计划，以加强长江流域环境保护，并回应长江经济带重大国家战略的确立。可以预见的是，鉴于长江的特殊地位，长江保护法的制定将成为促进长江经济带重大国家战略顺利实施的重要支撑。反观京津冀协同发展，也非常有必要对海河保护进行国家立法，并且，从长江保护立法的进展来看，海河保护法进入国家立法程序的可能性非常之大。此外，《太湖流域管理条例》和《淮河流域水污染防治暂行条例》的制定也说明，海河保护法既非常必要又切实可行。一旦海河保护法国家立法成为现实，则意味着“三位一体”立法模式得以全面落实，而国家立法的引领与保障必将有助于促进京津冀协同发展立法保障体系的完善，并最终助推京津冀协同发展走向深入。

人大立法与政府立法“双轨”并行是我国立法体制的一个显著特征，但从已有实践来看，京津冀协同立法呈现出人大主导的突出特点，与黑吉辽等其他区域协同立法存在显著不同。实践证明，人大主导的京津冀地方协同立法模式是成功的，无论是平台、制度，还是立法项目，都取得了丰硕成果。未来，这一模式应当继续坚持下去，三省市人大及其常委会还应当在协同立法领域发挥主导作用。健全制定、实施、监督、评价等体制机制，在此基础上，三省市人大常委会应当与三省市政府就立法规划计划进行有效沟通、密切合作，优先安排关联度高的重点领域重要立法项目，涉及重大协同立法项目共同研究、联合攻关。将涉及京津冀协同层面的立法项目交由人大常委会与其他两地进行协同立法。此外，鉴于河北省 11 个设区的市已经取得立法权，河北省人大常委会还应当对设区的市的人大立法进行有效指导，使三省市层面的协同立法得到有效落实并产生乘数效应，发挥更大作用。

（二）拓展协同领域，强化立法保障

2014 年习近平总书记在北京主持召开京津冀协同发展专题座谈会，就京津冀协同发展提出了包括加快推进产业对接协作、扩大环境容量生态空间、构建现代交通网络等在内的七点具体要求；2015 年中共中央政治局审议通过的《京津冀协同发展规划纲要》提出，京津冀协同发展要“推进交通、生态环保、产业三个重点领域率先突破”。京津冀三省市人大及其常委会在三省市党委的坚强领导下将环保、产业、交通确立为协同立法重点领域，着力推动协同立法工作开展，并取得丰硕成果：在环保领域，实现了大气污染防治、水污染防治立法的协同，目前正在推进环保立法、机动车污染防治立法的协同；在交通领域，实现了道路运输与公路管理立法的协同；在产业领域，实现了科技成果转化立法的协同。2018 年在第二十四次全国地方立法工作座谈会上，全国人大常委会法工委沈春耀主任专门提到："京津冀优先推动交通一体化、生态环保、产业转移升级三个重点协同领域立法项目……地方立法工作中的好做法好经验，对我们做好全国人大层面的立法工作具有很好的启发和借鉴意义"。

京津冀协同发展是一个系统性工程，其绝不限于交通、环保、产业这三大率先突破领域，而且率先突破领域协同发展的推进需以其他方面的改革为基础。与京津冀协同发展日渐深入相适应的是，京津冀协同立法也应当围绕疏解北京非首都功能这一核心任务拓展协同立法领域，将教育、医疗、社保、文化、体育等领域的协同事宜纳入立法范畴，围绕京津冀教育合作、京津冀医疗卫生协作、京津冀社会保障衔接、京津冀文化体育交流等事项选定立法项目，强化京津冀协同发展立法保障，助力京津冀协同发展走向深入。立足雄安新区发展定位，强化法治思维、拓宽法治方式、积极探索实践，做好先行先试，推进雄安新区法治建设。但需要指出的是，环保、产业、交通等仍是京津冀协同立法的重点所在，未来仍然需要围绕这三大重点领域深挖协同立法项目，提升协同立法水平。例如，鉴于京津冀区域固体废物转移处置行为的多发及问题的存在，加之，《中华人民共和国固体废物污染环境防治法》进行修订，京津冀三省市有必要围绕固体废物污染防治开展协同立法。

（三）扩大公众参与，提升立法水平

2019 年 2 月 25 日，习近平总书记主持召开中央全面依法治国委员会第二次会议并发表重要讲话，强调指出，"改革开放 40 年的经验告诉我们，做好改革发展稳定各项工作离不开法治，改革开放越深入越要强调法治""发展要高质量，立法也要高质量""要以立法高质量发展保障和促进经济持续健康发展"。"推进科学立法、民主立法，是提高立法质量的根本途径"，习近平总书记在《关于〈中共中央关于全面推进依法治国若干重大问题的决定〉的说明》中指出，"民主立法的核心在于为了人民、依靠人民""要完善科学立法、民主立法机制，创新公众参与立法方式，广泛听取各方面意见和建议"。

随着京津冀协同发展程度的不断深入、水平的持续提升，其必然需要高质量的立法予以保障和推动。而提升京津冀协同立法水平的关键则在于坚持并践行科学立法、民主立法。其中，推进民主立法的关键在于，要坚

持立法公开原则，将公开原则贯穿于立法全过程。立法公开的基本要求则是要扩大立法的公众参与，要不断健全立法机关与社会公众的沟通机制，使立法机关了解公众的关注点和利益诉求；要健全法律法规草案公开征求意见和公众意见采纳情况反馈机制，广泛凝聚社会共识，扩大公民对立法的有序参与，广纳民意、博采民智，以增强公众与法律的亲密感。[1] 对京津冀协同立法而言，必须要遵循民主立法的根本要求，秉持立法公开的基本原则，完善公众参与机制、扩大公众参与程度、提升公众参与水平，确保协同立法满足公众合理利益诉求，实现规范制定与凝聚共识、达成民意的过程同步，助推协同立法水平不断提升以更好地为京津冀协同发展提供法制保障。此外，还应当充分发挥科研机构、专家学者的专业优势，为协同立法提供必要智力支持，实现科学立法、民主立法，提高协同立法的针对性和适用性，扩大协同立法的经济社会效果。

（四）加强效果评估，提高立法质量

习近平总书记指出，“人民群众对立法的期盼，已经不是有没有，而是好不好、管用不管用、能不能解决实际问题”“越是强调法治，越是要提高立法质量”[2]。理论和实践均证明，加强立法后评估是提高立法质量的重要手段。一般认为，所谓立法后评估，又称立法效果评估，是指在法律法规实施后，根据立法目的，结合经济社会发展情况，对生效法律法规的立法质量、实施效果等情况进行全面调查和综合评价，为修改、废止法律法规提供参考，提出改进立法工作的意见、建议。开展立法后评估的主要目的在于，适时掌握法律法规的制定质量和实施效果，进而促进立法质量的提高。立法后评估意义重大，通过评估的开展有助于检验立法是否得到普遍遵守与执行、是否达到预期立法目的以及是否适应社会发展的需要，通过评估还可以检验立法在实施过程中所产生的经济社会效益，检验立法中各项制度和程序规定是否合理、可行，发现其在实施过程中存在的主要问题。立法后评估旨在对现行立法做出全面的、科学的评价，进而为法规的立、改、废、释提供可靠依据。鉴于立法后评估的重要意义，2018

---

〔1〕 张鸣起：《推进科学立法民主立法依法立法》，“光明网”，http：//theory. gmw. cn/2018-02/07/content_ 27609676. htm，最后访问日期 2019 年 7 月 21 日。

〔2〕《习近平在十八届中央政治局第四次集体学习时的讲话》，《新华社》2013 年 2 月 23 日。

年通过的《京津冀人大立法项目协同办法》第十五条明确规定，“协同立法项目施行一段时间后，京津冀三方各自组织立法后评估的，评估结果应当通报其他两方；确需废止或者修改的，三方可以共同会商研究”。

法律的生命力在于实施。立法质量好不好，归根到底还要看其适用情况，看其是否经受得住实践的考验，能否达到预期的目的。五年来，京津冀协同立法已然落地并结出累累硕果，为有效掌握制定法规的立法质量和实施效果，极有必要开展立法后评估工作，通过评估总结立法经验，为协同立法工作的顺利开展提供借鉴和指导，进而促进京津冀协同立法质量的提高，实现由形式协同向实质协同的转变升华。从评估的客体来看，可以对法规的立法质量、实施效果等情况进行全面评估，也可以对法规的部分制度、条款进行评估；从评估的主体来看，人大法制工作部门应当是评估的组织实施者，负责拟定评估对象、制定工作方案、组织开展评估、提出评估报告等具体工作，其他工作机构应当按照各自的工作职责对评估工作给予协助和配合；从评估的实施来看，根据需要，可以委托高等院校、科研机构等进行部分事项或者全部事项的评估工作；从评估的原则来看，应当遵循客观公正、公开透明、注重实效、公众参与的原则；从评估的要求来看，要对各项制度的设计和程序规定是否合法、适当以及是否符合立法技术规范进行评估；从评估的内容来看，主要包括法规的社会影响、制度的执行情况、取得的经济社会效益、存在的突出问题等；从评估的标准来看，主要包括合法性标准、合理性标准、协调性标准、技术性标准、可操作性标准、实效性标准等；从评估的重点来看，主要包括所评估的法规及其具体制度是否在京津冀区域内得到统一执行、是否产生了预期的协同效应、是否对经济社会发展产生了良好效益。最后，需要强调说明的是，随着协同立法工作的逐步深化、协同立法项目的日渐增多，立法后评估应当定位于常态化工作，通过加强立法效果的科学评估，以有效提高协同立法质量。

结　语

2019 年 1 月 16 日至 18 日，习近平总书记在京津冀考察，主持召开京津冀协同发展座谈会并发表重要讲话，充分肯定京津冀协同发展战略实施以来取得的显著成效，并强调指出，“京津冀协同发展是一个系统工程，不可能一蹴而就，要做好长期作战的思想准备”“过去的5年，京津冀协同发展总体上处于谋思路、打基础、寻突破的阶段，当前和今后一个时期进入到滚石上山、爬坡过坎、攻坚克难的关键阶段，需要下更大气力推进工作”。

对京津冀协同立法而言，亦是如此。京津冀协同发展越深入，对协同立法的要求就越高。经过五年的探索与努力，京津冀协同立法已经健康起步并取得可喜成果，但与京津冀协同发展的内在要求和实际进程相比，立法的引领与保障作用还有待加强。未来，应当向改革创新要动力，继续坚持问题导向，进一步理清思路、开拓创新，积极探索协同立法有效实现形式、持续推进协同立法制度建设、不断促成协同立法项目成功落地，全面推动协同立法走向深入，为京津冀协同发展提供坚强法制保障。(2019年8月)

全面提升立法协同项目规格、质量与效率专题调研报告

国家和省“十四五”规划正在谋划并即将开启。随着京津冀协同发展重大国家战略的加速推进，对地方立法必然提出新的更高的要求，也使得京津冀协同立法面临更大挑战。为在“十四五”期间推进京津冀协同立法向纵深发展，按照省人大常委会工作部署，省人大法制委、省人大常委会法工委、省立法研究会、河北大学有关同志组成调研组，对京津冀协同立法以来取得的成绩、存在的问题和下步工作重点进行梳理研究，与北京、天津两地人大深入沟通交流，赴上海、江苏调研长三角区域协同立法，形成调研报告。其主要内容是：

一、京津冀协同立法取得的成绩

回顾近七年来的探索实践历程，京津冀协同立法在建制、融合、立项、试验、操作等方面，都取得了重要进展。

第一，搭建了一个平台。为使三地更好地开展协同立法工作，建立了由三地人大常委会领导、法制工作机构负责人、立法项目小组参加的联席会议制度。联席会议每年至少召开一次，由三地轮流主办，迄今已举办六次，三地人大常委会主要领导均出席会议，并邀请全国人大常委会法工委领导到会指导。联席会议在研究年度立法计划、确定协同立法项目、协调

立法重大利益、解决协同立法难点焦点问题等方面发挥了重要的协调、组织、推动作用。

第二，出台了四项制度。三地坚持协同发展、互利共赢，求同存异、优势互补，重点突破、成果共享的原则，共同研究出台了《关于加强京津冀人大协同立法的若干意见》《京津冀人大立法项目协同办法》《京津冀人大法制工作机构联系办法》《京津冀人大立法项目协同实施细则》四个协同立法制度文件。通过制度规范建立了协商沟通、立法规划计划协同、立法保障、信息共享、法规清理常态化和学习交流借鉴等10余项工作机制，为开展协同立法工作提供了遵循、明确了规则，形成了长效有力抓手。

第三，取得了一批成果。三地已就五十多部法规开展了不同程度的协同立法工作，在交通一体化、生态环境保护、产业转型升级三个重点领域实现率先突破，为区域协同发展注入了强大法治动力。特别是进入本届以来，以《河北省机动车和非道路移动机械排放污染防治条例》的颁布实施为标志，三地协同立法迈出了实质性步伐。三地同心同向，同步起草、同步修改、同步通过、同步宣传、同步实施，促成了我国首部对污染防治领域作出全面规定的区域性协同立法的诞生，在京津冀协同立法历史上具有标志性、里程碑意义。

可以说，京津冀协同立法经历了破题、拓展再到深化的发展过程，实现了由最初的松散型协同向紧密型协同转变，由机制建设协同向具体项目协同转变，由单一的立法项目协同向全方位协同转变，取得了丰硕立法成果，已经成为京津冀协同发展的一道亮丽风景线。

二、京津冀协同立法存在的问题

通过对京津冀协同立法的回顾、总结、展望，以及在对长三角区域协同立法深入调研的基础上，研究协同立法规律，发现共性问题和个性问题。这几年的京津冀协同立法工作，应当一分为二的看，当中既有经验，也有教训；既有成绩，也有差距。在充分肯定成绩的同时，必须正视问题依然存在，挑战依然严峻。主要是：

第一，由于从一开始就是摸着石头过河，前无借鉴，旁无参照，因此，在具体推进中，很大程度上还停留在理论构建和实践探索阶段，有时显得步履蹒跚，进展缓慢。尤其是在如何向着更加广泛领域和更为深刻层次的推进中，略显乏力。京津冀三地经济社会发展水平不均，经济体量、财政能力差异较大，基本公共服务差距明显，人均收入不平衡，利益冲突根深蒂固、复杂多样、不易协调。三地要实现在产业转移升级、生态环境治理、交通一体化等领域率先协同发展，就要面对产业同构与恶性竞争、省际市场分割与地方保护、贫富分化与生态恶化、政绩竞争与重复建设等问题，势必需要三方作出利益取舍，阵痛难以避免，阻碍现实存在，不可回避。总之，三地经济社会发展失衡的主要原因，是多个领域的体制机制失衡，因此牵涉诸多领域涉及的政策、利益分配原则、制度建设等层面的重新组合调整。综上，京津冀三地由于发展不均衡、诉求不同而引起的利益差别导致京津冀区域协同立法困难重重，如何通过法治方式协调京津冀三地利益，冲破地方利益藩篱，成为京津冀区域协同立法在理论和实践上亟待解决的根本难题。

第二，协同立法机制制度基本得到确立，但绝大多数具体立法项目迟迟难以落地。协同立法之初，为有序高效开展工作，注重机制制度建设，特别是联席会议制度得以确立并坚持，三地人大法制工作机构沟通协商机制逐步完善，为推进具体项目立法协同提供了制度保障。但总的来看，除机动车和非道路移动机械排放污染防治条例这一个标志性高度协同立法项目以外，其他深度协同立法项目少之又少，大多数项目内容上仅限于部分章节和重要条款协同，协同立法工作主要是互相征求意见。在协同立法过程中，普遍感觉越是针对性强、实施性强的法规，由于管理制度、管理能力、工作基础的差异，越难以统一标尺，强行协同就会脱离实际，因此造成具体立法项目深度协同有时显得步步维艰，难尽人意。

第三，在三地立法相对独立与横向协同的结合上，缺乏体系化的长效协同立法机制，缺少更加切实有效的协同方式和实现途径。京津冀三地已经制定的四个制度性文件，要求建立的联席会议、立法规划计划协同、法规清理常态化、协商沟通和学习交流借鉴等机制，有的工作已经开展，有的还处于萌芽状态，缺乏实质进展。协同立法还局限于人大之间，尚未确立党委领导、人大主导、政府及有关部门积极参与的区域协同立法工作机制，系统化的会议协同、省际协议协同、委托立法工作协同、示范立法协同、联合立法工作协同等机制尚未提上日程。同时，区域协同立法机制必须是一个系统的常态化机制，在准备阶段、确立阶段和完善阶段都需要不同机制加以保障，如公众参与机制、冲突解决机制、立法后评估机制等，只有这些机制形成体系化、实现常态化，才能保障区域协同立法的持续性和稳定性。而目前，由于京津冀三地在功能定位、地区经济发展水平等方面存在的较大差异，理论准备明显不足，实践基础仍显薄弱，建立体系化的长效协同立法机制阻力重重，在一定时间内难以形成。

第四，区域协同立法虽已经实际存在，但在国家立法层面缺乏明确的法律依据。京津冀区域协同立法属于省际间的区域协同立法，其独立于我国现行立法体制之外，是对中央和地方以及地方与地方之间立法关系的一大创新与发展。《京津冀协同发展规划纲要》为京津冀区域协同立法提供了政策依据，但是在依法治国的大背景下，拥有明确的国家立法依据是京津冀区域协同立法得以开展的基本前提。因为根据我国宪法和相关法律的规定，各省市进行的法制建设只能作用于自己的行政区划之内，对其他的行政区划没有法定效力。京津冀三地自发动力虽然强劲，但如果没有国家层面支持，长效性还有待观察。此外，京津冀三地均是利益独立的立法主体，属于同一层级，相互之间没有隶属关系，在涉及重大而复杂利益冲突时，容易出现三省市自身无法协调的情况，需要国家层面进行立法协调。要从根本上转变京津冀三地各自为政的状态，推动京津冀区域协同立法的实践向更深层次开展，就应当建立一个国家层面的统一协同立法机构加以引领和保障。

所有这些，都亟待采取有力措施加以切实解决。

三、京津冀深度协同立法的实现路径

总结经验是为了发扬成绩，再接再厉；查找问题，是为了补齐短板，发展创新。由今后五年面临形势所决定，三地协同立法的任务、份量、难度、节奏、要求等都会在很大程度上超越以往。我们应当也必须立足已知，研究未知，探索新知，提出具有前瞻性、针对性、靶向性、可操作性的过硬举措，并确保举措正确、实施有效。

经过调研思考，我们认为，今后五年进一步深入推进京津冀协同立法，最为重要的是坚持以三地深度协同立法为主线，以落实协同立法项目为核心，以扩大协同立法成果为目标，认真抓好以下几个方面的工作。

第一，加强纲要实施引导。《京津冀协同发展规划纲要》明确了京津冀的功能定位、协同发展目标、空间布局、重点领域和重大措施，为推动京津冀协同发展提供了行动纲领和基本遵循。以法治思维和法治方式加快推进纲要落地实施，建议在国务院京津冀协同发展领导小组领导下，在三地政府层面成立法规政策组，京津冀三地人大常委会法制工作机构和司法行政机关可以选派有关人员参加。法规政策组要深入学习纲要精神，及时研判政策，将纲要要求和重点工作及时转化为法规规章，推进京津冀协同发展。

第二，确定一套规划。这个规划，是以三地立法规划为基准，经过筛选、甄别、论证、评估而确定。它把中国特色社会主义法律体系作为基础平台，以纵向的国家立法为统领，以横向的京津冀地方立法之间的相互协同为主要形式，实现三地立法和法制保障的高度融合，同时兼顾解决地方特有问题。因而既是协同立法的项目库，也是立法协同的建议书，具有引领和指导意义。规划大致分为三个层次。第一层次，立法项目具备协同立法的基本条件，能够同时基本满足三地的立法需求，不仅在立法宗旨、框架结构、监督措施、行政管理上保持一致，而且在文本起草、审议节奏、出台时间上同样保持一致，在共同领域解决共同问题，承担共同责任。这一层次的协同立法，遵循能协同一定协同或尽量协同，能协同多少就协同多少，务求协同立法的最大公约数。第二层次，主要制度安排和核心条款可以基本或大部分实现一致性、协同性、融合性，容许在法规名称、立法原则、调整对象、篇章结构、主要制度、协同机制等方面，保持具有各自特色的内容。第三层次，根据三地各自条件和省情市情基础，在一些具有关键意义的条款上争取协同，同时允许保留因地域差异而派生的独立表述，允许省市法规条款保持各自差异，力求达到普遍性与特殊性的统一，趋同性和差异性相结合。

以上三个层次，交互存在，彼此既有差别，又有联系，但绝无冲突，是实事求是、量体裁衣、因地因时因事因协同程度高低制宜的产物。因此，要在正视三地立法相对独立性的同时，加大省市之间立法活动的横向沟通、工作结合和项目协同，把具体立法项目按年度分批次确定落实下来，使深度协同立法成为有源之水、有本之木。三地确定协同立法项目，每年至少应达到一个力争两个，以积累经验，形成态势，逐渐增加。

结合京津冀区域协同发展中的焦点、难点问题和群众反映较多的领域，在科技创新、产业转型升级与高质量发展、城市规划、交通运输、生态环保、文化教育、社会保障及公共服务等方面，提出京津冀协同立法规划第一层次项目建议，见下表：

京津冀协同立法规划第一层次项目建议		
序号	项目名称	主要制度设计
1	交通运输一体化条例	明确“规划同图、建设同步、运输一体、管理协同”的一体化发展目标。明确国务院有关部门牵头，京津冀三省市共同参与，组织编制京津冀区域交通规划。推动建设，完善多式联运。推动公路、铁路、水运、机场等的建设，进一步完善多种运输方式协作机制。建立应用系统互联互通、数据资源开放共享的区域交通信息共享机制。
2	固体废物污染环境防治条例	结合国家上位法，修改三地各自条例。明确建立跨区域联防联控机制，统筹规划制定、设施建设、固体废物转移工作。开展联合执法检查和目标考核。
3	节约用水条例	缓解京津冀区域水资源严重不足的状况，合理开发、有效利用和节约、保护水资源。三省市统筹制定节约用水规划，坚持节水优先方针，建立政府引导、市场调节、公众参与的节约用水机制。在区域经济社会发展全过程中，采取经济、技术、管理等协同措施，降低水资源消耗和损失，防止用水浪费，优化用水结构，合理高效利用水资源。
4	生态环境补偿条例	明确京津冀生态补偿工作的主管部门，负责统筹协调京津冀生态补偿工作。建立京津冀生态补偿基金，实现生态补偿资金的统一筹集、统一管理、统一发放；拓宽补偿资金筹集渠道。构建多元化生态补偿形式，包括项目支持、产业扶持、教育支持等多种形式。明确生态补偿资金使用的基本要求。规定生态补偿资金使用报告制度，明确受偿方对生态补偿资金的使用情况进行年度报告或项目报告。建立生态补偿效果评估机制，定期组织专业机构对京津冀区域生态补偿效果进行调查评估。
5	土壤污染防治条例	通过建立跨部门协调的土壤污染监管体制，建立健全土壤污染防治调查、监测标准体系，土壤环境质量标准制度，土壤污染防治预防相关制度，土壤污染防治修复基金制度等，加强京津冀区域土壤污染防治。

续表

序号	项目名称	主要制度设计
6	旅游协同发展条例	推动三省市旅游项目资源整合，实现三省市旅游项目投融资渠道拓展。三省市政府及旅游管理部门鼓励支持旅游企业积极开展自主创新，促进创新要素向旅游企业集聚，推动三省市旅游企业跨区域联合、高效运营。进一步整合三省市旅游统计分析、旅游交易服务等数据，强化数据成果的有效利用。明确三省市间旅游联合执法，建立三省市旅游质监执法区域协作机制，在联合处理投诉、联合整治旅游市场秩序等方面实现执法互动。
7	教育协同发展条例	明确京津冀教育协同发展的目标；创新教育管理体制机制；建立异地办学保障机制，引导区域高等教育资源疏解转移；允许异地职称评定；推动职业教育共建共享。
8	人才发展促进条例	人才是经济社会发展的第一资源，通过制定人才发展规划，鼓励异地办学，建立开放的人才评价体系等制度，促进京津冀区域人才的流动、分配与合理利用。
9	产业转移升级条例	明确产业升级转移应当坚持政府引导、市场主导、资源互享、政策互惠、功能互补、融合互动的原则。推动京津冀区域形成分工明确、配套完备、有机衔接的上下游产业链体系。探索建立产业集群循环再利用发展模式。通过制定跨省市投资、产业转移对接等方面的收益分配政策，建立三省市间合理的财税收入分享机制。建立产业协同创新机制，强化协同创新支撑，完善区域创新体系，建立产业信息平台。
10	区域公共服务均等化条例	明确区域公共服务发展的总体目标，国务院及有关部门、三省市促进公共服务均等化的责任，区域公共服务规划与保障，区域公共服务一体化改革试点，各领域公共服务均等化，工作考核和责任追究。
11	养老服务促进条例	明确区域养老服务协同发展的目标任务；实行养老补贴“随人落地”制度；建立区域间养老服务“反哺”机制；实现三省市养老保险、医疗保险的衔接和流动；鼓励引导社会力量提供养老服务。
12	非首都功能疏解保障条例	三地通过制定条例，结合首都功能、首都城市规划、产业规划的基本原则和要求，制定承接非首都功能的相关政策等，彰显首都政治中心地位，保障非首都功能有序疏解。

续表

序号	项目名称	主要制度设计
13	生态环境监测预警条例	通过制定京津冀区域环境保护规划，制定环境质量底线和资源消耗上线，信息共享与公开机制，建立统一的监测与预警应急机制，以及约束与激励机制、鼓励公众参与机制等一系列制度，筑牢京津冀区域环境保护防线。
14	区域标准化促进条例	提升部分重点领域的推荐性标准的效力，通过地方标准、三省市企业标准逐步趋同进而实现统一的区域标准，使产品和服务在三省市自由流动和对接。
15	区域能源规划条例	通过制定京津冀区域能源规划，并明确能源规划的法律地位，提升城市能源规划的规范性和实施保障，促进京津冀区域经济、能源与环境的协调发展。

结合京津冀三地五年立法规划，现提出京津冀协同立法规划第二层次、第三层次项目建议。第二层次项目主要是：河道管理条例、未成年人保护条例、民办教育条例、全民阅读促进条例、标准化监督管理条例、动物防疫条例、野生动物保护条例、实施《中华人民共和国农产品质量安全法》办法、实施《中华人民共和国测绘法》办法、实施《中华人民共和国森林法》办法、实施《中华人民共和国气象法》办法、实施《中华人民共和国招标投标法》办法、实施《中华人民共和国献血法》办法、华侨权益保护条例、实施《中华人民共和国文物保护法》办法、人力资源市场管理条例、实施《中华人民共和国职业教育法》办法。第三层次项目主要是：基本农田保护条例、海洋环境保护条例、土地管理条例、城市管理综合执法条例、农民合作社条例、国有资产管理监督条例、无线电管理条例、防震减灾条例、宗教事务条例、法律援助条例、学前教育条例、信息化条例、军民融合产业发展促进条例。

需要注意的是，以上三个层次规划中的立法项目要向重中之重、急中之急再聚焦、再突出，不贪多求全，不盲目激进，脚踏实地，逐步突破，行稳致远。

除此之外，争取国家立法支持，对于促进京津冀协同发展至关重要。这需要京津冀三方共同努力，积极主动向党中央、全国人大常委会和国务院请示汇报，提出法治需求，提供立法建议。譬如，近年来三地共同研究提出由全国人大常委会制定首都法、京津冀区域规划法、京津冀协同发展促进法，由国务院制定产业转移升级促进条例、交通一体化促进条例、雄安新区规划建设条例等国家立法项目的建议。三地人大针对三地协同立法中存在的问题，联合有关方面作了深入研究，围绕生态环境区域补偿、财税户籍人口管理、公共服务均等化、科技创新服务、文化产业保护等方面提出了立法建议，这些立法建议如果能够落实落地，将对三地深度协同有一个极大的推动作用。

第三，形成一个格局。京津冀深度协同立法，人大不能唱独角戏，完善党委领导、人大主导、政府依托、社会参与的科学立法格局是促进京津冀深度协同立法的重要推动力。一是党的领导是协同立法工作的政治基础和组织保证。协同立法工作要围绕党中央重大决策部署，主动向党委请示汇报，加强京津冀三地党委对协同立法工作的统筹协调。二是推动三地政府启动协同立法，是提升协同立法成效的重要动力。适时将地方政府之间签订的框架性协议的主要内容转化为政府规章，以法治方式和法治手段积极落实框架性协议，及时推进生产要素合理流动、消除行政壁垒、加强执法协作、强化联合监管等。三是发挥环京津设区的市立法作用，是丰富拓展协同立法层次的重要方面，鼓励、支持设区的市主动参与协同立法。四是调动社会参与积极性，是提升协同立法质量的重要保证。首都中央机关集中，京津冀高等院校、科研机构众多，人才集聚，群众大局意识强、政治意识强、法治意识强，是协同立法便于凝聚民意、集中民智得天独厚的天然优势。

第四，健全一项制度。制度来自实践，实践催生制度。《若干意见》《协同办法》《实施细则》从具体操作层面建立健全了三地共同的规程，推动协同立法向纵深发展，机动车立法的成功实践为深层制度安排和规范设计的提出提供了实践范本。深度协同立法需要深层制度保障。深层制度不仅要同已有制度相配套，而且要为今后的三地协同立法提供支持和保障，确保立法项目落地，推动三地协同立法可持续发展，基于这种考虑，在大量调研基础上，提出了更加具象、更加完整、更加易于操作的操作规程。操作规程内容主要有：立法项目的提出、论证、确定，立法项目储备、调整、更新，立法项目的调研、评估、论证，立法项目的承办、修改、调度，以及修改通报、同步要求、联合发布等。这个操作规程的实施主体是京津冀人大法制工作机构，同时也是责任主体，是承办主体。一是项目一经提出，即要由联席会议最终确定。二是在法规立项之前，要对拟提出的立法项目的针对性、可行性、操作性和实践性，以及实施后的政治效果、法制效果和社会效果进行多方研究论证。三是就协同立法项目有关重点、焦点、难点问题分别或联合开展调研、进行专题理论研讨。四是根据协同立法项目起草、修改进度，安排具体承办处室通过线上线下座谈会等形式研究草案文本协同起草、修改的有关问题。五是根据需要开展三地集中修改活动。六是立法项目规范的主要内容或核心条款存有重大分歧或不同意见的，三地人大法制工作机构按程序报本省市人大常委会主任会议讨论决定。七是对法规草案文本作出实质性修改的，在三日内将修改情况向其他两地通报。在提请表决前作出实质性修改的，则立即通报。八是立法项目一般应保持同步起草、同步修改、同步审议、同步表决、同步发布、同步实施，同步联合执法监督。

第五，夯实一个基础。京津冀协同立法在实践过程中形成的以高层对接为主年度联席会议工作制度及其相应机理，对于作出决策、推动工作、开辟局面起到了重要作用。但随着实践的推进和认识的深化，三地协同立法要赢得深度发展，仅仅满足于单一形式、停留在单一层面，还是远远不够的，尤其需要自上而下、由高向低给予延伸，将重心下移，向具体靠近，把基础夯实，使责任落地，持续探索高度一体化、融合度和协同性的多维有效模式，使各项工作都紧紧围绕协同立法展开，为协同立法服务，受协同立法实践与成果检验。基于此，要借鉴长三角三省一市人大工作协同做法，继续坚持和完善三地人大常委会高层联席会议，推进人大工作全方位协作；常委会各专门工作机构之间要在立法、监督、代表工作、重大事项决定等方面，切实加强协商会谈、沟通协调、执法监督联动和理论研讨、学习培训交流，为京津冀深度协同立法提供机制支撑，奠定实践基础。

三地人大常委会法制工作机构承上启下，是连结上下左右内外的核心枢纽与基础单元，相当于一线作战部队，是京津冀协同立法项目的最终经手者、责任者和承办者。实现三地人大法制工作机构的完整对接和无碍联通，对于提升协同立法质量与效率至为关键。三地人大常委会法制工作机构，一是要放眼大局，共同当好协同立法的排头兵和操盘手，自觉打破固守一亩三分地的思维定势，依法履职的各项工作不仅仅局限于本行政区域，而是要放眼和融入京津冀协同发展的大趋势，凸显在协同立法一盘棋中的角色和职责，尽情发挥各自的比较优势，打造三地协同立法的完整链条，规避区域法规冲突，抱成团朝着顶层设计的目标凝心聚力、共同作为，真正实现一加一大于二，一加二大于三的成效。二是要紧密合作，逐步建立健全紧密对接的协同机制、横向协调机制、合作通联机制、目标动力机制、优势互补机制、信息对称机制、常态沟通机制，通过制度和机制的约束激励，起好基础作用，当好各个具体立法环节的主角，推动立法资源一体化、立法能力整合化，满足三地共同的立法需求，彰显三地协同立法合力。三是要协调攻关，抓住区域合作的成熟阶段，在横向上充分考虑协同立法的时序衔接，酝酿和明晰短、中、长期目标，达成共识，形成协调一致的攻关方向，更好地承担项目起草、修改、调研、论证、审议、表决、新闻发布的文字、协调及保障工作，推动协同立法在广度与深度的结合上有所作为。

经过调查研究，总的来说，京津冀三地发展阶段、利益诉求不一致，省际协同立法还有待进一步深化，协同立法项目有待进一步拓展，协同立法机制有待进一步完善。建议制定三地协同立法规划，明确协同立法项目，根据立法诉求、目标宗旨、调整对象、框架结构、监督措施、行政管理等方面异同，在文本起草、审议节奏、出台时间等方面分类推进协同立法工作开展；坚持和完善三地人大常委会高层联席会议制度，推进人大工作全方位协作；进一步完善协同立法机制，积极构建三地党委支持协同立法、政府启动协同立法、人大推动协同立法、环京津设区的市跟进协同立法的新局面；推进三地协同立法工作建章立制，修改完善三地协同立法办法和细则，提高协同立法可操作性。

进入“十四五”时期，京津冀协同发展面临的新形势、新任务、新要求，呼唤新思路、新担当、新作为。作为立法机关，我们要坚持以习近平总书记关于全面依法治国的新理念新思想新战略为指导，深刻贯彻落实习近平总书记视察京津冀时的重要指示批示精神，大力推进京津冀深度协同立法，在交通一体化、产业转移升级和生态环保三个重点领域实现率先协同的基础上，健全协同立法体制机制，拓宽协同立法领域，推出更多深度协同立法项目，为京津冀协同发展注入强大法治动力。（2020 年 8 月）

附录三　京津冀三地协同法规文本

北京市机动车和非道路移动机械排放污染防治条例

（2020 年 1 月 17 日北京市第十五届人民代表大会第三次会议通过）

目　　录

第一章　总　　则

第一条　为了防治机动车和非道路移动机械排放污染，保护和改善大气环境，保障公众健康，推进生态文明建设，促进经济社会可持续发展，根据《中华人民共和国环境保护法》《中华人民共和国大气污染防治法》等法律、行政法规，结合本市实际，制定本条例。

第二条　本条例适用于本市行政区域内机动车和非道路移动机械排放大气污染物的防治。

第三条　机动车和非道路移动机械排放污染防治坚持源头防范、标本兼治，综合治理、突出重点，区域协同、共同防治的原则。

本市推进智慧交通、绿色交通建设，优化道路设置和运输结构，严格执行大气污染防治标准，推广新能源的机动车和非道路移动机械应用，加强机动车和非道路移动机械排放污染防治。

第四条　市、区人民政府应当将机动车和非道路移动机械排放污染防治工作纳入大气污染防治规划，加强领导，实施目标考核，建立健全工作协调机制。

第五条　市、区生态环境部门对机动车和非道路移动机械排放污染防治工作实施统一监督管理。

发展改革、公安机关交通管理、市场监督管理、交通、经济和信息化、科学技术、城市管理、商务、住房和城乡建设、农业农村、园林绿化、水务等部门，按照各自职责做好机动车和非道路移动机械排放污染防治相关工作。

第六条　市生态环境部门应当会同经济和信息化、公安机关交通管理、交通、市场监督管理、住房和城乡建设等部门，依托市大数据管理平台建立机动车和非道路移动机械排放污染防治数据信息传输系统及动态共享数据库。

机动车和非道路移动机械排放污染防治的数据信息包括机动车登记注册，非道路移动机械登记，道路交通流量流速，在京使用的外埠机动车，机动车排放定期检验和监督抽测，机动车排放达标维修治理，燃料、氮氧化物还原剂和车用油品清净剂管理等。

第二章　预防和控制

第七条　本市采取财政、税收、政府采购、通行便利等措施，推动新能源配套基础设施建设，推广使用节能环保型、新能源机动车和非道路移动机械。新能源机动车通行便利的具体规定，由市交通、公安机关交通管理和生态环境部门共同制定。

本市鼓励用于保障城市运行的车辆、大型场站内的非道路移动机械使用新能源，采取措施逐步淘汰高排放机动车和非道路移动机械。

第八条　市发展改革部门应当引导树立城市绿色发展理念，统筹本市能源发展的相关政策，发展新能源，逐步削减化石燃料消耗。

第九条 市交通部门应当会同有关部门和单位调整优化运输结构，统筹推进多式联运运输网络建设，协调利用现有铁路运输资源，推动重点工业企业、物流园区和产业园区等优先采用铁路运输大宗货物，建立城市绿色货运体系。

第十条 在本市销售的机动车和非道路移动机械的发动机、污染控制装置、车载排放诊断系统、远程排放管理车载终端等设备和装置应当符合相关环保标准。

在本市销售的重型柴油车、重型燃气车和非道路移动机械应当按照相关环保标准安装远程排放管理车载终端。

第十一条 在本市注册登记的重型柴油车、重型燃气车和在用的非道路移动机械，以及长期在本市行政区域内行驶的外埠重型柴油车、重型燃气车，应当按照规定安装远程排放管理车载终端，并与市生态环境部门联网。具体规定由市生态环境部门会同有关部门制定。

生产企业及零部件厂商应当配合开展在用重型柴油车、重型燃气车和非道路移动机械安装远程排放管理车载终端。

第十二条 本市在用机动车和非道路移动机械的所有人、驾驶人或者使用人，应当确保装载的污染控制装置、车载排放诊断系统、远程排放管理车载终端等设备和装置的正常使用。

任何单位和个人不得干扰远程排放管理系统的功能；不得擅自删除、修改远程排放管理系统中存储、处理、传输的数据。

第十三条 市生态环境部门通过远程排放管理系统发现在本市注册登记的同一型号机动车或者非道路移动机械，有百分之三十以上的车载排放诊断系统不符合相关标准的，应当通知生产企业限期查找原因，排除故障。生产企业应当将有关情况报送市生态环境部门。

第十四条 本市推广使用优质的机动车、非道路移动机械用燃料。在本市生产、销售或者使用的燃料应当符合相关标准，运输企业和非道路移动机械使用单位应当使用符合标准的燃料。

市场监督管理部门负责对影响机动车和非道路移动机械排放大气污染物的燃料、氮氧化物还原剂和车用油品清净剂等有关产品的质量进行监督检查。

第三章 使用、检验和维护

第十五条 在本市行政区域内道路上行驶的机动车或者使用的非道路移动机械应当符合相关排放标准。

生态环境部门通过遥感监测、远程排放管理系统、摄影摄像取证等发现上道路行驶的机动车不符合相关排放标准，应当及时将相关证据移送公安机关交通管理部门，由公安机关交通管理部门根据交通技术监控设备记录依法处理。

第十六条 机动车所有人或者驾驶人应当对上道路行驶且排放检验不合格的机动车进行维修并复检。机动车排放检验机构应当对复检合格的机动车出具检验报告。

外埠车辆在本市有不符合相关排放标准记录的，应当经复检合格后，方可进入本市行政区域内的道路行驶。

第十七条 城市公交、道路运输、环卫、邮政、快递、出租车等企业事业单位和其他生产经营者，应当建立机动车排放污染防治责任制度，确保本单位车辆符合相关排放标准。

第十八条 出租汽车、租赁汽车、驾校教练汽车以及从事运输经营的轻型汽油车辆的行驶里程超过标准规定的环保耐久性里程的，应当更换尾气净化装置。

交通部门对前款规定的不符合相关排放标准的机动车在复检合格前不予办理营运相关手续。

第十九条 机动车排放检验机构对具备远程排放管理功能的重型柴油车、重型燃气车进行定期检验时，应当检查远程排放管理车载终端的联网情况，远程排放管理车载终端无法联网或者不正常运行的，机动车排放定期检验时不予通过检验。

第二十条 机动车排放检验机构应当遵守以下规定：

（一）保证检验设备正常运行；

（二）有与其检验活动相适应的检验人员，保证其基本条件和技术能力持续符合资质认定条件和要求；

（三）与生态环境部门联网，实时上传排放检验数据、视频等相关信息，保证联网设备正常运行；

（四）严格按照机动车排放检验标准和规范进行检验；

（五）如实填写检验信息，按照规定记录机动车及其所有人的相关信息，提供准确的机动车排放污染物检验报告；

（六）建立机动车排放检验档案，按照相关环保标准规定的期限对排放检验的数据信息进行保存；

（七）不得擅自终止检验活动。

第二十一条 本市对机动车排放检验机构实行累积记分管理制度。市场监督管理、生态环境、公安机关交通管理部门按照职责分工，对机动车排放检验机构的违法行为及其他不符合规范的行为进行累积记分。具体办法由市市场监督管理、生态环境、公安机关交通管理部门共同制定。

机动车排放检验机构在一个记分周期内超过规定的记分值的，由市场监督管理部门暂停检验业务并责令整改；整改期间，机动车排放检验机构不得向社会出具具有证明作用的检验数据和检验结果。

第二十二条 市场监督管理部门对机动车排放检验机构实行计量认证管理，按照相关标准对机动车排放检验设备进行检定。

机动车排放检验机构应当建立检验质量管理制度，使用经依法检定合格并符合相关标准的检验设备，确保检验数据和检验结果真实准确、客观公正。

机动车排放检验设备供应厂商应当提供符合标准的检验设备及其配套程序。

第二十三条 市生态环境、交通、公安机关交通管理部门应当共享机动车排放检验、排放达标维修、维修复检等数据信息。

市交通部门应当向社会公布在本市依法备案的机动车维修经营者目录，并制定机动车排放达标维修服务规范。

第二十四条 机动车维修经营者应当遵守以下规定：

（一）严格按照机动车排放污染防治的要求和有关技术规范、标准进行维修，使维修后的机动车达到规定的排放标准，并提供相应的维修服务质量保证；

（二）与交通部门联网，实时传输维修车辆的机动车号牌、车辆识别代号、排放达标维修项目等信息，如实记录机动车排放达标维修情况；

（三）建立完整的维修档案，实行档案电子化管理。

第二十五条　本市实施非道路移动机械信息编码登记制度，在本市使用的非道路移动机械应当进行基本信息、污染控制技术信息、排放检验信息等信息编码登记。

市生态环境部门应当按照国家和本市要求建立本市非道路移动机械信息管理平台，会同有关部门制定本市非道路移动机械登记管理规定。住房和城乡建设、农业农村、园林绿化、水务、交通、经济和信息化等部门应当组织、督促本行业使用的非道路移动机械在信息管理平台上进行信息编码登记。

建设单位应当在招标文件或者合同中明确要求施工单位使用在本市进行信息编码登记且符合排放标准的非道路移动机械。

第二十六条　施工单位对进出工程施工现场的非道路移动机械，应当在非道路移动机械信息管理平台上进行记录。

第二十七条　生态环境部门应当逐步通过电子标签、电子围栏、远程排放管理系统等对非道路移动机械的大气污染物排放状况进行监督管理。

第二十八条　市、区生态环境部门可以在机动车和非道路移动机械停放地、维修地、使用地，对在用机动车和非道路移动机械的大气污染物排放状况进行监督检查。

公安机关交通管理部门对上道路行驶的机动车进行监督检查时，生态环境部门对被检查车辆开展大气污染物排放检测并出具检测结果。

被检查者应当如实反映情况，提供必要的检查资料。实施检查的部门、机构及其工作人员应当依法为被检查者保守商业秘密和个人隐私。

第四章　区域协同

第二十九条　市人民政府应当与天津市、河北省及周边地区建立机动车和非道路移动机械排放污染联合防治协调机制，按照统一规划、统一标准、统一监测、统一防治措施的要求，开展联合防治，落实大气污染防治目标责任。

第三十条 本市与天津市、河北省共同建立京津冀机动车超标排放信息共享平台，对机动车超标排放进行协同监管。

第三十一条 本市与天津市、河北省建立新车抽检抽查协同机制，对新生产、销售的机动车和非道路移动机械的大气污染物排放状况进行监督检查。

第三十二条 本市与天津市、河北省共同实行非道路移动机械使用登记管理制度，使用统一登记管理系统，按照相关要求加强非道路移动机械使用监管。

第三十三条 市生态环境部门应当与天津市、河北省及周边地区的相关部门加强机动车和非道路移动机械排放污染防治工作协作，通过区域会商、信息共享、联合执法、重污染天气应对、科研合作等方式，提高区域大气污染防治水平。

第五章 法律责任

第三十四条 违反本条例第十条第一款规定，在本市销售的机动车和非道路移动机械的发动机、污染控制装置、车载排放诊断系统、远程排放管理车载终端等设备和装置不符合相关环保标准的，由市生态环境部门责令生产企业改正，没收违法所得，并处机动车和非道路移动机械货值金额一倍以上三倍以下罚款。

第三十五条 违反本条例第十一条第一款规定，在本市注册登记的重型柴油车、重型燃气车和在用的非道路移动机械未按照规定安装远程排放管理车载终端的，由生态环境部门责令改正，对机动车所有人或者驾驶人处每辆车一万元罚款；对非道路移动机械使用人处每台非道路移动机械一万元罚款。

第三十六条 违反本条例第十二条第一款规定的，由生态环境部门责令改正，处五千元以上一万元以下罚款。

违反本条例第十二条第二款规定的，由市生态环境部门责令改正，处每辆车或者每台非道路移动机械一万元罚款。

第三十七条　违反本条例第十四条第一款规定，运输企业和非道路移动机械使用单位使用不符合标准的燃料的，由市场监督管理部门责令改正，没收不符合标准的燃料，并处燃料货值金额一倍以上三倍以下罚款。

第三十八条　违反本条例第十五条第一款规定，驾驶排放检验不合格的机动车上道路行驶的，由公安机关交通管理部门依法予以处罚，并责令在十个工作日内对机动车进行维修并复检。

违反本条例第十六条第一款规定，逾期未按照规定进行维修并复检合格，又驾驶机动车上道路行驶的，由公安机关交通管理部门对机动车所有人或者驾驶人处三千元以上五千元以下罚款，可以暂扣机动车行驶证；经维修复检合格的，及时发还机动车行驶证。

第三十九条　违反本条例第十七条规定，城市公交、道路运输、环卫、邮政、快递、出租车等企业事业单位和其他生产经营者有下列情形之一的，生态环境部门对其直接负责的主管人员和其他直接责任人员分别处一万元以上五万元以下罚款：

（一）本单位注册车辆二十辆以上，在一个自然年内经排放检验不合格的车辆数量超过注册车辆数量百分之十的；

（二）同一辆车因不符合排放标准在一个自然年内受到罚款处罚五次以上的。

第四十条　违反本条例第十八条第一款规定的，由交通部门对机动车所有人处每辆车一万元罚款。

第四十一条　违反本条例第二十条第一项、第二项规定的，由市场监督管理部门责令改正，处五万元以上二十万元以下罚款；违反第三项至第七项规定的，由生态环境部门责令停止违法行为，限期改正，处五万元以上十万元以下罚款；情节严重的，由市场监督管理部门取消其检验资格。

第四十二条　违反本条例第二十一条第二款规定，整改期间擅自向社会出具检验数据和检验结果，或者逾期未改正、改正后仍不符合要求的，由市场监督管理部门取消其检验资格。

第四十三条 违反本条例第二十二条第三款规定，机动车排放检验设备供应厂商提供的检验设备及其配套程序不符合标准的，由市场监督管理部门责令改正，暂停该设备所在检测线的运行，停止该设备在本市的销售，处货值金额一倍以上三倍以下罚款。

第四十四条 违反本条例第二十四条第一项、第二项规定的，由交通部门责令改正，处一万元以上十万元以下罚款；情节严重的，责令停业整顿。

第四十五条 违反本条例第二十五条第一款规定，在本市使用的非道路移动机械未经信息编码登记或者未如实登记信息的，由生态环境部门责令改正，处每台非道路移动机械五千元罚款。

违反本条例第二十五条第三款规定，建设单位或者施工单位未落实有关规定，使用未经信息编码登记或者不符合排放标准的非道路移动机械的，由市住房和城乡建设部门记入信用信息记录。

第四十六条 违反本条例第二十八条规定，在监督检查中，当事人以拒绝执法人员进入现场或者拖延、围堵、滞留执法人员等方式阻扰监督检查的，由生态环境部门或者其他负有监督管理职责的部门责令改正，处二万元以上二十万元以下罚款；构成违反治安管理行为的，由公安机关依法予以处罚。

第四十七条 执法机关应当将当事人违反机动车和非道路移动机械排放污染防治有关法律、法规，受到行政处罚或者行政强制的情况共享到本市公共信用信息平台。行政机关根据本市关于公共信用信息管理规定可以对当事人采取惩戒措施。

第四十八条 当事人违反机动车和非道路移动机械排放污染防治有关法律、法规，受到责令改正或者罚款处罚后，拒不履行处理决定并在法定期限内不申请行政复议或者提起行政诉讼的，执法机关可以依法申请人民法院强制执行。

第四十九条 机动车和非道路移动机械所有人、驾驶人或者使用人违法排放大气污染物，破坏生态环境，损害社会公共利益的，法律规定的机关和有关组织可以依法对当事人提起民事公益诉讼。

第六章　附　　则

第五十条　本条例所称机动车是指以动力装置驱动或者牵引，上道路行驶的供人员乘用或者用于运送物品以及进行工程专项作业的轮式车辆。

本条例所称非道路移动机械是指装配有发动机的移动机械和可运输工业设备，包括工程机械、农业机械、材料装卸机械、机场地勤设备等。

第五十一条　本条例自 2020 年 5 月 1 日起施行。

天津市机动车和非道路移动机械排放污染防治条例

（2020 年 1 月 18 日天津市第十七届人民代表大会第三次会议通过）

目　　录

第一章　总　　则

第一条　为了防治机动车和非道路移动机械排放污染，保护和改善大气环境，保障公众健康，推进生态文明建设，促进经济社会可持续发展，根据《中华人民共和国环境保护法》《中华人民共和国大气污染防治法》等法律、行政法规，结合本市实际，制定本条例。

第二条　本条例适用于本市行政区域内机动车和非道路移动机械排放大气污染物的防治。

第三条　机动车和非道路移动机械排放污染防治坚持源头防范、标本兼治，综合治理、突出重点，区域协同、共同防治的原则。

本市推进智慧交通、绿色交通建设，优化道路设置和运输结构，严格执行大气污染防治标准，加强机动车和非道路移动机械排放污染防治。

第四条 市和区人民政府应当将机动车和非道路移动机械排放污染防治工作纳入生态环境保护规划和大气污染防治目标考核，加强领导，建立健全工作协调机制。

第五条 生态环境主管部门对本行政区域内的机动车和非道路移动机械排放污染防治工作实施统一监督管理。

发展改革、工业和信息化、公安、住房城乡建设、城市管理、交通运输、水务、农业农村、商务、市场监管等有关部门，在各自职责范围内做好机动车和非道路移动机械排放污染防治监督管理工作。

第六条 市生态环境主管部门会同发展改革、交通运输、市场监管等有关部门，依托市政务数据共享平台建立包含基础数据、排放检验、监督抽测、超标处罚、维修治理等信息在内的机动车和非道路移动机械排放污染防治信息系统，实现资源整合、信息共享、实时更新。

第七条 市和区人民政府应当加强机动车和非道路移动机械排放污染防治宣传教育，支持新闻媒体等开展相关公益宣传。

鼓励公众优先选择公共交通、自行车、步行等环保、低碳出行方式，减少机动车排放污染。

第八条 鼓励单位和个人对违反本条例的违法行为向生态环境等有关部门进行举报，查证属实的，生态环境等有关部门应当按照规定给予奖励。

接受举报的部门应当对举报人的相关信息予以保密，保护举报人的合法权益。

第二章 预防和控制

第九条 本市落实国家规定的税收优惠政策，采取财政、政府采购、通行便利等措施，推广应用节能环保型、新能源机动车和非道路移动机械。积极推进新能源机动车配套基础设施规划建设。

鼓励、支持用于保障城市运行的车辆、大型场站内的非道路移动机械使用新能源，逐步淘汰高排放、高能耗的机动车和非道路移动机械。

第十条　本市统筹能源发展相关政策，引导树立绿色发展理念，推进发展清洁能源和新能源，逐步减少化石能源的消耗。

第十一条　市人民政府根据重污染天气应急预案，可以采取限制部分机动车行驶、限制部分非道路移动机械使用等应急措施，明确限制行驶、使用的区域和时段，并及时向社会公布。

第十二条　市人民政府根据大气环境质量状况，划定并公布禁止使用高排放非道路移动机械的区域。

在禁止使用高排放非道路移动机械的区域内，鼓励优先使用节能环保型和新能源非道路移动机械。

倡导燃油工程机械安装精准定位系统和实时排放监控装置，并与生态环境主管部门联网。

第十三条　本市根据城市规划合理控制燃油机动车保有量，采取措施优先发展城市公共交通，健全和完善公共交通系统；加强并改善城市交通管理，保障人行道和非机动车道的连续、畅通。

第十四条　本市优化道路规划和建设，加强交通精细化管理，改善道路交通状况，减少机动车怠速和低速行驶造成的污染。

调整优化交通运输结构，发展多式联运，提升高速公路使用效率，鼓励海铁联运，推进货运铁路建设，提高铁路运输比例；优化港口集疏运作业，提升港口陆桥运输服务能力。

第十五条　市生态环境主管部门通过现场检查、抽样检测等方式，加强对新生产、销售机动车和非道路移动机械大气污染物排放状况的监督检查。工业和信息化、市场监管等有关部门应当予以配合。

鼓励和支持生产企业和科研单位积极研发节能、减排新技术，生产节能环保型、新能源或者符合国家标准的低排放机动车和非道路移动机械。

第十六条　公安机关交通管理部门对不符合本市排放标准的机动车，不予办理机动车注册登记和转入业务。

生态环境主管部门指导监督排放检验机构开展柴油车注册登记前的环保信息公开情况核实、排放污染物检测、环保信息随车清单核查、污染控制装置和车载排放诊断系统检查等。

第十七条 机动车所有人或者使用人应当正常使用机动车的污染控制装置和车载排放诊断系统，不得拆除、停用或者擅自改装污染控制装置，排放大气污染物超标或者车载排放诊断系统报警的，应当及时维修。

非道路移动机械所有人或者使用人应当正常使用非道路移动机械的污染控制装置，不得拆除、停用或者擅自改装污染控制装置，排放大气污染物超标的，应当及时维修。

在用柴油车的所有人或者使用人向污染控制装置添加车用氮氧化物还原剂等的，应当符合有关标准和要求。

第十八条 重型柴油车、重型燃气车应当按照国家和本市有关规定安装远程排放管理车载终端并与生态环境主管部门联网。

重型柴油车、重型燃气车的所有人或者使用人不得干扰远程排放管理车载终端的功能；不得删除、修改远程排放管理车载终端中存储、处理、传输的数据。

第十九条 本市推广使用优质的机动车、非道路移动机械用燃料。在本市生产、销售或者使用的燃料应当符合相关标准。

市场监管部门负责对影响机动车和非道路移动机械排放大气污染物的燃料、氮氧化物还原剂等有关产品的质量进行监督检查。

第二十条 在学校、宾馆、商场、公园、办公场所、社区、医院、旅游景点的周边和停车场等不影响车辆正常行驶的地段，燃油机动车驾驶人停车三分钟以上的，应当熄灭发动机。

第三章 使用、检验和维护

第二十一条 在用机动车和非道路移动机械排放大气污染物不得超过国家和本市规定的标准。

第二十二条 在不影响道路正常通行的情况下，生态环境主管部门可以采取现场检测、在线监控、摄像拍照、遥感监测、车载排放诊断系统检查等方式，对在道路上行驶的机动车大气污染物排放状况进行监督抽测，公安机关交通管理部门应当予以配合。

生态环境主管部门可以在机动车集中停放地等对在用机动车的大气污染物排放状况进行监督抽测。

生态环境主管部门会同住房城乡建设、城市管理、交通运输、水务、农业农村等有关部门对非道路移动机械的大气污染物排放状况进行监督检查，经检查排放不合格的，不得使用。

第二十三条　重点用车单位应当建立机动车排放污染防治责任制度，确保本单位车辆符合相关排放标准。市生态环境主管部门会同有关部门确定重点用车单位名录并向社会公布。

第二十四条　在用机动车所有人或者使用人应当按照国家和本市规定，将机动车送至排放检验机构进行定期检验，检验周期与机动车安全技术检验周期一致。经检验合格的，方可上道路行驶。未经检验或者检验不合格的，公安机关交通管理部门不予核发安全技术检验合格标志。

第二十五条　重型柴油车、重型燃气车进行定期检验，其远程排放管理车载终端无法与生态环境主管部门联网或者不能正常运行的，机动车排放检验机构不予检验通过。

第二十六条　在用机动车定期检验不合格或者监督抽测不合格的，应当及时维修并按照要求进行复检。

外埠车辆在本市有不符合相关排放标准记录的，应当经复检合格后，方可进入本市行政区域内的道路行驶。

第二十七条　行使监督管理职权的部门及其工作人员不得干涉机动车所有人或者使用人选择排放检验机构和维修单位，不得推销或者指定排放污染治理的产品，不得参与或者变相参与排放检验经营和维修经营。

第二十八条　机动车排放检验机构应当依法取得资质，接受生态环境、市场监管等部门的监督管理，并遵守下列规定：

（一）使用经依法检定合格的排放检验仪器设备、计量器具，配备符合国家规定要求的专业检验技术人员；

（二）公开检验程序、检验方法、排放限值等；

（三）按照国家及本市确定的检验方法、技术规范和排放标准进行排放检验，出具排放检验报告，机动车排放检验机构及其负责人对检验数据的真实性和准确性负责；

（四）与生态环境主管部门联网，并实时传输排放检验数据、视频监控数据及其他与排放检验相关的管理数据和资料；

（五）建立机动车排放检验档案，按照相关规定期限保存纸质档案、电子档案和历史检验视频；

（六）建立完备的质量管理体系，并保证有效执行。

排放检验机构及其工作人员不得以任何方式直接或者间接从事机动车排放污染治理维修业务。

第二十九条 本市对机动车排放检验机构实行累积记分管理。生态环境、市场监管、公安机关交通管理部门按照职责分工，对机动车排放检验机构的违法行为及其他不符合规范的行为进行累积记分。具体办法由市生态环境、市市场监管、市公安机关交通管理部门共同制定。

机动车排放检验机构在一个记分周期内超过规定的记分值的，由生态环境、市场监管、公安机关交通管理部门加强抽查检查，联合约谈机动车排放检验机构负责人，并向社会公开约谈情况。

第三十条 市交通运输部门应当向社会公布已在本市依法备案的机动车维修单位目录，并制定机动车排放达标维修服务规范。

第三十一条 从事机动车发动机、机动车污染控制装置维修的单位应当遵守下列规定：

（一）严格按照机动车排放污染防治的要求和有关技术规范、标准进行维修，使维修后的机动车达到规定的排放标准，并提供相应的维修服务质量保证；

（二）与交通运输部门联网，实时传输维修车辆的机动车号牌、车辆识别代号、排放达标维修项目等信息，记录并备份维修情况；

（三）建立完整的维修档案，并实行档案电子化管理。

禁止机动车所有人以临时更换机动车污染控制装置等弄虚作假的方式通过机动车排放检验。禁止机动车维修单位提供该类维修服务。禁止破坏机动车车载排放诊断系统。

第三十二条 市人民政府可以根据大气环境质量状况，采取经济补偿等措施鼓励提前淘汰高排放机动车。

鼓励对具备深度治理条件的柴油车加装或者更换符合要求的污染控制装置，并安装远程排放车载管理终端。

第三十三条　本市实行非道路移动机械使用登记管理制度。在本市使用的非道路移动机械经检测合格后应当进行信息编码登记。市生态环境主管部门建立非道路移动机械信息管理平台，会同有关部门制定本市非道路移动机械使用登记管理规定。

住房城乡建设、城市管理、交通运输、水务、农业农村等部门应当督促所有人或者使用人对使用的非道路移动机械在信息管理平台上进行信息编码登记。

生态环境主管部门对已登记的非道路移动机械核发管理标识并注明排放检测结果，所有人或者使用人应当将管理标识粘贴于非道路移动机械显著位置。

建设单位应当要求施工单位使用已在本市进行信息编码登记且符合排放标准的非道路移动机械。

第三十四条　非道路移动机械进出工程施工现场的，施工单位应当在非道路移动机械信息管理平台上进行记录。

生态环境主管部门逐步通过电子标签、电子围栏、远程排放管理车载终端等对非道路移动机械的大气污染物排放状况进行监督管理。

第四章　区域协同

第三十五条　市人民政府应当与北京市、河北省和周边地区人民政府建立机动车和非道路移动机械排放污染联合防治协调机制，促进京津冀及其周边地区统一规划、统一标准、统一监测、统一防治措施，开展联合防治，落实大气污染防治目标责任。

第三十六条　市人民政府应当与北京市、河北省人民政府共同建立机动车和非道路移动机械排放检验数据共享机制，将执行标准、排放监测、违法情况等信息共享，推动建立京津冀排放超标车辆信息平台，实现对排放超标车辆的协同监管。

第三十七条　本市与北京市、河北省探索建立新车抽检抽查协同机制，可以协同对新生产、销售机动车和非道路移动机械大气污染物排放状况进行监督检查。

第三十八条 本市与北京市、河北省共同实行非道路移动机械使用登记管理制度，使用统一登记管理系统，按照相关要求加强非道路移动机械监督管理。

第三十九条 本市生态环境等部门应当与北京市、河北省和周边地区的相关部门加强机动车和非道路移动机械排放污染防治合作，通过区域会商、信息共享、联合执法、重污染天气应对、科研合作等方式，提高区域机动车和非道路移动机械排放污染防治水平。

第五章 法律责任

第四十条 生态环境主管部门和其他负有监督管理职责的部门在机动车和非道路移动机械排放污染防治工作中，有滥用职权、玩忽职守、徇私舞弊行为的，对直接负责的主管人员和其他直接责任人员依法给予处分；构成犯罪的，依法追究刑事责任。

第四十一条 违反本条例规定，机动车所有人或者使用人拆除、停用或者擅自改装污染控制装置的，由生态环境主管部门责令改正，处五千元的罚款。

第四十二条 违反本条例规定，重型柴油车、重型燃气车未按照国家和本市有关规定安装远程排放管理车载终端的，由生态环境主管部门责令改正，处每辆车五千元的罚款。

违反本条例规定，干扰远程排放管理车载终端的功能或者删除、修改远程排放管理车载终端中存储、处理、传输的数据的，由市生态环境主管部门责令改正，处每辆车五千元的罚款。

第四十三条 违反本条例规定，生产、销售不符合国家和本市标准的机动车和非道路移动机械用燃料的，由市场监管部门按照职责责令改正，没收原材料、产品和违法所得，并处货值金额一倍以上三倍以下的罚款。

第四十四条 违反本条例规定，机动车驾驶人驾驶排放检验不合格的机动车上道路行驶的，由公安机关交通管理部门依法予以处罚。

第四十五条　违反本条例规定，重点用车单位有下列情形之一的，由生态环境主管部门责令改正，处一万元以上五万元以下的罚款，并约谈该单位的主要负责人，约谈情况向社会公开：

（一）本单位注册车辆二十辆以上，在一个自然年内经排放检验不合格的车辆数量超过注册车辆数量百分之十的；

（二）同一辆车因不符合排放标准在一个自然年内受到罚款处罚五次以上的。

第四十六条　违反本条例规定，机动车排放检验机构有下列行为之一的，按照以下规定处理：

（一）伪造机动车排放检验结果或者出具虚假排放检验报告的，由生态环境主管部门没收违法所得，处十万元以上五十万元以下的罚款；情节严重的，由市场监管部门取消其检验资格；

（二）未按照规定公开检验程序、检验方法、排放限值等内容的，由生态环境主管部门责令改正，处一千元以上五千元以下的罚款；

（三）未按照国家及本市确定的检验方法、技术规范和排放标准进行排放检验的，由生态环境主管部门责令改正，处十万元以上二十万元以下的罚款；

（四）未与生态环境主管部门联网，或者未向生态环境主管部门实时传输排放检验数据、视频监控数据及其他与排放检验相关的管理数据和资料的，由生态环境主管部门责令改正，处二万元以上五万元以下的罚款；

（五）未建立机动车排放检验档案，或者未按照相关规定期限保存排放检验报告纸质档案、电子档案和历史检验视频的，由生态环境主管部门责令改正，处五千元以上二万元以下的罚款；

（六）排放检验机构及其人员直接或者间接从事机动车排放污染治理维修业务的，由生态环境主管部门责令改正，没收违法所得，并处二万元以上五万元以下的罚款。

第四十七条　违反本条例规定，从事机动车发动机、机动车污染控制装置维修的单位未向交通运输部门联网传输机动车排放维修治理信息的，由交通运输部门责令限期改正；逾期不改正的，处一万元以上十万元以下的罚款。

第四十八条 违反本条例规定，以临时更换机动车污染控制装置等弄虚作假的方式通过机动车排放检验或者破坏机动车车载排放诊断系统的，由生态环境主管部门责令改正，对机动车所有人处五千元的罚款；对机动车维修单位处每辆车五千元的罚款。

第四十九条 违反本条例规定，除应急抢险作业外，有下列行为之一的，由生态环境等主管部门按照职责责令改正，对非道路移动机械的所有人或者使用人予以处罚：

（一）使用排放不合格的非道路移动机械的，处每台五千元的罚款；

（二）拆除、停用或者擅自改装污染控制装置的，处每台五千元的罚款。

第五十条 违反本条例规定，在禁止使用高排放非道路移动机械区域使用高排放非道路移动机械的，由生态环境主管部门责令停止使用，处五万元以上二十万元以下的罚款。

第五十一条 发展改革、生态环境、交通运输、市场监管等部门应当将机动车排放检验机构、维修单位在排放检验、维修中的违法行为及行政处罚结果，纳入信用信息共享平台和市场主体信用信息公示系统，依法实施联合惩戒。

第五十二条 违反本条例规定的行为，法律或者行政法规已有行政处罚规定的，从其规定；构成犯罪的，依法追究刑事责任。

第六章　附　　则

第五十三条 本条例所称机动车，是指以动力装置驱动或者牵引，上道路行驶的供人员乘用或者用于运送物品以及进行工程专项作业的轮式车辆。

本条例所称非道路移动机械，是指装配发动机的移动机械和可运输工业设备，包括工程机械、农业机械、材料装卸机械、机场地勤设备等。

第五十四条 本条例自 2020 年 5 月 1 日起施行。

河北省机动车和非道路移动机械排放污染防治条例

（2020年1月11日河北省第十三届人民代表大会第三次会议通过）

目　　录

第一章　总　　则

第一条　为了防治机动车和非道路移动机械排放污染，保护和改善大气环境，保障公众健康，推进生态文明建设，促进经济社会可持续发展，根据《中华人民共和国环境保护法》《中华人民共和国大气污染防治法》等法律、行政法规，结合本省实际，制定本条例。

第二条　本条例适用于本省行政区域内机动车和非道路移动机械排放大气污染物的防治。

第三条　机动车和非道路移动机械排放污染防治坚持源头防范、标本兼治、综合治理、突出重点、区域协同、共同防治的原则。

本省统筹油、路、车治理。推进油气质量升级，加强燃料及附属品管理，实施油气回收治理；推进智慧交通、绿色交通建设，优化道路设置和运输结构；建立健全机动车和非道路移动机械排放污染防治监管机制，推广新能源机动车和非道路移动机械应用。

第四条　县级以上人民政府应当加强对机动车和非道路移动机械排放污染防治工作的领导，将其纳入生态环境保护规划和大气污染防治目标考核，建立健全工作协调机制，加大财政投入，提高机动车和非道路移动机械排放污染防治监督管理能力。

第五条 县级以上人民政府生态环境主管部门对本行政区域内机动车和非道路移动机械排放污染防治工作实施统一监督管理。

县级以上人民政府公安、交通运输、市场监督管理、商务、住房城乡建设、水利、工业和信息化、农业农村、城市管理、发展改革等部门，应当在各自的职责范围内做好机动车和非道路移动机械排放污染防治工作。

第六条 县级以上人民政府生态环境主管部门会同公安、交通运输、市场监督管理、商务、住房城乡建设、水利、工业和信息化、农业农村、城市管理、发展改革等部门，依托政务数据共享平台建立包含基础数据、定期排放检验、监督抽测、超标处罚、维修治理等信息在内的机动车和非道路移动机械排放污染防治信息系统，实现资源整合、信息共享、实时更新。

第七条 县级以上人民政府应当将机动车和非道路移动机械排放污染防治法律法规和科学知识纳入日常宣传教育；鼓励和支持新闻媒体、社会组织等单位开展相关公益宣传。

倡导公众绿色、低碳出行，优先选择公共交通、自行车、步行等出行方式，鼓励使用节能环保型、新能源机动车，减少机动车排放污染。

第八条 鼓励单位和个人对违反本条例的违法行为向生态环境、交通运输等有关部门进行举报。查证属实的，生态环境、交通运输等有关部门应当按照规定给予奖励，并对举报人信息予以保密。

第二章 预防和控制

第九条 县级以上人民政府应当落实国家规定的税收优惠政策，采取财政、政府采购、通行便利等措施，推动新能源配套基础设施建设，推广应用节能环保型、新能源的机动车和非道路移动机械。

鼓励用于保障城市运行的车辆、大型场站内的非道路移动机械使用新能源，逐步淘汰高排放机动车和非道路移动机械。

第十条 省发展改革部门应当树立绿色发展理念，统筹本省能源发展相关政策，推进发展清洁能源和新能源，减少化石能源的消耗。

第十一条　城市人民政府根据大气环境质量状况，可以划定禁止使用高排放非道路移动机械的区域，并及时公布。

在禁止使用高排放非道路移动机械区域内，鼓励优先使用节能环保型、新能源的非道路移动机械。

鼓励工程机械安装精准定位系统和实时排放监控装置，并与生态环境主管部门联网。

第十二条　县级以上人民政府应当采取措施优先发展公共交通，健全和完善公共交通系统，提高公共交通出行比例；加强并改善交通管理，保障人行道和非机动车道的连续、畅通。

第十三条　县级以上人民政府应当优化道路规划，改善道路交通状况，减少机动车怠速和低速行驶造成的污染。

县级以上人民政府可以根据大气环境质量状况，制定重型柴油车绕行方案，划定绕行路线，并向社会公布。

县级以上人民政府应当调整优化交通运输结构，发展多式联运，提升高速公路使用效率，推进货运铁路建设，鼓励和支持利用铁路运输资源，推动重点工业企业、物流园区和产业园区等大宗货物运输优先采用铁路货物运输方式，鼓励海铁联运，提升港口运输服务能力。

第十四条　机动车、非道路移动机械生产企业应当对新生产的机动车和非道路移动机械进行排放检验。经检验合格的，方可出厂销售。检验信息应当向社会公开。

生态环境主管部门可以通过现场检查、抽样检测等方式，加强对新生产、销售的机动车和非道路移动机械大气污染物排放状况的监督检查。工业和信息化、市场监督管理等有关部门应当予以配合。

生产、销售机动车和非道路移动机械的企业应当配合现场检查、抽样检测等工作。

鼓励和支持生产企业和科研单位积极研发节能、减排新技术，生产节能环保型、新能源或者符合国家标准的低排放机动车和非道路移动机械。

在本省生产、销售的重型柴油车、重型燃气车应当按照规定安装远程排放管理车载终端，并与生态环境主管部门联网。

第十五条　公安机关交通管理部门在办理机动车注册登记和转入业务

时，对不符合本省执行的国家机动车排放标准的，不予办理登记、转入手续。

生态环境主管部门指导监督排放检验机构开展柴油车注册登记前的环保信息公开情况核实、排放污染物检测、环保信息随车清单核查、污染控制装置、车载诊断系统和远程排放管理车载终端检查等。

第十六条 在用机动车和非道路移动机械所有人或者使用人应当保证污染控制装置和车载诊断系统处于正常工作状态，不得擅自拆除、闲置、改装污染控制装置；排放大气污染物超标或者车载诊断系统报警后应当及时维修。

在用重型柴油车、非道路移动机械未安装污染控制装置或者污染控制装置不符合要求，不能达标排放的，应当加装或者更换符合要求的污染控制装置。

任何单位和个人不得擅自干扰远程排放管理车载终端的功能；不得删除、修改远程排放管理车载终端中存储、处理、传输的数据。

所有人或者使用人向在用柴油车污染控制装置添加车用氮氧化物还原剂的，应当符合有关标准和要求。

第十七条 在本省生产、销售的机动车和非道路移动机械用燃料应当符合相关标准，机动车和非道路移动机械所有人或者使用人应当使用符合标准的燃料。鼓励推广使用优质的机动车和非道路移动机械用燃料。

市场监督管理部门负责对影响机动车和非道路移动机械气体排放的燃料、氮氧化物还原剂、油品清净剂等有关产品的质量进行监督检查，并定期公布检查结果。

县级以上人民政府及其市场监督管理、发展改革、商务、生态环境、公安、交通运输等相关部门应当建立联防联控工作机制，依法取缔非法加油站（点）、非法油罐车、非法炼油厂。

第十八条 储油储气库、加油加气站应当按照国家有关规定安装油气回收在线监控设备并保持正常使用，向生态环境主管部门传输油气回收在线监控数据。

第十九条 倡导环保驾驶，鼓励机动车使用人在不影响通行且需停车三分钟以上的情况下熄灭发动机。

第三章 使用、检验和维护

第二十条 机动车和非道路移动机械不得超过标准排放大气污染物。

第二十一条 在不影响道路正常通行的情况下，生态环境主管部门可以会同公安机关交通管理等部门通过现场检测、在线监控、摄像拍照、遥感监测、车载诊断系统检查等方式对在道路上行驶的机动车大气污染物排放状况进行监督抽测。

鼓励生产企业和科研单位开展遥感监测等相关技术研发，加强机动车污染排放大数据分析应用，提高监督抽测科技水平。

生态环境主管部门可以在机动车集中停放地、维修地对在用机动车的大气污染物排放状况进行监督抽测。监督抽测不合格的，当场向机动车所有人或者使用人出具维修复检催告单。机动车所有人或者使用人收到维修复检催告单十个工作日内，应当自行选择有资质的维修单位维修，直至复检合格，并将复检结果报送生态环境主管部门。监督抽测应当快捷、便民，当场明示抽测结果，不得收取费用。

生态环境主管部门应当会同交通运输、住房城乡建设、水利、城市管理、农业农村等有关部门对非道路移动机械的大气污染物排放状况进行监督检查，排放不合格的，不得使用。

生态环境主管部门应当定期公布抽测不合格车辆信息。

第二十二条 生态环境主管部门应当确定重点用车单位名录并向社会公布。

重点用车单位应当按照规定建立重型柴油车污染防治责任制度和环保达标保障体系，确保本单位车辆符合相关排放标准，鼓励使用清洁能源和新能源车。重点用车单位主要负责人对本单位重型柴油车排放污染防治工作全面负责。

生态环境主管部门应当将重点用车单位重型柴油车环保达标情况纳入生态环境信用管理。

第二十三条 客运经营者、货运经营者应当加强对车辆的维护和检测，确保车辆符合国家规定的技术标准；不得使用报废的、擅自改装的和其他不符合国家规定的车辆从事道路运输经营。

第二十四条 在用机动车所有人或者使用人应当按照国家和本省规定对机动车进行定期排放检验，检验周期与机动车安全技术检验周期一致。经检验合格的，方可上道路行驶。未经检验或者检验不合格的，公安机关交通管理部门不予核发安全技术检验合格标志。

第二十五条 在用机动车定期检验不合格或者监督抽测不合格应当及时维修，并按照要求进行复检。机动车排放检验机构应当对复检合格的机动车出具检验报告。

在用机动车经维修或者采用污染控制技术后，大气污染物排放仍不符合国家在用机动车排放标准的，应当强制报废。

外埠车辆在本省有不符合相关排放标准记录的，应当经复检合格后，方可进入本省行政区域内的道路行驶。

第二十六条 依法行使监督管理职权的部门及其工作人员不得干涉机动车所有人或者使用人选择排放检验机构和维修单位，不得推销或者指定使用排放污染治理的产品，不得参与或者变相参与排放检验经营和维修经营。

第二十七条 机动车排放检验机构应当依法取得资质，接受生态环境、市场监督管理等部门的监督管理，并遵守下列规定：

（一）使用经依法检定合格的排放检验设备、计量器具，配备符合国家规定要求的专业检验技术人员；

（二）公开检验程序、检验方法、排放限值、收费标准和监督投诉电话；

（三）按照国家及本省规定的检验方法、技术规范和排放标准进行排放检验，出具由生态环境主管部门统一编码的排放检验报告，不得出具虚假排放检验报告；

（四）与生态环境主管部门联网，实时上传排放检验数据、视频监控数据及其他相关管理数据和资料；

（五）建立排放检验档案，按照相关规定期限保存纸质档案、电子档案和历史检验视频；

（六）法律、法规、技术规范规定的其他要求。

排放检验机构及其工作人员不得以任何方式直接或者间接从事机动车排放污染治理维修业务。

第二十八条　生态环境主管部门和市场监督管理部门应当按照职责通过现场检查、网络监控等方式对机动车排放检验机构排放检验行为的准确性进行监督检查，并将监督检查情况向社会公布。

第二十九条　生态环境主管部门和交通运输主管部门应当共享机动车排放检验、排放达标维修、维修复检等数据信息。

交通运输主管部门应当将机动车排放污染防治纳入对车辆营运、机动车维修的监督管理内容。

省交通运输主管部门应当向社会公布具有机动车排放维修治理能力且实现联网监管的维修单位名录。

第三十条　机动车维修单位应当遵守下列规定：

（一）严格按照机动车排放污染防治的要求和有关技术规范、标准进行维修，使维修后的机动车达到规定的排放标准，并提供相应的维修服务质量保证；

（二）与交通运输主管部门联网，实时传输维修车辆的机动车号牌、车辆识别代号、排放达标维修项目等信息，记录并备份维修情况；

（三）建立完整的维修档案，实行档案电子化管理。

机动车所有人不得以临时更换机动车污染控制装置等弄虚作假的方式通过机动车排放检验。机动车维修单位不得提供该类维修服务。禁止破坏机动车车载排放诊断系统。机动车维修单位不得使用假冒伪劣配件维修机动车，不得承修已报废的机动车，不得擅自改装机动车。

第三十一条　县级以上人民政府及其有关部门应当采取经济补偿等鼓励措施，逐步推进重型柴油车提前淘汰。

鼓励对具备治理条件的重型柴油车加装或者更换符合要求的污染控制装置，并安装远程排放管理车载终端等。

第三十二条　本省实施非道路移动机械使用登记管理制度。非道路移动机械应当检测合格后进行信息编码登记。生态环境主管部门建立非道路移动机械信息管理平台，会同有关部门制定本省非道路移动机械使用登记管理规定。

交通运输、住房城乡建设、水利、城市管理等部门应当督促所有人或者使用人对使用的非道路移动机械在信息管理平台上进行信息编码登记。

第三十三条 建设单位应当要求施工单位使用在本省进行信息编码登记且符合排放标准的非道路移动机械。

非道路移动机械进出施工现场的，施工单位应当在非道路移动机械信息管理平台上进行记录。

生态环境主管部门应当逐步通过电子标签、电子围栏、实时排放监控装置等手段对非道路移动机械的大气污染物排放状况进行监督管理。

第四章 区域协同

第三十四条 省人民政府应当推动与北京市、天津市建立机动车和非道路移动机械排放污染联合防治协调机制，按照统一规划、统一标准、统一监测、统一防治措施要求开展联合防治，落实大气污染防治目标责任。

第三十五条 本省与北京市、天津市共同建立机动车和非道路移动机械排放检验数据共享机制，将执行标准、排放监测、违法情况等信息共享，推动建立京津冀排放超标车辆信息平台，实现对排放超标车辆的协同监管。

第三十六条 本省与北京市、天津市探索建立新车抽检抽查协同机制，可以协同对新生产、销售的机动车和非道路移动机械大气污染物排放状况进行监督检查。

第三十七条 本省与北京市、天津市共同实行非道路移动机械使用登记管理制度，建立和使用统一登记管理系统，按照相关要求加强非道路移动机械监督管理。

第三十八条 省人民政府生态环境等部门应当与北京市、天津市相关部门加强机动车和非道路移动机械排放污染防治合作，通过区域会商、信息共享、联合执法、重污染天气应对、科研合作等方式，提高区域机动车和非道路移动机械排放污染防治水平。

第五章 法律责任

第三十九条 生态环境主管部门和其他负有监督管理职责的部门及其工作人员违反本条例规定，滥用职权、玩忽职守、徇私舞弊、弄虚作假的，依法给予处分。

第四十条　违反本条例规定，在本省生产、销售的重型柴油车、重型燃气车未按照规定安装远程排放管理车载终端的，由生态环境主管部门责令改正，处每辆车五千元的罚款。

第四十一条　违反本条例规定，客运经营者、货运经营者擅自改装已取得车辆营运证的车辆的，由县级以上道路运输管理机构责令改正，处五千元以上二万元以下的罚款。

第四十二条　违反本条例规定，在用机动车所有人或者使用人擅自拆除、闲置、改装污染控制装置的，由生态环境主管部门责令改正，处五千元的罚款。

违反本条例规定，在用重型柴油车未按照规定加装、更换污染控制装置的，由生态环境主管部门责令改正，处五千元的罚款。

违反本条例规定，擅自干扰远程排放管理车载终端的功能或者删除、修改远程排放管理车载终端中存储、处理、传输的数据的，由生态环境主管部门责令改正，处每辆车五千元的罚款。

第四十三条　违反本条例规定，生产、销售不符合标准的机动车和非道路移动机械用燃料的，由市场监督管理部门按照职责责令改正，没收原材料、产品和违法所得，并处货值金额一倍以上三倍以下的罚款。

第四十四条　违反本条例规定，机动车驾驶人驾驶排放检验不合格的机动车上道路行驶的，由公安机关交通管理部门依法予以处罚。

第四十五条　违反本条例规定，重点用车单位未按照有关规定建立重型柴油车污染防治责任制度和环保达标保障体系的，由生态环境主管部门责令限期改正，并约谈该单位的主要负责人，约谈情况向社会公开；逾期不改正的，将该重点用车单位列为生态环境信用黑名单。

违反本条例规定，重点用车单位有下列情形之一的，由生态环境主管部门责令改正，处一万元以上三万元以下的罚款；情节严重的，处三万元以上五万元以下的罚款：

（一）本单位注册车辆二十辆以上，在一个自然年内经排放检验不合格的车辆数量超过注册车辆数量百分之十的；

（二）本单位注册的同一辆车因不符合排放标准在一个自然年内受到罚款处罚五次以上的。

第四十六条 违反本条例规定，机动车排放检验机构有下列行为之一的，由生态环境主管部门责令改正，按照下列规定处罚：

（一）未按照规定公开检验程序、检验方法、排放限值等内容的，处一千元以上五千元以下的罚款；

（二）未建立机动车排放检验档案，或者未保存纸质档案、电子档案和历史检验视频的，处五千元以上二万元以下的罚款；

（三）未与生态环境主管部门联网，或者未向生态环境主管部门实时上传排放检验数据、视频监控数据及其他相关管理数据和资料的，处二万元以上五万元以下的罚款；

（四）未按照国家及本省规定的排放检验方法、技术规范和排放标准进行排放检验的，处十万元以上二十万元以下的罚款。

违反本条例规定，机动车排放检验机构出具虚假排放检验报告的，由生态环境主管部门没收违法所得，并处十万元以上五十万元以下的罚款；情节严重的，由市场监督管理部门取消其检验资格。

违反本条例规定，排放检验机构及其工作人员直接或者间接从事机动车排放污染治理维修业务的，由生态环境主管部门责令改正，没收违法所得，并处二万元以上五万元以下的罚款。

第四十七条 违反本条例规定，机动车维修单位未与交通运输主管部门联网的，或者未报送车辆排放维修治理信息的，由交通运输主管部门责令限期改正；逾期不改正的，处一万元以上五万元以下的罚款。

第四十八条 违反本条例规定，以临时更换机动车污染控制装置等弄虚作假的方式通过机动车排放检验或者破坏机动车车载排放诊断系统的，由生态环境主管部门责令改正，对机动车所有人处五千元的罚款；对机动车维修单位处每辆车五千元的罚款。

违反本条例规定，机动车维修单位使用假冒伪劣配件维修机动车，承修已报废的机动车或者擅自改装机动车的，依照《中华人民共和国道路运输条例》予以处罚。

第四十九条 违反本条例规定，使用排放不合格的非道路移动机械，或者非道路移动机械未按照规定加装、更换污染控制装置的，或者擅自拆除、闲置、改装非道路移动机械污染控制装置的，由生态环境等主管部门按照职责责令改正，处五千元的罚款。

违反本条例规定，在禁止使用高排放非道路移动机械区域使用高排放非道路移动机械的，由城市人民政府生态环境主管部门处五万元以上十万元以下的罚款。

第五十条　生态环境、市场监督管理、公安、交通运输等有关部门应当将排放检验机构、维修单位的相关违法行为以及行政处罚结果，纳入社会信用信息平台，依法实施联合惩戒。

第五十一条　违反本条例规定，构成犯罪的，依法追究刑事责任。

第六章　附　　则

第五十二条　本条例所称机动车，是指以动力装置驱动或者牵引，上道路行驶的供人员乘用或者用于运送物品以及进行工程专项作业的轮式车辆。

本条例所称非道路移动机械，是指装配有发动机的移动机械和可运输工业设备。

第五十三条　本条例自 2020 年 5 月 1 日起施行。

北京市人民代表大会常务委员会关于授权市人民政府为保障冬奥会筹备和举办工作规定临时性行政措施的决定

（2021 年 7 月 30 日北京市第十五届人民代表大会常务委员会第三十二次会议通过）

北京 2022 年冬奥会和冬残奥会（统称冬奥会）将在北京市、河北省张家口市举办。为了保障冬奥会筹备和举办工作顺利进行，北京市第十五届人民代表大会常务委员会第三十二次会议决定：

一、在冬奥会筹备、举办期间及延后期限内，市人民政府根据需要，在不与法律、行政法规相抵触，不与本市地方性法规基本原则相违背的前提下，按照必要、适度、精准的原则，通过制定政府规章或者发布决定的形式，在环境保护、公共安全、公共卫生、道路交通等方面规定临时性行政措施并组织实施。

二、根据本决定制定的政府规章或者发布的决定，依法报市人民代表大会常务委员会备案。

本决定自公布之日起施行，有效期限至冬奥会闭幕之日后十五日。

天津市人民代表大会常务委员会关于授权市人民政府为保障冬奥会举办规定临时性行政措施的决定

（2021 年 7 月 30 日天津市第十七届人民代表大会常务委员会第二十八次会议通过）

北京 2022 年冬奥会和冬残奥会（统称冬奥会）是党和国家的一件大事，是实施京津冀协同发展战略的重要举措。为了保障冬奥会筹备和举办工作顺利进行，市第十七届人民代表大会常务委员会第二十八次会议决定：

一、在冬奥会筹备和举办期间，市人民政府在不与法律、行政法规相抵触，不与本市地方性法规基本原则相违背的前提下，根据必要、适度的原则，可以通过制定政府规章或者发布决定的形式，在环境保护、公共安全、公共卫生、道路交通等领域规定临时性行政措施并组织实施。

二、根据本决定制定的政府规章或者发布的决定，依法报市人民代表大会常务委员会备案。

三、本决定自公布之日起施行，有效期限至冬奥会闭幕之日后十五日。

河北省人民代表大会常务委员会关于授权省人民政府为保障冬奥会筹备和举办工作规定临时性行政措施的决定

（2021 年 7 月 29 日河北省第十三届人民代表大会常务委员会第二十四次会议通过）

北京 2022 年冬奥会和冬残奥会（统称冬奥会）将在北京市、河北省张家口市举办。为了保障冬奥会筹备和举办工作顺利进行，河北省第十三届人民代表大会常务委员会第二十四次会议决定：

一、在冬奥会筹备和举办及延后期限内，省人民政府针对可能存在的风险和影响，在不与法律、行政法规相抵触，不与省地方性法规基本原则相违背的前提下，按照必要、适度、精准的原则，通过制定政府规章或者发布决定的形式，在环境保护、公共安全、公共卫生、道路交通、安全生产、城市市容管理等方面规定临时性行政措施并组织实施。

二、根据本决定制定的政府规章或者发布的决定，依法报省人民代表大会常务委员会备案。

三、本决定自公布之日起施行，有效期限至冬奥会闭幕之日后十五日。

河北雄安新区条例

（2021 年 7 月 29 日河北省第十三届人民代表大会
常务委员会第二十四次会议通过）

目　　录

第一章 总 则

第一条 为了深入推进京津冀协同发展，有序承接北京非首都功能疏解，把河北雄安新区（以下简称雄安新区）建设成为北京非首都功能疏解集中承载地、高质量高水平社会主义现代化城市，根据《中共中央国务院关于支持河北雄安新区全面深化改革和扩大开放的指导意见》《河北雄安新区规划纲要》《河北雄安新区总体规划（2018—2035 年）》和法律、行政法规以及国家有关规定，结合本省实际，制定本条例。

第二条 雄安新区规划建设应当以习近平新时代中国特色社会主义思想为指导，坚持党的领导，立足新发展阶段，贯彻落实新发展理念，坚持世界眼光、国际标准、中国特色、高点定位，坚持生态优先、绿色发展，坚持以人民为中心、注重保障和改善民生，坚持保护弘扬中华优秀传统文化、延续历史文脉，坚持解放思想、改革创新，坚持承接疏解与规划建设并重，着力在创新发展、城市治理、生态环境、公共服务等方面先行先试、率先突破，构建雄安标准体系，创造雄安质量，建设绿色生态宜居新城区、创新驱动发展引领区、协调发展示范区、开放发展先行区，打造贯彻落实新发展理念的创新发展示范区。

第三条 省人民政府应当加强对雄安新区规划建设的组织领导，履行主体责任，赋予雄安新区更大的自主发展、自主改革和自主创新的管理权限，加强与中央和国家有关部委、北京市、天津市沟通协调，支持雄安新区规划建设。

省人民政府有关部门以及有关设区的市、县级人民政府应当支持雄安新区的规划建设。

第四条 省人民政府应当统筹安排财政转移支付和地方政府债券，支持雄安新区建设。

第五条 雄安新区应当建立并完善党委领导、政府负责、民主协商、社会协同、公众参与、法治保障、科技支撑的社会治理体系，形成共建共治共享的社会治理格局，推进社会治理体系和治理能力现代化。

第二章 管理体制

第六条 雄安新区管理委员会是省人民政府的派出机构，参照行使设区的市人民政府的行政管理职权，行使国家和省赋予的省级经济社会管理权限，领导雄安新区规划范围内各级人民政府的工作，根据雄安新区功能定位和建设目标，依法有序推进规划建设管理和发展。

雄安新区管理委员会按照国家和省有关规定设置的所属管理机构，依法依规归口统筹行使设区的市人民政府行政管理部门的行政执法、监督管理等行政管理职权。

雄安新区管理委员会应当依法推行权责清单制度。

第七条 雄安新区应当根据国家和省赋予的自主权，按照优化、协同、高效的原则依规调整机构设置，完善大部门制运行模式，构建系统完备、科学规范、运行高效的机构职能体系。

第八条 雄安新区管理委员会应当依据国家和省有关规定构建灵活高效的用人制度，按照规定享有统筹使用人力资源的自主权。

第九条 雄安新区管理委员会应当健全综合行政执法体制，并可以根据建设发展需要，按照程序确定、调整纳入综合行政执法体制改革的执法职能和事项。

第十条 对雄安新区内县级人民政府有关部门作出的行政行为不服的，可以向该县级人民政府申请行政复议；对雄安新区内县级人民政府、雄安新区管理委员会所属机构作出的行政行为不服的，可以向雄安新区管理委员会申请行政复议；对雄安新区管理委员会作出的行政行为不服的，可以向省人民政府申请行政复议。法律、行政法规另有规定的，从其规定。

第三章 规划与建设

第十一条 雄安新区规划建设应当根据国家和省确定的发展规划和功能定位，坚持以资源环境承载能力为刚性约束条件，统筹生产、生活、生态三大空间，科学确定开发边界、人口规模、用地规模和开发强度，严守生态保护红线、严格保护永久基本农田、严格控制城镇开发边界，构建蓝绿交织、和谐自然的国土空间格局。

第十二条 雄安新区管理委员会应当完善规划实施决策机制，建立雄安新区规划委员会，履行组织协调和规划审查职能。

第十三条 雄安新区规划一经批准，任何单位和个人不得擅自修改。确需修改的，按照法定程序报请原审批机关批准。

雄安新区管理委员会应当对规划实施情况定期组织评估，并向原审批机关提出评估报告。

第十四条 雄安新区管理委员会应当加强国土空间用途管制，实施国土空间规划许可制度，逐步推进建设用地预审、选址意见书、使用林地审核、建设用地规划许可、建设工程规划许可、乡村建设规划许可等审批事项合并办理，提高审批质量和效率。

第十五条 雄安新区管理委员会应当建立健全城市规划设计建设管理标准体系，推进基础设施、城市建筑等领域标准化。

第十六条 雄安新区应当加强城市设计，坚持中西合璧、以中为主、古今交融，弘扬中华优秀传统文化，保留中华文化基因，彰显地域文化特色，塑造中华风范、淀泊风光、创新风尚的城市风貌，形成体现历史传承、文明包容、时代创新的新区风貌。

第十七条 雄安新区应当坚持数字城市与现实城市同步规划、同步建设，加强智能基础设施建设，积极推广智能化应用服务，构建城市智能运行模式和智能治理体系，健全大数据资产管理体系，建设全球领先的智慧城市。

第十八条 雄安新区应当建立健全城市安全发展管理体制，在城市安全运行、灾害预防、公共安全、综合应急等方面建立高效联动智能的新型城市安全和综合防灾减灾救灾体系，完善重大安全风险联防联控、监测预警和应急管控处置机制。

雄安新区应当推进立体化、信息化社会治安防控体系建设，完善重大决策社会稳定风险评估机制，建立跨部门情报信息工作机制和交流合作机制。

第十九条 雄安新区应当全面实施乡村振兴战略，创新城乡融合发展体制机制和政策体系，促进城乡公共服务和基础设施建设均衡配置，改善农村生产、生活、生态环境，发展特色小城镇，推进美丽乡村建设。

第二十条 雄安新区应当建立健全地下空间开发利用统筹协调机制，按照安全、高效、适度的原则，优先布局基础设施，规划和建设市政综合管廊系统和地下综合防灾系统，推进地下空间管理信息化建设。

第四章 高质量发展

第二十一条 雄安新区应当按照国家和省有关规定，建设创新型雄安，强化创新驱动，推进供给侧结构性改革，大力发展高端高新产业，促进数字经济和实体经济深度融合，构建现代产业体系，推进高质量发展。

雄安新区应当实行产业准入制度，严格产业准入标准，建立入区产业项目科学评估论证机制，制定限制承接和布局的产业负面清单。

雄安新区应当改造提升符合雄安新区功能定位和发展方向的本地传统产业，有序迁移或者淘汰其他传统产业。

第二十二条 雄安新区应当重点承接以下北京非首都功能疏解：

（一）在京高等学校及其分校、分院、研究生院，事业单位；

（二）国家级科研院所，国家实验室、国家重点实验室、工程研究中心等创新平台、创新中心；

（三）高端医疗机构及其分院、研究中心；

（四）软件和信息服务、设计、创意、咨询等领域的优势企业，以及现代物流、电子商务等企业总部；

（五）银行、保险、证券等金融机构总部及其分支机构；

（六）新一代信息技术、生物医药和生命健康、节能环保、高端新材料等领域的中央管理企业，以及创新型民营企业、高成长性科技企业；

（七）符合雄安新区产业发展方向的其他大型国有企业总部及其分支机构；

（八）国家确定的其他疏解事项。

第二十三条 雄安新区管理委员会应当制定产业发展指导目录并向社会公布。重点发展以下高端高新产业：

（一）新一代信息技术；

（二）现代生命科学和生物技术；

（三）新材料；

（四）高端现代服务业；

（五）绿色生态农业；

（六）国家和省确定的其他重点发展的高端高新产业。

雄安新区应当对符合发展方向的传统产业实施现代化改造提升，推进产业向数字化、信息化、智能化、绿色化发展。

第二十四条 雄安新区应当推动金融基础设施在雄安新区布局，建设金融科技中心，有序推进信息科技前沿成果在金融领域应用。

雄安新区应当支持设立各类法人金融机构，支持民营和外资金融企业发展，吸引金融机构总部、创新研发中心到雄安新区注册。

第二十五条 雄安新区应当合理安排产业空间布局，推动起步区、外围组团和特色小城镇协同发展，在具备条件的情况下，将优势产业向周边地区拓展形成产业集群。

第二十六条 雄安新区应当加强科技创新能力和体系建设，促进科技成果转化，支持在前沿领域技术创新试验和应用方面先行先试。

雄安新区应当积极建立产业协同创新共同体、科技创新智库，创新国际科技合作模式，鼓励科技成果投资入股，推动创新成果标准化、专利化，并在雄安新区及相关地区转化利用。

雄安新区应当改革科技管理制度和科技政策决策咨询制度，将创新驱动发展能力作为重要指标纳入政府绩效考核体系。

第二十七条 雄安新区应当发展绿色生态农业，推动建立现代农业产业体系、生产体系和经营体系，培育新产业、新业态、新模式和新型农业经营主体，推进国家农业科技创新中心和现代农业园区建设。

第二十八条 雄安新区应当实施人才优先发展战略，建立与高质量发展相适应的“五湖四海”选人用人机制以及高层次人才引进与激励政策体系，优化就业创业、成长成才环境。

第五章　改革与开放

第二十九条　雄安新区应当构建有利于增强对优质北京非首都功能吸引力、符合高质量发展要求和未来发展方向的制度体系，在土地、住房、投融资、财税、金融、人才、医疗等方面先行先试，推动雄安新区实现更高质量、更有效率、更加公平、更可持续发展。

第三十条　雄安新区可以按照授权开展自然资源资产产权制度改革，建立健全权责明确的自然资源资产产权体系，实施自然资源统一确权登记。

第三十一条　雄安新区应当依法建立健全程序规范、补偿合理、保障多元的土地征收制度，完善被征地农民就业、养老保险等社会保障制度。

第三十二条　雄安新区应当制定与住房制度相配套、与开发建设方式相适应的土地供应政策，完善土地出让、租赁、租让结合、混合空间出让、作价出资入股等多元化土地利用和供应模式，以及不同土地供应方式下的不动产登记模式。

第三十三条　雄安新区应当推进农村集体产权制度改革，农村集体经济组织成员可以依法转让土地承包经营权，增强农村集体所有制经济发展活力，推动建立持续稳定的农民收入增长机制。

第三十四条　雄安新区应当完善国有企业资产管理体制，建立以管资本为主的国有资产监管机制，健全法人治理结构和市场化经营机制。

除涉及国民经济命脉或者承担重大专项任务外，积极稳妥发展混合所有制经济。

第三十五条　雄安新区可以按照国家规定，对符合税制改革和发展方向的税收政策，在现行税收制度框架内优先实施；对需要先行先试的，依法依规优先试点。

雄安新区根据支持在京企业向雄安新区搬迁的税收政策，引导和推动符合雄安新区功能定位的在京高新技术企业加快转移迁入。

第三十六条　雄安新区应当建立智慧、便捷的税费服务体系，为纳税人、缴费人提供法律宣传、业务咨询、在线办理、权益保护等服务。

第三十七条 雄安新区可以按照国家规定推进综合性、功能性金融监管体制改革，探索建立符合国际规则的金融监管框架，加强本外币协同监管，实现金融活动监管全覆盖，防止发生系统性、区域性金融风险。

第三十八条 雄安新区应当探索建立“揭榜挂帅”的科技人才激励机制，赋予科研机构和高等学校收入分配自主权，建立健全前沿科技领域人才和团队稳定支持机制，实施科研经费和科技成果管理负面清单制度。

第三十九条 雄安新区应当扩大对内对外开放，鼓励国际国内各类资本参与建设，完善企业投资服务机制，促进投资贸易便利化，构建开放型经济体系。

第四十条 雄安新区应当实行外商投资准入前国民待遇加负面清单管理制度，对负面清单以外的事项实行内外资统一管理。

第四十一条 雄安新区应当按照国家有关政策，支持金融业实施更大力度的对外开放举措。鼓励银行业金融机构加强与外部投资机构合作开展相关业务。

第四十二条 雄安新区应当支持符合条件的投资者设立境外股权投资基金，按照国家规定创新本外币账户管理模式，允许跨国公司总部在雄安新区开展本外币资金集中运营，建设面向全球的数字化贸易平台，便利跨境支付结算。

第四十三条 雄安新区应当根据国家规定放宽外汇资金进出管制，促进投融资汇兑便利化，推进人民币资本项目可兑换。

第四十四条 雄安新区应当推进海关通关智能化、信息化建设，探索建立海关特殊监管区域，建立国际贸易“单一窗口”，提高监管效率和水平。

第四十五条 雄安新区应当在中国（河北）自由贸易试验区（雄安片区）推进制度集成创新，开展首创性、差别化改革探索，积极推进雄安综合保税区建设，促进外向型优势产业发展。

第四十六条 雄安新区应当优化境外人才引进和服务管理，为境外人才创新创业提供便利。

第四十七条 雄安新区应当推动开放型平台、“一带一路”国际合作平台建设，推动与相关国家和地区的交流合作。

第六章　生态环境保护

第四十八条　雄安新区应当创新生态环境保护体制机制，建立绿色低碳循环发展经济体系，加快碳达峰碳中和进程，实行最严格的生态环境保护制度，加快水生态修复与治理，加强大气污染防治，严守土壤环境安全底线，打造蓝绿交织、清新明亮、水城共融的优美生态环境。

第四十九条　雄安新区应当确立水资源开发利用红线，按照以水定城、以水定地、以水定人、以水定产的要求，实行最严格的水资源管理制度。

雄安新区应当加强白洋淀生态环境治理和保护，推进补水、治污、防洪一体化建设，发挥白洋淀的生态功能、防洪功能，实现以淀兴城、城淀共融。

第五十条　雄安新区应当创新和完善市场化生态保护和治理机制、资源环境价格机制、多样化生态补偿机制，推行生态环境损害赔偿和企业环境风险评级等制度。

第五十一条　雄安新区应当建立全面节约和循环利用资源制度，落实国家和省资源节约指标要求，建立具有国际先进水平的生活垃圾分类制度，提高城市资源循环节约利用水平，率先建成无废城市。

雄安新区应当充分发挥并科学利用地热资源优势，统筹天然气、电力、地热等能源供给方式，形成多能互补的清洁供热系统。

第五十二条　雄安新区应当建立绿色生态城区指标体系，开展大规模国土绿化，塑造高品质城区生态环境，加强绿化带和生态廊道建设，构建由多类型公园组成的公园体系，提高绿化和森林覆盖率。

第五十三条　雄安新区应当建立资源环境承载能力监测预警长效机制，构建智能化资源环境监测网络系统和区域智慧资源环境监管体系，实行自然资源与环境统一监管。

第五十四条　雄安新区应当开展生态文明建设目标评价考核，建立健全生态环境保护责任清单、环保信用评价、信息强制性披露、生态环境损害责任终身追究等制度。

第七章　公共服务

第五十五条　雄安新区应当引入优质公共服务资源，高标准配套建设公共服务设施，推进共建共享，构建多层次、全覆盖、人性化的基本公共服务网络，提升雄安新区公共服务水平。

第五十六条　雄安新区应当加强政务服务建设，推行证明事项告知承诺制，推动政务服务标准化建设，实现“一网通办、一窗核发”。除法律、法规另有规定或者涉及国家秘密等情形外，政务服务事项应当纳入政务服务平台办理。

雄安新区应当运用现代信息技术，推进政务信息共享和业务协同，提高政务服务信息化、智能化、精准化、便利化水平。

第五十七条　雄安新区应当推进现代教育体系建设，合理均衡配置教育资源，创新教育机制和模式，引进优质教育资源，发展高质量的学前教育、义务教育、高中教育，以及高水平、开放式、国际化高等教育，加快发展现代职业教育。

第五十八条　雄安新区应当深化医疗卫生领域改革，创新医疗卫生体制机制，构建体系完整、分工明确、功能互补、优质高效的整合型医疗卫生服务体系和立体化卫生应急体系。

雄安新区应当采取措施引进北京市和其他地区优质医疗资源，促进医疗资源和信息共享，并依法支持、鼓励社会资本和境外医疗人员参与提供医疗卫生服务。

第五十九条　雄安新区应当建立以居家为基础、社区为依托、机构为支撑，居家社区机构相协调、医养康养相结合的养老服务体系，满足多层次、多样化的养老服务需求。

第六十条　雄安新区应当创新公共文化服务模式，建设多层次公共文化服务设施，实现农村、城市社区公共文化服务资源整合和互联互通，提高基本公共文化服务标准化、均等化水平。

第六十一条　雄安新区管理委员会应当创新社会保障服务和劳动就业服务体系，提供多层次公共就业服务，建立健全社会保障基本制度和城乡一体化、均等化的就业制度以及失地农民就业创业机制。

第六十二条　雄安新区应当按照职住平衡、住有所居的原则，构建保障基本、兼顾差异、满足多层次个性化需求的新型多元化住房供应体系，建立多主体供应、多渠道保障、租购并举的住房制度。严禁大规模开发商业房地产。

第八章　协同发展

第六十三条　雄安新区应当加强区域交流合作，通过集中承接北京非首都功能疏解，促进与北京市、天津市以及周边地区合理分工，辐射带动京津冀地区协同发展，打造要素有序自由流动、主体功能约束有效、基本公共服务均等、资源环境可承载的区域协调发展示范区，推进建设京津冀世界级城市群。

第六十四条　雄安新区管理委员会应当根据功能定位和人口需求，编制公共服务发展规划，加强教育、医疗、文化、法律等公共服务基础设施建设，创新公共服务供给机制，加强与北京市、天津市合作，逐步形成优质高效、保障多元、城乡一体、开放共享的公共服务体系。

第六十五条　省人民政府及其有关部门应当支持雄安新区与周边地区建立生态环境协同治理长效机制，加强重点流域水污染协同治理、大气污染联防联控、生态系统修复与环境管理等方面协作。

第六十六条　雄安新区应当按照网络化布局、智能化管理、一体化服务的要求，合理布局综合交通枢纽，加快建立连接雄安新区与北京市、天津市以及周边地区的轨道和公路交通网络。坚持公交优先，综合布局各类城市交通设施，提高绿色交通和公共交通出行比例，打造便捷、安全、绿色、智能的交通系统。

第六十七条　雄安新区管理委员会应当制定有利于承接北京非首都功能疏解的人口迁移政策，建立以居住证为载体的公共服务提供机制，实行积分落户制度。建立服务型人口管理新模式和科学的人口预测及统计体系，实行新型实有人口登记制度。

雄安新区应当推动基本公共服务和社会保障水平与北京市、天津市相衔接。

第六十八条 雄安新区应当加强军地共建共用重大科研基地和基础设施建设，建立军民科技协同创新机制，推进军地科研成果双向转化应用和重点产业发展。

第六十九条 雄安新区应当加强各领域政策措施之间的统筹协调和综合配套，建立多地区多部门信息沟通共享和协同推进机制，增强工作的系统性、整体性、协同性。

第九章 法治保障

第七十条 雄安新区应当坚持依法决策、依法行政，严格规范执法行为，营造公平公正的法治环境，构建符合高质量发展要求的法治保障制度体系，推进法治雄安和廉洁雄安建设。

第七十一条 雄安新区应当依法保护各种所有制经济组织、公民的财产权和其他合法权益，保护企业经营者人身和财产安全。

严禁违反法定权限、条件、程序对市场主体的财产和企业经营者个人财产实施查封、冻结和扣押等行政强制措施；依法确需实施前述行政强制措施的，应当限定在所必需的范围内。

加强产权司法保护，依法严惩侵犯产权的各类刑事犯罪，严格规范涉案财产处置。

第七十二条 雄安新区应当加大知识产权保护力度，建立健全知识产权保护机制，强化行政执法和刑事司法衔接，建立快速反应的知识产权执法机制，实施知识产权侵权惩罚性赔偿制度。

第七十三条 雄安新区应当完善社会信用体系，建立覆盖自然人、法人和非法人组织的诚信账户，实行信用风险分类监管，建立并完善守信激励和失信联合惩戒机制。

第七十四条 雄安新区应当按照鼓励创新的原则，对新技术、新产业、新业态、新模式等实行包容审慎监管，针对其性质、特点分类制定和实行相应的监管规则和标准，确保质量和安全。

第七十五条 雄安新区应当加强社会矛盾纠纷多元预防调处化解工

作，畅通和规范公众诉求表达、利益协调、权益保障通道，完善信访制度和人民调解、行政调解、司法调解联动工作机制。

雄安新区应当支持设立国际性仲裁、认证、鉴定机构，建立商事纠纷多元解决机制。

第七十六条　雄安新区应当健全与法治雄安建设相适应的司法体制机制，深化司法责任制综合配套改革，营造公正高效权威的司法环境。

第七十七条　雄安新区应当加强公共法律服务体系建设，完善公共法律服务体制机制，加强服务平台和服务网络设施建设，促进公共法律服务标准化、规范化，提供及时、精准、普惠的公共法律服务。

雄安新区应当支持律师事务所、法律援助机构、公证机构、司法鉴定机构、仲裁机构、调解组织等创新建设发展，鼓励各类社会组织在法治宣传、权益维护、矛盾纠纷化解等方面提供法律服务。

第七十八条　省人民政府、雄安新区管理委员会应当建立有利于鼓励改革创新的容错纠错机制，明确适用于容错纠错的具体情形和认定程序。

第七十九条　雄安新区改革创新需要暂时调整或者暂时停止适用法律、行政法规、国务院决定的，应当依照法定程序报请有权机关决定；需要暂时调整或者暂时停止适用地方性法规的，省人民政府应当依法提请省人民代表大会或者其常务委员会作出决定。

第十章　附　　则

第八十条　本条例自2021年9月1日起施行。

白洋淀生态环境治理和保护条例

（2021年2月22日河北省第十三届人民代表大会第四次会议通过）

目　　录

第一章　总　　则

第一条　为了修复好、保护好白洋淀，发挥白洋淀的生态功能、防洪功能，保障河北雄安新区防洪排涝和生态安全，促进河北雄安新区高标准、高质量建设与发展，根据《中华人民共和国环境保护法》《中华人民共和国水污染防治法》《中华人民共和国防洪法》等法律、行政法规和河北雄安新区总体规划、白洋淀生态环境治理和保护规划等规划，制定本条例。

第二条　本条例适用于白洋淀生态环境治理和保护等活动。本省行政区域内白洋淀流域的水资源保护利用、环境污染防治、防洪排涝、生态修复保护及其监督管理等活动，应当遵守本条例。

本条例所称白洋淀流域，是指白洋淀淀区及其上下游涉及的相关县级行政区域；白洋淀淀区是指保持合理水位时的面积区域，上下游包括入淀出淀的潴龙河、孝义河、唐河、府河、漕河、瀑河、萍河、白沟引河（含南拒马河与白沟河）、赵王新河等干支流流经的区域。

第三条　白洋淀生态环境治理和保护应当贯彻习近平生态文明思想，坚持生态优先、绿色发展，统筹规划、协调推进，遵循规律、保障安全，属地负责、协同共治的原则。

第四条　白洋淀生态环境治理和保护应当统筹山水林田草淀城系统治理，加强补水、治污、防洪一体化建设，科学治水节水用水，实现白洋淀水面保持、水质达标、生态修复的治理目标，确保雄安新区以及白洋淀水安全。

第五条　白洋淀流域应当实行最严格的生态环境保护制度，落实生态保护红线等要求，推进上下游、左右岸、淀内外等全流域治理和保护，守住生态环境安全边界，促进人与自然和谐共生。创新生态环境保护管理体制机制，构建党委领导、政府主导、企业主体、社会组织和公众共同参与的现代环境治理体系。

第六条　省人民政府负责白洋淀流域生态环境治理和保护总体工作。

河北雄安新区管理委员会（以下简称雄安新区管理委员会）负责雄安新区内白洋淀生态环境治理和保护工作。

白洋淀流域各级人民政府应当对本行政区域的生态环境质量和防洪安全负责。白洋淀流域县级以上人民政府应当按照相关规定制定责任清单，明确各部门责任。

县级以上人民政府有关部门以及乡镇和街道综合行政执法机构按照各自职责做好白洋淀流域生态环境治理和保护相关工作。

第七条　省人民政府、雄安新区管理委员会应当加强雄安新区防洪安全体系建设，调整完善流域防洪布局，统筹流域防洪与区域防洪、城市排涝，构建预防为主、蓄泄结合、分区设防、确保重点的现代化防洪排涝减灾体系，提高防灾、减灾、抗灾、救灾能力。

第八条　省人民政府、雄安新区管理委员会应当将白洋淀生态环境治理和保护纳入实施京津冀协同发展国家战略重要内容，打造蓝绿交织、清新明亮、水城共融的优美生态环境，实现以淀兴城、城淀共融。

建立和完善与北京市、天津市和山西省等周边地区以及国家相关海河流域管理机构区域治水节水用水协同治理制度机制，推进水资源保护利用、生态环境治理和防洪等领域合作。

推进建立联席会议工作制度，完善生态环境、防洪防汛联防联控联建等机制，促进区域协同立法、执法、监督，做到信息共享、政策统筹、应急联动，共同推动开展白洋淀淀区及流域生态环境治理和保护工作。

第九条　省人民政府应当完善白洋淀流域生态环境治理和保护管理体制，整合执法资源和执法职责，加强执法队伍和执法能力建设，实施规划、标准、预警、执法等统一管理，增强生态环境治理和保护能力。

白洋淀流域设区的市、县（市、区）人民政府及其有关部门应当实行流域与行政区域相结合的管理体制，加强流域联合执法和联防共治机制，实行统一规划、统一标准、统一监测、统一执法等措施，共同推进白洋淀生态环境治理和保护工作。

雄安新区管理委员会应当会同白洋淀流域各设区的市人民政府建立白洋淀流域水污染防治、防洪排涝等应急联防联控机制。

第十条 白洋淀流域县级以上人民政府应当将白洋淀生态环境治理和保护工作纳入国民经济和社会发展规划，统筹水资源保护利用、生态环境治理、补水和防洪工程建设等方面的专项资金，加大财政投入，推行有利于生态环境治理和保护的经济、产业、技术等政策和措施，保障工作开展。

第十一条 白洋淀流域县级以上人民政府应当围绕构建新发展格局，加快优化产业布局，调整产业结构、能源结构和运输结构，推进清洁生产和资源循环利用，促进绿色低碳发展，建设绿色生态宜居的城乡人居环境，推动形成节约资源、保护生态环境的生产生活方式。

第十二条 白洋淀流域县级以上人民政府及其有关部门应当加强白洋淀生态安全和防洪的科学研究与技术开发、成果转化与应用、人才培养与引进等工作，提高信息化、智慧化水平。鼓励和支持科研机构、高等院校、企业等开展绿色技术创新攻关和示范应用，围绕污染防治、防洪排涝、生态修复、水源涵养、资源节约和循环利用等，研发基础性、系统性的关键共性技术、现代工程技术，推广先进适用的技术、装备。

第十三条 白洋淀流域各级人民政府及其有关部门应当加强宣传教育，普及相关法律法规以及政策知识，增强社会公众生态安全和洪涝风险意识，营造爱护白洋淀流域生态环境的良好风气。

白洋淀流域各级人民政府及其有关部门应当依法公开环境信息，建立完善公众参与和社会监督机制，发挥环保志愿组织和志愿者作用。任何单位和个人发现妨害白洋淀生态安全和流域防洪行为的，有权向有关主管部门举报。新闻媒体应当加强保护白洋淀的宣传教育，对违法行为进行舆论监督。

白洋淀流域县级以上人民政府及其有关部门应当按照有关规定对在白洋淀生态环境治理和保护工作中做出显著成绩的单位和个人给予表彰和奖励。

第二章　规划与管控

第十四条　白洋淀流域各级人民政府应当严格执行国家批准的白洋淀生态环境治理和保护规划以及雄安新区防洪排涝规划等相关规划，依法制定实施方案或者实施意见，完善规划实施统筹协调机制，加强实施监督和考核，保障规划有序有效实施。

第十五条　白洋淀流域县级以上人民政府应当强化国土空间规划和用途管控，落实生态保护、永久基本农田、城镇开发等空间管控边界。区域、流域的建设、开发利用规划以及工业、农业等专项规划，应当符合生态保护和防洪要求，坚持以水定城、以水定地、以水定人、以水定产，发挥资源环境承载能力和水安全保障的约束指导作用，并依法进行水资源论证和环境影响评价。

第十六条　省人民政府应当依据有关法律法规和相关规划要求，确定白洋淀流域生态保护红线、环境质量底线和资源利用上线，制定生态环境准入清单，建立生态环境分区管控体系。市、县级人民政府应当制定相关实施方案并负责组织实施。

县级以上人民政府及其有关部门应当将生态保护红线、环境质量底线、资源利用上线和生态环境准入清单管控要求，作为政策制定、执法监管的依据，不得变通突破、降低标准。

第十七条　省人民政府根据白洋淀流域生态环境保护目标和污染防治需求，可以制定严于国家标准的白洋淀流域污染物排放地方标准，完善白洋淀流域生态环境标准体系。

第十八条　白洋淀流域各级人民政府应当根据白洋淀生态环境保护目标和治理任务，制定限期达标规划或者实施方案，采取措施按期达标。

雄安新区防洪保护区按照河北雄安新区防洪专项规划要求，分区域按照二百年一遇、一百年一遇、五十年一遇等标准要求建设，并按照规划期限和目标完成防洪排涝工程、风险管控、应急指挥体系等各项任务。

第十九条　省人民政府生态环境、水行政主管部门应当科学设置白洋淀流域监测点位和考核断面，推动健全流域和白洋淀水生态环境质量监测和评价制度，完善跨区域水文、水质监测体系。建立完善与北京市、天津市和山西省等周边地区以及国家相关海河流域管理机构相衔接的白洋淀及其上下游联动的监测预警机制，加强对水生态环境监测和管理。

第二十条 白洋淀流域县级以上人民政府应当加快推进产业结构调整与转型升级，依法实施产业准入制度，严格对水资源消耗等实施总量和强度双控。依法取缔散乱污企业，禁止新建高耗水、高排放的企业和项目，对现有高耗水、高排放的企业和项目应当依照有关规定改造、转型、关停或者搬迁。

白洋淀流域新建、改建、扩建建设项目，应当依法进行环境影响评价。未依法进行环境影响评价的建设项目，不得开工建设。

雄安新区管理委员会应当加强对传统产业的管控，实施产业目录清单管理，依法淘汰不符合雄安新区发展方向的企业和项目。

第二十一条 白洋淀流域县级以上人民政府应当推动工业集聚区建设，根据产业结构调整和布局优化的要求，引导工业企业入驻工业集聚区。

工业集聚区应当建设相应的污水集中处理设施和配套管网、固体废物收集和处置设施等公共设施，保障设施正常运行，实现工业污水集中处理和固体废物收集处置全覆盖和无害化达标排放。

第三章 环境污染治理

第二十二条 白洋淀流域县级以上人民政府应当履行属地治理监管责任，以改善白洋淀水质为重点，实行全流域联动综合治理，采取控源、截污、治河、补水等系统治理措施，提高生态环境质量。

第二十三条 白洋淀流域实行重点污染物排放总量控制制度，实施更严格的重点污染物排放总量控制计划。

排放水污染物的企业事业单位和其他生产经营者，应当严格执行水污染物排放标准和重点污染物排放总量控制指标。

第二十四条 白洋淀流域内禁止下列污染水体的行为：

（一）向水体排放油类、酸液、碱液或者剧毒废液；

（二）在水体清洗装贮过油类或者有毒污染物的车辆和容器；

（三）向水体排放、倾倒放射性固体废物或者含有高放射性和中放射性物质的废水；

（四）向水体排放含有不符合国家有关规定和标准的热废水、低放射性物质的废水；

（五）向水体排放未经消毒处理且不符合国家有关标准的含病原体的污水；

（六）向水体倾倒、排放工业废渣、城镇垃圾和其他废弃物；

（七）将含有汞、镉、砷、铬、铅、氰化物、黄磷等的可溶性剧毒废渣向水体排放、倾倒或者直接埋入地下；

（八）在河流、湖泊、运河、渠道、淀库最高水位线以下的滩地和岸坡以及法律法规禁止的其他地点倾倒、堆放、贮存固体废弃物和其他污染物；

（九）利用渗井、渗坑、裂隙、溶洞等，私设暗管，篡改、伪造监测数据，或者不正常运行水污染防治设施等逃避监管的方式排放水污染物；

（十）法律法规规定的其他违法行为。

第二十五条　白洋淀流域依法实行排污许可管理制度，根据污染物产生量、排放量、对环境的影响程度等因素，依照国家有关规定确定的范围、实施步骤和管理类别名录，对企业事业单位和其他生产经营者实行排污许可重点管理、简化管理。

依法实行排污许可重点管理和简化管理的企业事业单位和其他生产经营者应当遵守排污许可证规定，按照生态环境管理要求运行和维护污染防治设施，建立环境管理制度，不得超过许可排放浓度、许可排放量排放污染物；未取得排污许可证的，不得排放污染物。

依法实行排污登记管理的污染物产生量、排放量和对环境影响程度都很小的企业事业单位和其他生产经营者，应当按照国家有关规定填报排污登记表，不需要申请取得排污许可证。

第二十六条　排放水污染物的企业事业单位和其他生产经营者，应当按照国家和本省有关规定设置、管理和使用污染物排污口及其污染物监测设施，并在排污口安装标志牌。重点排污单位应当安装水污染物排放自动监测设备，与生态环境主管部门的监控设备联网，并保证监测设备正常运行。

在饮用水水源保护区内，禁止设置排污口。

白洋淀流域各级人民政府及其有关部门应当加强对入河入淀污染源和排污口的监管，限制审批新增入河排污口，逐步取缔入淀排污口，严禁污水直接入河入淀。

第二十七条 白洋淀流域县级以上人民政府应当全面建设城镇雨水收集和调蓄设施，新建排水管网应当实现雨污分流；对老旧排水管网实施雨污分流改造，不具备改造条件的，应当采取截流、调蓄和治理等措施，防止污水直接入河入淀。

第二十八条 白洋淀流域县级以上人民政府应当加强城镇污水集中处理设施及其配套管网建设，实现城镇污水收集和处理全覆盖。

向城镇污水集中处理设施排放水污染物，应当符合国家或者本省规定的水污染物排放标准。城镇污水集中处理设施的运营单位，应当对城镇污水集中处理设施的出水水质负责。

鼓励、支持城镇污水处理设施的运营单位进行尾水深度处理，促进资源化利用，提高再生水利用率。

第二十九条 白洋淀流域县级以上人民政府城镇排水主管部门应当将污泥处理设施纳入城镇排水与污水处理规划，推动同步建设污泥处理设施与污水处理设施，鼓励协同处理，加强污泥无害化、资源化处理处置。

城镇污水处理设施维护运营单位或者污泥处理单位应当安全处理污泥，保证处理后的污泥符合国家有关标准，对污泥的流向、用途、用量等进行跟踪、记录，并报告城镇排水主管部门、生态环境主管部门。

禁止擅自倾倒、堆放、丢弃、遗撒城镇污水处理设施产生的污泥和处理后的污泥。

第三十条 白洋淀流域各级人民政府应当因地制宜、科学合理确定农村生活污水治理模式，加强污水收集处理和资源化利用，加快农村污水处理设施建设和厕所无害化、清洁化改造，实现农村生活污水管控、治理全覆盖。

雄安新区管理委员会应当加强淀中村、淀边村生活污水处理设施建设，实施雨污分流，实现污水收集处理和再生利用全覆盖。相关村民委员会应当加强对本村的生活污水收集处理设施的日常管理。生活污水经过处理后排入白洋淀的，应当达到白洋淀相应水功能区水质标准。

第三十一条　白洋淀流域各级人民政府应当有计划地采取控源截污、垃圾清理、清淤疏浚、生态修复等措施进行综合整治，有效防治和限期消除黑臭水体。

第三十二条　白洋淀流域县级以上人民政府应当统筹考虑地下水环境状况和开发利用情况，根据区域功能定位，实施地下水污染防治分区管理，开展地下水环境状况调查评估，严格监控地下水污染，实施风险管控和治理修复。

取用地下水应当符合国家和本省有关规定，严禁污染地下水。

第三十三条　白洋淀流域各级人民政府应当加强对农业生态环境的治理和保护，优化农业种植结构，鼓励发展绿色生态农业，组织开展农业面源污染治理。

白洋淀流域县级以上人民政府农业农村主管部门和其他有关部门应当采取措施，指导农业生产者科学施用肥料和农药，控制和减少化肥和农药使用量，严控农田退水。在入淀河流干流河道管理范围外延的规定距离内禁止施用化肥、农药。

农业投入品生产者、销售者和使用者，应当依法及时回收农药、肥料等农业投入品的包装废弃物和农用薄膜，并将农药包装废弃物交由专门的机构或者组织按照国家有关规定进行无害化处理。

第三十四条　白洋淀流域县级以上人民政府应当按照有关法律法规和相关规划要求划定水产、畜禽养殖禁养区，合理布局水产、畜禽养殖区域。

在白洋淀淀内以及淀边、入淀河流沿岸规定范围内，禁止从事水产、畜禽等养殖活动。淀内控制捕捞行为，设定白洋淀禁渔期，非禁渔期科学合理捕捞。

畜禽养殖产生的污水、粪便应当进行无害化处理和资源化利用，禁止直接排入河流、淀区。

畜禽散养密集区所在县（市、区）、乡镇人民政府应当组织对畜禽粪便污水进行分户收集、集中处理。

规模化畜禽养殖场、养殖小区应当建设废水、粪便的综合利用或者无害化集中处理设施，并保障其正常运行，保证污水达标排放。

第三十五条 雄安新区管理委员会应当按照淀泊连通性恢复、水动力改善、淀区生态治理、行洪畅通、淀泊风貌保护等要求，有序清除白洋淀淀内不符合相关要求的围堤围埝及其道路，修复水生态环境。禁止违法违规在白洋淀淀区内修筑围堤围埝及其道路。

第三十六条 白洋淀流域县级以上人民政府应当按照国家和本省有关规定建立生活垃圾分类制度，对生活垃圾进行分类投放、分类收集、分类运输、分类处理。加快垃圾无害化处理设施建设，推进城乡垃圾一体化处理和无废城市建设，提高生活垃圾的资源化利用率和无害化处理率。

第三十七条 白洋淀流域设区的市、县（市、区）、乡镇人民政府应当建立健全河淀保洁责任制和河淀保洁常态化巡查制度，及时清除河淀内的固体废弃物以及有害水生动植物。相关村（居）民委员会、社区应当协助做好河淀清洁工作，及时发现、劝阻和向有关部门报告向河淀倾倒废弃物等损害河淀生态环境的行为。

第三十八条 白洋淀流域产生危险废物的企业事业单位和其他生产经营者，应当按照国家和本省有关规定以及生态环境保护标准要求贮存、利用、处置危险废物，不得擅自倾倒、堆放。

白洋淀流域县级以上人民政府应当根据区域卫生规划，合理布局、建设、运行、管理医疗废物集中处置设施，加强对医疗废物收集、贮存、运输、处置的监督管理，防止污染环境。

第三十九条 白洋淀流域各级人民政府应当依法重点防控重金属污染地区、行业和企业，加强对涉铅、镉、汞、铬和类金属砷等重金属加工企业的生态环境监管，推动重金属污染防治工作。对重点防控区域内的涉重金属污染企业，依法依规取缔、关停或者有序退出。禁止在重点防控区域内新建、改建、扩建增加重金属污染物排放总量的建设项目。

第四十条 白洋淀流域县级以上人民政府应当依据土壤环境质量状况和环境承载能力，科学确定区域功能定位，建立土壤污染协同防治机制，严守土壤环境安全底线。

对农用地实行分类管理，建立优先保护制度，严格实施风险管控措施，提升安全利用水平。禁止向农用地排放重金属或者其他有毒有害物质含量超标的污水、污泥，以及可能造成土壤污染的清淤底泥、矿渣等。

严格落实建设用地土壤污染风险管控和修复名录制度，对建设用地依法开展调查评估。未按照规定开展调查评估和未达到土壤污染风险评估确定的风险管控、修复目标的建设用地地块，禁止开工建设任何与风险管控、修复无关的项目。

加强河道管理范围内土壤污染治理，建立土壤污染治理评估和检查验收机制。

第四十一条　雄安新区管理委员会应当科学核定和控制白洋淀船舶数量，划定船舶禁行、限行区域。除特种作业船舶外，禁止新增燃油动力船舶，通过采取回收补偿等措施，加快淘汰、替换或者改造现有燃油动力船舶。船舶的残油、废油应当依法回收，禁止排入白洋淀以及周边水体。

第四十二条　雄安新区管理委员会应当合理布局白洋淀旅游景区、景点，加强安防监控、消防、应急救援等设施建设。任何单位和个人不得擅自在淀内建设旅游设施。

旅游景区、景点应当集中收集处理污水和垃圾，禁止随意排放污水、弃置和堆放垃圾；加强对游客文明行为的宣传教育，禁止随意丢弃垃圾等可能造成污染的行为。

第四十三条　白洋淀流域县级以上人民政府应当加强对燃煤、工业、机动车、扬尘、农业等大气污染的综合防治，加强京津冀以及周边地区重点污染物协同控制，统筹大气、水、土壤污染协同治理，改善白洋淀流域生态环境质量。

第四十四条　白洋淀流域各级人民政府及其有关部门和企业事业单位，应当依法做好突发环境事件的风险排查与控制、应急准备、应急处置和事后恢复等工作，重点加强饮用水水源地、淀区、入淀河流的生态环境安全防范。

企业事业单位应当制定突发环境事件应急预案，并报生态环境主管部门和有关部门备案，在发生或者可能发生突发环境事件时，应当立即启动应急预案，采取切断或者控制污染源以及其他防止危害扩大的必要措施，及时通报可能受到危害的单位和居民，并向当地生态环境主管部门和有关部门报告。

第四章　防洪与排涝

第四十五条　省人民政府、雄安新区管理委员会应当按照河北雄安新区总体规划、防洪专项规划等要求，坚持流域防洪体系建设与雄安新区发展布局相结合，统筹水资源利用与防灾减灾、防洪排涝工程与生态治理和城市建设。依托大清河流域防洪体系，按照上蓄、中疏、下排、适滞的方针，发挥白洋淀上游山区水库的拦蓄作用，疏通入淀河流以及白洋淀行洪通道，加大下游河道的泄洪能力，加强堤防和蓄滞洪区建设，提升流域防洪能力。

第四十六条　白洋淀流域县级以上人民政府应当将防洪工程设施建设纳入国民经济和社会发展规划，并同蓄水、补水、抗旱和改善生态环境统筹兼顾，高标准高质量推进防洪工程建设，增强河道行洪能力和水库、洼淀、湖泊等调蓄洪水的功能，确保达到规划要求。

白洋淀流域县级以上人民政府、雄安新区管理委员会应当按照统一管理与分级管理相结合的原则，对防洪排涝工程实行属地分级管理，并负责相关防洪排涝工程的日常管理和维护。

第四十七条　白洋淀流域县级以上人民政府及其有关部门应当严格涉河项目审批。建设涉河桥梁、码头、道路、渡口、管道、缆线、取水、排水等工程设施，应当符合防洪标准、岸线规划、航运要求和其他技术要求，不得危害堤防安全、影响河势稳定、妨碍行洪畅通。

穿、跨、临河湖以及穿堤的桥梁、码头、道路、渡口、管道、缆线、取水、排水、监测等工程设施的建设单位、产权单位或者使用单位，应当对设施进行日常检查和维护，保证其正常运行，发现危害堤坝安全、影响河势稳定、妨碍行洪畅通等情况的，应当及时进行整改、消除安全隐患。

在白洋淀流域蓄滞洪区内新建、改建、扩建非防洪建设项目，应当依法就洪水对建设项目可能产生的影响和建设项目对防洪可能产生的影响作出评价，编制洪水影响评价报告，提出防御措施，并依法履行审批手续。

未经批准，不得开工建设。

防洪和河道工程等依法取得采砂许可进行采砂的，应当采治结合，兼顾防洪排涝和重要基础设施等安全，及时进行清淤疏浚，确保行洪畅通。未经许可，任何单位和个人不得从事河道采砂活动。

第四十八条　白洋淀流域县级以上人民政府应当按照蓄滞洪区建设与管理要求，加快蓄滞洪区安全建设，合理安排河道整治和围堤、隔堤、进退洪设施等防洪蓄洪工程建设；根据蓄滞洪区的洪水特点、风险程度和人口财产分布状况，科学安排安全区、撤退路、防洪楼、高村基、围村埝、避水台等应急避险设施建设。

第四十九条　省人民政府、省防汛指挥机构应当按照国家规定的分洪标准依法启用蓄滞洪区。白洋淀流域各级人民政府应当组织有关部门提前做好受威胁群众转移安置以及重要设施的保护工作，并加强蓄滞洪区围堤、进退洪设施、应急避险设施等的安全巡查工作，发现险情及时处置。

第五十条　雄安新区管理委员会应当组织有关部门、单位建立完善内涝灾害应急管理组织体系，建立内涝防治预警、会商、联动机制，采取相应的预防治理措施。

雄安新区管理委员会应当落实雄安新区防洪专项规划要求，坚持截疏蓄排结合，统筹推进生态措施和工程措施相结合的系统化排涝体系建设。加强城市建成区外围蓄滞洪区的建设与保护，做好城市建成区与外围区域水系衔接，完善排涝调蓄、雨水管渠、排涝闸站等设施，加强排水防涝设施检测、养护和管理，保证排水防涝设施安全有效运行。

第五十一条　白洋淀流域县级以上人民政府、雄安新区管理委员会应当将海绵城市、韧性城市等建设要求纳入相关规划建设管理，构建水源保障、流域以及城市防洪等安全和应急防灾体系，增强水源、防洪排涝等安全隐患防控能力。在城市新区、各类园区、成片开发区建设中，最大限度减少城市开发建设对防洪和生态环境的影响，提高城市吸纳、调蓄雨水和防灾减灾的能力。

新建、改建、扩建市政基础设施工程应当配套建设雨水收集利用设施，增强绿地、砂石地面、可渗透路面和自然地面对雨水的滞渗能力，利用建筑物、停车场、广场、道路等建设雨水收集利用设施，削减雨水径流，提高内涝防治能力。

第五十二条　白洋淀流域县级以上人民政府及其有关部门应当对非法排污、设障、捕捞、养殖、采砂、采矿、围垦、侵占水域岸线等活动进行清理整治，防止水域污染、水土流失、河道淤积，维护堤防安全，保持河道通畅。在白洋淀流域内禁止下列行为：

（一）在河道管理范围内建设妨碍行洪的建筑物、构筑物，从事影响河势稳定、危害河岸堤防安全和其他妨碍河道行洪活动；

（二）在行洪河道内种植阻碍行洪的林木和高秆作物；

（三）破坏、侵占、毁损水库大坝、堤防、水闸、护岸、抽水站、排水渠系等防洪工程和水文、通信设施以及防汛备用器材、物料等物资；

（四）在水工程保护范围内从事影响水工程运行或者危害水工程安全的爆破、打井、采砂、采石、取土等活动；

（五）围湖、围淀造地，擅自围垦河道或者围堰筑坝；

（六）法律法规规定的其他违法行为。

第五十三条　白洋淀流域防汛抗洪工作实行各级人民政府行政首长负责制，统一指挥、分级分部门负责。雄安新区防洪工作按照国家批准的防御洪水方案执行，服从统一调度指挥。汛期运用流域内水库、闸坝和其他水工程设施，应当服从有关防汛指挥机构的调度指挥和监督。

第五十四条　省人民政府应当加强组织协调，推进与北京市、天津市、山西省水文情报信息共享、洪水应急监测协同联动等机制，纳入海河流域防洪体系建设内容，统筹上下游防治洪水安排，共同保障雄安新区及其下游地区防洪排涝安全。

省人民政府应急管理、水行政、气象等主管部门应当会同白洋淀流域各设区的市人民政府完善洪水监测、预报、调度、抢险、救灾等工作机制，加强防洪排涝信息监测和采集，提高防洪排涝安全保障水平。

第五十五条　开发利用和保护水资源，应当服从防洪排涝总体安排。在保证安全的前提下，科学调蓄、合理利用洪水雨水资源，优化水环境。

第五十六条　在跨行政区域的河道边界上下游规定的范围内和左右岸进行引水、蓄水、排水等工程建设的，未经有关各方达成协议和共同上一级人民政府水行政主管部门批准，不得擅自改变河道水流的自然径流现状。

第五章 生态修复与保护

第五十七条 白洋淀流域各级人民政府应当坚持节约优先、保护优先、自然恢复为主，建立和完善相应的调查、监测、评估和修复制度，科学确定保护和治理、自然和人工、生物和工程等措施，加快恢复白洋淀流域生态功能，优化区域生态安全格局，提升全流域生态系统质量和稳定性。

第五十八条 省人民政府水行政主管部门应当会同雄安新区管理委员会和相关设区的市人民政府，统一规划，科学调配，建立白洋淀及其上游生态补水多元保障长效机制，加强引水、调水和蓄水工程建设，统筹引黄入冀补淀、上游水库、非常规水资源以及其他外调水源，逐步恢复入淀生态水量，保持白洋淀科学合理生态水位和水域面积。

省人民政府水行政、住房和城乡建设、生态环境等有关主管部门应当按照职责加强入淀河流河道整治，采取河渠垃圾清理、清淤疏浚、污染源管控等有效措施，加强输水水质保护，保障生态补水水质不低于白洋淀淀区水质。

第五十九条 白洋淀流域县级以上人民政府应当依法严格控制地下水开采，分区分类实施地下水超采综合治理。在地下水禁止开采区，不得开凿新的取水井；对已有的取水井，应当制定计划和采取措施，有序置换水源和逐步关闭。

省自然资源主管部门和雄安新区管理委员会应当加强地热资源开发利用管理，推进地热资源科学有序开发利用，不得造成热储层水质恶化。

第六十条 白洋淀流域县级以上人民政府应当推进水系连通工程建设，综合整治入淀输水河渠，构建循环通畅、功能完善的水网。

实施水体清淤疏浚应当坚持精准清淤、生态清淤和安全固淤，按照国家有关规定处理清淤疏浚过程中产生的底泥，防止污染环境，并不得破坏地下水含水层和隔水层。

第六十一条 白洋淀流域各级人民政府应当建立行政区域用水总量和强度控制指标体系，强化水源保障，完善供水网络，建设集约高效的供水系统，推进农业、工业、居民生活等领域节水，提高水资源利用效率。

白洋淀流域各级人民政府及其有关部门应当采取下列措施，促进节约用水：

（一）严格执行取水总量控制和定额管理制度；

（二）完善居民生活用水阶梯价格制度、非居民用水超定额加价和特种用水价格制度；

（三）严格执行取水许可审批以及相关产业政策；

（四）减少流域内高耗水农作物种植，推广节水灌溉技术；

（五）建设再生水利用设施，提升再生水水质，提高再生水利用效率；

（六）全面普及节水器具、设备；

（七）加强宣传，提高全社会节约用水意识，推广节水型生产生活方式。

新建、改建、扩建的建设项目，应当制订节水措施方案，配套建设节水设施。节水设施应当与主体工程同时设计、同时施工、同时投入使用。已建成的建设项目，用水设施、设备和器具不符合节水要求的，应当进行技术改造，逐步更换为节水型设施、设备和器具。

第六十二条 白洋淀流域各级人民政府应当落实林长制，依托天然林保护、三北防护林建设、太行山绿化等重点工程，开展规模化植树造林和封山育林，发挥太行山生态安全屏障作用，有效提升生态涵养和防护功能。

加强白洋淀上游水库库区绿化、重点湿地森林建设，推进太行山水土流失重点治理和生态清洁小流域建设，加强水源地保护，扩大流域林草植被，涵养水源，提高流域水生态环境承载能力。

第六十三条 白洋淀流域县级以上人民政府应当因地制宜在主要河流、交通干线两侧、淀区周边等加强绿化带、近自然林地和生态廊道建设，增强保护生物多样性、防止水土流失、防风固沙等功能。

第六十四条 白洋淀上游流域县级以上人民政府应当严格执行禁止和限制矿山开发的规定，科学合理开发矿产资源，推进矿山生态环境治理修复。

矿山企业应当对矿山治理恢复承担主体责任，依法治理因开采矿产资源造成的生态环境破坏。企业治理责任主体灭失或者不明的矿山迹地依法由属地人民政府组织开展治理恢复。鼓励企业、社会团体或者个人，对已关闭或者废弃矿山依法进行科学、市场化治理恢复。

第六十五条 白洋淀流域县级以上人民政府应当加强湿地生态保护和

修复，按照国家和省有关规定，实行湿地分级管理和保护名录制度，实施退耕还湿还淀和湿地水土流失综合治理等工程，保护和恢复流域湿地面积和生态功能，构建以白洋淀为主体的自然保护地体系。

雄安新区管理委员会应当按照相关规划要求，对白洋淀湿地生态系统实行生态功能分区管控和保护。采取有效措施治理和修复生态功能退化、碎片化淀泊，对植被破坏、水体污染严重的，应当实行限期达标治理和修复。

白洋淀流域各级人民政府应当加强入淀河流沿岸绿化带、生态型河岸带建设，在重点排水口下游、河流入淀口等区域，开展综合整治，以自然恢复结合人工种植，因地制宜建设生态缓冲带、人工湿地等工程，改善流域水生态环境。

第六十六条　雄安新区管理委员会应当对白洋淀底泥污染实施监测，加强底泥污染治理的科学研究和技术攻关，科学确定清淤范围、清淤方式及时序，实施分类分区分期生态清淤或者治理修复，改善底泥质量，恢复水体自净能力，提高水环境质量。

第六十七条　雄安新区管理委员会应当加强白洋淀苇田荷塘及其水生植被的管理，对芦苇蒲草科学利用、平衡收割，提高淀泊自净能力，防止污染。

第六十八条　雄安新区管理委员会应当加强对白洋淀生物资源的保护和管理，依法保护野生动植物，逐步恢复白洋淀退化区域的原生水生植被，促进土著水生动物种类和种群增加，恢复和保护鸟类栖息地，提高生物多样性。

第六十九条　白洋淀流域县级以上人民政府及其有关部门应当加强对外来入侵物种的调查、监测、预警、控制、评估、清除以及生态修复等工作，建立常态化监测外来入侵物种、生态风险预警和应急响应机制，防范外来物种入侵。

任何单位和个人未经批准，不得擅自引进、释放或者丢弃外来物种、其他非本地物种种质资源。任何单位和个人有权举报上述行为，接到举报的部门应当及时依法处理。

第七十条　雄安新区管理委员会应当根据白洋淀生态环境承载能力、生态服务功能，组织对淀中村和淀边村进行环境治理和生态修复，依法有序做好征迁工作。

加强对有历史文化价值和水乡特色村庄的保护和管理，建设生态隔离带，提升生态服务功能；保护相关的历史文物古迹、非物质文化遗产等，保护芦苇台田、荷塘生境和景观。

第六章　保障与监督

第七十一条　白洋淀流域乡级以上河湖长应当按照相关规定履行河湖长职责，组织、协调、督导相关部门开展责任河湖的水资源保护、水域岸线管理、水污染防治、水环境治理、水生态修复、河湖执法监管等工作。村级河湖长应当开展日常巡查，及时发现和劝阻破坏、污染河湖的行为，并按照规定向上级河湖长报告。

省河湖长制工作机构应当会同省监察、公安、司法机关建立河湖长制责任追究、河湖环境保护协作等工作机制。

白洋淀流域县级以上人民政府可以通过设立公益岗位、成立专门管护队伍以及通过政府购买服务方式加强对白洋淀流域生态环境的巡查和保护工作。

第七十二条　白洋淀流域县级以上人民政府应当加大对白洋淀流域环境污染防治、防洪排涝、生态修复保护等资金支持力度，形成常态化稳定的财政保障机制。

白洋淀流域各级人民政府应当建立健全社会资金参与的多元化投融资机制。发展绿色金融，鼓励和支持金融机构增加对生态环境治理和保护项目的信贷等支持。

鼓励推行环境污染第三方治理，探索开展小城镇生态环境综合治理托管服务。

第七十三条　省人民政府应当建立健全市场化、多元化生态补偿制度。

加快推进建立生态产品价值实现机制，鼓励受益地区与保护生态地区、流域下游与上游通过财政转移支付、资金补偿、对口协作、产业转移、人才培训、共建园区等方式进行生态补偿。

省人民政府生态环境和财政部门应当完善生态补偿金扣缴制度，依据跨行政区域河流和白洋淀淀区水质控制断面重点水污染物监测情况，严格按照规定扣缴控制断面水质超标设区的市、县（市、区）生态补偿金，统筹用于奖补白洋淀流域生态环境治理和保护。

第七十四条　白洋淀流域县级以上人民政府及其有关部门应当建立完善水安全智慧管理系统，加强互联网、大数据、云计算、平台化、移动化、人工智能等信息技术应用，完善流域水信息立体监测体系和水安全智慧调控体系。

第七十五条　白洋淀流域实行环境保护目标责任制和考核评价制度。白洋淀流域县级以上人民政府应当将白洋淀生态环境治理和保护目标完成情况，纳入对本级人民政府负有生态环境保护监督管理职责的部门及其负责人和下级人民政府及其负责人的考核内容，考核结果应当向社会公开。

白洋淀流域县级以上人民政府应当依法开展领导干部自然资源资产离任（任中）审计，实行生态环境损害责任终身追究制度。

第七十六条　省人民政府应当建立健全白洋淀生态环境保护督察机制，对同级人民政府有关部门和下级人民政府、省属企业进行生态环境保护督察。被督察单位应当配合督察工作，对督察中发现的问题应当及时整改。

第七十七条　有下列情形之一的，省人民政府生态环境、水行政主管部门应当会同有关部门约谈该地区人民政府的主要负责人，要求其采取措施及时整改，并将约谈情况向社会公开：

（一）未完成生态环境质量改善目标的；

（二）超过重点污染物排放总量控制指标的；

（三）发生重大、特别重大生态环境事件的；

（四）入河排污口问题突出，对水环境保护目标造成严重影响的；

（五）存在公众反映强烈、影响社会稳定的突出生态环境问题的；

（六）未落实防洪排涝规划，推进防洪排涝工程建设不力，存在突出问题的；

（七）围湖围淀造地、围垦河道或者围堰筑坝问题严重的；

（八）其他依法应当约谈的情形。

第七十八条　生态环境主管部门和其他负有生态环境保护监督管理职责的部门依法对排放污染物的企业事业单位和其他生产经营者进行监督检

查。被检查单位应当配合检查，如实反映情况，提供必要的资料。

水行政主管部门应当加强防洪工程的安全监管，加强涉水建设项目和穿、跨、临河湖以及穿堤工程设施的监督检查，依法查处影响防洪安全的违法行为。

有关行政部门、司法机关应当加强协作配合，建立线索通报、案件移送、资源共享和信息发布等制度，推进完善白洋淀生态环境治理和保护行政执法、刑事司法相衔接工作机制。

第七十九条 负有生态环境保护监督管理职责的部门应当建立健全生态环境信用管理制度，按照规定将企业事业单位和其他生产经营者等的生态环境失信违法信息纳入有关信用信息平台并向社会公布，依法依规实施联合惩戒。

第八十条 推进建立雄安新区及其周边区域、白洋淀流域环境资源案件集中管辖制度。落实生态环境损害赔偿和修复制度，有关机关可以依照国家规定向人民法院提起生态环境损害赔偿诉讼。

对污染白洋淀流域生态环境、破坏生态损害国家利益或者社会公共利益的，法律规定的有关机关和社会组织可以依法提起生态环境公益诉讼。

第八十一条 白洋淀流域县级以上人民代表大会常务委员会应当依法对白洋淀生态环境治理和保护情况开展监督。

白洋淀流域县级以上人民政府应当将白洋淀流域生态环境治理和保护情况纳入环境保护和环境目标完成情况年度报告，向同级人民代表大会或者人民代表大会常务委员会报告。

第七章 法律责任

第八十二条 白洋淀流域各级人民政府及其有关部门在水资源保护利用、环境污染防治、防洪排涝、生态修复保护及其监督管理等活动中未依照本条例规定履行职责，有滥用职权、玩忽职守、徇私舞弊等违法行为的，对直接负责的主管人员和其他直接责任人员依法给予处分。

第八十三条 违反本条例第二十四条第一项至第八项规定的，由生态环境主管部门责令停止违法行为，并限期采取治理措施，消除污染；逾期不采取治理措施的，生态环境主管部门可以指定有治理能力的单位代为治理，所需费用由违法者承担。

违反本条例第二十四条第二项、第四项、第五项规定的，处十万元以上二十万元以下的罚款；违反本条例第二十四条第一项、第三项、第六项、第七项、第八项规定的，处五十万元以上一百万元以下的罚款；情节严重的，报经有批准权的人民政府批准，责令停业、关闭。

违反本条例第二十三条第二款、第二十四条第九项规定的，由生态环境主管部门责令改正或者责令限制生产、停产整治，并处五十万元以上一百万元以下的罚款；情节严重的，报经有批准权的人民政府批准，责令停业、关闭。

第八十四条 违反本条例规定，未依法进行环境影响评价的建设项目，擅自开工建设的，依照《中华人民共和国环境影响评价法》的规定处罚。

第八十五条 违反本条例规定，企业事业单位和其他生产经营者超过许可排放浓度、许可排放量排放污染物或者未取得排污许可证排放污染物的，由生态环境主管部门责令改正或者限制生产、停产整治，并处五十万元以上一百万元以下的罚款；情节严重的，除依法吊销排污许可证以外，还应报经有批准权的人民政府批准，责令停业、关闭。

在饮用水水源保护区内设置排污口的，由县级以上人民政府责令限期拆除，处十万元以上五十万元以下的罚款；逾期不拆除的，强制拆除，所需费用由违法者承担，处五十万元以上一百万元以下的罚款，并可以责令停产整治。

除前款规定外，违反本条例规定设置排污口的，由生态环境主管部门责令限期拆除，并处五万元以上十万元以下的罚款；逾期不拆除的，强制拆除，所需费用由违法者承担，并处二十万元以上五十万元以下的罚款；情节严重的，责令停产整治。

第八十六条 违反本条例规定，擅自倾倒、堆放、丢弃、遗撒城镇污水处理设施产生的污泥和处理后的污泥的，由城镇排水主管部门责令改正，处二十万元以上二百万元以下的罚款，对直接负责的主管人员和其他直接责任人员处二万元以上十万元以下的罚款；造成严重后果的，处二百万元以上五百万元以下的罚款，对直接负责的主管人员和其他直接责任人员处五万元以上五十万元以下的罚款；拒不改正的，城镇排水主管部门可以指定有治理能力的单位代为治理，所需费用由违法者承担。

第八十七条　违反本条例规定，在白洋淀内违规修筑围堤围埝及其道路的，由县级以上人民政府水行政等有关部门责令停止违法行为，限期拆除有关设施；拒不停止违法行为的，处五万元以上十万元以下的罚款，并依法予以拆除。

第八十八条　违反本条例规定，将船舶残油、废油排入白洋淀及其周边水体的，由县级以上人民政府海事管理机构、渔业主管部门按照职责分工责令停止违法行为，并处五万元以上十万元以下的罚款；造成水污染的，责令限期采取治理措施，消除污染，并处十万元以上二十万元以下的罚款；逾期不采取治理措施的，可以指定有治理能力的单位代为治理，所需费用由违法者承担。

第八十九条　违反本条例规定，擅自建设旅游设施的，由县级以上人民政府自然资源和城乡规划等有关主管部门责令停止建设；尚可采取改正措施消除对规划实施的影响的，限期改正，并处建设工程造价百分之五以上百分之十以下的罚款；无法采取改正措施消除影响的，限期拆除，不能拆除的，没收实物或者违法收入，可以并处建设工程造价百分之十以下的罚款。

违反本条例规定，在白洋淀旅游景区、景点随意弃置和堆放垃圾的，由县级以上人民政府有关部门责令改正，对单位处十万元以上五十万元以下的罚款；个人有该项行为的，责令改正，处二百元以上五百元以下的罚款。有违法所得的，予以没收。

第九十条　违反本条例规定，企业事业单位和其他生产经营者违法排放污染物，受到罚款处罚，被责令改正的，依法作出处罚决定的行政机关应当组织复查，发现其继续违法排放污染物或者拒绝、阻挠复查的，依照《中华人民共和国环境保护法》的规定按日连续处罚。

第九十一条　违反本条例规定，未对穿、跨、临河湖以及穿堤的桥梁、码头、道路、渡口、管道、缆线、取水、排水、监测等工程设施进行日常检查和维护的，由县级以上人民政府水行政主管部门责令限期改正，逾期不改正的，处五千元以上一万元以下的罚款。发现危害堤坝安全、影响河势稳定、妨碍行洪畅通等情况，未及时进行整改、消除隐患的，由县级以上人民政府水行政主管部门责令限期改正，逾期不改正的，由水行政主管部门代为消除隐患，所需费用由违法者承担，并处二万元以上五万元以下的罚款。

第九十二条 违反本条例规定，在蓄滞洪区内建设非防洪排涝建设项目，未编制洪水影响评价报告或者洪水影响评价报告未经审查批准开工建设的，由县级以上人民政府水行政主管部门责令限期改正；逾期不改正的，处二万元以上五万元以下的罚款。

第九十三条 违反本条例规定，未经许可从事河道采砂活动的，由县级以上人民政府水行政主管部门责令停止违法行为，限期采取修复补救措施，没收违法所得，并处违法开采砂石价值二倍以上四倍以下的罚款。

第九十四条 违反本条例规定，在河道管理范围内建设妨碍行洪的建筑物、构筑物，或者从事影响河势稳定、危害河岸堤防安全和其他妨碍河道行洪的活动的，由县级以上人民政府水行政主管部门依法责令停止违法行为，限期拆除违法建筑物、构筑物，恢复原状；逾期不拆除、不恢复原状的，强行拆除，所需费用由违法者负担，并处五万元以上十万元以下的罚款。

第九十五条 建设项目的节水设施没有建成或者没有达到国家规定的要求，擅自投入使用的，由县级以上人民政府有关部门或者流域管理机构依据职权，责令停止使用，限期改正，处五万元以上十万元以下的罚款。

第九十六条 违反本条例规定，未经批准，擅自引进外来物种或者其他非本地物种种质资源的，由县级以上人民政府有关部门根据职责分工，予以没收，并处十万元以上二十五万元以下的罚款。

未经批准，擅自释放或者丢弃外来物种、其他非本地物种种质资源的，由县级以上人民政府有关部门根据职责分工，责令限期捕回、找回，处二万元以上五万元以下的罚款。

第九十七条 违反本条例规定，以拖延、围堵、滞留执法人员等方式拒绝、阻挠、妨碍生态环境主管部门或者其他行使监督管理权的部门的监督检查，或者在接受监督检查时弄虚作假的，由生态环境主管部门或者其他行使监督管理权的部门责令改正，并处五万元以上十万元以下的罚款；情节严重的，并处十万元以上二十万元以下的罚款；对直接负责的主管人员和其他直接责任人员，处二万元以上十万元以下的罚款。

第九十八条 违反本条例规定，造成环境污染或者生态破坏的，应当依法承担生态环境损害赔偿和修复责任。造成环境污染、生态破坏的单位和个人，需要承担行政责任或者刑事责任的，不影响其依法承担生态环境损害赔偿责任。

因环境污染、生态破坏受到损害的单位和个人，有权依法要求侵权人承担停止侵害、排除妨碍、消除危险、恢复原状、赔偿损失等民事侵权责任。

第九十九条 违反本条例规定的其他行为，法律法规已有处罚规定的，从其规定。违反本条例规定，构成违反治安管理行为的，由公安机关依法给予治安管理处罚；构成犯罪的，依法追究刑事责任。

第八章 附 则

第一百条 本条例自 2021 年 4 月 1 日起施行。

附录四 京津冀三地协同法规项目

北京市协同法规项目

1. 北京市大气污染防治条例
2. 北京市城乡规划条例
3. 北京市机动车和非道路移动机械排放污染防治条例
4. 北京历史文化名城保护条例
5. 北京市人民代表大会常务委员会关于授权市人民政府为保障冬奥会筹备和举办工作规定临时性行政措施的决定
6. 北京市禁毒条例
7. 北京市促进科技成果转化条例
8. 北京市中医药条例
9. 北京市实验动物管理条例
10. 北京市献血条例

11. 中国（北京）自由贸易试验区条例
12. 北京市知识产权保护条例
13. 北京市突发公共卫生事件应急条例
14. 北京市接诉即办工作条例
15. 北京市志愿服务促进条例
16. 北京市反食品浪费规定
17. 北京市优化营商环境条例
18. 北京市野生动物保护管理条例
19. 北京市地方金融监督管理条例
20. 北京市种子条例
21. 北京市中小企业促进条例
22. 北京市安全生产条例

天津市协同法规项目

1. 天津市人民代表大会常务委员会关于批准划定永久性保护生态区域的决定
2. 天津市大气污染防治条例
3. 天津滨海新区条例
4. 中国（天津）自由贸易试验区条例
5. 天津市水污染防治条例
6. 天津市地方性法规制定条例
7. 天津市实施《中华人民共和国农业技术推广法》办法
8. 天津市人工影响天气管理条例
9. 天津市促进科技成果转化条例
10. 天津市禁毒条例
11. 天津市志愿服务条例
12. 天津市人民代表大会关于农作物秸秆综合利用和露天禁烧的决定
13. 天津市公路管理条例
14. 天津市人民代表大会常务委员会关于禁止燃放烟花爆竹的决定

15. 天津市人民代表大会常务委员会关于加强滨海新区与中心城区中间地带规划管控建设绿色生态屏障的决定

16. 天津市公共文化服务保障与促进条例

17. 天津市实施《中华人民共和国种子法》办法

18. 天津市非物质文化遗产保护条例

19. 天津市生态环境保护条例

20. 天津市地方金融监督管理条例

21. 天津市节约用水条例

22. 天津市知识产权保护条例

23. 天津市司法鉴定管理条例

24. 天津市农业机械化促进条例

25. 天津市土壤污染防治条例

26. 天津市基本医疗保险条例

27. 天津市人民代表大会常务委员会关于推进实施国土空间发展战略的决定

28. 天津市机动车和非道路移动机械排放污染防治条例

29. 天津市人民代表大会常务委员会关于依法做好新型冠状病毒肺炎疫情防控工作　切实保障人民群众生命健康安全的决定

30. 天津国家自主创新示范区条例

31. 天津市突发公共卫生事件应急管理办法

32. 天津市生活垃圾管理条例

33. 天津市人民代表大会常务委员会关于天津市资源税适用税率、计征方式及减征免征办法的决定

34. 天津市道路交通安全若干规定

35. 天津市社会信用条例

36. 天津市养老服务促进条例

37. 天津市实施《中华人民共和国红十字会法》办法

38. 天津市地方粮食储备管理条例

39. 天津市推进北方国际航运枢纽建设条例

40. 天津市反食品浪费若干规定

41. 天津市人民代表大会常务委员会关于授权市人民政府为保障冬奥会举办规定临时性行政措施的决定

42. 天津市院前医疗急救服务条例

43. 天津市促进智能制造发展条例

44. 天津市碳达峰碳中和促进条例

45. 天津市乡村振兴促进条例

46. 天津市中医药条例

47. 天津市动物防疫条例

48. 天津市人民代表大会常务委员会关于修改《天津市节约用水条例》等三部地方性法规的决定

49. 天津市科学技术普及条例

50. 天津市红色资源保护与传承条例

51. 天津市消防条例

52. 天津市市场主体登记管理若干规定

河北省协同法规项目

1. 河北省道路运输条例

2. 河北省促进科技成果转化条例

3. 河北省电信设施建设和保护条例

4. 河北省节约能源条例

5. 河北省专利条例

6. 河北省大气污染防治条例

7. 河北省国土保护和治理条例

8. 河北省湿地保护条例

9. 河北省绿化条例

10. 河北省水污染防治条例

11. 河北省社会信用信息条例

12. 河北省居家养老服务条例

13. 河北省保护消费者合法权益条例

14. 河北省旅游条例

15. 河北省志愿服务条例

16. 河北省促进企业技术创新条例

17. 河北省优化营商环境条例

18. 河北省地方金融监督管理条例

19. 河北省地下水管理条例

20. 河北省河湖保护和治理条例

21. 河北省人民代表大会常务委员会关于促进农作物秸秆综合利用和禁止露天焚烧的决定

22. 河北省人民代表大会常务委员会关于加强张家口承德地区草原生态建设和保护的决定

23. 河北省人民代表大会常务委员会关于加强太行山燕山绿化建设的决定

24. 河北省人民代表大会常务委员会关于加强滦河流域水资源保护和管理的决定

25. 河北省城乡生活垃圾分类管理条例

26. 河北省科学技术进步条例

27. 河北省全民健身条例

28. 河北雄安新区条例

29. 河北省人民代表大会常务委员会关于授权省人民政府为保障冬奥会筹备和举办工作规定临时性行政措施的决定

30. 塞罕坝森林草原防火条例

31. 河北省公路条例

32. 河北省土壤污染防治条例

33. 衡水湖保护和治理条例

34. 河北省大运河文化遗产保护利用条例

35. 河北省医疗纠纷预防与处理条例

36. 河北省土地管理条例

37. 河北省数字经济促进条例

38. 白洋淀生态环境治理和保护条例

39. 中国（河北）自由贸易试验区条例

附录五　京津冀人大立法协同工作机制会议历次会议情况

京津冀人大立法协同工作机制会议历次会议基本情况

时间	地点	主办方	参会（列席）领导	议题	成果
2015. 03. 31 （第一次）	天津市	天津市人大常委会	北京：柳纪纲、李小娟 天津：李泉山、矫捷、高绍林 河北：马兰翠、冯志广	讨论《关于加强京津冀人大协同立法的若干意见》	讨论通过《关于加强京津冀人大协同立法的若干意见》
2016. 02. 24 （第二次）	北京会议中心	北京市人大常委会	北京：柳纪纲、李小娟 天津：散襄军、矫捷、高绍林 河北：马兰翠、冯志广	讨论北京市人大常委会“推进京津冀协同发展立法问题研究”总报告 交流协同立法重点工作	
2017. 02. 14 （第三次）	石家庄平山温塘	河北省人大常委会	北京：柳纪纲、李小娟 天津：散襄军、高绍林 河北：马兰翠、冯志广	1. 讨论关于《京津冀人大立法项目协同办法》 2. 介绍《京津冀协同立法研究报告》情况 3. 共同研究确定2017年京津冀立法协同项目	讨论通过《京津冀人大立法项目协同办法》
2017. 09. 15 （第四次）	天津市迎宾馆	天津市人大常委会	全国人大：张勇 北京：柳纪纲、李小娟 天津：肖怀远、散襄军、杨福刚、高绍林、王泽庆 河北：范照兵、马兰翠、冯志广	1. 讨论研究《京津冀协同发展立法引领和保障研究报告》 2. 研讨《京津冀人大法制工作机构联系办法》	讨论通过《京津冀人大法制工作机构联系办法》
2018. 07. 13 （第五次）	北京会议中心	北京市人大常委会	全国人大：岳仲明 北京：李伟、张清、刘云广、王荣梅 天津：段春华、于世平、王泽庆 河北：范照兵、王晓东、周英	交流五年立法规划或立法计划编制情况 讨论《京津冀人大立法项目协同实施细则（草案）》 讨论环保条例、机动车污染防治条例立法协同工作初步方案	通过《京津冀人大立法项目协同实施细则》

续表

时间	地点	主办方	参会（列席）领导	议题	成果
2019.08.08（第六次）	石家庄太行国宾馆	河北省人大常委会	全国人大：许安标 中央全面依法治国办：倪娜 北京：李伟、张清、王荣梅 天津：段春华、于世平、王泽庆 河北：范照兵、王会勇、曹汝涛、周英、姜虹、王大为、梁久丰、杨智明、杨金深、王振平 河北省委全面依法治省办：赵立卿 河北省司法厅：赵树堂 河北大学：孟庆瑜	1. 总结京津冀协同立法五年工作情况 2. 机动车和非道路移动机械排放污染防治协同立法	
2020.09.18（第七次）	天津市迎宾馆	天津市人大常委会	全国人大：武增 北京：李伟、张清、王荣梅、郝志兰 天津：段春华、于世平、贾凤山、王泽庆、严定中、孙元 河北：范照兵、王会勇、周英、杨智明	研究协同推进强化公共卫生法治立法修法工作 交流机动车和非道路移动机械排放污染防治条例执法检查情况	通过《京津冀人大关于协同推进强化公共卫生法治保障立法修法工作的意见》
2021.06.18（第八次）	北京会议中心	北京市人大常委会	全国人大：李宁 北京：李伟、张清、刘云广、黄强、崔新建、王荣梅 天津：段春华、贾凤山、王泽庆、孙元 河北：范照兵、王会勇、周英	1. 介绍《京津冀人大常委会关于协同推进强化公共卫生法治保障立法修法工作的意见》落实情况 2. 研讨协同推进冬奥会法治保障	通过《京津冀三地人大常委会关于协同推进冬奥会法治保障工作的意见》

后　记

本书的编辑出版是集体智慧的结晶、团结协作的成果。河北省人大常委会副主任王会勇同志谋划指导，就本书的编写工作提出要求。为了提高书稿质量，成立了编委会，由周英担任主编，何书堂、陈金霞、马桂旺、刘汉春担任副主编。张培林、杜海、袁任新、郭树兵、吴桐、陈杰、董良、李丹、杨延娜、郑晨曦、刘鹏飞、刘洋、边翠萍、柴丽飞、梅晓参与编写，马桂旺、刘汉春、柴丽飞负责统稿及联系协调出版事宜。郭红、蒋育良、孟庆瑜为本书的编写提供了支持。全书由周英主审把关。

在撰写过程中，全国人大常委会法制工作委员会给予大力指导，全国人大宪法法律委主任委员李飞拨冗作序，北京市人大常委会法制办公室、天津市人大常委会法制工作委员会，河北省人大常委会办公厅、有关工作委员会和省政府有关部门、中国民主法制出版社给予大力支持，在此表示诚挚感谢。

由于水平有限，难免有不足之处，敬请批评指正。

编　者

2022 年 7 月